U0541105

中华孔子学会　　什刹海书院

中國儒學

【第十五辑】

王中江　李存山 ◎主编

本辑主题　儒学与文明的主体性

中国社会科学出版社

图书在版编目(CIP)数据

中国儒学．第十五辑／王中江，李存山主编．—北京：中国社会科学出版社，2020.10
ISBN 978 – 7 – 5203 – 7177 – 3

Ⅰ．①中… Ⅱ．①王…②李… Ⅲ．①儒家—研究—中国 Ⅳ．①B222.05

中国版本图书馆 CIP 数据核字(2020)第 168988 号

出 版 人	赵剑英
责任编辑	郝玉明
责任校对	张爱华
责任印制	王 超

出　　版	中国社会科学出版社
社　　址	北京鼓楼西大街甲 158 号
邮　　编	100720
网　　址	http://www.csspw.cn
发 行 部	010 – 84083685
门 市 部	010 – 84029450
经　　销	新华书店及其他书店

印　　刷	北京明恒达印务有限公司
装　　订	廊坊市广阳区广增装订厂
版　　次	2020 年 10 月第 1 版
印　　次	2020 年 10 月第 1 次印刷

开　　本	710×1000　1/16
印　　张	25
插　　页	2
字　　数	385 千字
定　　价	139.00 元

凡购买中国社会科学出版社图书，如有质量问题请与本社营销中心联系调换
电话：010 – 84083683
版权所有　侵权必究

《中国儒学》编辑委员会

主　编　王中江　李存山
副主编　干春松　唐文明
监　制　怡　学
委　员（以姓氏笔画为序）

干春松	万俊人	王中江	王　博	朱汉民
李存山	李景林	李翔海	李承贵	陈卫平
陈少明	张学智	吴根友	吴安春	杨国荣
杨泽波	杨朝明	杨庆中	杨立华	姜广辉
郭齐勇	钱　明	唐文明	董　平	谢　庆
景海峰	舒大刚	黎红雷	颜炳罡	

目　录

早期儒学研究

刘　丰　从《儒行》到《儒效》：先秦儒学的发展与转折 …………（3）
林宏星　荀子的"政治正当性"理论
　　　　——以权力来源为中心 ………………………………………（32）
王　正　重思荀子的"大清明" ……………………………………（49）
袁晓晶　以气养身：孟子的气论与身体 …………………………（62）

宋明儒学

黎业明　王阳明与陈白沙之间是否存在学脉传承关系？
　　　　——束景南《王阳明年谱长编》相关论述辨正 ……………（75）
解光宇　刘　艳　晚明徽州阳明学思潮 …………………………（90）
翟奎凤　《论语》"观过知仁"章新诠
　　　　——以朱子为中心的讨论 …………………………………（109）
赵金刚　体性与体用 ………………………………………………（124）

现代儒学的展开

唐文明　现代儒学与人伦的规范性重构
　　　　——以梁启超的《新民说》为中心 ……………………（139）
陈　鹏　冯友兰新理学哲学话语的构建方法 ………………（159）
卢　兴　牟宗三与黑格尔哲学 ………………………………（175）
盛　珂　牟宗三对康德"物自身"概念的接受与转化 ………（189）
匡　钊　"科学性"的新探求
　　　　——1949—1978年的中国哲学史研究 ……………（204）
任蜜林　中国哲学"自我"觉醒的历程
　　　　——四十年来中国哲学研究之反思 ………………（226）

儒家伦理

董　平　儒学的信仰建构及其"类宗教性" ……………………（261）
[美]亨利·罗斯文（Henry Rosemonp）著　安继民译　家庭和
　　　　家庭价值观 ……………………………………………（292）
李春颖　儒家道德情感与主体超越 …………………………（312）
王　楷　当代儒家伦理研究的方法论省思 …………………（323）
田　探　孔子义利之辨的误说纠谬与其义利关系新说
　　　　——兼论"义利兼顾说"的谬误 ……………………（338）

儒学纵横

国学应该往何处去？
　　　　——黄保罗与郭齐勇教授对谈 ……………………（353）
[土耳其]王成明（CUMEN NIYAZI）　土耳其儒家研究现状管窥 ……（378）
杨　威　谢　丹　古今相映：传经以言志，诵典以修心
　　　　——评《〈孟子〉七篇解读》 …………………………（391）

早期儒学研究

从《儒行》到《儒效》：
先秦儒学的发展与转折*

刘 丰

（中国社会科学院哲学研究所）

摘要：《礼记·儒行》篇和《荀子·儒效》篇都是战国时期儒学对自身的定位和理解的反映，将二者联系起来研究可以看出战国儒学发展的脉络及转向。《儒行》篇应当属于子张后学的作品。荀子严厉地批评了俗儒、贱儒、小儒，同时提出了大儒理想，相对于《儒行》篇而言，《儒效》篇对儒者的定位与理解已经比《儒行》篇有了极大的提升与飞跃，这在很大程度上扭转了儒学发展的路径，即更加重视儒学中的政治品性。这一特点深刻地影响了汉代儒学的发展。

关键词：儒学 《儒行》 荀子 《儒效》《礼记》

战国时期的儒学发展，是孔子儒学创立之后的一个重要发展、定型阶段。除了孟、荀的儒学之外，今存《礼记》与《大戴礼记》中的大多数篇章都是这一时期的儒家学者留下的材料。近年来随着大量战国竹简的发现和研究的展开，使我们对战国时期儒学的丰富性与复杂性有了更加深入的认识。

对于战国时期儒学的研究，可以从人物的考辨、学派的传承、概念的演变等多个方面展开，但除此之外，自孔子创立儒学，儒无论是作为一种身份和职业，还是作为一种内涵逐渐明晰的学派，在战国时期都有

---

* 本文已发表于《湖南大学学报》（社会科学版）2019 年第 6 期。

了很大的发展和变化，同时获得了越来越一致的认可。因此，厘清儒者对儒自身属性的理解和定位及其发展演化，是研究战国时期儒学发展的一个很好的视角。陈来教授指出，以儒作为孔子所建立的学派之名，在《论语》里尚无其例。而到了战国时代，具体来说，到了墨子的时代，儒或儒者已经成为墨子及其学派用以指称孔子学派的定名了。① 与此同时，儒家学派内部也以儒自称，这说明儒学已经发展到了充分自觉的程度。其中《礼记·儒行》篇就是这方面的重要文献。而到了战国晚期，荀子作为先秦儒学发展的集大成者，除了对儒学的义理有了极大的推进与提升之外，从儒学自身的认识来看，荀子专门作《儒效》篇，对儒有很多批评与反思，并且还确立了他所认可的大儒形象。从《礼记》的《儒行》篇到《荀子》的《儒效》篇，可以清晰地反映出战国中后期儒学发展的一条线索与转向，而且这条线索与转向对于战国时期的儒学研究是非常有意义的。

关于《儒行》篇，郑玄在《三礼目录》中指出："名曰《儒行》者，以其记有道德者所行也。儒之言优也，柔也，能安人，能服人。又儒者濡也，以先王之道能濡其身。此于《别录》属《通论》。"②《儒行》篇在北宋初期曾经一度受到过极大的重视。北宋初期有赐新进士书的惯例。太宗淳化三年（992）第一次所赐之书就是《礼记·儒行》。赐进士及近臣、京官《儒行》篇，其政治目的无非就是砥砺士风、弘扬正气，这与当时儒学的复兴是相一致的。但是到了仁宗天圣五年（1027），则改赐《中庸》。与《儒行》篇相比，《中庸》在义理方面无疑更胜一等，而且传统儒家还一致认为，《中庸》为子思所作，得自孔子的真传。《中庸》代替《儒行》篇，也反映出北宋时期儒学的复兴有了更进一步的发展。在这样的变化之下，当时的士人对《儒行》篇的看法就极低了。如李觏说："《儒行》非孔子言也，盖战国时豪士所以高世之节耳。其条虽十有五，然指意重复，要其归不过三数涂而已。"又说："考一篇之内，虽时

---

① 参见陈来《"儒"的自我理解——荀子说儒的意义》，《北京大学学报》（哲学社会科学版）2007年第5期。
② （唐）孔颖达：《礼记正义》卷六六《儒行》，上海古籍出版社2008年版，第2215页。

与圣人合，而称说多过，其施于父子兄弟夫妇，若家，若国，若天下，粹美之道则无见矣。圣人之行如斯而已乎？"① 程颐说："《儒行》之篇，此书全无义理，如后世游说之士所为夸大之说，观孔子平日语言，有如是者否？"② 吕大临说："此篇之说，有夸大胜人之气，少雍容深厚之风，窃意末世儒者将以自尊其教，谓'孔子言之'，殊可疑。然考其言，不合于义理者殊寡，学者果践其言，亦不愧于为儒矣。"③ 李觏指出《儒行》篇非孔子言，而程颐和吕大临则直接指出《儒行》篇在义理方面的欠缺。宋代学者对《儒行》篇的这些看法代表了传统儒学史上对《儒行》篇的总体认识和评价。

近代以来，面对中国积贫积弱的社会现实和衰落腐败的社会风气，章太炎先生晚年在提倡国学的时候，还将《儒行》篇和《孝经》《大学》《丧服》并称为"新四书"，并将此"新四书"当作十三经之总持。从近代儒学发展的角度来看，这种看法具有深刻的思想意义。提倡《儒行》篇，不但认为此篇代表了原始儒学的重要内容，而且篇中重视气节、弘扬刚猛的士风，对于当时衰弱之中国，同样具有重要的社会意义。

从总体来看，晚近以来的儒学研究，相对于荀子和《儒效》篇的研究来说，对《儒行》篇的研究并不充分。仅有的一些研究，或从文献学的角度关注《儒行》篇的作者和成书时代④，或以《儒行》篇为依据来讨论儒者的精神品格⑤。其实，关于《儒行》篇的著者及其时代还有进一步讨论的必要，把《儒行》篇放在战国以来儒学的分化和发展演化的脉络中，讨论从《儒行》篇到《儒效》篇之间儒学的发展与转向，是一个更值得研究的有意义的话题。本文将通过分析《儒行》篇的思想渊源，确立它在战国时期儒学发展过程中的位置与意义，进而通过《荀子·儒效》篇对《儒行》的批评，来探讨这种批评和变化所反映的首先意义。通过这些思想史的分析，展现战国时期儒学发展的一

---

① （宋）李觏：《李觏集》卷二九《读儒行》，中华书局2011年版，第343、344页。
② （宋）朱熹：《河南程氏遗书》卷一七，《二程集》，中华书局1981年版，第177页。
③ （清）孙希旦：《礼记集解》卷五七《儒行》，中华书局1989年版，第1398页。
④ 参见张厚如《〈礼记·儒行〉成篇考论》，《古籍整理研究学刊》2014年第6期。
⑤ 参见陈来《儒服·儒行·儒辩》，《社会科学战线》2008年第2期。

种脉络及其内在的转向，由此可以对战国时期儒学的发展有更加深入的认识和理解。

一

《儒行》篇除首尾必要的背景介绍之外，主体内容共有十七条。孔颖达说："孔子说儒凡十七条。其从上以来至下十五条，皆明贤人之儒。其第十六儒（条），明圣人之儒，包上十五条贤人儒也。其十七条之儒，是夫子自谓也。"① 前十六条分别论述了儒者的十五个方面的表现：自立（两次）、容貌、备豫、近人、特立、刚毅、仕、忧思、宽裕、举贤援能、任举、特立独行、规为、交友和尊让。最后一条从总体上说明了儒之定义："儒有不陨获于贫贱，不充诎于富贵，不恩君王，不累长上，不闵有司，故曰儒。"郑注："陨获，困迫失志之貌也。充诎，喜失节之貌。""言不为天子、诸侯、卿大夫、群吏所困迫而违道。"孔疏进一步解释说："己虽遇贫贱，不陨获失志也。""虽得富贵，不欢喜失节。""不见恩辱于君王而违道也。"② 据此，孔子最后对儒之品格的总结，其实就相当于孟子说的"富贵不能淫，贫贱不能移，威武不能屈"之大丈夫精神。《儒行》通篇塑造的是儒之高洁直行、不畏势利的高尚形象。

《儒行》篇最为突出的是，儒之"搏猛引重，不程勇力"的刚猛形象：

<blockquote>
儒有委之以货财，淹之以乐好，见利不亏其义；劫之以众，沮之以兵，见死不更其守；鸷虫攫搏不程勇者，引重鼎不程其力；往者不悔，来者不豫；过言不再，流言不极，不断其威，不习其谋。其特立有如此者。

儒有可亲而不可劫也，可近而不可迫也，可杀而不可辱也。其
</blockquote>

---

① （唐）孔颖达：《礼记正义》卷六六《儒行》，第2217页。
② （唐）孔颖达：《礼记正义》卷六六《儒行》，第2234—2235页。

居处不淫，其饮食不溽，其过失可微辨而不可面数也。其刚毅有如此者。

顾颉刚先生曾言："吾国古代之士，皆武士也。士为低级之贵族，居于国中，有统驭平民之权利，亦有执干戈以卫社稷之义务。"① 这一观点已成为古代文史研究的定论。而儒则是古代之士在春秋后期的进一步发展，因而刚勇本来也是儒家所强调的士人应当必备的品行。《说文解字》有言："儒，柔也。术士之称。"儒本义为柔，原与巫祝卜史同类，是精通礼仪的专家（术士）。但是孔子则极大地提升了儒的品格，使儒成了有知识、懂历史的礼仪专家和有道德、有操守的士人君子，因此孔子对子夏说："女为君子儒，无为小人儒。"（《论语·雍也》）孔子对儒的要求很高，其中就非包含勇。勇是孔子提出的诸多德目当中非常重要的一种。孔子说：

知者不惑，仁者不忧，勇者不惧。（《论语·子罕》）
君子道者三，我无能焉：仁者不忧，知者不惑，勇者不惧。（《论语·宪问》）

仁为全德，是孔子提出的最高的道德范畴和道德境界。孔子在讲到仁的时候，特别突出了勇，可见勇是孔子和儒家极为重视的一种道德品质。《中庸》中说，"知、仁、勇，三者天下之达德也"，一方面这种看法出自孔子，同时也说明了勇在儒家诸多德行中的重要性和儒学中的重要地位。

孔子重视勇，孔子本人（及其父亲）亦以勇武著称，但孔子同时也意识到，一味地突出勇，会助长好勇斗狠之气，也会带来消极的影响，因此同时又提出要用知、义、礼等其他方面来约束勇。孔子在讲到"六言六蔽"的时候提道："好勇不好学，其蔽也乱；好刚不好学，其蔽也狂。"（《论语·阳货》）又说"君子有勇而无义为乱，小人有勇而无义为盗"（《论语·阳货》），"见义不为，无勇也"（《论语·为政》），"勇而

---

① 顾颉刚：《武士与文士之蜕化》，《史林杂识》（初编），中华书局1963年版，第85页。

无礼则乱"（《论语·泰伯》）。孔子"恶勇而无礼者，恶果敢而窒者"，子贡"恶不孙以为勇者"（《孔子·阳货》）。

儒家强调士人君子彬彬有礼、正直大方，他们的行为举止进退有度、恭敬有礼，这样不但会受到他人的敬重，更不会受到无故的侮辱。如孔子特别称赞伯夷、叔齐，就是因为他们"不降其志，不辱其身"（《论语·微子》），又说"行己有耻，使于四方，不辱君命，可谓士矣"（《论语·子路》）。有子也说："恭近于礼，远耻辱也。"（《论语·学而》）

由以上简单的思想史回顾可见，倡导刚勇之气其实正是孔子儒家的一种重要品质，也是早期儒学的重要内容。孔子的提倡不但对于提升儒的品质起了重要的作用，而且对于当时整个士人阶层的品质，也产生了极大的影响。如果从一般的意义来看，《儒行》篇中所讲说的儒应具有的各种品质，大多都可以从《论语》及孔子那里得到思想史的线索甚至印证，是儒家普遍所认可的。但进一步分析，从《儒行》篇对刚勇之德行的重视及相关文献的比对和研究，很多学者还将《儒行》篇和孔子弟子及孔子之后儒学的分化联系起来，这样就可以以将《儒行》篇置于先秦儒学发展脉络当中，这对于《儒行》篇的研究是非常有意义的。

孔子弟子当中，有若（事见《左传·哀公八年》）、冉有（事见《左传·哀公十一年》《史记·孔子世家》）、公良孺（事见《史记·孔子世家》）等人皆以勇武著称[①]，但孔门诸弟子中最著名的其实是子路。据《史记》记载："子路性鄙，好勇力，志伉直，冠雄鸡，佩豭豚，陵暴孔子。孔子设礼稍诱子路，子路后儒服委质，因门人请为弟子。"（《仲尼弟子列传》）《孔子家语·七十二弟子解》中又说他"为人果烈而刚直，性鄙而不达于变通"。子路的这一性格特征在《论语》中也有一些体现，比如《阳货》篇就记载了子路向孔子请教有关勇的问题：

> 子路曰："君子尚勇乎？"子曰："君子义以为上，君子有勇而无义为乱，小人有勇而无义为盗。"

---

① 参见顾颉刚《武士与文士之蜕化》，《史林杂识》（初编），中华书局1963年版。

孔子针对子路的提问，更加强调勇要以义为指导，如果有勇而无义，必然会导致暴乱等行为。显然，孔子正是依据子路的性格特征，才将义加于勇之上，用义来约束子路之勇武之气。子路虽是孔门高足，但文献中并未见有子路学派的记载，《韩非子》中所说的"儒分为八"、《荀子·非十二子》中所批评的儒家各派，以及《汉书·艺文志》中所列的儒家各派著作，均未见有子路之儒或子路之儒的著作传世。这或许是因为子路系孔子早期弟子（据《史记·仲尼弟子列传》，子路少孔子九岁），且因参与到卫国蒯聩与辄的内斗中，于哀公十五年（前479）被杀（见《左传·哀公十五年》），比孔子去世还早一年。且子路在孔门四科中列"政事"一科，其特长也不在学问，因此并无子路之儒一系。后世学者研究《儒行》篇，也从未见有将《儒行》篇和子路联系起来的看法。相反，有一些学者将《儒行》篇与孔子弟子漆雕开联系了起来，认为《儒行》篇是漆雕氏之儒所作。虽然这种看法在学术界影响较大，但对此仍需要做一辨析。

据《韩非子·显学》篇的记载，孔子之后"儒分为八"，儒家八派当中就有漆雕氏之儒。孔子弟子有漆雕开。《论语·公冶长》中记载：

子使漆雕开仕。对曰："吾斯之未能信。"子说。

《论语》关于漆雕开的记载仅此一条。据此，只能说明漆雕开对仕途没有什么兴趣，这种态度得到了孔子的赞许。《史记·仲尼弟子列传》中记载："漆雕开字子开。孔子使开仕，对曰：'吾斯之未能也。'孔子悦。"《孔子家语》中又记载：

漆雕开，蔡人，字子若，少孔子十一岁。习《尚书》，不乐仕。孔子曰："子之齿可以仕矣，时将过。"子若报其书曰："吾斯之未能信。"孔子悦焉。（《七十二弟子解》）

《史记》和《家语》有关漆雕开的记载，其实都沿袭了《论语》的相关记载，并稍作拓展。《家语》说漆雕开为蔡人，而《史记·集解》引郑玄的看法，认为是鲁人。另外，《家语》又增加了"习《尚书》"一条。

另据《仲尼弟子列传》，孔子弟子还有漆雕哆，字子敛，《家语》作漆雕侈，字子敛，此二人当为同一人。另有漆雕徒父，《史记·索引》中记载："《家语》字固也。"但《家语》有漆雕从，字子文。徒父和从是否为同一人，还不能确定。漆雕哆和漆雕徒父在孔门弟子中属于"无年及不见书传者"。因此，《韩非子》书中列举的"漆雕之议"，应当是指漆雕开。他属于孔子弟子中较有影响的一派，而且还有著述传世。《汉书·艺文志》儒家类有《漆雕子》十三篇，应当就是漆雕氏之儒的作品。但班固注曰："孔子弟子漆雕启后。"又，《家语·好生》篇有漆雕凭，《说苑·权谋》篇有孔子问漆雕马人"子事臧文仲、武仲、孺子容，三大夫者，孰为贤？"的记载，叶德辉即认为漆雕凭与漆雕马人是同一人，名凭，字马人。这个漆雕凭（马人）也就是漆雕开的后人、《汉志》所载《漆雕子》十三篇的作者。① 此说可备一说，但并没有十分确凿的证据。蒋伯潜认为，"《漆雕子》在《曾子》与《宓子》之间，疑即漆雕启所作；《自注》中之'后'字乃衍字。即使属之漆雕启，此书仍由其后学纂辑而成，非启所手著也"。这个看法比较易于接受。

关于漆雕开的年辈，《孔子家语》说"少孔子十一岁"，若据此，则漆雕开属孔子早期的弟子。但钱穆认为，《家语》所记漆雕开的年辈有误，"漆雕年当远后于孔子，不止少十一岁也"。又说："漆雕亦与子张诸人同其辈行，于孔门为后起。"② 另外，钱穆还认为漆雕开的"年世亦当在曾宓之间。《汉志》每有自后至先列者，此其例也"③。此说可参考。

漆雕开的思想主张在《论语》中几乎没有什么反映，但《韩非子·显学》篇则记载："漆雕之议，不色挠，不目逃，行曲则违于臧获，行直则怒于诸侯，世主以为廉而礼之。"由于这些内容在《论语》中并没有相应的反映，因此清人王先慎认为，这个漆雕氏与漆雕氏之儒，并非一人，"上有'漆雕之儒'，此别一人"④。王蘧常又认为，儒分为八之漆雕氏为

---

① 参见陈奇猷《韩非子新校注》，上海古籍出版社2000年版。
② 钱穆：《先秦诸子系年》二九《孔子弟子通考》，商务印书馆2001年版，第93页。
③ 钱穆：《先秦诸子系年》二九《孔子弟子通考》，第93页。
④ （清）王先慎：《韩非子集解》，中华书局1998年版，第458页。

从《儒行》到《儒效》：先秦儒学的发展与转折

孔子弟子漆雕开，而主张"不色挠，不目逃"的漆雕氏，则是《汉志》著录的《漆雕子》十三篇的作者，也就是漆雕开的后人。① 这两种看法均没有太多依据，恐系揣测之见。更多学者则认为，主张"不色挠，不目逃"的漆雕氏，就是孔子弟子漆雕开，也就是儒分为八之漆雕氏之儒。

《韩非子·显学》篇"漆雕之议"之"议"，按陈奇猷先生的解释，"一人所建之义曰义，二人以上相与建之义曰议"②。据此，所谓"漆雕之议"，即漆雕一派的看法、主张。这一派因有"不色挠，不目逃"的勇武气概，因此很多学者将《儒行》篇划在了漆雕氏之儒的名下。他们的这些主张，很自然地又可以联系到《孟子》书中提到的北宫黝和孟施舍。另外，王充还曾经指出：

> 周人世硕，以为人性有善有恶，举人之善性，养而致之则善长；性恶，养而致之则恶长。如此，则性（情）各有阴阳，善恶在所养焉。故世子作《养书》一篇。宓子贱、漆雕开、公孙尼子之徒，亦论情性，与世子相出入，皆言性有善有恶。（《论衡·本性》）

据以上资料，我们可以确知的是，漆雕开是孔门后学中比较有影响的一派，他对仕途缺乏兴趣，主张人性有善有恶，重视"不色挠，不目逃"的勇武之气。除此之外，我们对漆雕氏之儒恐怕就没有什么别的了解了。但是，蒙文通先生在1940年曾撰文《漆雕之儒考》，指出："《儒行》一篇，凡十七义，而合乎游侠之事，十有一焉。得不谓为漆雕氏儒之所传乎？"③ 后来郭沫若也认为，《礼记·儒行》篇盛称儒者之刚毅特立，或许就是漆雕氏之儒的作品。④ 蒙文通先生说《儒行》篇十七条中有十一条合乎游侠之事，其实这种看法并不准确。《儒行》篇中只有前引的两条

---

① 参见陈奇猷《韩非子新校注》，上海古籍出版社2000年版。
② 陈奇猷：《韩非子新校注》，上海古籍出版社2000年版，第1131页。
③ 蒙文通：《漆雕之儒考》，《儒学五论》，广西师范大学出版社2007年版，第62页。
④ 参见郭沫若《儒家八派的批判》，《十批判书》，科学出版社1956年版。现在也有一些学者持此观点。如杨天宇教授也认为《儒行》篇是漆雕氏之儒的作品。参见《礼记译注·儒行》，上海古籍出版社1997年版。

材料突出强调了儒之刚勇的一面,其他诸条都是对儒之立身行事包括容貌举止的规定,这些内容与我们通过上文的考察得知的"漆雕之议"并没有什么相合之处。因此,说《儒行》篇出自漆雕氏之儒,并没有特别充足的依据,所以这种说法并不能成立。如果要在孔子后学中为《儒行》篇寻找坐标,需另辟蹊径。

二

通过上文关于思想史的分析,我们认为,《儒行》篇为漆雕氏之儒所作的观点论据并不充足。但是,要深入研究《儒行》篇,还必须要将《儒行》篇放在孔子之后、战国时期儒学的发展脉络中来定位和理解,因此,确定《儒行》篇的著作时代和学派属性,依然是研究《儒行》篇的重要问题。郑玄说:"《儒行》之作,盖孔子自卫初反鲁之时也。"① 现代也还有学者承袭郑玄的看法,认为《儒行》篇是孔子所作,由孔子和鲁哀公对话时在场的史官所记,后经孔子弟子整理而成。② 这种看法其实和郑玄所说的《儒行》篇为孔子所作是一个意思。另外,章太炎先生认为,"《儒行》一篇,非孔子自著,由于弟子笔录"③。从太炎先生的此话可以推见,他认为《儒行》篇是孔子弟子记录的孔子之言。这样看来,以上几种观点其实并没有太大的分歧,出自孔子之手或由孔门弟子笔录,其实都是认为和孔子本人有密切的关系。

《儒行》篇是以"子曰"的形式出现的,但这些内容是否和孔子有关、有多大的关系,还需要深入分析。清代学者陈澧曾指出,先秦古籍中所记录的孔子言,可以分为三种情况。"其一闻而记之,所记非一时之言,记之者非一人之事,汇集成篇,非著书也,尤非作文也。"这一类型以《论语》为代表。第二种类型是"传闻而记之,所记非一时之言,记之者

---

① (唐)孔颖达:《礼记正义》卷六六《儒行》,第2235页。
② 参见王锷《〈礼记〉成书考》,中华书局2007年版。
③ 章太炎:《章太炎全集·演讲集》(上),上海人民出版社2015年版,第475页。

则一人之笔,伸说引证而成篇,此著书也"。与《论语》相比,这一类型是记者将孔子在不同时期的言语记录在册,并有适当的引申发挥。这一类型典型的作品就是《礼记》中的《坊记》《表记》《缁衣》。据《隋书·音乐志》记载南朝梁沈约的说法,《礼记》中的这几篇出自《子思子》,显然是由子思记录的孔子之言。第三种类型"亦传闻而记之,记之者一人之笔,所记者一时之言,敷衍润色,骈偶用韵而成篇,此作文者也"。《儒行》及《礼运》《孔子闲居》《仲尼燕居》等篇就属这一类型。① 若依此见,古籍文献中所记录的孔子之言,其实可作不同的区分,其真实可靠程度也依次递减。《儒行》篇虽然记的是孔子之言,虽然也和孔子有一些关系,但其实更多义经过了后世学者的敷演润色。按当代的学术标准来看,这一类型的作品其实已不能算在孔子名下了,而应当是战国时代的儒家学者根据一些孔子的言语加工润色而创作出来的。因此,《儒行》篇既不是孔子所作或孔子弟子记录孔子言行的实录,也非孔子弟子漆雕氏之儒的作品。② 这些说法都没有坚实的史料基础,或仅是抓住篇中的个别方面做推论。自宋代以来,学者对《儒行》篇逐渐多有批评,如前引吕大临就认为《儒行》篇是"末世儒者"之言,这种看法类似于汉代学者说《周官》是"末世渎乱不验之书",意即出于战国,这一看法其实大致不差。如果我们从《儒行》篇的整体思想着眼,并结合战国时期儒家思想的不同分化,还是可以根据其思想主旨对其学派属性做出一个大致的划分。

《儒行》篇十七条中,开篇的两条讲到了儒者应有的容貌和举止:

> 儒有衣冠中,动作慎;其大让如慢,小让如伪;大则如威,小则如愧;其难进而易退也,粥粥若无能也。其容貌有如此者。
>
> 儒有居处齐难,其坐起恭敬,言必先信,行必中正,道涂不争险易之利,冬夏不争阴阳之和,爱其死以有待也,养其身以有为也。其备豫有如此者。

---

① 参见(清)陈澧《东塾读书记》卷九,上海古籍出版社2012年版。
② 王应麟在《困学纪闻》卷五中又说:"《儒行》言儒之异十有七条,程子以为非孔子之言。胡氏谓:'游、夏门人所为,其文章殆与荀卿相类。'"二程认为《儒行》非孔子之言的判断是准确的,但胡氏认为《儒行》出自子游、子夏之门人,则是推测之辞。

重视仪容举止，本是儒家礼学中的固有内容，直至汉代，礼容一派依然在礼学中占有重要的位置。从礼的角度来看，容礼虽然渊源有自，但从儒家的角度来看，其源头应当在孔子。从《论语·乡党》篇及其他相关记载来看，孔子本人也是非常重视容礼的。孔子以礼教弟子，孔门众弟子对礼学的礼仪、礼义、礼制等各方面均有不同的建树，其中比较重视仪容的是子张。

曾子曾说："堂堂乎张也，难与并未仁矣。"（《论语·子张》）"堂堂"，《广雅》释为"容也"，今人注解为"很盛大，很雄壮，很有威仪的样子"①。何晏《集解》引郑玄曰："言子张容仪盛，而于仁道薄也。"②《论语》此章之前一章记子游对子张的评价："吾友张也，为难能也，然而未仁。"何晏《集解》、皇侃《义疏》及邢昺《注疏》等汉魏古注皆认为此处子张之"难能"是指容仪非他人所及。焦循《论语补疏》进一步指出："此文但言难能，未言所以难能者何在，故下连载曾子之言堂堂。知堂堂为难能，即知难能指堂堂。此《论语》自相发明之例也。"③ 又据《列子·仲尼》引孔子之言曰"师之庄贤于丘也"，又曰"师能庄而不能同"。"庄"，注为"犹矜庄"。清代有学者就引《论语》曾子曰堂堂"是即所谓庄也"。④

从这些内容可知，子张之重视容仪，在孔子弟子当中确实是比较独特而显著的。礼容是礼的重要内容之一，但如果过于强调礼容，对于礼的理解和把握就会有所偏颇。孔子对子张就有批评。孔子说"师也过"，又说"师也辟"（《论语·先进》），《大戴礼记·五帝德》记孔子之言，"吾欲以容貌取人，于师邪改之"，均是针对子张的过分重视容仪而发的。⑤

虽然孔子据礼的中道原则对子张有所批评，但是《论语》记载的子

---

① 杨逢彬：《论语新注新译》，北京大学出版社2016年版，第370页。
② 黄怀信：《论语汇校集释》，上海古籍出版社2008年版，第1689页。
③ 黄怀信：《论语汇校集释》，第1688页。
④ 杨伯峻：《列子集释》，中华书局1979年版，第123页。另（清）刘宝楠《论语正义》也持此说。
⑤ 参见刘丰《"无体之礼"：先秦礼学思想的发展与转向》，《东南大学学报》（哲学社会科学版）2018年第2期。笔者在这篇文章中对子张重容仪及孔子的批评，有比较详细的讨论。

游和曾子评价子张"未仁",其实也未必是对子张的批评。仁是孔子儒学最高的道德标准和道德理想,孔子曾自述:"若圣与仁,则吾岂敢?"(《论语·述而》)又说:"回也,其心三月不违仁,其余则日月至焉而已矣。"(《论语·雍也》)孔子认为自己也远没有达到仁的标准,又说颜回虽贤,也仅是"三月不违仁",因此虽然人人都有实现仁德的可能,但在现实中达到仁的要求是很困难的。

孔子及他人对子张虽然有所批评,但他们说子张"未仁"不是对子张的否定。《大戴礼记·卫将军文子》记载子贡对子张的评价:"业功不伐,贵位不善,不侮可侮,不佚可佚,不敖无告,是颛孙之行也。孔子言之曰:'其不伐则犹可能也,其不弊百姓者则仁也。《诗》云:恺悌君子,民之父母。'夫子以其仁为大也。"这里甚至还以仁称许子张。

总之,子张在孔子众弟子中是以重视容仪而著称的。《儒行》开篇所强调的"容貌"和"备豫",应和子张之儒有一定的关系。这是我们判定《儒行》篇属子张之儒的第一个原因。

第二,《儒行》篇内容的特色是强调儒之刚猛勇武,这些内容是儒家所普遍承认的,但同时,如果我们在儒学内部进一步分析,这也和子张有一些思想关联。《论语》记载:

> 子张曰:"士见危致命,见得思义,祭思敬,丧思哀,其可已矣。"(《论语·子张》)

"致命",何晏《集解》引孔安国注:"不爱其身",皇侃《义疏》、邢昺《注疏》也都是同样的看法。皇侃《论语义疏》对"士见危致命"一句作了详细的解释:"若见国有危难,必不爱其身,当以死救之,是见危致命也。"① 这些汉魏古注是《论语》此句的确解。后来朱子《集注》将"致命"解释为"授命"②,应是不符合《论语》原意的。《论语》还接着记子张之言:"执德不弘,信道不笃,焉能为有?焉能为无?"(《子

---

① 黄怀信:《论语汇校集释》,第1659页。
② (宋)朱熹:《四书章句集注》,中华书局1983年版,第188页。

张》)其实,《子张》篇记录的子张这两句话,不就是《儒行》当中儒者应当具有的刚勇之气的概括吗?因此,这也是我们将《儒行》篇划定为子张之儒的一个原因。

第三,《儒行》多次强调儒者应有忠信、笃行的品格和重礼、重义的行事作风,如"忠信以为甲胄,礼义以为干橹","不宝金玉,而忠信以为宝;不祈土地,立义以为土地","见利不亏其义","坐起恭敬,言必先信,行必中正",这些内容都是儒家所普遍认可的,未必是儒学内部哪一派别所独有。但是,从《论语》的记载我们还可以看到,子张对忠信笃敬等格外重视。《论语·卫灵公》中记载:

> 子张问行。子曰:"言忠信,行笃敬,虽蛮貊之邦行矣。言不忠信,行不笃敬,虽州里行乎哉?立则见其参于前也,在舆则见其倚于衡也。夫然后行。"子张书诸绅。

邢昺在《注疏》中曰:"此一章言可常行之行也。"[1] 孔子认为,"言忠信,行笃敬"是一条普遍适用的行事规则。子张尤其重视孔子的这句话,将此"书诸绅",皇侃在《义疏》中说:"子张闻孔子之言可重,故书题于己衣之大带,欲日夜存录不忘也。"邢昺在《注疏》中也说:"意其佩服无忽忘也。"[2] 可见子张对孔子这句话格外重视。因此,说子张之儒把"言忠信,行笃敬"作为日后的学派宗旨之一也不为过。[3]

第四,子张重名,这也和《儒行》篇强调儒者的名节是相通的。其实,自孔子开始,重视声名就是儒家学者必备的品格之一。孔子说:"君子疾没世而名不称焉。"(《论语·卫灵公》)这里的"名"即美名。皇侃解释为:"身没而名誉不称扬为人所知,是君子所疾也。"[4] 孔子又说:

---

[1] 黄怀信:《论语汇校集释》,第1371页。
[2] 黄怀信:《论语汇校集释》,第1374页。
[3] 郭店楚简有《忠信之道》篇,集中阐发了忠信的意义。王博教授认为此篇很有可能就是子张之儒的作品。参见王博《中国儒学史·先秦卷》,北京大学出版社2011年版。这个观点很有启发意义。这个问题需另作专文探讨,这里不拟牵涉过多。
[4] 黄怀信:《论语汇校集释》,第1410页。

"四十、五十而无闻焉,斯亦不足畏也已。"(《论语·子罕》)这里的"闻"也是指声名。皇侃注曰:"若年四十、五十而无声誉闻达于世者,则此人亦不足可畏也。"① 但是,进一步来看,孔子认为,声名只是外在的名望,真正的仁人君子应依靠内在的仁德来成就他的声名。孔子说:"君子去仁,恶乎成名?"(《论语·里仁》)其实,邢昺《论语注疏》在解释前引两章的时候,也都将其解释为"修德""积学成德",这种解释和皇侃的注释并不冲突。只有真正的德行才能被世人所褒奖,获得生前身后的美名。例如,伯夷、叔齐作为古之贤人,其事迹一直流传后世,声名远扬,但孔子认为他们"求仁而得仁"(《论语·述而》),他们的声名依然是由于其仁德。因此,孔子重视君子的声名,但并不是鼓励人们去一味地追逐外在的虚名、空名,而是要以成就君子的仁德为最终目标。

孔门弟子中,子张比较重视声名。《论语》中记载:

> 子张问:"士何如斯可谓之达矣?"子曰:"何哉,尔所谓达者?"子张对曰:"在邦必闻,在家必闻。"子曰:"是闻也,非达也。夫达也者,质直而好义,察言而观色,虑以下人。在邦必达,在家必达。夫闻也者,色取仁而行违,居之不疑。在邦必闻,在家必闻。"(《论语·颜渊》)

"达"即通达,皇侃注为"谓身命通达也",与"穷"相对。但子张对"达"的理解就是"闻",即外在的声誉。何晏《集解》引郑玄注曰:"言士之所在,皆能有名誉。"② 但是在孔子看来,"达"和"闻"之间有本质的区别,真正的"达"有内在的德性,如朱子所说:"闻与达相似而不同,乃诚伪之所以分,学者不可不审也。"③ 孔子的批评及对"达"与"闻"的区分,子张也许都会采纳,但从这里的对话也可以看出,子张还是有比较注重外在声名的一面。

---

① 黄怀信:《论语汇校集释》,第814页。
② 黄怀信:《论语汇校集释》,第1124页。
③ (宋)朱熹:《四书章句集注》,第138页。

《大戴礼记·子张问入官》是集中讨论为官之道的一篇文献。因《论语》中有子张学干禄、子张问政的记载，因此这一篇应当也是子张后学根据《论语》的相关记载敷衍而成。篇中反复强调，君子如果能做到"自行此六路者"或"除七路者"，就可以做到"身安誉至而政从矣"。在此篇作者看来，追求政治上的美誉也是重要的政治目标之一。"故君子欲誉，则谨其所便；欲名，则谨于左右"，严格防范便嬖近臣，是重要的为政措施，同样这也可以给君主带来美誉。

从这些资料来看，子张及其学派是重视声名的。《儒行》篇突出强调儒者的高尚名节，也和子张之儒有关。

最后，我们再来看《儒行》中有关于交友的一则：

> 儒有合志同方，营道同术，并立则乐，相下不厌，久不相见，闻流言不信。其行本方立义，同而进，不同而退，其交友有如此者。

儒家非常看重朋友关系，《论语》开篇就说"有朋自远方来，不亦乐乎"，孟子更是将朋友看作"五伦"之一。朋友对于士人君子学业的增进、德性的养成，都有非常重要的作用。因此，《儒行》篇在论述儒者应有之品格时，也提到了交友这一方面。《儒行》篇提出儒者交友的原则是志同道合，这本是交友的基本准则，并无特殊之处，但《儒行》篇还提出儒者应当"慕贤而容众，毁方而瓦合"，并认为这是儒者应有的"宽裕"态度。其中"毁方而瓦合"，据郑注："去己之大圭角，下与众人小合也。必瓦合者，亦君子为道不远人。"孔疏："方，谓物之方正，有圭角锋芒也。瓦合，谓瓦器破而相合也。言儒者身虽方正，毁屈己之方正，下同瓦细，如破去圭角，与瓦器相合也。"① 这是以圭角比喻君子，以瓦器比喻众人，说明君子在与人相处时的爱众、容众之意。这其实也是君子交友的一条重要准则。而这也正是子张对于交友的看法。

《论语·子张》篇记载了子张关于交友原则的一段论述：

---

① （唐）孔颖达：《礼记正义》卷六六《儒行》，第2226—2227页。

子夏之门人问交于子张。子张曰："子夏云何？"对曰："子夏曰：'可者与之，其不可者拒之。'"子张曰："异乎吾所闻：君子尊贤而容众，嘉善而矜不能。我之大贤与，于人何所不容？我之不贤与，人将拒我，如之何其拒人也？"

子夏的交友原则比较严格，可能是受到孔子"无友不如己者"（《论语·学而》）的影响。相对来说，子张的交友观则比较宽容。《儒行》篇说的"慕贤而容众，毁方而瓦合"，正与《论语》记载的子张的看法是一致的。

从以上几个方面来看，我们认为，《儒行》篇中所提出的儒者十七条，其内容虽然大多都是儒家普遍认可的主张，但更加深入地分析，其中还是有一些和子张的思想更加接近和相通之处。即使学者比较看重的《儒行》篇重视儒者的勇武之气，也和子张有一些关系。《太平御览》引《庄子》，其中有孔子之言曰："子路勇且多力，其次子贡为智，曾子为孝，颜回为仁，子张为武。"[①] 此话不见于今本《庄子》，其可信程度还是有一些疑问的，但也可以作为参考。因此，我们可以判定，若从学派属性的整体角度来看，《儒行》篇应当属于子张之儒，是子张后学的作品。

三

　　战国时期，随着士人作为一个独立的阶层在社会的政治、外交、军事及文化领域产生越来越重要的影响，士人的主体意识和独立意识也空前高涨。在这个方面儒家起了重要的推动和催化作用。孔子说："士志于道，而耻恶衣恶食者，未足与议也。"（《论语·里仁》）曾子说："士不可以不弘毅，任重而道远。仁以为己任，不亦重乎？死而后已，不亦远乎？"（《论语·泰伯》）《孟子》书中也有同样的记载：

[①] 《太平御览》卷九一五，中华书局1960年版，第4056页。

> 王子垫问曰:"士何事?"孟子曰:"尚志。"曰:"何谓尚志?"曰:"仁义而已矣。"(《孟子·尽心上》)

儒家将士人定义为文化、价值的承担者,高扬了士人的主体意识和独立性,赋予了他们重要的历史使命。同时,由于战国时期各国生死存亡的竞争异常激烈,为了能够在严酷的竞争中生存,各国君主都采取了各种手段,其中招揽人才、礼贤下士也成为一时之风气,典型的有魏文侯尊子夏和鲁缪公尊子思,而战国中后期齐国稷下学宫"不治而议论"的自由氛围,更促成了士人独立意识的增强。儒家学者尤其认为,士人与君主应当是一种师友的关系,强调道高于势、从道不从君,在权力面前突出强调了士人的主体地位。孟子说:

> 以位,则子,君也,我,臣也,何敢与君友也?以德,则子事我者也,奚可以与我友?(《孟子·万章下》)
> 古之贤王好善而忘势,古之贤士何独不然?乐其道而忘人之势,故王公不致敬尽礼,则不得亟见之。见且由不得亟,而况得而臣之乎?(《孟子·尽心上》)

孟子强调道高于势,君主应当以师友之礼待士人,在儒家内部是一种有代表性的看法。由于儒学在战国时期具有"显学"的地位,因而儒家的这种主张对于士人产生了极大的影响,成为促成士人弘扬主体性的重要因素。正是在这种时代氛围之下,《儒行》篇进而对儒者的行为还有这样的规定:

> 儒有上不臣天子,下不事诸侯,慎静而尚宽,强毅以与人,博学以知服,近文章,砥厉廉隅,虽分国,如锱铢,不臣不仕:其规为有如此者。

这里强调的是儒者应有蔑视权贵、不与世俗同流合污,追求高尚名节的气度。这种思想虽然和上引孔孟的思想都有相通相合之处,但其实在某

从《儒行》到《儒效》：先秦儒学的发展与转折

些方面更为激进，因此也就超越了儒学所允许的范围，有背离儒学的倾向。

据《论语》的记载，孔子曾批评当时的隐者长沮、桀溺说："鸟兽不可与同群，吾非斯人之徒与而谁与？"（《论语·微子》）孔颖达就用长沮、桀溺来解释《儒行》篇的"下不事诸侯"①一句。《论语》同篇还记载子路批评荷蓧杖人说："不仕无义。长幼之节，不可废也，君臣之义，如之何其废之？欲洁其身，而乱大伦。君子之仕也，行其义也。"此后孟子也认为，当时一般人所说的"盛德之士，君不得而臣，父不得而子"，并非君子之言，而是"齐东野人之语也"（《孟子·万章上》）。从孔子、子路和孟子的看法可以看出，在儒家看来，长沮、桀溺等隐者逃离君臣关系，这是不可取的，实际上也是完全不可能的。因为在他们看来，"内则父子，外则君臣"，"父子有亲，君臣有义"，这是人伦秩序的根本，也是儒家的本质内核之一。如果否定了这一点，其实也就背离了儒学的本质。因此，《儒行》篇中所说的"儒有上不臣天子，下不事诸侯"，就受到战国时期儒学主流的批评。

这里我们可以战国时期著名的陈仲子为例。陈仲子就是这样一位"上不臣天子，下不事诸侯，慎静而尚宽，强毅以与人"的士人，但他的行为受到孟子和荀子一致的批评。据《孟子》记载：

> 仲子，齐之世家也。兄戴，盖禄万钟。以兄之禄为不义之禄而不食也，以兄之室为不义之室而不居也，避兄离母，处于於陵。他日归，则有馈其兄生鹅者，己频顣曰："恶用是鶂鶂者为哉？"他日，其母杀是鹅也，与之食之。其兄自外至，曰："是鶂鶂之肉也。"出而哇之。（《孟子·滕文公下》）

《战国策》记载赵威后之言曰："於陵子仲尚存乎？是其为人也，上不臣于王，下不治其家，中不索交诸侯。此率民而出于无用者，何为至今不杀乎？"（《战国策·齐策四》）此"子仲"即陈仲子。鲍彪注指出："此

---

① （唐）孔颖达：《礼记正义》卷六六《儒行》，第2231页。

自一人。若《孟子》所称，已是七八十年矣。"认为此於陵仲子与《孟子》书中的陈仲子所处时代前后相差七八十年，因此并非一人。元吴师道补正则曰："此言於陵仲子之行与《孟子》所称者合，恐即此人也。赵惠文王与齐闵王同时，惠文后用事，实孝成之世，其在惠文时，则仲子犹相及。"后来很多学者又做了进一步的考证，认为赵威后所言之於陵仲子与《孟子》书中之陈仲子时期前后相及，因此是一人。① 赵威后说陈仲子"上不臣于王，下不治其家，中不索交诸侯"，正是指他不图慕富贵、鄙视权力，从政治家的眼光来看，这样的人社会影响力巨大，同时对社会的危害也极大。这是从社会政治的角度批评陈仲子以及他所带来的社会风气。

钱穆把战国时期的士人分为劳作派、不仕派、禄仕派、义仕派和退隐派②，这样的划分有一定的道理，但是钱先生将陈仲子划为劳作派，与孟子批评的许行为一类，似可商榷。陈仲子虽然也有"不恃人而食"的一面，但《孟子》书中明言，陈仲子为世家出身，似与许行及墨家相距较远。如果按照此划分，陈仲子大概应当属于不仕派。

《淮南子·氾论训》又说："季襄、陈仲子立节抗行，不入污君之朝，不食乱世之食，遂饿而死。"这里提到的陈仲子，与赵威后的评价一致，也与《孟子》书中的记载相通，正是一位典型的"上不臣天子，下不事诸侯"的士人。陈仲子是否为儒者，史籍中还有不同的记载。高诱注："齐人，孟子弟子，居於陵。"而赵岐《孟子》注则说："齐一介之士，穷不苟求者，是以绝粮而馁也。"焦循认为："以仲子为孟子弟子，未详所出，赵氏所不用也。"③ 无论陈仲子是否为孟子弟子，从《孟子》书及其他资料来看，他应当还是和儒家有一定的关系。

另外，《氾论训》提到的季襄，据高诱注："鲁人，孔子弟子。"王念孙云："孔子弟子无季襄，襄皆当为哀，字之误也。"王念孙认为，《史记·仲尼弟子列传》有公皙哀字季次。季哀即季次。又《索隐》引《孔

---

① 参见范祥雍《战国策笺证》，上海古籍出版社2006年版。
② 参见钱穆《国史大纲》（修订本），商务印书馆1994年版。
③ （清）焦循：《孟子正义》卷一三，中华书局1987年版，第463、464页。

子家语》作公皙克,"克"亦"哀"之误。① 如此看来,《淮南子》中的季襄就是《仲尼弟子列传》之公皙哀字季次。《仲尼弟子列传》引孔子曰:"天下无行,多为家臣,仕于都,唯季次未尝仕。"又《史记·游侠传》中记载:"季次、原宪,闾巷人也,读书怀独行君子之德,义不苟合当世,当世亦笑之。故季次、原宪终身空室蓬户,褐衣疏食不厌。死而已四百余年,而弟子志之不倦。"《孔子家语·弟子解》中载:"公皙哀,齐人,字季沉。鄙天下多仕于大夫家者,是故未尝屈节人臣。孔子特叹贵之。"

《淮南子》将季襄和陈仲子相提并论,说明至少在《淮南子》看来,战国时期的儒学内部有一派主张重视名节,不与权力合作。这也正是《儒行》篇所说的"儒有上不臣天子,下不事诸侯"的行事作风。但是,这种作风不但政治家极为反感,在士人内部,也引起了很多的批评。如《韩非子·外储说左上》中载:

> 齐有居士田仲者,宋人屈谷见之,曰:"谷闻先生之义,不恃(仰)人而食②。今谷有树瓠之道,坚如石,厚而无窍,献之。"仲曰:"夫瓠所贵者,谓其可以盛也。今厚而无窍,则不可剖以盛物;而任重如坚石,则不可以剖而以斟。吾无以瓠为也。"曰:"然,谷将以欲弃之。"今田仲不恃(仰)人而食,亦无益人之国,亦坚瓠之类也。

这里的齐居士田仲就是陈仲子。韩非子一贯地批评儒家无用,他在这里同样也批评陈仲子"无益人之国",也是将陈仲子和儒者看作一类。相比较而言,对陈仲子更为激烈的批评来自儒家。

孟子虽然也以仲子为"巨擘",但还是对陈仲子的行为提出批评。孟子认为,"仲子恶能廉?充仲子之操,则蚓而后可者也"(《孟子·滕文公下》)。在孟子看来,陈仲子之所谓廉,其实已经背离了基本的人伦秩序,

---

① 参见刘文典《淮南鸿烈集解》卷一三《氾论训》,中华书局1989年版。
② (清)王先慎曰:"各本'恃'下有'仰'字,卢文弨云:仰'子疑衍,下《选》注引无。'"王先慎据卢说删"仰"字。参见王先慎《韩非子集解》卷一一《外储说左上》,中华书局1998年版,第271页。

使人不成其为人了。孟子这里的用语虽然比较温和，但其实和他批评杨朱、墨翟"无父无君，是禽兽也"（《孟子·滕文公下》）是一致的。因此，这是对陈仲子的一种非常严厉的批评。荀子则从另外的角度也对陈仲子做了激烈的批评。荀子指出：

> 夫富贵者则类傲之，夫贫贱者则求柔之，是非仁人之情也，是奸人将以盗名于暗世者也，险莫大焉。故曰：盗名不如盗货。田仲、史䲡不如盗也。（《荀子·不苟》）

杨倞注："田仲，齐人，处於陵，不食兄禄，辞富贵，为人灌园，号曰於陵仲子。"① 荀子批评的史䲡也就是史鱼。孔子曾赞扬他说："直哉史鱼！邦有道，如矢；邦无道，如矢。"（《论语·卫灵公》）历代都有学者认为荀子批评陈仲子、史䲡太过。如王应麟说："陈仲子犹可议，'直哉史鱼'，以为盗名，可乎？《非十二子》史䲡与子思、孟轲皆在焉，岂有法仲尼而非三子者乎？"日本学者冢田虎说："荀卿每恶此二子者，何也？其恶仲子，无乃示效孟轲氏乎！至乎史䲡，则圣人每所以称其直，而比之盗者，何为其怫焉哉！"② 郝懿行曰："陈仲之廉，史䲡之直，虽未必合于中行，衡之末俗，固可以激浊流，扬清波。荀之此论，将无苛与？"③ 荀子的批评是否太苛刻，还可以继续讨论，这里不做详论。但荀子批评陈仲子和史䲡的原因是他们欺世盗名。而从思想的根源来看，就在于他们违背了人的真实性情。《荀子·非十二子》中载：

> 忍情性，綦溪利跂，苟以分异人为高，不足以合大众，明大分；然而其持之有故，其言之成理，足以欺惑愚众，陈仲、史䲡也。

荀子认为，陈仲子的行为是为博求盛名而故意矫揉造作，这是"小儒"

---

① （清）王先谦：《荀子集解》卷二《不苟》，中华书局1988年版，第52页。
② 王天海：《荀子校释》（修订本），上海古籍出版社2016年版，第115、116页。
③ （清）王先谦：《荀子集解》卷二《不苟》，第52页。

（见《荀子·儒效》），而非真正的儒家精神。

总之，战国时期的名士陈仲子就是一位典型的"上不臣天子，下不事诸侯"的士人。无论他是否真的具有儒学背景，从儒家对陈仲子的批评来看，这种行事作风其实是儒家所不允许的。这也正说明，《儒行》篇中对儒者各方面的规定和肯定，有一些方面其实是和战国时期儒学的主流相背离的，因此受到了主流儒家的批评。荀子虽然是从外部特征批评子张之儒，认为他们"弟陀其冠，神禫其辞，禹行而舜趋"（《荀子·非十二子》），并没有揭示其思想主旨，正如郭沫若所说："荀子骂人每每不揭出别人的宗旨，而只是在枝节上进行人身攻击，这是一例。"[1] 其实，若从思想宗旨来看，荀子正是从社会秩序的整体高度上批评子张之儒背离人伦，以至于走向了儒家的反面。这才是荀子激烈批评子张之儒的一个重要原因。

四

一方面，《儒行》篇通过正面倡导儒者应当具有威严的容仪，刚猛的品格，高尚的名声，来确定儒者的主体地位，表明儒作为一个学派，已经有了相当的自觉。另一方面，随着孔子之后儒学的发展，儒作为一个群体，其内部也有不同的分化。孟子和荀子针对《儒行》提出的儒之为儒的某些规定做了批评，一方面说明到了战国中期，儒学内部的派别分化已经相当复杂，另一方面也说明在儒学的分化中，已有某种发展趋势逐渐超出了主流儒家的设定，并朝着背离儒学的方向演化。在这种儒学分化与发展的时代背景下，真正对儒提出批评，通过对儒之为儒做出反思，以及通过这样的批评与反思超越《儒行》，推动儒学的发展，是战国后期的荀子。

荀子对儒做了不同的划分，有"陋儒""散儒""腐儒""贱儒""俗儒"，也有"沟犹瞀儒""诵数之儒"等，而且还对各种儒做了激烈的批评。他们有的只知道诵读《诗》《书》，有的不知法后王、隆礼义，有的

---

[1] 郭沫若：《儒家八派的批判》，《十批判书》，第123页。

沉默不言、不知用语言表达捍卫圣人之道，有的只重视外表仪容，甚至无廉耻而贪图饮食等。荀子对此做了逐一的批驳。

前文曾指出，礼容本是儒家礼学的一项重要内容，也是儒者的一个重要外在特征。孔子本人就很注重仪容，孔门弟子中子张一派相对来说更加重视容仪。《儒行》篇继承了孔子以来孔门的传统，将衣冠容仪作为儒者的重要品行之一。荀子则对此批评道：

> 吾语汝学者之嵬容：其冠绝，其缨禁缓，其容简连。填填然、狄狄然、莫莫然、瞡瞡然、瞿瞿然、尽尽然、盱盱然。酒食声色之中，则瞒瞒然、瞑瞑然；礼节之中，则疾疾然、訾訾然；劳苦事业之中，则儢儢然、离离然，偷儒而罔，无廉耻而忍谋诟，是学者之嵬也。（《荀子·非十二子》）

> 弟陀其冠，神襌其辞，禹行而舜趋，是子张氏之贱儒也。正其衣冠，齐其颜色，嗛然而终日不言，是子夏氏之贱儒也。偷儒惮事，无廉耻而耆饮食，必曰君子固不用力，是子游氏之贱儒也。彼君子则不然：佚而不惰，劳而不僈，宗原应变，曲得其宜，如是然后圣人也。（《荀子·非十二子》）

荀子对这些儒者诸种丑态的描述，不仅是对当时某些儒者容仪姿态猥琐不堪的批评，更是对他们品格低劣的愤激之辞。这显然是对过分重视容仪的子张一派的批评。这些批评与墨子的"非儒"比较接近。荀子认为，真正的儒者之仪容应当是这样的：

> 士君子之容：其冠进，其衣逢，其容良。俨然、壮然、祺然、蕼然、恢恢然、广广然、昭昭然、荡荡然，是父兄之容也。其冠进，其衣逢，其容悫。俭然、侈然、辅然、端然、訾然、洞然、缀缀然、瞀瞀然，是子弟之容也。（《荀子·非十二子》）

士君子的容仪庄严威武，从容平和。荀子当然不会反对这些舒展大方、恭敬诚实的容仪，而且这样平和中正的容仪正是内在仁德的体现。但是，荀子并不将这些内容作为儒者的本质和最高追求。荀子真正看重和认可的是大儒。荀子在《儒效》篇中对理想中的大儒有非常详细的描述，具体来看，有五个方面。

第一，大儒法先王、隆礼义。这是荀子思想的主旨，也是荀子所认可的大儒的最高标准。

第二，大儒有崇高的道德品质。"人主用之，则势在本朝而宜；不用，则退编百姓而悫，必为顺下矣。虽穷困冻馁，必不以邪道为贪；无置锥之地，而明于持社稷之大义。""虽隐于穷阎漏屋，人莫不贵之，道诚存也。"

第三，大儒有卓越的政治才能。"彼大儒者，虽隐于穷阎漏屋，无置锥之地，而王公不能与之争名；在一大夫之位，则一君不能独畜，一国不能独容，成名况乎诸侯，莫不愿得以为臣。用百里之地，而千里之国莫能与之争胜，笞棰暴国，齐一天下，而莫能倾也。是大儒之征也。其言有类，其行有礼，其举事无悔，其持险应变曲当，与时迁徙，与世偃仰，千举万变，其道一也。是大儒之稽也。""势在人上，则王公之材也；在人下，则社稷之臣，国君之宝也。""大儒者，天子之三公也。"

第四，大儒有极其重要的政治意义。《儒效》篇中说：

> 其为人上也，广大矣！志意定乎内，礼节修乎朝，法则度量正乎官，忠信爱利形乎下。行一不义，杀一无罪而得天下，不为也。此君子义信乎人矣，通于四海，则天下应之如讙。是何也？则贵名白而天下治也。故近者歌讴而乐之，远者竭蹶而趋之。四海之内若一家，通达之属莫不从服，夫是之谓人师。《诗》曰："自西自东，自南自北，无思不服。"此之谓也。夫其为人下也如彼，其为人上也如此，何谓其无益于人之国也！

第五，大儒还有深远的垂示作用和教化意义。"仲尼将为司寇，沈犹氏不敢朝饮其羊，公慎氏出其妻，慎溃氏逾境而徙。鲁之粥牛马者不豫贾，必蚤正以待之也。居于阙党，阙党之子弟罔不分，有亲者取多，孝弟以化之也。儒者在本朝则美政，在下位则美俗。"

从以上几个方面来看，荀子说的大儒其实也正是荀子对儒学的理解。

荀子以周公及孔子和子弓为大儒的标准，也以继承孔子和子弓的思想自居，这说明，从对儒者的自我身份的认同方面来看，从《礼记·儒行》篇对儒之为儒的规定，到《荀子·儒效》篇对大儒的理解，战国时期儒学的发展已经出现了一种明显的转向。用陈来教授的话说，是从心性儒学、文化儒学转向了"政治儒学"。①

《儒行》篇中提出的儒之标准，除了优雅的仪容、勇武刚毅的品德之外，德性也是一个重要的方面，提出儒者应当"澡身而浴德"。《儒行》篇在这方面虽然没有提出什么独特的、有价值的理论，但也基本沿袭了孔子的看法，极力强调儒者应当以仁为根本。篇中说：

> 温良者，仁之本也；敬慎者，仁之地也；宽裕者，仁之作也；孙接者，仁之能也；礼节者，仁之貌也；言谈者，仁之文也；歌乐者，仁之和也；分散者，仁之施也。儒皆兼此而有之，犹且不敢言仁也。

由此可见，在《儒行》篇看来，温良、敬慎、谦逊等德性都是仁德的某一方面的外在体现，而真正的儒者则兼备各种美德，也就是实现了仁德的仁者。从整体来看，《儒行》篇对儒之为儒的强调，偏重于德性（虽然它在这一方面并没有独特的贡献）。但是，荀子对大儒的弘扬与表彰，则显示出对儒之为儒的不同理解，从而也表明了儒学发展的一种变化和转向。

荀子激烈地批评子张之儒、子夏之儒和子游之儒，从表面来看只是抓住了他们的一些外在方面进行不遗余力的攻击，其实从思想内核看，还是荀子和子张、子游等孔门后学对儒学的发展有不同的理解。

荀子理想中的大儒是孔子和子弓。荀子多次将子弓和孔子并提，《荀子·非相》篇又有："帝尧长，帝舜短；文王长，周公短；仲尼长，子弓短。"将孔子和子弓与尧和舜、文王和周公相提并论。杨倞注曰："子弓，

---

① 参见陈来《"儒"的自我理解——荀子说儒的意义》，《北京大学学报》（哲学社会科学版）2007年第5期。

盖仲弓也，言子者，著其为师也。《汉书·儒林传》馯臂字子弓，江东人，受《易》者也。然馯臂传《易》之外，更无所闻，荀卿论说，常与仲尼相配，必非馯臂也。"① 其实，《史记·仲尼弟子列传》的《索隐》和《正义》及后来郭沫若等人提出的荀子称赞的子弓就是馯臂子弓的看法②，杨注就已经否定了。在荀子看来可以和孔子相提并论的子弓，就是孔子弟子冉雍。

《论语》记载孔子对冉雍的评价："雍也可使南面。"（《雍也》）"南面"，何晏《集解》引包咸、皇侃《义疏》、邢昺《注疏》等古注均认为是诸侯。③ 清代学者刘宝楠进一步说：

> 《盐铁论·殊路篇》："七十子皆诸侯卿相之才，可南面者数人。"亦兼天子、诸侯言之。古人为学，皆以尽伦。学也者，效也。学之为父子焉，学之为君臣焉。推之昆弟、夫妇、朋友，莫不各有当然之则，即莫不各有当学之事。舍人伦，无学也。学修于己，自能成物，而得势以行其所学，故能措施裕如，《中庸》所谓"道前定则不穷"者也。《大学》言"格物致知"，而极之"治国平天下"。夫治国平天下，皆天子、诸侯之所有事，而列于《大学》之目，此正言人尽伦之学。若曰为君而后学为君，为臣而后学为臣，则当其未学，便已废伦，一旦假之以权，其不至于败乃事者几希。孟子谓士志仁义，不能"杀一无罪"，此亦指天子、诸侯言之，故曰"大人之事备矣"。大人以位言之，举位则德自见，盖德必称其位，而后为能居其位。故夫天子、诸侯、卿大夫、士位之差，即德之差。其德能为天子而为天子，则舜、禹之由登庸而进也。其德能为天子、诸侯，而仅为卿大夫，或仅为士，则孔、孟之不得位以行其道也。《孟子》云："匹夫而有天下，德必若舜、禹，而又有天子荐之者，故仲尼不有天下。"《荀子》谓"圣人之得势者，舜、禹是也。圣人之不得势

---

① （清）王先谦：《荀子集解》卷三《非相》，第73页。
② 参见郭沫若《儒家八派的批判》，《十批判书》，科学出版社1956年版。又李学勤先生也支持郭说。参见李学勤《周易经传溯源》，长春出版社1992年版。
③ 参见黄怀信《论语汇校集释》，上海古籍出版社2008年版。

者,仲尼、子弓是也。"子弓即仲弓。父子议礼考文作《春秋》,皆天子之事。其答颜子问为邦,兼有四代之制。盖圣贤之学,必极之治国平天下,其不嫌于自任者,正其学之分内事也。夫子极许仲弓,而云"可使南面",其辞隐,其义显。包、郑均指诸侯,刘向则谓天子,说虽不同,要皆通也。近之儒者,谓"为卿大夫",不兼天子、诸侯,证引虽博,未免浅测圣言。①

这里的论述非常详细。孔子称许仲弓可以"南面",就是指天子、诸侯之事,也就是治国平天下。这是儒学的应有之义,并不存在难以理解之处。新近公布的上博简《仲弓》篇,其内容也是以仲弓向孔子请教为政之道为主,这也再次说明子弓思想的特点在为政方面。而荀子在孔门弟子中独称仲弓,也正是从治国平天下的角度,将仲弓和孔子并提。这也说明荀子重视的是儒学中的治道方面。

《史记·仲尼弟子列传》记载"孔子传《易》于瞿,瞿传楚人馯臂子弘",古今很多学者据此从儒家易学传承发展的角度考证,荀子的易学来自馯臂子弓,因此《荀子》书中屡次和仲尼并称的子弓就是馯臂。其实,一方面,荀子易学的传承脉络并不清晰明确,另一方面,同为唐代的学者,杨倞注《荀子》已经否定了司马贞《索隐》和张守节《正义》的看法。我们认为,与其从线索不太清晰明了的易学传承入手,不如直接从思想的大处着眼。荀子推崇的子弓,也就是仲弓。冉雍在《论语》中有明确的记载。他有治国平天下之德与治国平天下之才,这是符合早期儒家的本义的,也与荀子的思想主旨一致,这也正是他极力推崇子弓即仲弓,将他看作是真正的大儒的原因所在。

综上所述,本文得出的结论有四个方面。第一,《礼记·儒行》篇和《荀子·儒效》篇都是战国时期儒学对自身的定位和理解的反映,将二者联系起来考察,可以更加清晰地看出战国儒学发展的脉络及转向。

第二,确定《儒行》篇的时代和学派属性,有助于把《儒行》篇放在战国时期儒学的发展脉络中进行深入的考察,但是本文不同意认为

---

① (清)刘宝楠:《论语正义》卷七《雍也》,中华书局1990年版,第209—210页。

《儒行》篇出自漆雕氏之儒的看法，进而通过思想史的梳理，认为《儒行》篇和子张之儒关系更为密切，应当是子张后学的作品。

第三，《儒行》篇对儒者各方面品行的刻画，虽然在整体上反映了儒学的特征，但也有一些内容其实已经溢出了主流儒学的范围，因而也受到儒家一致的批评。这也反映出战国儒学其实有不同的发展面向。

第四，荀子严厉地批评了"俗儒""贱儒""小儒"，同时提出了大儒理想，相对于《儒行》篇而言，《儒效》篇对儒者的定位与理解已经有了极大的提升与飞跃。这一方面说明荀子通过对儒者形象的规定进而对儒学有了更进一步的推进，同时在很大程度上也扭转了儒学发展的路径，即荀子更加重视儒学中的政治品性。这是荀子思想的重要特征，而且也深刻地影响到汉代儒学的发展。

荀子的"政治正当性"理论[*]
——以权力来源为中心

林宏星

（复旦大学哲学系）

摘要：有关荀子"政治正当性"的主张，学者已经进行了许多有益的探讨。站在现代政治哲学的角度看，"政治正当性"所预认的观念前提，乃民众的自我意志的自由和自决，舍此，则任何权力的"正当"或"不正当"皆无从谈起。正是从这一前提出发，我们看到，荀子在权力来源的问题上并不曾追问权力本身的正当性问题，而更多的是在意统治者统治权力在效果上的合理性问题，而造成此一结果的原因，一方面与荀子重德的理论相关，另一方面则与荀子对民众的看法紧密相关。

关键词：荀子　政治正当性　权力来源

一

"政治正当性"是一个现代政治哲学的概念，以此一概念为基础探讨传统政治思想的得失，已然成为当今学者常常致力的工作。有关荀子

---

[*] 本文为国家社会科学基金重点项目"荀子政治哲学研究"（项目编号：15AZX010）的阶段性成果；另已发表于《现代哲学》2019年第5期。

的政治正当性理论，学者也已多有研究，且主张各异，看法不一。本文无意对此作详细的检讨，但试图说明，就此一概念的现代含义而言，"政治正当性"所预认的观念前提，乃自我意志的自由和自决，舍此，则任何权力的"正当"或"不正当"皆无从谈起。正是从这一前提出发，本文所要说明的目的有三个方面：其一，尽管我们可以用"政治正当性"这一概念来说明荀子的相关主张，但在权力来源的问题上，荀子并不曾追问权力本身的正当性问题，我们也可以说，荀子对权力之正当性问题有其特殊的关心和了解方式；其二，坊间许多学者论述的荀子的"权力正当性"，其实义乃权力行使的合理性，换言之，荀子并不曾关注权力在根据上的正当性，而只在乎权力在效果上的合理性；最后，文章检讨了荀子只重权力在效果上的合理性的原因。

那么，"政治正当性"问题是在何种意义上关联到荀子的思想论述？依荀子的说法，"人生而有欲，欲而不得，则不能无求。求而无度量分界，则不能不争；争则乱，乱则穷。先王恶其乱也，故制礼义以分之"（《礼论》）[①]。在此一段中，荀子已清楚地向我们表明，人类要实现自己的欲望和保证自身的生存，只有依靠先王（圣王）"制礼义以分之"；而圣王由于其优异的德能及其"尽伦尽制"（《解蔽》）的特点，故而可以获得人们的信赖，并带领人们摆脱"争乱穷"的状态，实现和平、安全和秩序。

不过，荀子所说的圣王是"尽伦尽制"，在观念形态上类似韦伯所谓的"理想型分析"（ideal type analysis），盖凡言"尽"者皆就理想说。但从政治哲学来看，"尽制"必指向现实的外王层面，例如一个合宜的社会组织结构为什么"贵贱有等，长幼有差，贫富轻重皆有称者也"（《礼论》）？此"等""差""称"的标准由谁来制定？又凭什么来制定？在何种意义上我们有服从这些标准的道德义务？类似问题涉及组织社会国家中的具体的权力结构安排及此权力结构中不可避免的支配和服从关系，因而，着力呈现出此种权力结构中的"支配——服从"关系中的逻辑并非是一项可有可无的工作。虽然依荀子的主张，我们似乎有足够的理由

[①] 本文采用的《荀子》版本为李涤生的《荀子集释》，台北：台湾学生书局1979年版。

去承认圣王所建立的权力结构及国家制度的必要性和合理性：相对自然状态下人类"悖乱而相亡不待顷矣"的结果而言，没有比圣王的这种组织和安排更好的了。然而，这种说法本身并没有终止哲学层面上的追问：我们需要给出一些坚实的理由来说明，具体的现实层面上的权力统治如何能够获得道德的有效辩护？或者说，我们需要有一种同样坚实的论证来表明我们有一种服从政治权力统治的道德义务，否则，类似"凭什么支配？为什么服从？"的疑问便会始终存在于人们的心灵之中。此一问题在理论上涉及"政治的正当性"问题。

"政治正当性"（political legitimacy）一词原本是西方政治哲学的概念，而对此一概念所包含的具体内容的理解则头绪繁多，颇为复杂。① 按照哈贝马斯的说法，"正当性意谓着对于一个政治秩序所提出的被肯认为对的及公正的（right and just）这项要求实际上存在着好的论证；一个正当的秩序应当得到肯认（recognition）。正当性意谓着政治秩序之被肯认之值得性（worthiness to be recognized）"②。石元康先生对此指出，哈贝马斯此一有关正当性的定义有两个主要方面值得我们注意。一是把政治秩序问题看作正当性的评价对象，亦即任何政治秩序的达成，对于统治者和被统治者而言，权力必须要有一个道德基础，以便"使得统治者可以统治得心安理得，而被统治者也认为统治者统治的权力是正当的"。二是正当性所涉及的"肯认"和"值得性"，即在政治秩序"这个组织中的人必须认识并且接受这种权力及不平等的安排是有基础及公正的，因而值得人们给予他们肯认"。不过，对于浸淫在当今中西比较气氛日益浓厚中的学者而言，或许会很自然地追问，作为一种与西方不同类型的文明，中国"古代有没有正当性这个问题，最开始是如何关心这个问题的？

---

① 相关学者的研究可参见［德］马克斯·韦伯《经济与历史：支配的类型》，康乐等译，广西师范大学出版社2010年版；周濂《现代政治的正当性基础》，生活·读书·新知三联书店2008年版；［加拿大］大卫·戴岑豪斯《合法性与正当性》，刘毅译，商务印书馆2013年版；［美］约翰·西蒙斯《正当性与合法性》，毛兴贵译，《世界哲学》2016年第2期等。

② 转引自石元康《天命与正当性：从韦伯的分类看儒家的政道》，《开放时代》1999年第6期。亦可参见［德］哈贝马斯《交往与社会进化》，张博树译，重庆出版社1989年版。

又会在什么样的视野和概念框架中,以什么样的语言词汇提出这样的问题?"① 类似的追问把正当性问题放入不同文化和传统的脉络中来理解,使得对正当性的具体含义及其理解变得更为复杂。无疑的,正当性问题在中西不同的传统中可能有不同的探究方法和途径,但假如我们把正当性问题作为一个普遍问题来理解,那么,透过对正当性问题的不同的言说方式,中西之间虽会有差异,但此一问题本身的理论有效性依然值得我们重视,任何权力的统治本身皆需要提供一套理由来证明其自身是对的,是可接受的。没有理由支持的权力,人们不会接受它的统治,按学者的说法,"在政治领域中,只要存在支配——服从关系就会有正当化的诉求。并且无论我们如何构想正当性的具体内容,正当性都是对支配关系所做的某种道德证成。这种道德证成并非可有可无,它可以通过使支配者拥有发布命令的权利、被支配者负有服从命令的义务,从而确保社会政治秩序的稳定性"②。

就西方政治哲学史的角度看,正当性问题涉及许多复杂的面相,我们不可能一一加以梳理和探究,故而本文所讨论的荀子的"政治正当性"理论主要指的是荀子有关政治权力的正当性主张,而且我们还要说明的是,此处所谓荀子有关政治权力的正当性主张我们又主要探讨荀子有关权力来源的正当性问题而不及其余,这是需要首先加以说明的。③

二

我们通常会认为,中国传统思想中最早有关权力的来源及其正当性的文献在周初的《尚书》和战国中期的《孟子》中有较具代表性的说明,

---

① 许纪霖、刘擎等:《政治正当性的古今中西对话》,漓江出版社2013年版,第8页(刘擎语)。
② 周濂:《现代政治的正当性基础》,生活·读书·新知三联书店2008年版,第5页。
③ 政治权力的正当性在理论上涉及权力的来源、权力的更迭及权力的制约等多方面的问题,此处只论及权力来源的正当性问题,至于权力更迭和权力制约的正当性问题,笔者已有另文处理。

不过，在此一问题上，荀子的主张既不同于《尚书》的天命观，也不同于孟子的命定论，而表现出其政治哲学自身的特色。

"小邦周克大邦殷"之后需要有一套理论来说服旧有的殷商民众，并为其"夺权"行为进行正当性辩护。按照周公的说法，是上天改变了天下的元首，结束了大邦殷的国命①，不是小邦周胆敢取大邦殷的命，是因为上天不把天命给那些诬枉而又暴乱的人②，小邦周只是佑助天命，奉行上天的明威，执行王者的诛罚而已③。而上天之所以改厥元子，并不是上天刻意要舍弃夏或舍弃殷，而是因为你们夏、殷的君王纵于淫佚，夸大天命，不敬上天保民爱民之德，故而上天降下亡国的大祸。④ 周公对此总结道："我不可不监于有夏，亦不可不监于有殷。我不敢知曰，有夏服天命，惟有历年；我不敢知曰，不其延。惟不敬厥德，乃早坠厥命。我不敢知曰，有殷受天命，惟有历年；我不敢知曰，不其延。惟不敬厥德，乃早坠厥命。"（《尚书·召诰》）综上可见，周人天命观的核心在于，统治者权力来源的"正当性"是上天所给予的，但"天命靡常"，天命不可依恃，统治者惟当终日乾乾，敬德保民，否则，上天仍会"降丧"而收回成命，故云"皇天无亲，惟德是辅"（《尚书·蔡仲之命》）⑤。可以说，"天命""敬德""保民"构成了周人"政治正当性"的基本内涵。

逮至"捐礼让而贵战争，弃仁义而用诈谲"⑥的战国时代，孟子已

---

① "皇天上帝，改厥元子，兹大国殷之命。"（《尚书·召诰》，载顾颉刚、刘起釪《尚书校释译论》，中华书局2005年版）。

② "非我小国敢弋殷命，惟天不畀允罔固乱。"（《尚书·多士》）

③ "我有周佑命，将天明威，致王罚，敕殷命终于帝。"（《尚书·多士》）

④ "非天庸释有夏，非天庸释有殷。乃惟尔辟以尔多方大淫，图天之命屑有辞。乃惟有夏图厥政，不集于享，天降时丧，有邦间之。乃惟尔商后王逸厥逸，图厥政不蠲烝，天惟降时丧。"《尚书·多方》

⑤ 在某种意义上，我们的确可以指出，周人的这种"惟不敬厥德，乃早坠厥命"的天命观似乎在敬德与获得天命之间建立了某种因果关系，丧德者亡国，敬德者保有天命。倘若如此，则丧德者亡国可生发出一种正面的积极的警励意识；而敬德者保有天命，则天命原有的最终决定权的意义便一转而系于统治者人为的主观方面的努力，而有可能使天命的绝对性被架空。

⑥ （汉）刘向：《战国策·叙录》，上海古籍出版社1985年版。

清楚地认识到"不仁者在高位,是播其恶于众也"(《孟子·离娄上》)①,故孟子力主统治者当以不忍人之心行不忍人之政。孟子注重民意,"民为贵,社稷次之,君为轻"以及"天视自我民视,天听自我民听"的说法向来为学者所称道,表现出民心向背的重要性②。不过,在权力的来源的正当性问题上,孟子的一套论说却基本上承袭周人的主张。孟子在回应万章问"舜有天下也,孰与之"的问题时,直接以"天与之"作答,《万章上》记云:"万章曰:'尧以天下与舜,有诸?'孟子曰:'否。天子不能以天下与人。''然则舜有天下也,孰与之?'曰:'天与之。'"在孟子看来,统治者(舜)君临天下的权力来源于上天,既不是尧给予舜,也不是民众主观意志的赋予。当万章问孟子:"人有言,'至于禹而德衰,不传于贤,而传于子。'有诸?"孟子明确地回答道:"否,不然也。天与贤,则与贤;天与子,则与子。"但天不能言,其如何将权力与人?孟子认为,需要天子向天推荐而天接受他,向民推荐而民接受他。孟子此处似乎认为,统治者权力的来源是以天意和民众的福祉(民意)为基础的。不过,在最终意义上,天意却不由民意来决定,天与之,则与之,"非人之所能为也"(《万章上》),换言之,民众并没有决定统治者在位与否的最终权力,统治者丧德而沦为暴君,民众可以推翻他,但即便如此,民众的行为也不是自己主观意志的表达,而只是"替天行道"的表现而已。因此,在统治者权力来源的问题上,孟子大体承袭周人的主张,若必辩其异者,则孟子已由周人的天命论反倒走向命定论或命运论。③

那么,荀子是如何说明统治者权力来源的正当性呢?在《荀子》一书中,与"权力"一词相近的概念是"势",故云"天子者,势位至尊,无敌于天下"(《正论》)。又,依荀子"薄愿厚,恶愿美,狭愿

---

① 本文采用的《孟子》版本为杨伯峻的《孟子译注》,中华书局 2010 年版。
② 《孟子·梁惠王下》有一段记录可清楚看到此一点。"齐人伐燕,胜之。宣王问曰:'或谓寡人勿取,或谓寡人取之。以万乘之国,伐万乘之国,五旬而举之,人力不至于此。不取,必有天殃。取之,何如?'孟子对曰:'取之而燕民悦,则取之……取之而燕民不悦,则勿取。'"
③ 参见傅斯年《性命古训辨证》,广西师范大学出版社 2006 年版。当然,孟子也发展出了一套"尽其道而死者正命也"(《尽心上》)的正命论。

广，贫愿富，贱愿贵"（《性恶》）的逻辑，追求权力（势位）应是人性的内在要求，所以，荀子认为，"夫贵为天子，富有天下，是人情之所同欲也"（《荣辱》）。事实上，相比于孟子，荀子更清楚地认识到政治的本质是权力，同时也真切地看到了权力在教化民众、实现秩序中的重要意义，依荀子，"人之生固小人，无师无法则唯利之见耳。人之生固小人，又以遇乱世，得乱俗，是以小重小也，以乱得乱也。君子非得势以临之，则无由得开内焉"（《荣辱》）。然而，统治者如何"得势"以临之？我们曾经说过，面对"德"与"位（势）"的分离，荀子虽心生幽怨与无奈①，同时也表现出对"德位合一"的理想形态的向往，但在此一形态破裂以后，他依然坚持以德致位，鄙视"无礼义而唯权势之嗜者"（《非十二子》），期待"尽伦尽制"的圣王再世②。因此，在统治者统治权力的来源上，荀子既否定了周人的天命论，也不同于孟子的命定论。在荀子看来，天只是自然之天，"天行有常，不为尧存，不为桀亡"（《天论》），天不是一个人格神，并没有命人予权力的意志，而统治者的统治权力也不是"莫之为而为""莫之致而致"（《孟子·万章上》）的上天或命运的安排。依荀子，统治者权力来源的正当性应当在权力的起源上得到恰当的说明，质言之，统治者之统治权力当因其优异的德（能）及其为民众带来实际的福祉而获得民众的认可。

不过，在具体论述荀子的主张之前，我们在理论上首先应当区分权力在根据上的正当性和在效果上的正当性（其实义当为合理性或证成性）这两个并不相同的概念，换言之，我们既不能只说明根据的正当性而无视效果的正当性，也不能以效果的正当性（合理性）来取代根据的正当性。之所以要提出此一区分，乃主要源于坊间有些学者在论及荀子有关权力来源的正当性问题上多以效果来代替根据，使得正当性问题化转

---

① 如荀子云："今有其人，不遇其时，虽贤，其能行乎？苟遇其时，何难之有？"（《宥坐》）

② 参阅拙文《荀子的圣王观念》，《杭州师范大学学报》（社会科学版）2018年第6期。

成为"证成性"问题，若站在现代政治哲学的角度，在权力来源的问题上，所谓根据的正当性说的是统治者的统治权力是否获得被统治者的意志同意（谓自由自决）；而所谓效果的正当性指的是统治者权力作用的结果在客观上符合被统治者的期许和利益要求。虽然此两者互有关联和重叠，但并不相同，如即便统治者的统治权力获得了被统治者的意志同意，但如果此权力作用的结果造成国家混乱，民众流离失所，那么，其正当性的辩护效力将会遭到极大的减弱；反过来，我们也不能以效果的正当性（合理性或证成性）来取代根据的正当性，效果是权力运用给民众带来的实际利益和福祉，但权力来源的正当性根据关注的是统治者所获得的统治权力是否取得被统治者的意志同意此一根本的道德基础，故而以效果或所获得的实际利益为权力来源的正当性正名并不完全合适和如理。①周濂教授曾举例说明此中关系，简洁而明晰：张三会定期将自己的车开到服务优良的某洗车厂清洗，但一天他因红绿灯将车停在某十字路口时，一小孩并未征得张三同意便开始擅自洗车，小孩的洗车技术和服务态度都好，也是张三所要的，但当小孩向张三要洗车费时，张三拒绝了。通过此一事件，我们可得出的结论是：小孩的洗车行为并没有正当性，因为他没有征得张三的意志同意；但由于小孩的服务质量和态度良好，也是张三所希望的，故小孩的洗车行为有合理性（证成性）。②

三

假如我们以上述有关根据的正当性和效果的正当性（合理性或证成

---

① 有关正当性与证成性的关系并非本文所欲讨论的重点，周濂认为，"一个政治权力哪怕拥有再多的证成性，也无法推出它就拥有正当性，但是一个原本具备正当性的政治权力，如果它缺乏足够的证成性，例如缺乏基本正义、民不聊生、社会动荡不安，就一定会削弱它的正当性……"参见氏著《现代政治的正当性基础》，生活·读书·新知三联书店2008年版。

② 参见许纪霖、刘擎等《政治正当性的古今中西对话》，漓江出版社2013年版。

性）之间的关系作为理论的判准，那么，我们不难看到，在权力来源的正当性问题上，荀子和传统儒家大凡皆以效果的正当性（合理性或证成性）来取代和说明根据的正当性。我们暂且从《富国》篇开头的一段开始分析，荀子云：

> 万物同宇而异体，无宜而有用为人，数也。人伦并处，同求而异道，同欲而异知，生也。皆有可也，知愚同；所可异也，知愚分。势同而知异，行私而无祸，纵欲而不穷，则民心奋而不可说也。如是，则知者未得治也；知者未得治，则功名未成也；功名未成，则群众未县也；群众未县，则君臣未立也。无君以制臣，无上以制下，天下害生纵欲。欲恶同物，欲多而物寡，寡则必争矣。故百技所成，所以养一人也。而能不能兼技，人不能兼官。离居不相待则穷，群居而无分则争；穷者患也，争者祸也，救患除祸，则莫若明分使群矣。强胁弱也，知惧愚也，民下违上，少陵长，不以德为政：如是，则老弱有失养之忧，而壮者有分争之祸矣。事业所恶也，功利所好也，职业无分：如是，则人有树事之患，而有争功之祸矣。男女之合，夫妇之分，婚姻娉内，送逆无礼：如是，则人有失合之忧，而有争色之祸矣。故知者为之分也。

此段文字被学者认为是荀子思想中极为重要的内容，梁启超先生则将之视为理解荀子政论的"出发点"之一①。依荀子，在前政治社会的群居生活中，原初人与人之间聚族而居，"同求而异道，同欲而异知"，并没有什么等级差别，人人原则上各凭自己的智能而各尽其力，各遂其生。在此时期中，虽然人群地位相同，没有尊卑贵贱之别，但人与人之间由于知识不同，而有智愚之分。然而，因为没有相应的政治制度和管理组织，导致智愚同势，智者并没有机会行其治道，建其功业，结果天下之害便生于人人纵欲行私，及其至也，则不免而有"强者害弱而夺之，众

---

① 梁启超：《先秦政治思想史》，上海古籍出版社2014年版，第101页。

者暴寡而哗之，天下悖乱而相亡，不待顷矣"（《性恶》）的局面。然而，为了逃离这种"强胁弱也，知惧愚也"①，天下悖乱而相亡的状态，难道我们可以去过一种离群独居的生活吗？荀子显然认为这并不是一种可行的选择。依荀子，人的生命在宇宙万物中其实显得十分的弱小，人"力不若牛，走不若马"，但若要以"牛马为用"（《王制》），依靠单个人的力量来满足自己的欲望并不可能，"百技所成，所以养一人也。而能不能兼技，人不能兼官，离居不相待则穷"。此正所谓一人之所需，百工之为筹，故云"人之生不能无群"（《富国》），人类必须合作，结成团体，组成社会国家，非此则不能"胜物"以有度地满足人的欲望，确保人类的生存。然而，由于人的欲望贪得无厌②，而满足欲望的物品又有限，故若"从人之欲，则势不能容，物不能赡也"（《荣辱》），而物不赡则争，争则乱；同时，人情又是如此，劳苦之事皆为人所厌恶，而劳苦所得的成果又皆为人人所喜欢，长此以往，人人就会以建立自己的事业为苦，而有争夺他人之成果的祸患。至此，荀子认为，为了"救患除祸"，息争止乱，必须有优异的智者出来，领导群伦，明定尊卑贵贱之分，使众人和谐相处。③

我们不妨说此处荀子是以浓缩的方式为我们描述了一幅"自然状态"的图像，而为了摆脱此一"争乱穷"的困局，荀子则以"知者为之分也"

---

① "惧"训"恐吓"（李涤生：《荀子集释》，第198页），或"欺凌之使之恐惧"（熊公哲注译：《荀子》（上），重庆出版社2009年版，第182页）。张觉训"惧"为"害怕"（张觉：《荀子译注》，上海古籍出版社2012年版，第118页）。

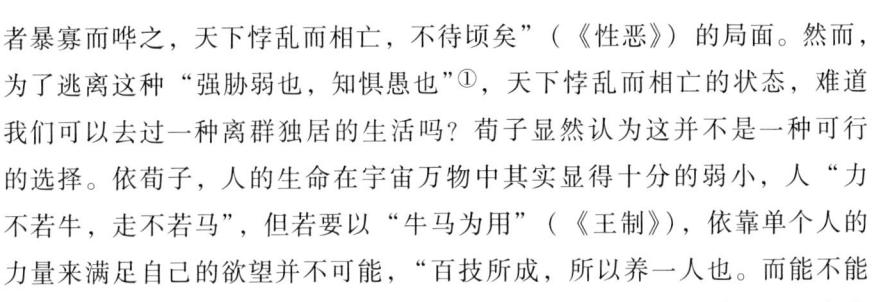

② 《荀子·荣辱》篇云："人之情，食欲有刍豢，衣欲有文绣，行欲有舆马，又欲夫余财蓄积之富也；然而穷年累世不知不足，是人之情也。"

③ 荀子的这种观点或看法在来源上或受到了《管子》的影响，如《管子》中云："古者未有君臣上下之别，未有夫妇妃匹之合，兽处群居，以力相征。于是智者诈愚，强者凌弱，老幼孤独不得其所……智者假众力以禁强虐，而暴人止，为民兴利除害，正民之德，而民师之。"（《管子·君臣下》，参见黎翔凤《管子校注》，中华书局2004年版）黄宗羲《原君》所谓"有生之初，人各自私也，人各自利也。天下有公利而莫或兴之，有公害而莫或除之。有人者出，不以一己之利为利，而使天下受其利；不以一己之害为害，而使天下释其害"。大体也与此相关。但黄宗羲认为，人主之所出乃"受命于天，原非得已"（《奄宦下》），这一说法与周人和孟子的主张似乎没有多少差别（沈善洪主编《黄宗羲全集》，浙江古籍出版社2005年版）。

一语作结，此一说法包含多重含义。首先，在荀子看来，摆脱前政治社会的争乱状态，进入政治社会的"支配—服从"关系，亦即在权力的最初起源上，是以智者获得其统治地位作为标志的，智者不出，人群便仍处于只考虑其自然本性的状态，仍服从于丛林法则。其次，"群而有分"是组成社会，达致和谐与秩序的最佳方案，唯待有"分"，方能凝定人群，区分职业等级，组成社会国家，进而有效地建立秩序，故云："有夫分义，则容天下而治；无分义，则一妻一妾而乱。"（《大略》）① 然而，此处我们更关心的是，能够明分、定分的智者指的是谁？智者凭什么或通过何种途径为人群明职定分？换言之，智者为人群定分的权力是如何获得的？

先说定分的智者。按荀子在《礼论》《荣辱》《王制》等篇的说法，是"先王制礼义以分之"，故而定分的原则是礼义，定分的主体是"先王"，但"先王"又常常与"圣王""圣人""仁者"等说法相同或相似，而在此《富国》篇中，荀子则说以"智者为之分"。如是，"智者"当与"先王""圣王"等说法同义；且同在此篇中，荀子又认为，"人之生不能无群，群而无分则争，争则乱，乱则穷矣。故无分者，人之大害也；有分者，天下之本利也；而人君者，所以管分之枢要也"。所谓"管分之枢要"指的是掌管定分的关键或核心，如此看来，"智者"也可以指的是"人君"，而"人君"是社会国家中握有最高权力的统治者，所需指出的是，在此一意义上的"智者"或"人君"乃是在合知虑和德能为一体的

---

① 对于荀子言"分"所包含的含义，陈大齐先生有概括的说明（参见氏著《荀子学说》，台北：中华文化出版事业社1956年版）。Eirik Lang Harris 论荀子的政治哲学，专门有一节论"分"（allotments）。依 Harris，"分"对于荀子的政治哲学具有特别重要的意义，同时也是理解其组成社会概念的核心。Harris 不同意佐藤将之（Masayuki Sato）将"分"理解为规范性的概念，而认为其是描述性的概念，在他看来，暴君（the tyrant）的分虽然使其国家和人们的生活遭遇危险，然而，他的定分的事实表明他的"分"一点也不合理。不过，假如我们紧扣着荀子言"知者为之分"及其类似脉络来看，荀子此一意义上的"分"显然是一富含价值意义的规范概念，这从荀子论君道的"四统"及大量的相关论述中可以清楚地看到。参见 Eirik Lang Harris, "Xunzi's Political Philosophy", in Eric L. Hutton, eds., *Dao Companion to the Philosophy of Xunzi*, Dordrecht: Springer, 2016.

角度上说的。①

　　显然，去除不必要的辨析，我们关注的问题是"智者"或"人君"最初是依靠什么来获得权力的？综合《荀子》一书的相关论述，我们可以直接指出，"智者"或"人君"之所以能取得其统治的权力，主要是由于其超卓优异的知虑和德能及此知虑和德能（我们也可简洁地称之为德能，或干脆称之为德）带给民众的实际效果而获得权力。② 民众所以拥立人君，给予他绝对的地位和权力，首先是因为他们道德权威（知虑与德能）的身份，并以此道德权威使得其政治权力"正当化"，而不是首先经由民众的意志同意而后给予人君权力。③ 由民众意志达成一致的方法给予人君权力，在荀子思想中是不可想象的。若紧扣着《富国》篇的脉络，则民众是在"欲多而物寡"的前提下，为了除患避祸、止争息乱，赢得安全与和平，而拥立那些知虑和德能最优异的人为人君，赋予他最高的

---

①　冯友兰在论及荀子有关社会国家之起源时，引上述《富国》篇的一段后，有一评论甚可注意，冯氏云："盖人有聪明才知，知人无群之不能生存，又知人无道德制度之不能为群，故知者制为道德制度，而人亦受之。'故知者为之分也'，'知者'二字极可注意。盖人之为此，乃以其有知识故，非以其性中本有道德之故也。"（参见冯友兰《中国哲学史》（上），华东师范大学出版社 2000 年版；亦见中华书局 1961 年版）冯氏此处特别强调"智者"的本质在于其有"知识"而非本性中有"道德"，冯氏的此一看法可从两个方面来分析。一方面就人类在尚未进入政治社会、在没有礼义文明的情况下，"知者"之"知"如何一开始就能"知道德""制道德"。此处尚需从道德动机上加以说明，盖荀子主"圣人"（包括"知者"）与"途之人"在本性上相同。另一方面，从孟、荀之异的角度来看，冯氏强调"知者"的知识面而非本性中的道德面显然有其合理性。但其中的疑惑在于，《荀子》一书在许多地方又常常把"为之分"的"知者"与既仁且知的圣人或王者看作同义，换言之，"知者"不仅仅只"有知识"，而且有道德，所谓"道德纯备，智慧甚明"。为此，冯氏的说法或许可以启示我们一种可能的解释，即从由自然状态过渡到政治社会中，荀子的思想可能存在由"知者"到"圣王"的发展过程，在社会国家起源的最初阶段，"知者"的本质更多地表现为知识和见识，尔后经由在漫长的过程中逐渐演变积累，起伪而形成道德，而合德智为一体（参阅拙文《荀子的道德动机论》，《学术月刊》2018 年第 1 期）。为方便预见，本文将"知者"笼统理解为仁智统一的王者或德能上如理的君主，在这个意义上，我们也可以说荀子所说的"智者"是一个应然意义的理念形态。

②　罗哲海也认为，在荀子那里，"君主的出现乃是为了人民的福祉，而非以谋求自身的利益为念。他们是基于受人信赖而掌管权力"。然而，罗哲海又认为，在荀子的学说中，"统治者的地位之所以获得认可，确实有某种契约的成分作为基础"。若此处所说的"契约"以西方思想为参照，则罗氏的说法不免有过度诠释之嫌。其实罗氏自己对此说法也颇感犹豫，甚至不免前后扞格。参阅氏著《轴心时期的儒家伦理》，陈咏明等译，大象出版社 2009 年版。

③　参见拙文《权威与秩序的实现——荀子的"圣王"观念》，《周易研究》2019 年第 1 期。

权力，明职定分，建立秩序，"使有贫、富、贵、贱之等，足于相兼临"（《王制》）。换言之，荀子并不是在根据的正当性上，而是在效果的合理性上来论述和说明权力及权力的来源。

四

本杰明·史华兹在论及此一点时曾经指出，"与霍布斯不同，荀子并没有提出过如何设法建立其权威的问题"。此处所说的权威，其恰切的含义应是近代意义上的政治权力的正当化。依史氏，在荀子的思想世界中，"先锋队精英的实际品质——不论这种品质是如何形成的——自始至终都是极为关键的"①。事实上，荀子所谓的"智者"或如理意义上的"人君"确因其优异的品格和卓越的才能赢得民众的信赖而获得权力，荀子在《王霸》篇有一段论述则使用"聪明君子"来代替"智者"，其实两者的意思并没有多大区别。荀子云："羿、蜂门者，善服射者也；王良、造父者，善服驭者也。聪明君子者，善服人者也。人服而势从之，人不服而势去之，故王者已于服人矣。"此处所谓"聪明君子者"即"王者"或"智者"，可泛指有德有位的人君等；"服人"谓使人顺服；"势"一般可理解为"权势""权力"。大意是说，聪明君子善于使众人顺服。众人顺服，权力便从之而来；众人不顺服，权力便随之而去，故王者之人止于使众人顺服而已。此处王者之人或人君之所以能使人顺服而有权力，并不是因为其统治的权力在来源上获得了众人意志的同意，而是说，众人之所以对人君顺服（而使其有权力），原因在于王者之人或人君卓越的德、能及其制定的制度所具有的能带给众人的客观效果所致。荀子在"君子"之前特别加上了"聪明"作为修饰词②，并在"聪明君子"之前

---

① ［美］本杰明·史华兹：《古代中国的思想世界》，程钢译，江苏人民出版社2004年版，第306页。

② 此处"聪明"一词当在宽泛的意义上来理解，揆诸《荀子》一书的相关文本，其含义大抵包括志意、德音、智虑的卓越等方面（《荣辱》《富国》），陈大齐将之突出地概括为"既仁且智"。参见氏著《荀子学说》，台北：中华文化出版事业社1960年版。

荀子的"政治正当性"理论

铺垫了"羿、蠭门","王良、造父",意在说明,正是这些德能优异人群的特殊优越性(及其客观上带给众人的利益福祉)造成了众人的顺服,以及成为权力的来源。①

此处我们应当注意到荀子的一种特殊说法,所谓"服人"与"人服"。民众之所以顺服,是因为"智者"善于"服人";而"智者"所以"善服人",则纯系于其优异的德(能)。此外,"人服"一说在含义上又关联到"认可"(consent),但"认可"一词在权力来源的正当性上既可以从根据的正当性来说,也可以从效果的合理性来说,而这两种说法在意思上并不相同。②的确,乍看起来,《荀子》一书在许多地方都有与此相类似的说法,如云"全道德,致隆高,綦文理,一天下,振毫末,使天下莫不顺比从服"(《非十二子》),"从服"含认可意义;又云"天下归之之谓王"(《王制》),归者,依也,顺也,也已然有认可义。荀子最典型的说法则可以在《富国》篇中看到,荀子云:"治万变,材万物,养万民,兼制天下者,为莫若仁人之善也夫。故其知虑足以治之,其仁厚足以安之,其德音足以化之,得之则治,失之则乱。百姓诚赖其知也,故相率而为之劳苦以务佚之,以养其知也;诚美其厚也,故为之出死断亡以覆救之,以养其厚也;诚美其德也,故为之雕琢、刻镂、黼黻、文章以藩饰之,以养其德也。故仁人在上,百姓贵之如帝,亲之如父母,为之出死断亡而愉者,无它故焉,其所是焉诚美,其所得焉诚大,其所利焉诚多。"此处"仁人"可指代智者或人君;"知虑、仁厚、德音"指其优异的德(能);"所得、所利"谓因其优异的德能获得民众的信赖而

---

① 在"是谁给了统治者统治权力"的问题上,传统儒家虽有"民本"之说,但却从未在"经由民众意志同意赋予其权力"此一正当性的根源意义上用心思考,"民本"虽有其积极的意义,但其实质更多的是一种道德训诫意义上的应当"为民做主",而不是在权力根源意义上的"由民做主",它只是在发心动念上告诫统治者要懂得"民心"的重要。故而在特殊的理论格局和传统的制度结构中,"民本"之说会在很大程度上成为统治者的统治技巧的术语。

② 罗哲海认为,在荀子看来,"人民的认可是权力的直接基础"。(氏著《轴心时期的儒家伦理》,第94页)依此翻译,这种说法在含义上似乎并不明确,是一种似是而非的说法。不过,此句的英文原文为"the acceptance by the people directly becomes the mandate for power",此处罗氏没有用"consent"而用"acceptance",前者偏向于意志表达的同意,而后者则明显具有对效果或结果的接纳。参见 Heiner Roetz, *Confucian Ethics of the Axial Age—A Reconstruction under the Aspect of the Breakthrough toward Postconventional Thinking*, Albany: State University of New York Press, 1993。

赋予其权力,并借此权力"治万变,材万物,养万民,兼制天下者"而给民众所带来客观的利益和福祉。荀子的逻辑是,因为"仁人"的知虑、仁厚、德音足以使社会去乱成治,为百姓带来最大的幸福和利益,故百姓"诚赖其知""诚美其厚""诚美其德",乃至于"百姓贵之如帝,亲之如父母,为之出死断亡而愉"。"贵之""亲之""为之出死断亡"的说法表达的是百姓对人君统治权力心悦诚服地认可。只不过荀子所说的这种"认可",是在"果地"上而非在"因地"上,或者说是在效果的合理性上而非在根据的正当性上来说明的,而这样的说明已然由正当性滑转成了证成性。

那么,在权力来源的正当性上,荀子何以只在效果的合理性上而不在根据的正当性上加以说明?此中的原因颇为复杂,但与儒家的重德尚贤理论或精英主义主张相关应是有根据的。[1] 前引史华兹所谓"先锋队精英"的品质,表达的正是儒家的精英意识;日本学者渡边秀芳则认为,在荀子那里,"得贤以治国的思想,溢满了他的遗著"[2];而罗哲海则干脆指陈,"荀子无疑是早期儒家中最极力鼓吹精英统治的人物,而这与他替道德寻出理性的基础有直接关联。如果道德态度只有通过理性的洞察力才能赢得,那么一般的'愚众'必然要接受外来的管束,而知识界的精英们则可以追求自身的影响力和独立性"[3]。罗氏从道德需要以理性为基础,指出精英对于一般"愚众"的必要性,自成一说。事实上,在权力来源的问题上,荀子之所以将"正当性"(其实质是合理性)置于那些具有优异德能的智者或人君身上,在他看来,一方面是因为只有这些德能优异之人才能为民众救患除祸、排忧解难,为政治社会带来良好的秩序;另一方面,在荀子的眼里,民众或百姓又多是一群愚陋无知且自私

---

[1] 儒家重德精神之得失,劳思光先生有精到的分析,此处不展开说明,学者可参见氏著《儒学精神与世界文化路向》,台北:时报文化出版企业股份有限公司1986年版;此外,中国传统中也向有所谓"天不生仲尼,万古如长夜"的说法,孟子则浩浩然谓"如欲平治天下,当今之世,舍我其谁",荀子也有"无君子,则天地不理"的观念,及至近人梁漱溟则有"吾侪不出,如苍生何"的主张。当然,精英意识非独儒家所有。

[2] [日]渡边秀芳:《中国哲学史概论》,刘侃元译,台北:台湾商务印书馆1979年版,第98页。

[3] [德]罗哲海:《轴心时期的儒家伦理》,第290页。

好利之人，但可引之于大道，而不可与其共明事理。① 因此，在盛赞贤明智者之外，荀子对愚昧浅陋的普通民众也多有描述，如荀子云："彼众人者，愚而无说，陋而无度者也。"（《非相》）又云："志不免于曲私，而冀人之以己为公也；行不免于污漫，而冀人之以己为修也；甚愚陋沟瞀，而冀人之以己为知也：是众人也。"（《儒效》）不仅如此，这些人还无学问、无正义，以货财为宝、以富利为隆。依荀子，在人欲无穷而物品有限的状态下，领导群伦，制定规则以摆脱困境的工作并不能寄望于这些愚陋的民众，而只能寄托于那些德能优异的"智者"（人君），盖理论上，民众既昏蒙无识，自利偏私，则在逻辑上他们也就没有能力仅仅依靠自己选择他们的有德能的统治者，相反，民众的愚陋闭塞就只有等待"智者"的开示，所谓"告之、示之、靡之、儇之、鈆之、重之"，尔后才能使"塞者俄且通也，陋者俄且僩也，愚者俄且知也"（《荣辱》）。不仅如此，在荀子的思想世界中，民众的利益和福祉乃至一切人生事务都需要"智者"或人君为他们谋取和安排，圣君一出，则"群生皆得其命"（《王制》）；若使无君，则家不得治，国不得宁，人不得生，此亦"犹如大海航行靠舵手，万物生长靠太阳"②。用现代政治哲学的语言来说，似乎一切的"主权"（sovereign）都归属于人君而非民众，故荀子云："君子以德，小人以力；力者，德之役也。百姓之力，待之而后功；百姓之群，待之而后和；百姓之财，待之而后聚；百姓之势，待之而后安；百姓之寿，待之而后长"（《富国》）。意思是说，人君以德抚下，百姓以力事上，用力的要受有德者之役使。百姓的劳力要靠人君（之德化）而后有功，百姓的群体要靠人君而后和谐，百姓的财富要靠人君而后积聚，百姓的环境要靠人君而后安稳，百姓的生命要靠人君而后长寿。明乎此，则荀子所谓"天地生君子，君子理天地；君子者，天地之参也，万物之总也，民之父母也。无君子，则天地不理，礼义无统，上无君师，下无父子，夫是之谓至乱"（《王制》），其实义之所指当不待解而明。

---

① 《正名》篇中云："夫民易一以道，而不可与共故。"郝懿行谓"夫民愚而难晓，故但可借之大道，而不可与共明其所以然，所谓'民可使由之，不可使知之'。"

② 参见拙著《差等秩序与公道世界》，上海人民出版社2016年版。

如前所云，本文是站在现代政治哲学的角度来讨论荀子有关权力来源的正当性问题，它当下则意味着权力来源的正当性乃预认了自我意志的自由和自决的观念前提。故而与有些学者的看法不同，我们认为，荀子并没有从根据的正当性上而只是从效果的合理性上来说明权力的来源，换言之，荀子真正关心的是权力行使的合理性，而不是权力来源的正当性。荀子重德，且极言"德必称位"（《富国》），然而，在来源问题上，德之实现赖乎个人的修为；而位（权力）之取得归诸百姓之自决，此诚为正当性之究竟义，不可混淆。奈何荀子自始则视百姓为愚陋无知之人，但可教而化之，而无能自决其统治者，致使所谓正当性问题在儒家传统中总是晦而不明，暗而不彰，其故盖良有以也。

重思荀子的"大清明"[*]

王 正

（中国社会科学院哲学研究所）

摘要：学界对荀子的"大清明"观念一直研究不够，但此观念实蕴含着荀子哲学的一个关键问题：由认知之心是否可以通于道德和政治。本文通过详细疏解先秦至秦汉对"清明"一词的使用，指出这一词的基本含义是清楚明白的认知，但同时此词又与道德、政治乃至经学相关联。事实上，荀子认为：通过"大清明"的认知之心，人可以认识到至善——道，并以之来对治自身心性和各种现实中的恶，进而使自身和现实都达到善。可见，如果我们转换新儒家从孟子出发的心性论样式和近现代西方哲学中认识与道德相分的心灵模式，或许我们可以收获一种更加丰厚的心性观念。

关键词：荀子 大清明 解蔽 认知之心

荀子思想在先秦哲学中有融汇诸子百家的特色，一方面他对自己所认可的孔子之儒家传统予以继承，另一方面对黄老道家、齐晋法家等思想内容予以吸纳，尤其难能可贵的是，他的继承和吸纳是在反思与批判的基础上进行的，所以他所成就的并不是杂凑的思想拼盘，而是有结构的哲学系统。在荀子的哲学系统中，"解蔽"与"大清明"占有重要位置，因为在一定意义上，它们是荀子展开修身、学习、成人、治国等理论的基础。关于"解蔽"，学界已多有讨论；但有关"大清明"的理论意

---

[*] 本文已发表于《现代哲学》2019年第5期。

涵，尚有颇可展开与丰富的内容，本文即聚焦于此，思考"大清明"在荀子哲学及先秦至秦汉哲学中的意涵所在，进而探讨荀子哲学在诸子哲学中的独特价值。

一 "大清明"的基本含义

我们首先来看"大清明"一词在荀子这里的意义。《解蔽》（以下引《荀子·解蔽》一篇只言《解蔽》）言：

> 人何以知道？曰：心。心何以知？曰：虚壹而静。心未尝不臧也，然而有所谓虚；心未尝不两也，然而有所谓壹；心未尝不动也，然而有所谓静。人生而有知，知而有志；志也者，臧也；然而有所谓虚；不以所已臧害所将受谓之虚。心生而有知，知而有异；异也者，同时兼知之；同时兼知之，两也；然而有所谓一；不以夫一害此一谓之壹。心卧则梦，偷则自行，使之则谋；故心未尝不动也；然而有所谓静；不以梦剧乱知谓之静。未得道而求道者，谓之虚壹而静。作之：则将须道者之虚则人，将事道者之壹则尽，尽将思道者静则察。知道察，知道行，体道者也。虚壹而静，谓之大清明。万物莫形而不见，莫见而不论，莫论而失位。坐于室而见四海，处于今而论久远。疏观万物而知其情，参稽治乱而通其度，经纬天地而材官万物，制割大理而宇宙里矣。恢恢广广，孰知其极？睪睪广广，孰知其德？涫涫纷纷，孰知其形？明参日月，大满八极，夫是之谓大人。夫恶有蔽矣哉！

此段乃荀子对其认识论的集中表述，核心观念在于人通过"虚壹而静"的"大清明"来"解蔽"乃可以"知道"。显然，这里的"大清明"是人通过虚心、专一、镇静不乱达到的一种理想的心灵状态。其中，"大"乃形容"清明"之大，非并列语，虽然有注释者指出，"此处有'大'

字则气象壮阔，无'大'字则境界显狭窄"①，但实则"大"字没有什么哲学含义，仅具有文学修辞的意义，故本文对它的意涵不予深究。而"清明"这种心灵状态可以使心灵入道、尽道、察道，即所谓"未得道而求道者，谓之虚壹而静"的心以"知道"的状态，杨倞注此词为"言无有壅蔽者"，即各种对人的认知造成遮蔽的因素都已经被"解蔽"了，而不再有任何对人的认知之通于"大理"造成蔽塞而使自己始终受到局限的"一曲"存在并发生作用。因此，"大清明"并不是一种神秘体验或冥契，而是心以知道的理想状态。在这种状态下，人的心灵可以打开一切壅塞遮蔽，实现"解蔽"，从而达到对"道"的认知。换句话说，在"大清明"中，人的心知"通于万物"，万物莫不清晰可见，而人对万物的认知也各得其宜、各得其理、各当其位，这便是"知道"。由通过认知来得理、知道，人进而可以经纬天地，实现人在天地之间的"人职"之所在，也就是"与天地参"。有必要指出的是，荀子这里的道并不是道家哲学中的道，也不是孔子那里的天道之道，而是人道之道——至善的道。《解蔽》篇言："以其可道之心与道人论非道，治之要也。何患不知？故治之要在于知道。"道是与优良的治理相关的，是"众异不得相蔽以乱其伦也"的"悬衡"的"衡"，所以它是现实人间世界的道，是道德和政治上的至善。荀子理解的这种善，类似于社群主义的那种整体善，是指人类社会可持续存在和普遍秩序优良这种意义上的善。② 也就是说，荀子认为，人通过"虚壹而静"的"大清明"的认知之心，可以认识到至善——整体善，进而通过这种认识可以治理天下——对治各种恶而使之归于善。

有趣的是，历代学者对于这一段话的研究，多集中在"虚壹而静"的"虚""壹""静"这三个观念上，而对"大清明"关注不够。不过笔者认为，"大清明"虽是"虚壹而静"所达到的结果，但从这样一种结果所具有的独特性或特殊性上，可以反过来观察荀子的致思理路和思维特质，以及其在中国哲学发展史上的独特价值所在。当然，这并不是说荀

---

① 董治安等：《荀子汇校汇注附考说》，凤凰出版社2018年版，第1103页。
② 参见陈来《从思想世界到历史世界》，北京大学出版社2015年版。

子对这一概念就是独有的、专享的,事实上,荀子对这个概念的使用在很大程度上受到了黄老道家的影响。

《管子·内业》中载:"人能正静,皮肤裕宽,耳目聪明,筋信而骨强。乃能戴大圜而履大方,鉴于大清,视于大明。敬慎无忒,日新其德,遍知天下,穷于四极。"这是讲人通过正身、静心的修养工夫,不仅身体得到了强健,而且心灵的能力也大大提高,几乎可以与日月之照见万物比拟,而能清楚明白地遍知天下的道理。在所谓管子四篇(《内业》《心术上》《心术下》《白心》)中,还有多处与此相关的表达,以及更多对"虚""壹""静"的详细阐发。这种相似性及荀子在稷下学宫多年学、教的经历,让我们确信其思想当受到了黄老道家的巨大影响。白奚曾明确指出,荀子的"这种'大清明'的境界说,也是袭自《管子》"[1],不过他却认为荀子的"解蔽"与"大清明"是指向认识论问题的、面向先秦诸子的学术之蔽的,而黄老道家的"清明"论说,则是经由修身而及于治国之道的,也就是具有道德、政治面向的。但在笔者看来,这两者之间可能并没有这么大的区别。事实上,在《解蔽》的开篇即畅言"解蔽"和政治治理的关系,而且在上引这段话的后面,事实上也在接榫治国、平天下之道。因此可以说,荀子和黄老道家其实共享了一种相似的理念:人通过清楚明白的认知可以达到对道、理、德的体察,进而将之真切落实到现实的修身、治国、平天下中去。可以说,"大清明"这一观念同时关联着认知、道德和政治,这是荀子和黄老道家共同认可的理念。那么,这里就有一个问题需要思考了:为什么以正宗儒家自视而善于批评各家、"非十二子"的荀子,对黄老道家的这一理念和运思基本采取了接纳的态度呢?这其中的原因,可能蕴藏着荀子致思的独特性所在;而荀子和黄老道家共享的这一思想理路,更可能暗含着中国哲学在认知与道德、政治问题上的独特思路所在。

---

[1] 白奚:《稷下学研究——中国古代的思想自由与百家争鸣》,生活·读书·新知三联书店1998年版,第291页。

二 "清明"诸义解

从先秦诸子的众多文献来看，荀子对"清明"的推崇，不仅在儒家传统中显得有些另类，而且在诸子中也是较为独特的。虽然"清明"一词在百家中也有被拿来形容认知聪明的德行意义之用法，但并未被哪一家如此重视与推崇。为了彻底厘清"清明"一词在先秦至秦汉思想中的意义问题，笔者将它的具体使用情况进行了搜集、分类与分析。具体来讲，"清明"一词除节气的含义外，在先秦至秦汉时期还具有多重意义。

（1）与天或气相关。如："故其清明象天，其广大象地，其俯仰周旋有似于四时"（《礼记·乐论》），"惟昊天兮昭灵，阳气发兮清明"（《楚辞·伤时》），等等。在这类使用中，"清明"与天联系在一起，被用来形容天或气的清澈、明洁，其所代表的意义则与阳相关、而与地相对。

（2）与水相关。如："故人心譬如盘水，正错而勿动，则湛浊在下，而清明在上，则足以见鬓眉而察理矣"（《解蔽》）。水的不杂泥沙，被形容为水的清楚明白。从以上这两种含义，再考虑到"清明"两个字的汉字构形，或许正是此词较为原始的用法。还应注意的是，在天之清明、水之清白的状态下，此词所表达的意义除了自身之清澈明晰外，还有天上之物的可见和水中之物的可察，因此，清楚明白而可视可见，乃是"清明"一词的基础含义。

（3）与风相关。如："风：八风也。东方曰明庶风，东南曰清明风，南方曰景风……"（《说文解字》），"条风至地暖，明庶风至万物产，清明风至物形乾，景风至棘造实……"（《白虎通·八风》）等。古人认为风有多种，并按照不同的方位和时节对它们予以了命名，其中源自东南的春夏之际的风被称为"清明风"，此风的到来象征着万物的成形。在这里，成形而可以清楚明白地分判之，是"清明"一词所表达的含义。

（4）与一些具体的天象相关。如："雾气衰去，太阳清明"（《前汉纪》），"交锋之日，神星昼见，太白清明"（《东观汉记》）等。这些地方的使用，是指天上的相关星宿可以被清楚地看到，进而预示着世间一些事情的发生。清楚明白地可见，是此等地方"清明"一词的意义。

（5）与目视相关。如："色容厉肃，视容清明"（《礼记·玉藻》），"黄目，郁气之上尊也。黄者中也；目者气之清明者也"（《礼记·郊特牲》），等等。"清明"在这里被明确与视力联系在一起，用来形容眼睛看事物看得清楚明白。

（6）与心神相关。如："清明在躬，气志如神，嗜欲将至，有开必先"（《礼记·孔子闲居》），"正则静，静则清明，清明则虚，虚则无为而无不为也"（《吕氏春秋·有度》），"今欲学其道，不得其清明玄圣，而守其法籍宪令，不能为治，亦明矣"（《淮南子·齐俗训》）等。在这些用法中，"清明"被用来描述心灵的清楚明白和智慧的照察万物，这也是《解蔽》之"大清明"的含义所在。

（7）与政治相关。如："以汉之广博，士民之众多，朝廷之清明，上下之修治……"（《潜夫·论实贡》），"即位三十年，四夷宾服，百姓家给，政教清明，乃营立明堂、辟雍"（《汉书·礼乐志》）等。此类之使用，更多是引申的含义，即用"清明"来形容当时政治的政令之清楚、明白、无隐，以及由此形成的优良政治秩序。

（8）与《周易》相关。如："清明条达者，《易》之义也"（《淮南子·泰族训》）等。这是讲《周易》所蕴含的道理并非是神秘、复杂、不可认知的，而是清楚明白、有条理、可理解的。

综上这些用法可以发现，"清明"的初义是天之明、水之清，由此引申出万物的有形可辨，进而发展为眼睛看得清、视得明，最后演进为心神的清楚明白及更多与清楚明白有关的含义。因此可以说，"清明"一词在先秦至秦汉哲学的使用中，具有重要的认知价值和理性意义，它表明中国传统哲学并非完全不重视认知理性。不过需要注意的是，"清明"一词本身又不仅仅与认知相关联，而是被与道德、政治甚至经学联系在一起，这就表明它并不纯粹具有认知的意义，而且具有道德含义、价值意义甚至神圣性。由此又可以发现，在荀子乃至黄老道家那里，认知与道德、政治有很强的关联性，这种关联性是难以切割开来的。也就是说，"大清明"所推崇的这种认知理性，并不仅仅是认知论意义上的，而是包含的面向更广、蕴含的意义更加丰富。那么，中国传统哲学中这种以

"清明"为重要表达的认知理性具有什么特质呢?这是笔者想通过进一步探讨"大清明"的意义来加以探索的。

三 "大清明"的哲学意义

显然,"大清明"在荀子这里有特别深厚的思想资源可以发掘,这就要求我们在探讨"大清明"在荀子思想中的深刻与丰富内涵时,不能仅仅局限在上面所引这一段直接讲述"大清明"的文献上,还应当将之放在《解蔽》篇的全部文本中来认识,以及放到荀子的全部思想结构和系统中来看,甚至放到先秦诸子百家的思想范围内来看。因此,笔者将在本节按照《解蔽》全篇的顺序深入解读"大清明"及其背后的思想意义所在。

首先应当明确的是,"大清明"及"解蔽"并不仅是认识论意义上的,《解蔽》的开篇即说:"凡人之患,蔽于一曲,而暗于大理。治则复经,两疑则惑矣。天下无二道,圣人无两心。今诸侯异政,百家异说,则必或是或非,或治或乱。乱国之君,乱家之人,此其诚心,莫不求正而以自为也。妒缪于道,而人诱其所迨也。私其所积,唯恐闻其恶也。倚其所私,以观异术,唯恐闻其美也。是以与治虽走,而是己不辍也。岂不蔽于一曲,而失正求也哉!"可见,"解蔽"是希望通过"大清明"来解除"百家异说"对于治理者的蒙蔽,而使之可以通过达到唯一的道来将天下秩序变得优良起来。由此,荀子在这里讲的"解蔽"所强调的认知绝不纯粹是认识论意义上的,而是通于道德行为与政治实践的。

因此,在接下来列举受到"蔽"这种"心术之公患"的时候,荀子先言为人君之蔽者如夏桀、殷纣与不蔽者如商汤、周文王,再言为人臣之蔽者如唐鞅、奚齐与不蔽者如鲍叔牙、宁戚、召公、吕望,而最后才言诸子百家中的蔽者如墨子、庄子、慎到等和不蔽者孔子。可见,"解蔽"所对应的对象并不是一般人,而主要是指治理者,这表明荀子思想对此认知理性的认识与黄老道家是相同的,同时又吸纳了儒家的一些思想因素,而不能简单地将之比附为西方的认识论意义上的认知理性。所以荀子所重视的是"圣人知心术之患,见蔽塞之祸,故无欲、无恶、无始、无终、无近、无远、无博、无浅、无古、无今,兼陈万物而中县衡焉,是故众异不得相蔽以乱其伦也"。如梁启雄所说,这乃是"圣人止绝了十蔽,把万物具备地陈列着而自己正确地来衡量它们"①,这显然不是认识论意义上的认知,而更多的是道德上的判断、抉择和政治上的衡量、选择,因此对于荀子的"大清明"不宜简单做认识论的归属。

而荀子认为,所以"衡"之者在道,故"大清明"即所以"知道"的心灵状态。荀子认为,心如果不能"知道"则将无法认可道、肯定道而只能依从于"非道",这样必将导致"乱"的结果。因此,为了能认可道、肯定道,就必须先"知道",而"知道"的关键即在于通过心的"虚壹而静"工夫来达到"大清明"的境界。达到这种心灵状态后,自然可以遍察天地万物之理而行为得宜,由"知道"落实为"体道"。可见,在这个过程中,心的问题成了核心问题:如果这颗心不能自主地、积极地去"知道"、做"虚壹而静"以至于"大清明"的工夫,则一切都会成空,人类社会将永远只会是"乱"的,而不可能达到"治"。那么,荀子的这个心到底是一个什么样的概念呢?

对荀子意义上的心,学界多有探讨,其中一个共识是:荀子所理解的心,并不是孟子意义上的道德之心,而是一种认知之心。不过到底如何理解这个认知的心,学者们的理解各有不同:蔡仁厚、韦政通等秉持港台新儒家的主流认识,认为荀子所持的认知之心并不是主宰性和主动性的,而只能被动的选择②;陈大齐则在一定程度上打破了这种窠臼,指出荀子所持的认知之心不仅有主宰性、主动性,而且还有融贯性③。那么,在这样一种针锋相对的矛盾情况下,我们到底应当如何理解荀子所认识的这颗认知之心呢?还是让我们回到本篇文献中来吧。

首先应当肯定的是,荀子所理解的人的认知之心是有主宰性的:"心者,形之君也,而神明之主也,出令而无所受令。自禁也,自使也,自

---

① 董治安等:《荀子汇校汇注附考说》,第1093页。
② 参见蔡仁厚《孔孟荀哲学》,台北:台湾学生书局1984年版;韦政通《荀子与古代哲学》,台北:台湾商务印书馆1992年版。
③ 参见陈大齐《孔孟荀学说》,台北:台湾商务印书馆1987年版。

夺也，自取也，自行也，自止也。故口可劫而使墨云，形可劫而使诎申，心不可劫而使易意，是之则受，非之则辞。"心在人的生命中具有主宰意义，在荀子的这一段文字中已经和盘托出，毋庸置疑，因此不能说荀子所持的认知之心没有主宰性。事实上，新儒家之所以言荀子的认知之心没有主宰性，并不是在心和身体的关系上说的，而是他们认为认知之心只有进行选择的主动性而没有当下承担起道德义务的主宰性。的确，如果一定要从孟子的意义来理解荀子的话，那么荀子所持的认知之心当然无法言主宰；但是如果反过来仅从心灵对人生的主宰意义而言，则荀子所言的认知之心仍是具有主宰性的。因此，问题的关键在于，是否一定要从孟子的角度才能谈论心灵的主宰性？或者说，只有孟子所言的心才能真正挺立起道德？荀子是曾经讲这颗心是可能依从于"非道"而导致不断的"乱"的非道德生活的，似乎它真的无法挺立道德、也无法生成道德。但其实并不如此。因为在荀子看来，能够纠正那"非道"的致"乱"之心的，仍是我们的认知之心。所以荀子说："心容，其择也无禁，必自现，其物也杂博，其情之至也不贰。"心若不受劫使、遮蔽，则自然而然地会自主的选择道，可见心更加自然的接近于道这一方面，这是荀子所认可的；同时，在这种状态下的心，可以将万物通畅而使它们的复杂之情实得到理顺，进而通于道，所以这颗认知之心是具有兼容性与融通性的。正因如此，对这颗心的治理才是极为重要和关键的。有趣的是，正是在关于治心的内容上，荀子引入了一些思孟学派的见解，如"故仁者之行道也，无为也；圣人之行道也，无强也。仁者之思也恭，圣者之思也乐"。尤其是，荀子将"人心之危，道心之微"这一在宋明理学中颇为关键的话语引入心灵修养中来。由此可见荀子思想的包容性，也可以看到他对心的理解是有一些与思孟学派乃至后世理学家的相近处的，不可以简单地贬抑之。

　　总之，经过"人心之危，道心之微"之修养工夫的心，可以得到治理，而更好地达到"大清明"的"解蔽"境界。事实上，在几乎所有的传统心性论中，都对心进行了两重预设或两层理解：为善为恶的都是这颗心。只不过思孟学派是以扩充善心为本，而荀子是以治理恶心为本，故而前者采取了看似更有主宰性、更加内在性的方法，而后者采取了看似外在性的、选择性的方法。但其实都是在心内进行的工作，也都是以心具有主宰性为前提而心可以使自身归于道德为预设的。因此，其实我们不仅可以说荀子所持的认知之心是主宰的、主动的，也可以说它是可以挺立道德、产生道德的。

在《解蔽》篇偏后的几节论述中，荀子大都在通过各种角度来讲认知之心必须通过"虚壹而静"之"大清明"才能"知道"，否则"中心不定"而"外物不清，吾虑不清"，将不能进行判断与选择了。因此，君主自身的"清明"十分重要，必须经由"清明"而亲贤臣、远小人，天下才能得到治理。此种泛泛之论，仍在提醒着我们"大清明"在认知、道德和政治之间的枢纽性作用，以及认知之心的非纯粹认识论意义。

当然，本篇中还有一节极有哲学意义，即荀子关于"知止"的讨论。"凡以知，人之性也；可以知，物之理也。以可以知人之性，求可以知物之理，而无所疑止之，则没世穷年不能徧也。其所以贯理焉虽亿万，已不足浃万物之变，与愚者若一。学、老身长子，而与愚者若一，犹不知错，夫是之谓妄人。故学也者，固学止之也。恶乎止之？曰：止诸至足。曷谓至足？曰：圣王。圣也者，尽伦者也；王也者，尽制者也；两尽者，足以为天下极矣。"荀子在这里将人的认知之心归于人之性，这与他的性恶论相比较，可以发现荀子实际上认为人的心性皆兼具两面性，而要通过认知善来对治恶——通过认知之心对整体之善的认识来对治现实中的具体的恶。而荀子也意识到，认知之心确实会有认识论的意义，即它可能陷入对物理的不尽追求中去，但荀子认为，这种追求是空耗生命的，因此必须要"止诸至足"，也就是学习要"学止之也"。这种"知止论"是先秦诸子在认知方面的一条主流：无论是思孟学派还是荀子，无论是庄子还是黄老道家，几乎都有类似的言论。那么，为什么他们已经认识到了知的无穷性又要给知加以限定，一定要"知止"呢？其中的关键在于，他们不是为了自然科学的目的而求知的，而是从治国修身的目的来理解认知的。所以他们都认为，认知之心不能一味地追求外在的物理，否则将浪费生命，而无法真正达到最重要的认知对象——道，也就无法修身、治国了。所以荀子言"无益"，庄子言"殆已"，《中庸》和黄老道家更是反复言说"定""静""虚""壹"等，都是要求人的认知之心从对外在之知识的追逐中返回来而思考修身、治国的道理。因此，荀子的"知止"就是止于圣王，也就是在道德和治理上达到它们的极致——至善。所以可以说，荀子的认知之心是面向善的，其思路是通过治心来使心认识到至善（整体的、融贯的善或道），再以之来对治自己心性中和现实中恶的部分，从而使自己和天下皆归于善或道。可见，荀子的认知之心当然不只是认识意义上的，而更是道德和政治意义上的。

当然，由于荀子毕竟是从认知之心的角度来入手谈论和孟子、庄子等相似的心性论问题的，这就使得他的思路显得与众不同，而使其思想在先秦诸子百家中独具特色，这也使得对荀子的研究看起来简单、但深入下去很难。荀子这种重视认知之心的进路，更进一步成就了他磅礴宽广的思想体系，并最终成为一代传经之儒，这是他不同于思孟学派之进路的当然结果。而更重要的是，荀子所开辟的这条由认知之心通达道德、政治的思路，让我们需要重思认知与道德、政治的关系及我们心灵的复杂性和整全性问题。笔者将在下节尝试性的提出一点看法。

四 由"大清明"反思中国哲学对认知与道德的理解

自西方哲学传入中国以来，近现代中国哲学的建构在很大程度上是按照西方哲学的样态来进行的，这其中的利弊得失，实在值得反思。当然，因为西方化和现代化在非常复杂的程度上缠绕在一起，所以中国哲学的现代化和中国哲学的西方化也是深入地纠缠在一起。因此，我们一方面不必要削足适履，将中国哲学的现代化成果简单地认为是西方化的，而将之一概弃之不顾，这样我们将失去我们好不容易建立起来的学术规范和学科体系，从而根本丧失参与这个时代的哲学建构的权利与机会；另一方面，我们也应当尽可能反思将传统中国哲学过分西方化理解的问题，从而更好地厘清中国哲学自身的思考特质和思维进路，从而以这种不同于西方哲学的思想资源来和西方哲学乃至更多的哲学资源对话，进而真正促进世界性哲学的发生与发展。由此，我们在一定程度上需要打破旧的对传统中国哲学的一些固有见解和一些西方化理解，这样我们将能发现中国传统哲学真正可以带给我们的独特营养是什么，可以为我们理解人和世界带来些新的东西。我们由荀子对"大清明"的理解出发所认识到的中国古代一些哲学家对认知与道德的关系之思考，或许就是其中一点有益的资源所在。

如前所述，与西方哲学传统将认识、道德与审美完全区分不同，荀子、黄老道家甚至思孟学派、庄子等其实共享着一种相近的心性观念：认识和道德是不可割裂的，两者有着极强的关联性。当然，在这样一种心性理解下，荀子和思孟学派的具体认识不同，黄老道家和庄子的细微认识也不同，不过这一问题不是本文想要处理的，故留待日后讨论。笔者想要指出的是，荀子和黄老道家对"大清明"的重视意味着：道德是否必须是自律的、内在的才是可能的、才是真正有道德动力和道德价值的？通过认知整体善而导致的道德，虽然在一定意义上或许可以理解为他律的、外在的，但是否就没有道德动力、缺乏真实的道德价值？甚至，这种通过认知整体善而来的道德，是否一定就必须视为他律的、外在的？以及，这种由认知整体善而来的道德，是否就必然比所谓自律的、内在的道德欠缺动力、缺乏自由？

可以说，荀子和黄老道家对"大清明"的思考，促使我们必须深入思考这些看似极其现代化的道德哲学问题；同时，我们回答这些问题的方式与资源也不必是康德式的、义务论的，而可以仍旧是中国传统哲学的。即按照荀子和黄老道家的理解，人的认知之心虽然尚未能径直说其本身为善，但它先天具有善的可能性，后天更必然发挥作用而使人认知到整体善。而且，这种必然发挥作用是因着人之为人的生存之必然而发生的，所以它并不是通过外在教导才导致的结果，而是人自身的主动运用。也就是说，它并不欠缺动力，而当然、自然是可能的。同时，认知之心所认知的道德整体善，是并不和个体善相违背的，而恰恰是对个体善的完善与圆成。所以，这种道德当然并不是不自由的，因此也具有真实的道德价值。也就是说，通过认知之心来获得对整体善的认识而带来的道德，是具有道德动力和道德价值的。而且，这种道德因为包含了认识的因素在其中，所以它在具体的实践过程中，或许较之所谓自律的、内在的道德来得更加有操作性、普遍性。这也就是为什么我们会发现，虽然新儒家着力建构孔子、孟子、陆九渊、王阳明一系的心学道统，但实际上在中国儒学发展史上占据主流地位的一直是经学化的儒家、程朱一系的理学家。我们不可再抱持道统论的观念，而简单地忽视这一历史事实，将历史中除"道统"外的儒者都打入别册、判为别子，而应当正视历史的丰富面向，进而回到儒学的丰富思想资源中去，以发现人本身的深刻丰富性、多种可能性。否则，我们将画地为牢、难窥全豹。事实上，作为现代新儒家第三代重要人物的杜维明先生，已经在很大程度上突破了第二代新儒家的观念，他所提倡的"体知"概念，乃是一种源于中国传统哲学智慧，而与西方认知理性具有对话意义的带有创造性的知观念："在体知的结构中，闻见之知是不能欠缺的，但德性之知不萌现于闻见。但这并不是说这两种认知途径是截然分开的，它们之间是一种既分别又统合的关系。谈分别是为了突出德性之知的特殊意义；而谈统合是让闻见之知在德性之知为主的前提下获得适当的位置。"[①] 杜先生所开辟的这一观念领域及其背后所蕴含的深刻思想脉络与未来思想前景，值得中国哲学研究者认真对待。而笔者从荀子"大清明"出发来重新思考道德与认知的关系，正是在从某种角度探讨能否有一种新的对知的理解，可以让我们更好地理解人的丰富而复杂的心性。这虽非"照着"杜维明先生的"体知"观念进行，却是"接着"杜先生的思想理路进行的。

当然，本文仅仅通过荀子对"大清明"的讨论来尝试着提出这样一种对认知之心与道德之关系的重新理解之可能，具体的、深刻的理论内容和恰切的哲学建构还需要进行更多和更深刻的论述，那或许将是笔者下一步的工作所在。

---

① 杜维明：《儒家精神取向的当代价值：20世纪访谈》，北京大学出版社2016年版，第165—166页。

以气养身：孟子的气论与身体[*]

袁晓晶[**]

(上海大学)

摘要："气"是孟子思想中一个非常重要的观念，"气"首先是"身气"，是人之身形的基本要素，是人之为人的自然基础。当孟子将其"气"的观念与"心""志"相关联时，自然意义上的"身气"逐渐走向了"浩然之气"与"夜气"。孟子哲学以此"气"来突破人的身形局限，统一人的身心，最终以工夫论的方式，导向对道的追求与信仰，使德性生命具有了真实的意义与体证。孟子气论中所表达出的身体哲学意蕴，既关注了作为个体之基础的身形要素，同时又突破了人身的局限性，使儒家的心性工夫，落实在向外的实践层面上。对于孟子气论身体哲学意蕴的挖掘，也是为了说明作为地方性知识的"气"，通过新的诠释途径，在当代汉语哲学构建身体哲学观念时，具有普遍性意义。

关键词：身气　浩然之气　夜气

---

[*] 本文是国家社会科学基金青年项目（项目编号：16Z00617）"晚清学制新政与儒家政教观的转型研究"的阶段性成果。

[**] 作者简介：袁晓晶（1984—　），甘肃兰州人，哲学博士。主要研究方向：儒家哲学、近代儒学思想。

一 问题的提出：孟子气论的普遍性意义

21世纪以来，关于中国哲学的研究，在经历了"合法性"问题的集中大讨论后，正逐步走向"后合法性危机"的时代。虽然中国哲学的研究仍在"如何处理中国和西方两个思想传统"的问题之上，但是用"中国话"讲中国哲学，"运用汉语及汉语所承载的思想背景来思考和写作哲学，亦即汉语哲学如何可能的问题"[①]，已经受到越来越多的重视。同时，立足于汉语哲学的研究，并不意味着放弃了中西哲学比较的维度。相反，这反映出中国哲学的研究者对于西方哲学思想更为审慎的态度。破除西方哲学的理论霸权与偶像光环。一方面，是在概念使用、术语体系上有更为谨慎的态度，因为"用我们格义过的西方哲学术语来反向格义中国哲学，其结果必然是中西皆失，而不是中西会通"[②]。另一方面，是对"国际化"的认识有了新的变化，意识到"立足于中国社会现实问题基础上的国际化，是我们的基于自己的问题意识的深入思考和研究，以引起西方学者重视和思考的国际化"[③]。

进一步而言，要解决"中国与西方"的问题，构建汉语哲学，中国哲学的当代研究应当既兼顾地方性，又注重挖掘其普遍性可能；既要有对人类普遍观念进行诠释的必要，又有着能够回应当下个体精神诉求的能力。相对于西方哲学而言，中国哲学毋庸置疑是一种"地方性"知识，但这并不意味着中国哲学不具有普遍性。有一些很具"地方性"知识特色的观念，都是需要当代中国哲学研究关注的议题。如何通过"地方性"与"普遍性"的沟通，正是中国哲学在当下解决"中国与西方"问题、建构汉语哲学的尝试。在"地方性"与"普遍性"的问题视域下，一些

[①] 彭永捷：《关于中国哲学史学科合法性危机的再思考》，《学术月刊》2018年第2期。

[②] 张汝伦：《邯郸学步，失其故步——也谈中国哲学研究中的"反向格义"问题》，《南京大学学报》（哲学·人文科学·社会科学）2007年第4期。

[③] 聂敏里：《当代中国哲学的国际化与主体意识的确立》，《中国社会科学评价》2019年第1期。

学者开始注重中国哲学研究范式的革新，提出了"做中国哲学"的观点。在这一方面，陈少明曾指出：

> 以气为例，在不同的语境下，它可以是物质的存在形态（气体、液体），可以表达人的生死状态（有气、没气），还有精神状态（气象、气质、气色，气宇轩昂与气壮山河），以及人的心情（喜气、怒气，平心静气与垂头丧气）。它可以进入中医（阴气、阳气），还表现为艺术（气韵生动或元气淋漓）。宗教家用其言修炼（气沉丹田），哲学家用以讲本体（太虚即气）、论人性（气质之性）。因此，要寻求关于气的周延定义，或者从西方语言找到词义接近的词，几乎是不可能的。然而，以中文为母语者，在这个词的运用上并没有困难。虽然把气作为具有跨文化的普遍性的哲学范畴来论述存在障碍，但它却是理解中国哲学的核心词汇之一。气不仅是对老庄之道的一种解释，如果离开它，宋明理学中不仅从张载到王夫之一系的思想特质无法把握，就是朱熹的理也变成没法变现的幽灵。这类问题需要在历史与语言的脉络中阐明。[1]

"气"的概念，是汉语哲学中一个非常具有"地方性"知识特色的观念。它有着模糊的外延及丰富且多变的内涵。通常而言，"气"的含义兼具形而下的物质属性及形而上的精神特质。同时，"气"又不是一个单纯的名词，它充满了流动性、变化性，是摇摆在规律与盲目之间的一种动词。正因如此，如果将"气"置于观念史中考察，很容易出现"盲点"，毕竟面对复杂的"气"，任何一以贯之的讨论都可能会导向某种对"气"的偏见。正因如此，对于"气"的诠释，首先，需要承认这是一项充满困难且带有一定立场的研究；其次，"气"的丰富含义也使其潜藏着世界哲学的可能性。换言之，如果我们不是单纯地仅就"气"而言"气"，而是在解决其他问题时，引入"气"的观念，便不难发现，"气"提供了一种完全不同的思考路径。它甚至可以令人耳目一新，重新发现先秦儒学

---

[1] 陈少明：《中国哲学——通往世界的地方性知识》，《哲学研究》2019 年第 4 期。

中博兴的现代性思维。正因如此，基于"气"的最根本内涵是与物质性的"形"有着密切的关联，因此，从身体出发，我们可能会发现从孟子的"浩然之气""存养夜气"可见，"气"赋予了先秦儒学身体观统一的形神，超越自然的独特见解。从孟子的"浩然之气""夜气"的气论中，德性生命的养成似乎又回落到对身体物质性的关照上，并通过对身体观念的诠释，最终达成"德"与"身"的融通，既肯定有形的形而下的身体，又超越身体的局限，走向了对生命境界的追求。更进一步而言，通过"气"而贯通起来的身体与德性，在一定程度上既回应了近代西方哲学身心二元对立后，对理性表达的过度肯定；又为现代哲学关注人自身的身体转向，提供了一种"和而不同"的诠释路径。

二 超越身形的"浩然之气"

《孟子·公孙丑上》中公孙丑与孟子之间有一段关于"不动心"的讨论：

> 曰："敢问夫子之动心，与告子之不动心，可得闻与？"
>
> "告子曰：'不得于言，勿求于心；不得于心，勿求于气。'不得于心，勿求于气，可；不得于言，勿求于心，不可。夫志、气之帅也；气、体之充也。夫志至焉，气次焉。故曰：'持其志，无暴其气。'"
>
> "既曰：'志至焉，气次焉。'又曰：'持其志，无暴其气'者，何也？"
>
> 曰："志壹则动气，气壹则动志也。今有蹶者趋者，是气也，而反动其心。"
>
> "敢问夫子恶乎长？"
>
> 曰："我知言，我善养吾浩然之气。"
>
> "敢问何谓浩然之气？"
>
> 曰："难言也。其为气也，至大至刚；以直养而无害，则塞于天

地之间。其为气也，配义与道；无是，馁也。是集义所生者，非义袭而取之也。行有不慊于心，则馁矣。"

在这段引文中，出现了四个最为关键的概念，分别是"心""气""志"与"义"。在中国哲学中，"心"的出场意味着中国哲学中对于理性精神的自觉，也意味着对具体身形器官的一种哲理化诠释。"心"在《孟子》中最重要的表达是"本心""四心"与"良心"。简单地说，"心"是精神、心理与生理的统一，兼具自然的属性与伦理的属性。因此，在讨论"不动心"的问题时，首先需要明白"心"乃主客体相接的媒介，无论是人在面对外在环境时所做出的被动承担，如北宫黝的"养勇"；还是人在面对环境时所做出的主动选择，如孟施舍的养勇。"心"在这一过程中，都在发生作用，都有"动心"的过程。但是，孟子要回答的却是"不动心"。如何不动心，孟子的回答是"知言，善养浩然之气"。"知言"，即知晓语言，语言无须知晓，是一种习惯性的习得行为。那么，什么叫作"知言"呢？"知言"是知道语言的界限和运用语言的意义，"言"的根源在于"心"，只有"心"有其所当，才可能做到"知言"。但是，心如何有所当呢，孟子在这里提出了非常重要的"气"。从"言—心—气"的结构中，会出现一个很有意思的结构。那就是，在这三者间，"言"是向外的表达，"心"是联合内外的枢机，那么"气"呢？孟子没有直接回答这个"浩然之气"到底是什么，却用了"难言""至大至刚""充塞天地""集义而生"这样的词汇进行描述。杨海文对这个"浩然之气"的解释一共有两层：第一，"浩然之气"需要秉持正义去涵养它；第二，"浩然之气"必须与正义和道德相配合。要实现"浩然之气"，就需要一直去做事情，时时刻刻以正义与道德作为原则去做事情。如此，才可能达成"浩然之气"。[①] 循着这个路径来看，会发现"气"从形的角度开出了新的维度。

第一，"气"使身体超越了具体的物理形式的限定，由具体走向抽象，由自然转向精神，将人的存在由形式上升到精神，从而使身体观念

[①] 参见杨海文《"浩然之气"与孟子的人格修养论》，《社会科学战线》2018年第12期。

有了超越身形的意义。《说文解字》言"气"曰:"云气也。象形。""气"字本于自然之象。《易》中有言"阴阳二气","气"乃出于形又入无形之物质。凡物皆有其"气",亦皆由"气"而生,因此,"气"便成了形成物的自然根源,同时,也成了物的物质属性。人的生成,出于血肉之躯,人之身躯亦是"气"凝聚而成的。但是,"身""体""气"终究是不同的词。在先秦文本中,"身"强调身体的有形面向,耳目鼻口四肢皆为"身"。"体"则偏向哲学意义上的"主体","物之大体","体""对自身而言是自身存在之支撑者,对他者而言就是异于他者之根据。失体就是失去其存在之实质"[1]。就"体"而言,它已经具有了突破"身"的潜能。身可能是有残缺的,但是"体"则不然。人之"体"是能够在一定程度上超越"身"的不足之处的,人的主体性一旦得以确立,"身"便退于不那么重要的地位。"气",则是对身体中血肉之躯与精神气志的统一。孟子说:"夫志,气之帅也;气,体之充也。夫志至焉,气次焉;故曰:'持其志,无暴其气。'"(《孟子·公孙丑上》)"体"是对"身"的超越,而"气"则是对"体"的完成。这里,身体的物质形态逐渐趋于下位,而作为人的精神意志则处于优先的地位,人的坚强意志可以使人的"气"充盈全体。

第二,"浩然之气"使"气"脱离了抽象的观念讨论,以修身的工夫出现于现实生活中,从而使看似走向形而上的精神性的身体有了真实的处境。这一点与"身""体""气"之间的关联不无关系。在"志""气""体"的关系结构中,孟子将"气"置于中位,成为以志立体的关键。反之,在"浩然之气"的结构中,孟子实际上从一个高屋建瓴的层面,将"气"下落了。当然,这个说法并不是反对将"浩然之气"视为孟子德性论中较高位置的一种诠释,而是说,"浩然之气"之可能。从理论来看,在于志存高远的确立,是立乎其大的根据。但是,真正的实现,却并非高谈阔论式的,而是需要在实际的日常洒扫应对中不断地修炼。这就是孟子"养心"的精妙之处:"养心"看似注意的是"不动心",但人生在世,时时刻刻都会与自身及外界发生关系,只要人存在着,"心"

---

[1] 贡华南:《味觉思想》,生活·读书·新知三联书店2018年版,第93页。

即在动。但是，当公孙丑问孟子如何"不动心"时，孟子恰恰不是从"心"，而是从"气"的角度回答的。"有。北宫黝之养勇也，不肤挠，不目逃，思以一豪挫于人，若挞之于市朝，不受于褐宽博，亦不受于万乘之君；视刺万乘之君，若刺褐夫，无严诸侯，恶声至，必反之。孟施舍之所养勇也，曰：'视不胜犹胜也；量敌而后进，虑胜而后会，是畏三军者也。舍岂能为必胜哉？能无惧而已矣。'"（《孟子·公孙丑上》）养勇、无惧，皆是一种大无畏的气魄。这种气魄，根植于人的血气之中，而血气需要抗拒的是精神上的畏惧，但真实承担的却是肉体上的痛苦。尽管在日常的经验中，人们可能会偏向于认为精神上的畏惧是人面对生存时更为深刻的挑战。但是，这种类似于玄学的构思，却在一定程度上忽略了身体之痛苦所带来的对人的深刻改变与影响。回到孟子这里，"浩然之气"的养成，与"心"有着极为密切的关系，但是，"心"不是抽象之物，"心"的养成与血气之躯极为密切。可以做到"不动心"，并不是已经不在乎躯体了，"不动心"不是在身体之外的一种冥想，而是与身体同在的一种工夫。因而可以说，"浩然之气"是人的身体在身神合一状态下所涵养出的一种境界，它既落于实际的人的生存体验中，又可以超越人所面对的各种特殊的生存经验，成为人追求的精神境界。如此一来，身体既有了真实的关照，又有了超越的维度。身体在此意义上由"形"走向"形上"，具有了对其自身界限的突破。而这个突破的向度，则需从"夜气"入手，才可真正把握。

三 "夜气"与血气之欲的突破

"浩然之气"对人之身心的统一，提出了一个非常高的标准，并且为人的日常生存提供了一种工夫论维度上的锤炼方式。它使人的身体具有了超越其形的可能性，重新为身形做了形上的塑造。可是，当我们讨论"浩然之气"时，仍很可能仅将"浩然之气"的底色理解为一种道德的"气"、伦理的"气"，而忽略了作为"气"本身所具有的质态。换言之，"气"不可离"身"，但又需要超越"身"。当"气"走向超越的维度时，若不加以把握，则很可能成为一种"血气之欲"或"血气之勇"。所以，孟子在建构他的"气"哲学时，也注意到了对于主体性的克制，使"气"能够真正实现"集义""所生"。如果说"浩然之气"的涵养重在"集义"，那么，"夜气"则是"气"得以生生之根基，更是孟子哲学中人之身体形上突破后的真正趋向。

首先，当我们回到"气"这个概念的最初形态时，不难发现，"气"作为自然物质，是自然界最普遍的存在，并且存在着极为鲜明的规律性特征。《国语》记幽王二年（前780），伯阳父论地震，曰："周将亡矣！夫天地之气，不失其序。若过其序，民乱之也。阳伏而不能出，阴迫而不能烝，于是有地震。"有意思的是，这种自然的"气"与规律，对于"秩序"起到了非常重要的作用，甚至可以说，"气"之序，是天地自然秩序地运转的枢机。同样道理，当"气"运用于人之时，"气"之序便构成了人之身体秩序，乃至成为人的生存秩序平顺展开的枢机。《老子》第十章中，有"载营魄抱一，能无离乎？专气致柔，能婴儿乎？"的说法，朱谦之认为这是指"阴魄守阳魂也"。身体为阴，则精神为阳，而在孟子这里，阴阳二气与老子的划分或有不同。孟子并没有把身体与精神分属于两种"气"中，反而将其纳入了更有意思的一个词语之中，即"夜气"。

其次，孟子在谈到人禽之辨时，提出了"夜气"的概念。"虽存乎人者，岂无仁义之心哉？其所以放其良心者，亦犹斧斤之于木也，旦旦而伐之，可以为美乎？其日夜之所息，平旦之气，其好恶与人相近也者几希，则其旦昼之所为，有梏亡之矣。梏之反覆，则其夜气不足以存；夜气不足以存，则其违禽兽不远矣。"（《孟子·告子上》）历代对"夜气"都有不少注疏，一般性的理解为，"夜气"即所有生物于夜间所有之"气"。"夜气"的第一个特征是"存否"；第二个特征是"清否"。在自然界，时间的变迁成了昼夜的差异，白日里自然界的一切生长，人世间的一切活动，皆欣欣向荣、繁荣热闹，人皆可体会到。但是，到了夜间，不仅自然物的生长因受到光合作用减弱而生长缓慢，人世间的一切活动也基本趋于平静，人类和其他动物一样，需要进入休眠时刻。此时，人与物相接较弱，"气"也会由白日里的喷薄，变得安静而平和。但是，"夜气"

并不一定必然存在，如白日里，"梏之反覆"，则夜气难以留存。也就是说，如果白天血气过剩，心动频繁，血气之欲未能得以节制，则"夜气"难存。可之所以会出现这种情况，则凸显出人与禽兽在道德修为自觉意识上的根本差别。"夜气"不存，意味着人尚未能意识到血气之欲的局限性。换言之，受控于血气之欲，即深受身体形式及生理本能的牵制，当人的日常完全陷入生活的具体化中时，人的平凡就会将人导向对日常琐碎的追求，从而放弃了对生存意义的追问。身体所受到的过分关照，不仅不利于超越身体的局限性，同样也不利于人的"志"的培养，遑论人之大体的确立。

再次，"夜气"的清，是与工夫论意义上的"敬"联系在一起的。尽管孟子特别强调"不动心"，也强调"善养"，但是"不动心"那样的养气，究竟是如何做到的？那便是清的"夜气"。夜气若混，则人心不定，全是胡思乱想的"心"，则无法做到神形的统一。如何去做呢，就是要培养清的"夜气"。自然界的夜晚，其特点在于静，但静不意味着止，静是一种动的不明显、不明确。阴阳流行，二气流转，无一刻不在运动之中，但是在夜里，我们却很难用感官捕捉到这一点。对于夜宁静的体验，往往不在身体的经验之中，而是在精神的体悟之中。另外，夜的平静、安静，代表着一种秩序上的高度统一。所以，当静和秩序统一落实于人时，那么"夜气"的存养就需要人的敬与身心一体了。

最后，既然"夜气"的存养需要静与秩序的统一、敬与身心的统一。那么，回到一开始孟子回应告子不动心的问题时，所提到"勇"的场景，就不难发现，"气"的真正展开与运行，需要呈现在"事"中。而人间事的展开，总是需要人的出场；进一步而言，人的出场，作为人的载体的身体便不得不沉陷于诸事之中。黄宗羲在《孟子师说·浩然章》中提出："变乱之时，力量不足以支撑"，将事功与仁义作了分途；之后又在此基础上提到，"大抵以仁义为骨子"；而"王霸之分，不在事功而在心术"。将"事功"与"心术"并论，是黄宗羲对孟子"浩然之气"思想的重要诠释，而在这个诠释中最有意思的是，在黄宗羲看来，"心术"的养成并不完全是"心"的彰显，而是"气"的流行。因此，他理解的"浩然之气"乃是"吹为风，呵为雾……皆吾身之气"。"气"的流行，恰好弥补了本心未发之时的状态。正如孟子在谈到"四端之心"时,所提出的那样,"心"的端倪需要推扩而出,才会出现"仁、义、礼、智",这个推扩当然需要内在道德心的工夫修养过程。

但是,与宋儒心性之学有所不同,在《孟子》的原初语境下,这种修养工夫应是通过"气"的流行变化而动作起来的。换言之,也就是说"心术"之"术"在于"气"的充盈弥漫,而"气"之弥漫盈阔必须是"沉沦"于世间事之中。因此,相较于孔子对于礼的强调,孟子更多地设定了礼的规范在遇到困境时的权变。他所提到的男女授受不亲、舜窃负而逃等,所要表达的都是具体的个体在遇到具体情形之下的道德选择。而这些选择的背后,所强调的即在于那个道德主体的承担者如何看待自己的身体。若认为己身是有形而有限的,那么"心"的端倪很可能会因为惧怕、混乱而无法做出果断而统一的抉择。即便在一定程度上可能会"集义",但仍旧不会"而生"。所以,"夜气"实际上为个体的道德选择与群体的伦理语境间的张力做出了选择,亦为"浩然之气"所超越的那个身形,确立了超越的方向。从这一点而言,讨论孟子的德性生命时,如果只从心性观念入手,可能最终就会落入迂阔的玄谈,从而丧失了孟子对于人身、人生的泰然自若。

四 结语

综上所述,"浩然之气"与"夜气"作为孟子哲学中重要的"气"观念,实际上阐明了孟子对于人之身体的理解。这一理解,同时也是先秦儒学身体观的重要内容。人的有形身体当然是一切人的道德精神、工夫修养的前提,但是这一身体的局限性和超越性,都是由"气"完成的。存养清静的"夜气",是说明"气"有变化,故人亦有区别。人可以在日常的生活之外,确立自身生存的意义与价值,就是善养"浩然之气"。如此一来,人既需要重视血肉之躯,同时也要重视精神之体。二者合二为一,绝无偏废,才可进一步讨论儒家德性生命的养成。杨儒宾在谈到两种气论思想时,曾提出过张东荪所谓"神秘的整体论"[1] 这一观点,并认为这一观点尚未得到当代学界的充分重视,并以此区分了"先天性气论"和"后天性气论"两种观点和这两种观点之下的身体观。有意思的是,如果我们以此为据,去讨论孟子的气论,便会发现孟子之气论更倾向于"后天性气论",强调"将修养重点放在一种作为生命能量的气之经营上面"[2]。虽然将孟子的气论定调为"后天性气论",或许存在着过当的诠释。但是,从"经营"一面而言,孟子的"浩然之气"与"夜气"确乎存在着对于"气"的经营维度。这种经营的工夫,不是冥想静坐,而是自身道德与社会秩序的一贯与融通,是将身体带入凡尘俗事之中,以"气"运"心",使心性之端在整个的生命进程,即生活的过程中被生发出来。由此可见,身心一元的身体哲学在孟子的气论中,有了其观念与实践的统合,有了形上与形下的统一。身体之所以可以突破其自然的界限,在于通过"气",它有了超越一己之躯、血肉之欲的可能性。它不仅向德性层面延展,而且有着使个体真正走向社会、世界的可能。

---

[1] 杨儒宾:《两种气学 两种儒学——中国古代气化身体观研究》,《中州学刊》2011 年第 5 期。

[2] 杨儒宾:《两种气学 两种儒学——中国古代气化身体观研究》,《中州学刊》2011 年第 5 期。

宋明儒学

王阳明与陈白沙之间是否存在学脉传承关系?

——束景南《王阳明年谱长编》相关论述辨正

黎业明

（深圳大学人文学院）

摘要：束景南先生在其《王阳明年谱长编》中，关于阳明在成化十九年（1483）就已经认识白沙并深受其影响、就已经对白沙学问"熟闻习见"的论述；关于阳明在成化二十年（1484）便与张诩相识，"盖张诩可谓阳明生平最早相识之白沙弟子，自此阳明乃可从张诩接触白沙之学"的推断；关于"张诩确在弘治十八年来京师，将《白沙先生全集》赠王华、阳明"的考证，都缺乏足够的文献依据，值得怀疑。因此，束先生关于阳明与白沙之间存在学脉传承关系的论断，值得商榷。

关键词：王阳明　陈白沙　学脉传承　《王阳明年谱长编》

陈献章（1428—1500），字公甫，号石斋，广东新会人。因居江门之白沙村，学者称白沙先生。明代著名思想家、教育家、诗人。王守仁（1472—1529），字伯安，浙江余姚人，因其曾经筑室并讲学于阳明洞，学者称阳明先生。亦明代著名思想家、政治家、教育家。黄宗羲《白沙学案》云，"有明之学，至白沙始入精微。其吃紧工夫，全在涵养。喜怒

---

* 本文已发表于《现代哲学》2020 年第 1 期。

未发而非空,万感交集而不动。至阳明而后大"①;《明史·儒林传》中云,明代"学术之分,则自陈献章、王守仁始"②。白沙与阳明均为有明一代开启学术新风的重要思想家。对于阳明与白沙的关系,束景南先生在其《王阳明年谱长编》中,认为阳明与白沙之间存在学脉传承关系。束先生曰:"关于阳明与白沙之关系,向来不明。本谱考定白沙于成化十九年荐召至京师,住长安西街大兴隆寺半年,与王华、阳明比邻。阳明尝亲见白沙与林俊日日讲论学问。以后《白沙先生全集》刻板,阳明精读后,作《评陈白沙之学语》,高度评价白沙之学。乃选白沙'默坐澄心,体认天理'二语(上本李侗)为座右铭,与湛甘泉共倡圣学。同白沙弟子张诩、杨珙、陈聪、赵善鸣等多有交往。阳明与白沙之学脉传承由此明矣。"③兹不揣浅陋,仅就见闻所及,对束景南先生《王阳明年谱长编》当中最主要的三条相关论述,略加考述辨正。

一

束景南先生论证"阳明与白沙之学脉传承"的第一条理据,为成化十九年白沙应诏入京,住长安西街大兴隆寺,与林俊论学,年仅十二岁的阳明由于与林俊为邻,因而对于白沙与林俊之讲学"熟闻习见"、对于白沙之学说"心悦诚服"。束先生在《王阳明年谱长编》中云:

[成化十九年]白沙陈献章应诏入京,居长安西街大兴隆寺,与林俊、王华比邻而居。林俊与白沙日日讲学于大兴隆寺中,少年阳明常往返出入于大兴隆寺与林俊家中,对林俊与白沙两人日日讲学已熟闻习见……○阮榕龄《编次陈白沙先生年谱》:"成化十九年正月,白沙先生入京……三月三十日到京……九月初四日,奉旨……

---

① (明)黄宗羲撰:《明儒学案》,沈芝盈点校,中华书局2008年修订本,上册,第79页。
② (清)张廷玉等撰:《明史》,中华书局2003年版,第24册,第7222页。
③ 束景南:《王阳明年谱长编·叙》,《王阳明年谱长编》,上海古籍出版社2017年版,第1册,卷首第3—4页。

王阳明与陈白沙之间是否存在学脉传承关系？

遂南归。"○杨一清《荣禄大夫太子太保刑部尚书见素林公俊墓志铭》："授刑部主事，迁署员外郎……陈白沙先生以荐至京，日与讲学，大有所得。"（《国朝献征录》卷四十五）○《杨园集·近古录》："林司寇俊筮仕刑曹，陈白沙荐至京，公日与讲学有得。"○林俊《见素集》附录上《编年纪略》："十八年壬寅正月，秩满三载，敕进阶承德郎，封父菊庄公如其官，母黄、配方俱安人。与白沙陈献章讲明理学。献章取至京，久未有所处，公荐之尹冢宰旻，旻为具题，寻有检讨之命。"○《王阳明全集》卷二十七《与林见素》："执事孝友之行，渊博之学，俊伟之才，正大之气，忠贞之节。某自弱冠从家君于京师，幸接比邻，又获与令弟相往复，其时固已熟闻习见，心悦而诚服矣。"按：白沙是次应诏入京，在京待半年有余，其所以能日日与林俊讲论学问，盖因白沙亦寓居长安西街之大兴隆寺，与林俊、王华比邻而居之故也。按张诩《白沙先生行状》云："先生不得已遂起，至京师……祭酒某先生，同省人也，素忌先生重名，及至京师，使人邀先生主其家。已而先生僦居庆寿寺某寓之后，因修述，阴令所比诬先生。学士某（张弼）见之不平，为削去。"（《陈献章集》附录二）庆寿寺即大兴隆寺。（中略）后来白沙作《有怀故友张兼素》回忆当年居京师情况云："万里长安看我病，夜阑两马出携灯。如今只有西涯在，宿草江边露满茔。"（《陈献章集》卷六）所谓"长安"即指长安街。由此可以确知白沙入京居在长安西街大兴隆寺。前考林俊、王华亦住在长安西街大兴隆寺畔，即阳明所云"幸接比邻"，疑《白沙先生行状》中所云"庆寿寺某寓"即指林俊寓所，盖白沙居京师半载，若与林俊非比邻而居，两人断不可能日日在一起讲学。阳明云"幸接比邻，又获与令弟相往复"，即是指阳明常往来出入于林俊兄弟家，多可见白沙与林俊两人讲论学问，日日耳闻目睹，故称"已熟闻习见"也。林俊服膺白沙心学，讲论多有得，故阳明对林俊"渊博之学""心悦而诚服"，实亦隐含了对白沙之学之心悦诚服。二十年后阳明作文高度评价"白沙先生学有本原，恁地真实，使其见用，作为自当迥别"（见下），如此心悦诚服即源于此时也；又五年后入京师，亦寓居大兴隆寺，与湛甘泉在大兴隆寺中讲学,盖即有意仿当初白沙与林俊在大兴隆寺中讲学也。其时非惟阳明可见到白沙,王华更可见到白沙。盖白沙是次应诏入都,海内瞩目,抵京后,公卿大夫"日造其门数百,咸谓圣人复出"(阮榕龄《编次陈白沙先生年谱》)。王华任翰林修撰,白沙授翰林检讨,两人岂会不见面?况王华与林俊关系密切,王华与白沙比邻而居半年之久,岂能一无交往?更何况其时王华"心学"思想(见前引廷试卷)与白沙学相合,如今白沙万里入京,王华与心学宗师密迩相居,两人之间岂能一无讲论交流?林俊后来在《祭上宰王海日公》中云:"某忝通家,道义熏炙。"(《见素续集》卷十一)所谓"道义熏炙"即两人在京比邻而居时之往来讲学交流,由此可以推断当白沙与林俊在大兴隆寺中日日讲论时,王华亦必当来会也。①

束先生谓白沙成化十九年入京,居住于庆寿寺(大兴隆寺),这是事实。张诩《翰林检讨白沙陈先生行状》云,白沙先生至京师,"某,先生同省人也,素忌先生重名,及至京师,使人邀先生主其家。已而,先生僦居庆寿寺。某衔之,后因纂修《实录》,阴令所比诬先生。学士某见之,不平,为削去"②。束先生谓白沙是次入京,曾与林俊论学,这也是事实。然而,束先生所谓"其所以能日日与林俊讲论学问,盖因白沙亦寓居长安西街之大兴隆寺,与林俊、王华比邻而居之故也","疑《白沙先生行状》中所云'庆寿寺某寓'即指林俊寓所,盖白沙居京师半载,若与林俊非比邻而居,两人断不可能日日在一起讲学",则值得商榷。其实,当时白沙乃僦居于庆寿寺,而不是林俊之寓所;当时白沙虽然曾与林俊论学,然而并非"日日与林俊讲论学问""日日在一起讲学"。白沙《书莲

---

① 束景南:《王阳明年谱长编》,第1册,第45—48页。
② 张诩《翰林检讨白沙陈先生行状》,载(明)徐纮辑《皇明名臣琬琰后录》卷二二,盛宣怀辑刊"常州先哲遗书"本,第5页;黎业明撰:《陈献章年谱》,上海古籍出版社2015年版,第372页。案:此所引述,与《陈献章集》所附张诩《白沙先生行状》文字、内容颇有差异。又:"某",多以为指丘濬;"学士某",多以为指张元祯。束先生以为"学士某",指张弼,非是。张弼并未参与纂修《宪宗实录》。

塘书屋册后》云,"成化十九年春正月,予访予友庄定山于江浦,提学南畿侍御上饶娄克让来会予白马庵,三人相与论学、赋诗,浃辰而别。侍御之兄克贞先生,与予同事吴聘君。予来京师,见克贞之子进士性及其高第门人中书蒋世钦,因与还往。居无何,侍御官满来朝。予卧病庆寿寺,之数人者无日不在坐。师友蝉联,臭味相似,亦一时之胜会也"①。根据白沙自述,其在京寓居庆寿寺期间,"无日不在坐","师友蝉联,臭味相似"者,是娄谦、娄性、蒋世钦等人,而不是林俊。

束先生谓"阳明云'幸接比邻,又获与令弟相往复',即是指阳明常往来出入于林俊兄弟家,多可见白沙与林俊两人讲论学问,日日耳闻目睹,故称'已熟闻习见'也",亦颇为可疑。阳明《与林见素》云,"执事孝友之行,渊博之学,俊伟之才,正大之气,忠贞之节。某自弱冠从家君于京师,幸接比邻,又获与令弟相往复,其时固已熟闻习见,心悦而诚服矣。第以薄劣之资,未敢数数有请"②。依据其中"某自弱冠从家君于京师,幸接比邻,又获与令弟相往复,其时固已熟闻习见,心悦而诚服矣"之言,阳明与林俊之相识,乃在其弱冠之年,而非其十二岁时,而且阳明当时与相往复的是林俊之弟,而不是林俊本人;根据其中"第以薄劣之资,未敢数数有请"之语,阳明在弱冠之年与林俊的交往,并不十分密切。

至于束先生所谓成化十九年"王华任翰林修撰,白沙授翰林检讨,两人岂会不见面?况王华与林俊关系密切,王华与白沙比邻而居半年之久,岂能一无交往?更何况其时王华'心学'思想与白沙学相合,如今白沙万里入京,王华与心学宗师密迩相居,两人之间岂能一无讲论交流?"云云,均属于推测之辞,并没有文献依据。据白沙《谢恩疏》,白沙在成化十九年九月初获授翰林院检讨后,"但身在床褥,实难动履,辄欲具本称谢。以不亲拜舞,益不自安,即令侄男陈景星具状鸿胪寺,告

---

① (明)陈献章撰:《陈献章集》,孙通海点校,中华书局2008年版,上册,第64页。
② (明)王守仁撰:《王阳明全集》,吴光、钱明、董平、姚延福编校,上海古籍出版社2011年修订版,中册,第1114页;(明)王守仁撰:《王阳明全集(新编本)》,吴光、钱明、董平、姚延福编校,浙江古籍出版社2010年版,第3册,第1061页。案:不知何故,束先生在引述阳明此《与林见素》书时,竟然忽略"第以薄劣之资,未敢数数有请"之语。

欲俟筋力稍纾，尚当勉强赴阙，庶几少伸报谢之万一，而又为风寒所中，肢节沉痛，卧不能兴。臣窃复自念，旧疾方殷，新病复继，恐非旬月可愈，不惟有稽入谢之期，抑且不能亟副归养之诏，心未酬而罪愈甚矣"①。可见白沙虽然获授翰林院检讨官职，但是他并未到翰林院之任，因此当时任翰林修撰的王华，应未曾与白沙在翰林院见面。而且，关于林俊（及李东阳、张兼素、娄谦、蒋世钦等）与白沙的论学、交往，或有相关文献记载，或有后来诗文唱和，可作证明。然而，对于所谓王华与白沙的论学、交往，既无相关文献记载，亦无后来诗文唱和，以为证据。

可见，束先生所谓"陈献章应诏入京，居长安西街大兴隆寺，与林俊、王华比邻而居。林俊与白沙日日讲学于大兴隆寺中，少年阳明常往返出入于大兴隆寺与林俊家中，对林俊与白沙两人日日讲学已熟闻习见"的说法，并没有文献依据，而属于推测之辞，其论断显然值得商榷。束先生的期望似乎是，既然成化十九年阳明在京师对于白沙与林俊的论学、交往"熟闻习见"，而其父王华又与白沙曾论学、有交往，则阳明应当认识白沙并深受其影响，加上后来阳明又得阅读《白沙先生全集》，如此"阳明与白沙之关系""阳明与白沙之学脉传承"这个向来不明的重大问题，便可由此而明。然而，束先生的这个期望恐怕要落空了。

如果说成化十九年白沙应诏入京，颇为轰动，时年十二岁的阳明，对于白沙有所耳闻，则似不无可能。如果说阳明在成化十九年，就已经对白沙论学"熟闻习见"，就已经认识白沙并深受其影响，就已经对白沙的学说心悦诚服，则恐证据不足。若阳明当时就已经对白沙学问"熟闻习见"，深受其影响，并对白沙的学说心悦诚服，那么对于章太炎先生所提出的"白沙卒于弘治十三年，时阳明已长矣。少年汲汲为道，而未尝一求白沙，何也"这个疑问②，又该如何解释呢？

---

① （明）陈献章撰：《陈献章集》，上册，第4页。
② 章太炎撰：《王守仁〈王文成公全书〉批语》（罗志欢整理），《章太炎全集·眉批集》，上海人民出版社2017年版，第357页。案：章太炎先生曰："成化十九年，白沙以荐入都，时阳明已在京师，年十二矣。时虽冲幼，而见闻未尝不逮。后又与甘泉讲学，乃其言涉白沙者甚少，何也？恐当时以科第入仕者深嫉白沙，多有诐谤，如所谓青盖出都责其平生者，先生亦不解辨也。"（章太炎撰：《王守仁〈王文成公全书〉批语》，《章太炎全集·眉批集》，第355页）章太炎先生亦以为，阳明十二岁之时已经对白沙有所见闻。

二

束景南先生论证"阳明与白沙之学脉传承"的第二条理据,为成化二十年白沙弟子张诩参加科举考试,由于王华参与此年考试事务,得与王华、王阳明相识,因此阳明"可从张诩接触白沙之学"。束先生在《王阳明年谱长编》中云:

> [成化二十年]二月,王华任廷试弥封官,阳明侍龙山公为考官,入场评卷。○杨一清《海日先生墓志铭》:"甲辰,充廷试弥封官。"○陆深《海日先生行状》:"甲辰,廷试进士,为弥封官。"○黄绾《阳明先生行状》:"年十三,侍龙山公为考官,入场评卷,高下皆当。"
>
> 陈白沙弟子东所张诩举进士,与王华、阳明相识。○黄佐《南京通政司左参议张公诩传》:"张诩字廷实……成化甲辰登进士……诩少从陈献章讲学,祖濂洛正派,为岭南学者所宗,师友渊源,践履纯笃……诩尝赞白沙遗像,有曰:'呜呼噫嘻!大道堂堂,其显也,镜中鼻现;其隐也,海底金藏。'盖其所见类如此。"(《国朝献征录》卷六七)按:张诩成化二十年中进士,时王华为廷试弥封官,阳明亦侍龙山公为考官,入场评卷,张诩可谓王华"门生",王华、阳明当在是年与张诩相识。据阳明正德九年所作《寄东所次前韵》,弘治十八年张诩曾入京将《白沙先生全集》赠王华、阳明,也可见阳明与张诩早已相识(详下)。盖张诩可谓阳明生平最早相识之白沙弟子,自此阳明乃可从张诩接触白沙之学矣。①

陆深《海日先生行状》、杨一清《海日先生墓志铭》均谓王华在成化二十年科举考试中,为廷试弥封官。在科举考试当中,弥封官的任务,

---

① 束景南撰:《王阳明年谱长编》,第 1 册,第 49—50 页。

是将考生写姓名之处，反转折叠，用纸钉固，糊名弥封，上盖关防。至试官阅文取中，填写榜文时，始拆封检视姓名。目的是防止考试舞弊。①然而，黄绾《阳明先生行状》则谓，阳明"年十三，侍龙山公为考官，入场评卷，高下皆当"②。依据黄绾的记载，王华在成化二十年的科举考试中，其角色是考官而不是弥封官，考官有阅卷的职权，弥封官则无评卷的职权。奇怪的是，依据黄绾的记载，似乎年仅十三岁的阳明，由于侍候其父王华为考官的缘故，亦得以入场评卷，且所评高下皆当。在科举考试年代，如此儿戏之事，简直是天方夜谭！值得注意的是，湛若水撰《阳明先生墓志铭》、钱德洪编《阳明先生年谱》均无阳明"年十三，侍龙山公为考官，入场评卷，高下皆当"这样的记载。③黄绾所谓阳明"年十三，侍龙山公为考官，入场评卷，高下皆当"这样儿戏的记载，其何所依据不得而知。更为奇怪的是，束先生居然相信黄绾这个儿戏的记载，并据此得出"张诩成化二十年中进士，时王华为廷试弥封官，阳明亦侍龙山公为考官，入场评卷，张诩可谓王华'门生'，王华、阳明当在是年与张诩相识""盖张诩可谓阳明生平最早相识之白沙弟子，自此阳明乃可从张诩接触白沙之学矣"这样的论断，其可靠性可想而知。其实，在成化二十年科举考试中，主考官为詹事兼翰林学士彭华、左春坊左庶子刘健④；王华只是廷试弥封官而不是考官。因此，王华与张诩根本不是座主与门生的关系。而且，张诩当时与王华、阳明根本不认识。张诩《東方文选》诗云："文园初谢病，信息已西湖。丹熟朱明久，渔歌碧海孤。清容思未睹，远札意先孚。回首江山暮，峥嵘岁近除"；"伯安虽后出，英气盖东南。未遂荆州识，先惊景略谈。神交自古有，梦想只今耽。

---

① 参见广东、广西、湖南、河南辞源修订组与商务印书馆编辑部编《辞源》（修订本），商务印书馆1991年版，上册，第1058页，"弥封"条。

② （明）黄绾：《阳明先生行状》，载（明）王守仁撰《王阳明全集（新编本）》，第4册，第1425页。

③ 参见（明）湛若水《阳明先生墓志铭》、（明）钱德洪《阳明先生年谱》，载（明）王守仁撰《王阳明全集（新编本）》，第4册，第1408—1414、1227页。

④ （明）谈迁撰：《国榷》，张宗祥点校，中华书局2005年版，第3册，第2488页。

他日逢君问，何如昔澹庵"①。方文选，即方献夫（字叔贤，广东南海人），正德六年（1511）官吏部文选司员外郎，告病回西樵。伯安，即王阳明。根据诗中"文园初谢病，信息已西湖""回首江山暮，峥嵘岁近除"之言，可知张诩此诗作于正德六年年底方献夫告病回西樵不久；根据诗中"伯安虽后出，英气盖东南。未遂荆州识，先惊景略谈。神交自古有，梦想只今耽"之语，可知直至正德六年年底张诩与阳明尚未见面相识。

既然王华与张诩根本不是座主与门生关系，既然阳明与张诩在正德六年年底之前尚未见面相识，阳明怎么可能如束先生所说"从张诩接触白沙之学"？

三

束景南先生论证"阳明与白沙之学脉传承"的第三条理据，为弘治十八年（1505）《白沙先生全集》刊行，张诩随即携《白沙先生全集》入京，将其赠送王华、王阳明。阳明因此得以认真阅读稽考，并对白沙的学说有高度评价。束先生在《王阳明年谱长编》中云：

> ［弘治十八年十月］罗侨、张诩编刻《白沙先生全集》成，阳明认真阅读稽考，有高度评价陈白沙之学语。（束先生所引述张诩《白沙先生全集序》、罗侨《书白沙先生全集后》，略）阳明《评陈白沙之学语》："白沙先生学有本原，恁地真实，使其见用，作为当自迥别。今考其行事，事亲信友、辞受取予、进退语默之间，无一不概于道；而一时名公硕彦，如罗一峰、章枫山、彭惠安、庄定山、张东所、贺医间辈，皆倾心推服之，其流风足征也。"（魏时亮《大儒学粹》卷八上《白沙陈先生》）按：罗侨弘治十六年任新会县知县，

---

① （明）张诩撰：《张诩集》，黄娇凤、黎业明点校，上海古籍出版社2015年版，第230—231页。

其后即搜辑白沙诗文，刊刻全集。据其《书白沙先生全集后》题"弘治乙丑春三月朔"，知《白沙先生全集》约刊成于弘治十八年五六月间。张诩、湛若水皆是白沙门人，《白沙先生全集》刻成后，乃由张诩携之入京。按东所张诩成化二十年进士，是年王华充廷试弥封官，阳明亦侍王华为考官，入场评卷，故王华、阳明在成化二十年已同张诩相识，张诩为王华"门生"。其在成化末丁艰归南海，隐居二十年不出，其间唯在弘治十八年《白沙先生全集》出版时，尝携《白沙先生全集》[入]京师，得见阳明与王华。阳明正德九年所作《寄张东所次前韵》云："江船一话千年阔，尘梦今惊四十非。"（《王阳明全集》卷二十。按："千年阔"当是"十年阔"之误，自弘治十八年至正德九年，正为十年）此所谓"江船一话"相别，即弘治十八年在京阳明与张诩相别。由此可见张诩确在弘治十八年来京师，将《白沙先生全集》赠王华、阳明。又湛甘泉三月中进士，其后选为翰林庶吉士，其入京已在六七月，故《白沙先生全集》或亦是湛甘泉（尚有方献夫）携之入京，阳明遂得读《白沙先生全集》也。……白沙之好静坐，一如李侗其人；阳明之好静坐，又一如白沙其人。盖李侗之学大要，一主"静中体认"，故好静坐，默照澄观；一主"分殊体认"，故以分殊为功用，体认物理。可见白沙之学全然本自李侗之学，而阳明学与白沙学之间学脉关联承传由此清晰可见。弘治十八年为阳明由词章之学归正心性之学之时，阳明以李侗"默坐澄心，体认天理"立为自己心性之学之大旨，而同湛甘泉相呼应，显然是受白沙思想之影响。故阳明此白沙学评语与座右铭，充分表明阳明生平此一重大思想转变，非唯是湛甘泉影响促成，更出于其自读白沙著作之有力推动也。①

束先生谓罗侨、张诩在弘治十八年刊刻《白沙先生全集》，此为事实，无可疑者。然而，其间尚有可疑者在。束先生谓阳明与张诩在成化二十年（1484）已经相识（相关辨正见前，此不赘述），谓张诩"在成化末丁艰

---

① 束景南撰：《王阳明年谱长编》，第1册，第361—365页。

归南海，隐居二十年不出，其间唯在弘治十八年《白沙先生全集》出版时，尝携《白沙先生全集》［入］京师，得见阳明与王华""将《白沙先生全集》赠王华、阳明"。束先生所谓张诩"在成化末丁艰归南海，隐居二十年不出"，不合乎事实。陈献章弘治二年（1489）二月底《送张进士廷实还京序》云"乡后进吾与之游者，五羊张诩廷实。［廷实］始举进士，观政吏部稽勋，寻以疾请归五羊。五羊，大省地。廷实所居，户外如市，漠然莫知也。自始归至今六年间，岁一至白沙，吾与之语终日而忘疲。城中人非造廷实家不得见廷实，而疑其简，实不然也。盖廷实之学，以自然为宗，以忘己为大，以无欲为至，即心观妙，以揆圣人之用。其观于天地，日月晦明，山川流峙，四时所以运行，万物所以化生，无非在我之极，而思握其枢机、端其衔绥，行乎日用事物之中，以与之无穷。然则，廷实固有甚异于人也，非简于人以为异也。若廷实清虚高迈、不苟同于世也，又何忧其不能审于仕止、进退、语默之概乎道也？兹当圣天子登宝位之明年，思得天下之贤而用之，而廷实之病适愈。太守公命之仕，廷实不得以'未信'辞于家庭，于是卜日告行于白沙，留二十余日"①。张诩在弘治二年离粤北上，任户部陕西清吏司主事。弘治四年（1451）十二月，张诩之父张瓒卒；弘治五年（1452）二月二十四日，张诩"闻父丧回籍守制"②。自此，隐居二十余年。正德九年（1514）甲戌，张诩"拜南京通政司左参议。檄下，趣上道。先具疏辞，遂抱疾赴南畿，谒孝陵而归。抵家不阅旬，卒，年六十"③。可见，张诩丁忧在弘治五年，自此隐居二十余年。正德九年，拜官南京通政司左参议，"遂抱疾赴南畿，谒孝陵而归"。张诩之隐居二十余年不出，乃从其弘治五年丁父忧算起，而非从成化末算起。也就是说，这二十余年间张诩未尝离粤赴京。而束先生推测张诩在弘治十八年（1505）曾携《白沙先生全集》入京以赠送王华、阳明的依据，为阳明正德九年所作《寄张东所次前韵》"江船一话千年阔，尘梦今惊四十

---

① （明）陈献章：《陈献章集》，上册，第12页。
② （明）张诩：《辞免起用兼养病疏》，《张诩集》，第91页。又参见黎业明《陈献章年谱》，第258页。
③ （明）黄佐：《南京通政司左参议张公诩撰》，《张诩集》，第304页。

非"之言①。且不说束先生关于诗中"千年阔"应当是"十年阔"之误的说法是否合适，对于这样一个有可能属于关乎阳明思想发展的重要事件，仅仅依据阳明《寄张东所次前韵》中的两句诗文来推断其发生的时间，这做法本身就值得商榷。

其实，根据张诩诗文集中的一些资料，弘治十八年，张诩在粤；正德六年（1511）之前，张诩与阳明尚未相识。张诩《揭阳县儒学尊经阁记》云，"清流叶侯廷玺守潮之六年，威德旁孚，令行禁止，风俗将丕变矣。寻以直道忤当时解官去，予方怃然为世道惜之。未几，揭阳邑令滇南董君琰、邑博义乌虞君鉥，缄书币，走生员徐珩、林球，不远千里，以侯在郡时所创邑学尊经阁记文见属。予忆往时尝为兹学射圃记矣，拙技不欲多呈。既而念侯已去郡，而区区怃然之意，庶因之以少泄也，亟为二生诺焉。先是，邑学无有所谓尊经阁者也，凡当代圣谟、古圣贤之经传、百家子史咸储之库楼中，岁久，蒸湿糜烂殆过半矣。弘治甲子秋，侯按部至邑，始谋创阁，将购四方遗书贮其中，以便诸士子游息藏修之暇而翻阅焉。于是乎画为规制，授诸义官邢龙，俾募工市材为之。时郡佐芮君鉴、王君杰、唐君俨、梁君举，邑佐林君楷、熊君致谅，邑幕陈君世显，与今董君、虞君，莫不一倡十和，从容以赞厥美。於戏！懿哉！阁经始于是岁之冬十一月，至明年乙丑春二月乃告成焉。高明轩豁，雄盖一邑，过者莫不拭目，诚伟观也。入秋八月，而二生至，时侯去郡数月矣"②。根据此文，弘治十八年乙丑张诩在粤，并无入京之事。正德六年（1511）年底方献夫回西樵不久，张诩《柬方文选》诗云，"伯安虽后出，英气盖东南。未遂荆州识，先惊景略谈。神交自古有，梦想只今耽。他日逢君问，何如昔澹庵"③。根据此诗，正德六年年底之前，张诩与阳明尚未见面相识。既然弘治十八年张诩并无入京之事，而且在正德六年年底之前，张诩与阳明尚未见面相识，那么束先生所谓"张诩确在

---

① （明）王守仁：《王阳明全集》，中册，第818页；（明）王守仁：《王阳明全集（新编本）》，第3册，第779页。
② （明）张诩：《张诩集》，第152页。
③ （明）张诩：《张诩集》，第230—231页。

弘治十八年来京师,将《白沙先生全集》赠王华、阳明"的说法,自然就是子虚乌有的了。①

束先生又说,"湛甘泉三月中进士,其后选为翰林庶吉士,其入京已在六七月,故《白沙先生全集》或亦是湛甘泉(尚有方献夫)携之入京,阳明遂得读《白沙先生全集》也"。束先生的这个说法也值得斟酌。湛若水、方献夫同在弘治十八年三月中进士,随后同被选为翰林庶吉士,这是事实。然而,湛若水选为庶吉士之后一直在京,并无离京返粤的相关记载,故湛若水无弘治十八年六七月携《白沙先生全集》入京赠送阳明的可能,何况根据湛若水的说法,其与阳明结交在正德元年(1506)丙寅。② 至于方献夫,则其在中进士、选为庶吉士之后,即请命归娶,迎养其母黄氏。正德元年方献夫母黄氏卒,丁忧。正德四年(1509),方献夫服阕起复,授吏部祠祭司主事;正德五年(1510),改吏部文选司主事。③ 据王阳明正德六年辛未《别方叔贤序》"予与叔贤处二年"之说④,阳明与方献夫相识,当在其正德五年冬由庐陵返京之后。这就是说,方献夫亦无弘治十八年携《白沙先生全集》入京赠送阳明的可能。

束先生如此强调弘治十八年《白沙先生全集》刚刚出版,阳明就已经得以阅读,其目的或愿望显然是想证成阳明学与白沙学之间有着清晰的学脉关联和承传关系,而且要表明"弘治十八年为阳明由词章之学归正心性之学"这一生平重大思想转变,"非唯是湛甘泉影响促成,更出于其自读白沙著作之有力推动"。为此,束先生不惜在没有足够文献依据的情况之下,虚构出一个弘治十八年张诩携《白沙先生全集》入京赠送王

---

① 其实,就算王华和张诩有座主与门生的关系,就算张诩和阳明早就相识,张诩似乎也不会仅仅为了将刚刚刊行的《白沙先生全集》送给王华和阳明,而不远万里,亲自赴京。束先生的说法,实在不合情理。
② 相关考证,参黎业明撰《湛若水年谱》,上海古籍出版社2016年版。
③ 参见周悦《方献夫年谱简编》,载(明)方献夫撰《方献夫集》,问永宁、周悦点校,上海古籍出版社2016年版,第470—472页,"附录"。
④ (明)王守仁:《王阳明全集(新编本)》,第1册,第247页。

华与阳明的故事。① 奇怪的是，束先生一方面声言"张诩确在弘治十八年来京师，将《白沙先生全集》赠王华、阳明"，另一方面又颇为疑虑地说《白沙先生全集》或亦是湛甘泉［尚有方献夫］携之入京。根据我们的考证，在弘治十八年，无论是张诩，还是湛若水、方献夫，都没有携《白沙先生全集》入京并赠送给王华与王阳明之事，束先生的愿望可能要落空了。

王阳明读过《白沙先生全集》，并深受白沙学说的影响，用湛若水的话说就是"阳明崇孚于白沙"②，这当然是事实。然而，阳明所读之《白沙先生全集》，恐非其在弘治十八年所得，更非由张诩（及湛若水、方献夫）携带入京所赠。因此，束先生将阳明《评陈白沙之学语》系于弘治十八年，也是值得斟酌的（至于王阳明后来不愿多提陈白沙，原因何在，这是另外一个问题③）。

既然弘治十八年张诩（及湛若水、方献夫）并无携《白沙先生全集》入京赠送王华、赠送王阳明之事，那么束先生所谓阳明在弘治十八年就对《白沙先生全集》"认真阅读稽考"、就对白沙之学"有高度评价"的说法，是不能成立的。

综上所述，束景南先生关于阳明在成化十九年就已经认识白沙并深受其影响，就已经对白沙学问"熟闻习见"的论述；关于阳明在成化二十年便与张诩相识，"盖张诩可谓阳明生平最早相识之白沙弟子，自此阳明乃可从张诩接触白沙之学"的推断；关于"张诩确在弘治十八年来京师，将《白沙先生全集》赠王华、阳明"的考证，都缺乏足够的文献依据、都值得怀疑。可见束先生的相关论据并不可靠。因此，束先生关于阳明与白沙之间存在学脉传承关系的论断，也值得商榷。然而阳明曾深

---

① 然而，有学者认为，束先生关于弘治十八年张诩携《白沙先生全集》入京赠送王华与阳明的论述，是"束景南先生在考证基础上所得之真知灼见"。（鹿博：《理性审视，还神为人——从〈王阳明年谱长编〉看束景南教授的阳明学研究》，《浙江社会科学》2018年第11期）

② （明）湛若水《叙别》，《甘泉先生文集》卷六，嘉靖十五年刊本，内编，第29页；（明）湛若水：《泉翁大全集》，钟彩钧、游腾达点校，台北："中央研究院中国文哲研究所"2017年版，第2册，第462页。

③ 参见黎业明《王阳明何以不愿多提陈白沙》，深圳大学文学院编《荔园论学集·哲学卷》，北京大学出版社2013年版；黎业明撰《明儒思想与文献论集》，商务印书馆2017年版。

受白沙影响，则是不可否认的事实。不过，根据现存文献资料，阳明对于白沙学术的初步了解，恐应在弘治十一（1498）、十二年（1499）许璋往访李承箕返浙之后①；阳明之深受白沙思想影响，恐应在正德元年（1506）丙寅，其与湛甘泉一见定交之后。

---

① 李承箕《送许生还上虞序》中云："戊午之岁正月初吉，有生白袍草屦通予门，谓浙之上虞许璋。生挟一衾，风雨寒暑不顾。言若不出口，而所言皆根据在昔可与共学者乎！予坐之大崖山中余三时，有问疑则复至门。予尝语之曰：'拘拘陈编，曰居敬穷理者，予不然；躞躞虚迹，曰傍花随柳者，予不然；罔象无形，求长生不死者，予不然。'生欲往白沙谒吾陈先生，夫自生之乡去彼，五千有余里，囊无粟、衾里裂，钱挂杖头者有几？生又有老亲双垂白于堂，只子可再远？吾于此未尝不嘉其志，而又未尝不恨其穷也。不然，吾自有乐地，夫何恨其将反而求寻乎？予赠诗二章，予兄大理复和之。生既归，歌数诗，上卮酒于堂上，暇则静坐以观心，且读圣贤书，其乐何如也！时弘治己未春正月序。"[（明）李承箕撰：《李承箕集》，湖北人民出版社2018年版，第238—239页。案：李承箕此文，被误收入《庄定山集》。参见（明）庄㫤撰《庄定山集》，影印文渊阁《四库全书》，台北：台湾商务印书馆1986年版，第1254册，第301页] 据此，许璋在弘治十一年戊午正月到访嘉鱼，次年正月返回上虞。通过李承箕，许璋对白沙先生之学当有所了解。而阳明与许璋为好友，许璋或许会将其所知白沙之学转告阳明。

晚明徽州阳明学思潮

解光宇 刘 艳

（中国孔子研究院，安徽医科大学马克思主义学院）

摘要：由于民国安徽通志馆抄本《新安理学先觉会言》的发现，为研究明代徽州地区的阳明学提供了重要的文献资料，可以说徽州王门是阳明后学的第八派。王阳明弟子钱德洪、邹守益、刘邦采等人，结合徽州特有的理学背景对阳明学进行了创造性的转换，并以讲会的形式向徽州地区传播心学。受到阳明弟子心学思想的影响，徽州学子瞿台、陈昭祥、陈履祥等人对心学有了独特的认识，他们对心学的诠释反映了明代中后期徽州学人对阳明学的肯定，符合徽州人试图挣脱理学枷锁及发展徽商经济的强烈需求。

关键词：阳明学 徽州 《新安理学先觉会言》

一 抄本《新安理学先觉会言》的价值

徽州是程朱理学的重要阵地，有"东南邹鲁""程朱阙里"之美称。自"徽国文公倡道"以来，徽州地区形成了具有地域特色的新安理学。新安理学是朱子理学的重要分支，在长达六百多年的时间中，新安理学作为地方性哲学流派，在徽州地区占有主导地位，但是到了明代中后期，心学思潮席卷大地，致使固守理学的徽州地区受到了巨大的冲击。

这一时期的徽州是理学与心学相互交锋的重要阵地，也是晚明心学在传播过程中所遇到的一个难攻之地。黄宗羲将阳明后学分为浙中、江右、南中、楚中、北方、闽粤、泰州七派，但对于徽州王学，黄宗羲只字未提，也可能是缺乏资料的原因，致使后世学者忽视了对徽州心学派的研究。

然而，据有关史料证实，徽州在明中后期受白沙心学和阳明心学影响较大，白沙弟子和阳明弟子以讲会的形式向徽州传播心学，而部分徽州学子也以包容的态度接受甚至力挺心学，特别是阳明心学。固然这一时期并不乏一些坚守理学的徽州士人抗拒心学，但并不能否认心学在晚明徽州地区盛极一时。

《新安理学先觉会言》（以下简称《会言》）最近被发现，这使得我们对徽州的阳明学有了深入的了解。《会言》为明代徽州韩梦鹏所辑，谢文烨选，张文明、张明德、谢颋、韩继明等搜录。韩梦鹏，字鸣起，世居徽州黟县，生卒年月不详，其学术活动主要在明嘉靖和万历时期。据《安徽通志·艺文考·子部提要》说，该书有明刻本，但暂无从考，现仅发现民国安徽通志馆抄本，共两卷。卷一为新安同志会约及其序、家会及其序，还包括一些徽州书院之序，等等。因当时心学与阳明学盛行，郡有郡会，邑有邑会，乃至一家一族亦莫不有会。而为之作序的大多为白沙弟子和阳明弟子，如湛若水、邹守益、王龙溪、祝世禄、陈履祥、潘士藻等。《江南通志》谓"皖南讲学之盛一时，民淳俗朴有三代风"，读此可以想见。

卷二为主会诸先生之所讲论，如湛若水、耿定向、王龙溪、罗汝芳、洪垣等，其内容大都以心学为中心，并对诸如"学习""义利""尽心""求放心"等问题展开讨论，以微言来阐释心学大义。他们或拈四书五经以彰大义，或揭性命天道以阐微言，或饬伦纪，或语家常，"读之令人油然生孝悌之心"。从该书出现的人物及讲论的内容来看，反映了16世纪中期阳明心学在徽州的传播和兴盛的状况。从《会言》中可以看出，阳明心学受到众多徽州学子的欢迎，并且阳明弟子以讲会的形式向徽州传播心学。徽州很多士人、学子常常邀请阳明弟子如钱德洪、王龙溪等前来主持六邑大会，而"每会不下百数十人"①。不仅如此，阳明弟子还在祁门、休宁、斗山、婺源等地区进行讲学活动，使得"童稚孺子概知讲学入会为美事，一举笔便能言良知天理"。② 由此可见，明代中后期阳明心学不仅受到了徽州学者的欢迎，而且在徽州的学术讲坛中具有一定的地位，并有压倒朱子理学之势。

宋明时期的徽州一向被称为"朱子故里""程朱阙里"，程朱理学在徽州有很高的地位，所以，在明清的徽州地方文献资料里，如《新安学系录》《紫阳书院志》等，一般都不记载阳明学在徽州的传播的情况。然而《新安理学先觉会言》却详尽记载了心学主要代表人物在徽州所写的序言及所发表的演讲，反映了阳明心学在徽州的传播和兴盛的状况，说明阳明学是当时徽州学术的主流。这对于研究这个时期徽州学术的走向，是一份难得的宝贵资料。

二　阳明高足以讲会的形式在徽州传播

明中后期，儒学呈现出由庙堂返归民间的迹象，由此产生了与官方儒学即程朱理学迥然有别的平民儒学。平民儒学就是我们所说的大众儒学，阳明学就是这一时期平民儒学的代表。走平民化、通俗化、大众化路线的阳明学，在明中晚期深入民间，在全国各地都留下了足迹，其中就包括素有"东南邹鲁""程朱阙里"之称的徽州地区。明中后期阳明学在徽州十分兴盛，"讲会者大多不诣紫阳"。而阳明学之所以能步入徽州，使徽州"闽洛绝响，遵者寥寥"③，其中一个重要原因在于阳明后学秉持着儒学大众化的指导思想，试图以最平实的语言向精神匮乏的普通老百姓谈经论道。明中后期，新安讲会多聘请阳明高足阐教，邹守益、王畿、

---

① （明）韩梦鹏辑：《新安理学先觉会言》卷一《书绩溪颍滨书院同心会籍》，民国安徽通志馆抄本。

② （明）韩梦鹏辑：《新安理学先觉会言》卷一《祁西会约薄首》，民国安徽通志馆抄本。

③ （清）施璜辑，方允惇、施濋等订：《还古书院志》卷七《传·吴抑庵先生》，道光二十三年刻本。

钱德洪、刘邦采、罗汝芳等王门高足"迭主齐盟"①，纷纷来徽州讲学。他们把高高在上的儒家之学从庙堂、书斋推向了民间，认为人人皆可成为圣人，由此来填补平民与圣人之间不可逾越的鸿沟。也正是因此，明中后期的徽州地区"多王氏之学，有非复朱子之旧者矣"②，这足以说明阳明学在当时已普遍传播于徽州地区。

为了实现阳明学在徽州的传播，明中晚期阳明弟子开始进入徽州，参加各种形式的讲会，或主教，或主会，或主讲，占据了当时的徽州讲坛，似有引领徽州学术走向之势。

嘉靖二十九年（1550），邹守益受徽州诸生之邀入祁门的东山书院讲学，这一事件标志着阳明心学正式进入徽州，同时也开启了徽州阳明学讲会之先河。邹守益步入徽州讲会，前后历时一个多月。《会言》中记载，刘邦采随邹守益来徽州是庚戌孟冬（农历十月），其作《圣学端绪辩》的时间为庚戌仲冬（农历十一月）。而邹守益的《斗山书院序》《婺源同志会约》，以及刘邦采的《书祁门同志会约》都作于庚戌仲冬。这说明1550年10月刘邦采随邹守益来徽州，到11月他们结束了徽州之行。

邹守益来徽州参加了哪些地方讲会，《会言》卷一之《婺源同志会约》有记载：

> 婺源王生价、洪生圭、王生鸣宾、余生纯明，趋学于复古，订齐云之游。予携王生一峰、朱生震及二儿兰、善，泛番湖，历东山书院，相与剖富贵利达之关。齐景千驷，不及饿夫；管仲一匡，取羞童子。诸友欣然若有契也。既两邑之诸生，以次集于齐云，复以次集于建初。让溪游司谏聚讲岩镇，觉山洪郡侯趋别斗山，持其邑之会约以相示，规过劝善，期以共明斯学。③

从地点而言，邹守益在徽州先后去了祁门的东山书院，休宁的建初山房、

---

① （清）施璜编，吴瞻泰、吴瞻淇补：《紫阳书院志》卷一六《会纪》，清雍正三年刻本。
② （清）施璜编，吴瞻泰、吴瞻淇补：《紫阳书院志》卷一六《会纪》，清雍正三年刻本。
③ （明）韩梦鹏辑：《新安理学先觉会言》卷一《婺源同志会约》，民国安徽通志馆抄本。

齐云山，歙县的斗山书院、岩镇，婺源的福山书院，等等。由于邹守益首次步入徽州讲学是在东山书院，所以人们往往将邹守益东山书院的会讲视为新安六邑大会的开始。所谓"六邑"，即当时徽州府所辖的六县：歙县、黟县、婺源县、休宁县、绩溪县、祁门县。潘士藻曾说过六邑大会"肇举于嘉靖庚戌"之"安成东廓邹公实亲举玉趾照临之"①，此后"六邑各举于季秋"②。由此可见，邹守益是新安六邑大会上主讲阳明心学的第一人。新安六邑大会影响深远，徽州学者每年都要举办，每到大会举行时，都会有许多人前来听会，这其中大多为徽州六县的学者，当然也会有一些普通的百姓慕名而来。所以，六邑大会是邹守益传播阳明学的重要平台。

邹守益的徽州之行时间较长、地点较多、参会影响较大，为阳明学在徽州的传播开了好头。邹守益讲学于东山书院时，"徽郡之同志聚而二百人"③；赴福山之约时婺源同志"闻而云集"，"再见衣冠之胜"；邹守益在福山书院"留十日言别"，而婺源同志"依依不忍别"④。潘士藻也讲到，嘉靖庚戌（1550年）邹守益来徽州讲学，"一时景从之士彬彬然"，即追随邹守益的徽籍学者颇多，此景象已"遂以为常"。⑤ 可见，邹守益在徽州的讲学受到了热烈欢迎，其思想也获得了徽州人的认同，这为阳明学在徽州的大众化传播奠定了良好的基础。

邹守益之后，王畿、钱德洪、罗汝芳、耿定向等人陆续进入徽州，特别是王畿，他曾多次来徽州讲学，并参加了众多讲会。《会言》卷一之《福田山房序》中有言：

> 嘉靖丁巳春暮，予赴水西期会，新安歙县学谕徐子汝洽闻予至，遣友人程元道辈趋迎于水西，遂从旌德以入新安，馆于福田山房。

---

① （明）韩梦鹏辑：《新安理学先觉会言》卷一《书六邑白岳会籍》，民国安徽通志馆抄本。
② （明）韩梦鹏辑：《新安理学先觉会言》卷一《书六邑白岳会籍》，民国安徽通志馆抄本。
③ （明）韩梦鹏辑：《新安理学先觉会言》卷一《福山书院序》，民国安徽通志馆抄本。
④ （明）韩梦鹏辑：《新安理学先觉会言》卷二《圣学端绪辩》，民国安徽通志馆抄本。
⑤ （明）韩梦鹏辑：《新安理学先觉会言》卷一《书六邑白岳会籍》，民国安徽通志馆抄本。

至则觉山洪子偕六邑诸友，已颙颙然候予旬日矣。旧会在城隅斗山精舍，僻静改卜于此，盖四月十八日也。①

王畿所作《婺源同志会约》中，也提及他于嘉靖三十六年（1557）在徽州参与讲会的情景：

嘉靖丁巳五月端阳，予从齐云趋会星源，觉山洪子偕诸同志馆予普济山房，聚处凡数十人，晨夕相观，因述先师遗旨及区区鄙见，以相订绎，颇有所发明。同志互相参伍，亦颇有所证悟。②

王畿还回忆他与钱德洪初到歙县斗山书院为人所不容，于是改到婺源的福山书院，从嘉靖四十三年（1564）到隆庆四年（1570）前后长达七年之久：

新安旧有六邑同志大会，予与绪山钱子更年莅会，以致交修之益。初会斗山，后因众不能容，改会于福田。今年仲秋予复赴会，属休宁县邵生汝任辈为会主，驰报让溪、觉山、周潭诸公及六邑之友，相期于十月九日会于建初山房。……予念甲子与诸君相会，复七年于兹也。③

王畿记载了他参与徽州六邑大会的情景：

新安旧有六邑同志大会，每岁予与绪山钱子君迭主会事，没会不下百数十人，惟绩溪信从者寡，心窃讶之。今年秋杪，予复如期赴会。④

---

① （明）韩梦鹏辑：《新安理学先觉会言》卷一《福田山房序》，民国安徽通志馆抄本。
② （明）韩梦鹏辑：《新安理学先觉会言》卷一《婺源同志会约》，民国安徽通志馆抄本。
③ （明）王畿：《龙溪王先生全集》卷二《建初山房会籍申约》，清道光二年刻本。
④ （明）韩梦鹏辑：《新安理学先觉会言》卷一《书绩溪颍滨书院同心会籍》，民国安徽通志馆抄本。

王畿门人还记载了王畿来六邑大会讲学的盛况：

> 新安旧有六邑大会，每岁春秋以一邑为主，五邑同志、士友从而就之。乙亥（1575年）秋，先生由华阳达新安，郡守全吾萧子出迎曰："先生高年，得无舆马之劳乎？郡中士相望久矣。"乃洒扫斗山书院，聚同志大会于法堂，凡十日而解。①

通过《会言》的记载，可以推知王畿前来徽州的大体情状，即王畿在1557年春首先在歙县参加福田之会，并作《福田山房序》一文，后又到歙县斗山精舍，"与新安同志诸君为数日之会"②，留《斗山留别诸同志漫语》一文。同年的端阳王畿还去了婺源普济山房，与婺源同志"述先师遗旨"，为婺源沱川余氏的家会籍题词，并作《婺源同志会约》一文。之后王畿到休宁与徽州学者"相会数日"③，并作《书休宁会约》一文。1564年、1570年王畿去歙县建初山房参加六邑大会，并作《书绩溪颖滨书院同心会籍》一文。1575年秋王畿又来歙县斗山书院参加六邑大会，并作《新安斗山书院会语》一文。可见，王畿不仅多次来徽州，而且参加了众多讲会。

另外，王畿曾多次为徽州书院写序，为徽州讲会定会约，为徽州某些家会题词，这表明他与徽州人联系密切，同时也能说明徽州人对其学问的认同感，这种密切的联系和认同感是王畿在徽州传播阳明学的有利条件。

除了邹、王二人外，阳明的其他弟子也曾数次来徽州参加讲会，积极传播阳明学。可见，王门高足不断进入徽州，参加讲会传播阳明学，是阳明学在徽州大众化的前提。

---

① （明）王畿：《龙溪王先生全集》卷七《新安斗山书院会语》，清道光二年刻本。
② （明）韩梦鹏辑：《新安理学先觉会言》卷二《斗山留别诸同志漫语》，民国安徽通志馆抄本。
③ （明）韩梦鹏辑：《新安理学先觉会言》卷一《书休宁会约》，民国安徽通志馆抄本。

三 阳明学在徽州的展开

在受程朱理学影响较深的徽州地区，阳明学的传入并不是一帆风顺的，这是由新安朱子对心学的态度所决定的："近闻陆子静言论风旨之一二，全是禅学，但变其名号耳。竞相祖习，恐误后生。"[1] 所以，自明代中期阳明学突起之时，心学在徽州的传播并不如在其他地区那么顺利。然而，朱熹把心学完全等同于禅学的说法难免有所偏颇，毕竟心学与禅学存在着本质区别。而针对徽州学者对阳明心学的"禅学化"误解，阳明弟子需要予以澄清，这也是阳明心学准备进入徽州地区并传播开来的前提性工作。

关于阳明心学与禅学的区别及阳明学的入世精神，在《会言》中多有体现。比如，阳明弟子邹守益之子邹善，在《书东山会六邑诸同志籍》中认为，禅学"去人伦、遗庶物，视天地万物为幻化"，并且"不知孔门之旨即此伦物而明察之"，"与洙泗濂洛的脉终是千里"。而阳明心学传承孔孟"明于庶物，察于人伦"之旨，并不忽视人伦日用的"下学"之道，主张在现实的社会生活中实实在在地修身、实实在在地体悟本心。邹善在其父邹守益的教导下，将倡实行、忌妄学作为人生目标，并进一步认识到只有"立真志，修实行"[2]，才是"会稽之旨"。

而阳明的另一弟子刘邦采，在《书祁门同志会约》中也讲到"学不离于性命，则灵照一体之心，融液于庶物人伦之应"，心能够对人伦庶物感而应之，并且能与人伦庶物融合为一体。所以从根本来讲，心学并非像禅学那样忽略社会生活中的人伦关系及万物之理，认为世间的一切都是虚幻的假象。相反，心学与现实社会密切联系，并且肯定世间万物的真实性，认为人的修养不离人伦日用。

---

[1] （宋）朱熹：《朱熹集》，四川教育出版社1996年版，第2293页。
[2] （明）韩梦鹏辑：《新安理学先觉会言》卷一《书东山会六邑诸同志籍》，民国安徽通志馆抄本。

综上所述，心学和理学都是儒家哲学的重要组成部分，它们都教人在人伦日用的社会生活中不断修养身心，从而达到一种道德完满的至善境界，只是其修养路径有所不同而已。所以从某种意义来说，心学也是一种积极的入世哲学。而禅学则不然，它要求人们摆脱尘世纷扰和人伦事理，进入一种超脱的虚空之境，故而，相比儒家伦理的积极入世而言，佛教禅学无疑是一种消极的出世哲学。

与程朱理学重理不同，阳明学无疑将重点放在心上，所以阳明弟子在徽州讲学的过程中如何结合徽州的理学背景，创造性地阐释阳明学中的心体这一问题至关重要。在《会言》之《书婺源叶氏家会籍》中，阳明弟子钱德洪有言："天有二气五运，会而为人；人有五类四体七窍，会而为心。"人为天地万物间的最灵之物，而心则是人体的统帅，支配着人的"五类四体七窍"，即感官和行为。这是钱德洪对阳明"心者人之主宰"的进一步解释。但与阳明不同的是，钱德洪夸大了心的主宰地位，他认为"心之神明灵触灵通主宰造化，纲纪百物"[1]，即心具有掌控自然界、管理万物的能力，这里显然拔高了心的主宰力。因为宇宙中不同的事物需要不同的管理方法，这个管理方法可以称为理，所以心"散而为万殊，归而为一"[2]，这似乎与程朱理学中的"理一分殊"在理论形式上有相同之处。但在内容上，钱德洪将理改为心，在某种意义上可称之为"心一"而"分殊"。这里的心不是个体之心，而是具有普遍性的理之心，因为钱德洪认为心是"万理之会"[3]，心即理，理即心，心与理一。但是，作为阳明弟子的钱德洪并不否认心也是个体的存在，心既然是"万理之会"，那么心作为个体的存在又如何与理合一？针对这个问题，钱德洪说："故心一则神明察，而万理时出；心二则神明蔽塞，万理乖隔。"[4]

---

[1]（明）韩梦鹏辑：《新安理学先觉会言》卷一《书婺源叶氏家会籍》，民国安徽通志馆抄本。

[2]（明）韩梦鹏辑：《新安理学先觉会言》卷一《书婺源叶氏家会籍》，民国安徽通志馆抄本。

[3]（明）韩梦鹏辑：《新安理学先觉会言》卷一《书婺源叶氏家会籍》，民国安徽通志馆抄本。

[4]（明）韩梦鹏辑：《新安理学先觉会言》卷一《书婺源叶氏家会籍》，民国安徽通志馆抄本。

心若专一于理，人的精神头脑就会清明，万物之理就会自然而然地随心所出，从而达到心与理一的境地；而心若有杂念，人的精神头脑就会受到蒙蔽，万物之理就会受到阻隔，心与理也就无法达到合一的状态。

由上可知，钱德洪在程朱理学"理一分殊"的理论模式下解释心的普遍性，这使得徽州学者更容易进入心学的思想体系；同时钱德洪又不否认个体之心与外物之理合一的可能性，这在某种程度上迎合了徽州学者以主体之心来把握万物之理的现实需要，这无疑提升了个体的主观能动性。所以，阳明心性之学在徽州有其存在的理论基础与现实价值。

钱德洪主张用心掌控自然界，而阳明的另一高第邹守益则将心引向了社会领域。他认为心像"斗柄"一样"玄机默化，无声无臭"，并且"吾心之神化"不异于"斗柄之神"，所以邹守益主张，作为个体之人，在其心的指导下，能够做到孔子所说"从心所欲不逾矩"的境地，达到孟子所谓的"美、大、圣、神"的境界。但是就像孔子"耳顺从心，始于志学"[①]一样，"美、大、圣、神"基于可欲之善。这个"可欲之善"即儒家的仁义礼智等伦理道德，邹守益认为"可欲之善"就是孔子所谓的"矩"，他解释道"志学者，志不逾矩之学也，矩者，天然自有之善也，可欲惟善"。在此基础上，邹守益认为如果人能够立志于"可欲之善"，那么心就会不惑；如果心不惑，那么人就会"从心所欲而不逾矩"，以至于达到"大而化圣而不可知"的"神化"境界，邹守益又称其为"欲仁而至之熟"，即至善的境界。在邹守益这里，"毋溺于善，毋夺于志"是人心在社会领域达到神化境界的基础，这一点在王阳明思想中很难看到，而且邹守益赋予"矩"以"可欲之善"的内涵，可谓是一种创新。而邹守益在《会言》中将心与社会道德领域之仁义礼智联系在一起，与孔子的"志于学"联系在一起，使得长期受程朱理学影响的徽州学子在情感上更加容易接受，在理论上更加容易理解阳明心学。因此，邹守益在徽州不仅积极地传播了阳明学，而且也对心学思想做了符合徽州学术背景的创造性转化。

受朱熹"道心者，天理也"，"人心者，人欲也"以及"存天理，灭

[①] （明）韩梦鹏辑：《新安理学先觉会言》卷一《斗山书院序》，民国安徽通志馆抄本。

人欲"(《河南程氏遗书》卷一一)观点的影响,徽州学子将道心与人心相对立,他们大多认为天理与道心相等同、人欲与人心相等同,这使得徽州人在天理与人欲之间进退两难,不能心无旁骛地从商谋生。徽州学子的这种观念是徽州人追求至高无上的道心、天理的理论基础,在一定程度上泯灭了现实的人心、人欲,抹杀了主体的个体意识,遏制了主体的合理欲求,从而导致理学与社会现实相脱离。

阳明学的进入则让徽州人"喜出望外",王阳明认为道心、人心只是一心,二者并不对立,人心得其正者即道心,杂以人伪即人心。阳明的这一观点为个体的多样化追求提供可能,也为徽州人解开精神枷锁提供理论支撑。因此,阳明弟子在徽州传播心学的过程中非常重视对道心、人心的解读,他们在王阳明思想的基础之上对其做了更为详细的阐释。

刘邦采在《会言》之《福山书院序》中认为,人心"异于万物,备而最灵。善则恻隐、羞恶、辞让、是非"。显然人心并非朱子所谓的"饿食渴饮",而是具有恻隐、羞恶、辞让、是非等道德内涵,从而否认了朱熹只是把"恻隐、羞恶、辞让、是非"归为道心的观点。但是,刘邦采并没有完全把人心等同于道心而否认人心之"危",他认为人心"不善而至于机变、权谋、勇怯、暴缓,流注于视听言动之无纪极者也,故曰危"[1],把人在社会生活中所运用的不当手段,以及在生活中所引起的过度情感波动也归为"人心"之意,这也许是刘邦采对阳明"道心之失其正者即人心"的变相解释。刘邦采对人心的以上两种解释,与朱子"人心者,气质之心也,可为善,可为不善"的观点有相似之处,只是刘邦采将人心具体到社会生活之中。但是,在刘邦采这里,不管对人心做何解释,它都是"太虚之流行",是"学之为后天者"[2]。而关于道心,刘邦采则认为其"冲漠无朕",是"万物之一原",是"太虚之主宰,学之为先天者"[3]。

所以,道心具有先天性、超越性,是人先天所具有的,是无形无相

---

[1] (明)韩梦鹏辑:《新安理学先觉会言》卷一《福山书院序》,民国安徽通志馆抄本。
[2] (明)韩梦鹏辑:《新安理学先觉会言》卷一《福山书院序》,民国安徽通志馆抄本。
[3] (明)韩梦鹏辑:《新安理学先觉会言》卷一《福山书院序》,民国安徽通志馆抄本。

的。但是道心必须落实于现实的人心，才能实现其价值与意义。当人在社会生活中时刻保持着儒家的"四心"，践行着儒家的仁义礼智等道德观念时，道心就处于"显"的状态，人心就体现了道心，道心与人心就会达到融合的境界，在某种意义上可以说道心就是人心、人心就是道心。但是，当人心被私欲蒙蔽时，道心就难以显现，这时并非道心和人心为两个心，只是道心处于"隐"的状态罢了。

由以上分析可知，虽然刘邦采分别阐释了人心、道心，也认为两者是有区别的，但是其言语的背后无不透露着道心、人心是一心的观点。因为，人心是"太虚之流行"，即心之用；道心是"太虚之主宰"，即心之体，而"体用一源，显微无间"，道心、人心本是一心。刘邦采对于道心、人心的解释，不仅是对阳明思想的继承和发展，还契合了徽州人试图挣脱朱子视道心与人心、天理与人欲相对立的心理。

四　徽州弟子对阳明学的诠释

在钱德洪、邹守益、刘邦采等人的影响下，徽州学子对阳明学有了新的认识，他们开始慢慢接受心学，对心也有了自己独特的见解，有的人甚至成为心学的忠实粉丝。从《会言》中发现，翟台、陈昭祥、陈履祥对心学及其心的阐释较为详细，所以本文以这三位为例来了解徽州学子对阳明学的认识。

在《会言》之《书绩溪会册》中，翟台首先批评了时人讲会为学的弊端，进而指出了讲会的真正作用和目的，他说："吾辈今日之会，岂徒骋辞辩、侈见闻，以标榜其门墙已耶。"可见，在讲会盛行的时候，有的人只是运用言语文辞夸大所见所闻，从而试图炫耀门楣。而讲会的真正目的并非如此，在翟台看来，会讲的意义在于传播洙泗濂洛之风，追逐本源之学，因为"道有要归，学有本源"，"不探本源而徒以资之所近者为学，即以资之所近者教人，其远于大道也"[1]，意思是说若不探本源之

---

[1] （明）韩梦鹏辑：《新安理学先觉会言》卷一《书绩溪会册》，民国安徽通志馆抄本。

学就会与"大道"相去甚远。那么到底何为本源之学？翟台说，"昔人云，圣贤之学心学也，学也者所以学此心耳"，他认为心学为本源之学，是学习的正确道路。并且翟台主张心学大明于天下，人人应该阐发孔孟之心之精髓，否则"心学不明，人人原习执迷，而百肆其欲间有知，所用力者又或起明于识，或碍境于定，或倚假于形格意气以袭之"，心学若不明，人就会受到"知""识""定""形""意气"等阻碍，从而不能真正阐发洙泗濂洛之意，不能真正明白天地万物之理。可见，在翟台这里，心学是"洙泗濂洛之秘传"①，是圣贤之学。

通过翟台的阐述，可以看出他对心学的认可和赞同，而如何认识和理解心学之心，则可以看出阳明心学对他影响至深。在《书绩溪会册》中，翟台对心有自己独特的体悟，他说："吾尝观之，自心之冲漠而生生者谓之性；自心之流行而殊应者谓之情；自心之不落有无、不滞形式、蕴之至虚、触之至灵者，谓之神；合而言之，一心也。"不难发现，在翟台的思想中，性是心之本体，情是心之流行，确切地说是本体之心对人伦庶物感而应之后，在人身上的不同情感体现。而神则是心至虚、至灵的特征，是心"不执着""无累""无滞"的自由活泼的境界。但无论是所谓的性、情，还是所谓的神，都是发自于"一心"，都是心的作用。而此心并非不可捉摸，因为它与人伦日用密切相关，是人们在日常生活中可以察觉到的。翟台认为，"是心也，发窍于视听言动，理体于子臣弟友，用达于辞受进退、食息起居，而通之于家国天下之远"②。这句话表明心与人本身及人的生活，甚至治国理政是一体的。可见，受阳明弟子的影响，翟台也认为心学不离人伦日用。但是这里的心并非"那团血肉"，而是众人皆知的"天理"。心通过人伦日用的外化而显现和展示"天理"，它表现在人自身的视听言动之中，也表现于个体所担当的不同社会角色之中，以及每一种角色所面临的辞受进退、饮食起居之中，甚至心还可以表现在治国理政之中。从某种意义来讲，翟台虽然没有明确提出阳明的"心即理"，但是其言语中处处包含着"心即理"的内涵。

---

① （明）韩梦鹏辑：《新安理学先觉会言》卷一《书绩溪会册》，民国安徽通志馆抄本。
② （明）韩梦鹏辑：《新安理学先觉会言》卷一《书绩溪会册》，民国安徽通志馆抄本。

翟台所讲的心虽然是理之心，但是就心之发用而言，现实生活的个体之心往往会被外物所迷惑而执着于外物，执着于喜怒哀乐爱恶欲，即"心有所著"。所以就需要一个"化之"的过程，即人在念虑、情感上能够一过而化、不滞不留，直面生活中的喜与忧，而不执着于喜与忧，真正做到"应物而无累于物"的精神境界，这就是"心有所著"时本心所应该有的状态。正如翟台所言："夫心有所著，即为放觉，其著而即化之，即为本心。"① 现实的个体之心难免会受外界牵累，难免会"有所著"，但是只要经历一个"化之"的工夫，就能够求放心、发明本心。既然有"心有所著"之时，那么就有"心无所著"之时。"心有所著"时需要"化之"，而"心无所著"时，翟台则认为"可以言一矣"。"心一则神凝，神凝则性定，性定则情顺"②，这里的"心一"与钱德洪所讲的"心一"意思极其相同，都指专一。翟台认为如果心无杂念，专一无二，则个体的精神就会凝聚在一起，高度集中，即"神凝"；"神凝"之后，人的内外身心就会清净、平静、稳定，在内没有妄想，在外也没有贪求，即"性定"；"性定"之后，人就会体贴万物之情，顺从万物之情以为己情，达到忘却自我、无有私情、不偏执于一物的境界，即"情顺万物而无情"，"廓然而大公，物来而顺应"的境界，这就是"情顺"。"心一"是人"心无所著"之时的修养方法，"神凝""性定""情顺"都是人"心一"之后的表现，也是人内修的体现。在翟台看来，人须内修，更须外显。所以他紧接着又说："神凝则微，微则显；性定则明，明则照；情顺则通，通则溥，而措之家国天下，莫非真感而真应矣，是之谓圣贤之学。"③ 由"微"到"显"，由"明"到"照"，由"通"到"溥"，这是一个从内修到外显的过程，符合儒家修齐治平的传统价值观念。从这句话可以看出，翟台认为个人的修养应该施惠于家国天下，这才是心的"真感真应"，才是圣贤之学。可见，对于徽州士人来讲，心学并非虚妄之学，而是可以同儒家传统价值理想相统一的内圣外王之学。

---

① （明）韩梦鹏辑：《新安理学先觉会言》卷一《书绩溪会册》，民国安徽通志馆抄本。
② （明）韩梦鹏辑：《新安理学先觉会言》卷一《书绩溪会册》，民国安徽通志馆抄本。
③ （明）韩梦鹏辑：《新安理学先觉会言》卷一《书绩溪会册》，民国安徽通志馆抄本。

除翟台外，另一位徽州学子陈昭祥也对心学有自己的认识，其心学思想的特别之处就在于从人对本心的自信出发来阐述心。在《会言》之《黟南韩氏家会序》中，陈昭祥在对心的解释之前首先对"天命之性"做了解释。他认为"天命之性"是"人所得之以为生者"，是"莫之为而为者""莫之致而致者"，是不做而成、不求而至的。在陈昭祥看来，"天命之性"不像"意念"有"起灭"、有"作止"①，它是无起灭、无作止的。不仅如此，人所具有的这种"天命之性"在生活中还表现为忠、信、敬、谨、恭俭、礼让等道德品质。但是生活中难免会有一些盲目无知的人，难免会有一些不忠不信、不尊不敬的人，他们对于"天命之性"要么"终身由之而不知"，要么"丧失之"而"不知求"②，即有的人每天都不自觉地按照天命行事，却并不自知；有的人丧失了"天命之性"，却不知道将其找回来。针对于此，陈昭祥认为人应该"求"其"天命之性"，因为"求则得之"。如何"求"？陈昭祥主张"信心"，即对澄明之心的绝对肯定。他解释道："具信心者，能于此玄览而默识之，自可一念万年，何有已处，又何有已时"③，这里的心具有"玄览"和"默识"的功能，其意思是说对本心自信不疑的人，可以通过本心深察天命及"天命之性"，并自觉地对其默而识之，这样就可以达到"一念万年"的境地。"一念万年"本是佛家用语，这里指心可知天命、可具万理的意思。只要人对自己的本心深信不疑，即使"习气未融""习心未彻"，在生活中有所过失，人也能够"不远而复"，及时改正错误。习气、习心遇到本心，就像雨雪见到阳光一样自觉消失。可见，在陈昭祥这里，人首先要绝对地肯定自己的本心，然后才可以明白天命及"天命之性"，才可以在丧失"天命之性"时将其快速找回。至此之后，人就可以将其本心扩而充之，推置到现实的生活当中，具体表现为忠、信、敬、谨、恭俭、礼

---

① （明）韩梦鹏辑：《新安理学先觉会言》卷一《黟南韩氏家会序》，民国安徽通志馆抄本。

② （明）韩梦鹏辑：《新安理学先觉会言》卷一《黟南韩氏家会序》，民国安徽通志馆抄本。

③ （明）韩梦鹏辑：《新安理学先觉会言》卷一《黟南韩氏家会序》，民国安徽通志馆抄本。

让等，即"大本立而大道行"，可知"天命之性"在生活中也表现为忠、信、敬、谨、恭俭、礼让等，所以可以说在陈昭祥的思想中心与"天命之性"具有一致性，在某种意义上都被认为是"大本"，心即"天命之性"，心即儒家的忠信恭俭之理。由此可见，人对自己的本心肯定和笃信是至关重要的。否则"用功虽密，见解虽融，譬之注水漏邑，凝春彩胜，虽欲不已，何可得耶"，即没有对本心的肯定和信任，所有获取"天命之性"的工夫都只是竹篮打水一场空，没有任何意义，也不可能有任何所得。总而言之，在陈昭祥的思想中，对本心的肯定是一切工夫的前提。

祁门贡生陈履祥在其师罗汝芳思想的影响下，对心学有了较为深刻的认识。在《会言》之《狮山于氏同志会序》中，陈履祥首先以孔子"以礼饮酒者，常始乎治卒乎乱"一句，引出"以道相会者，亦始乎勤卒乎怠"，指出了现实生活中人们在聚会讲学过程中所出现的这种前后不一、有始无终的弊端。而之所以会出现这种弊端，其原因就在于人们"资口耳而不躬行""任意气而不闻道"。① 陈履祥指出，"夫道者，率性之路，故见性者闻道之根也；性者，从心以生，故尽心者知性之符也"②，道是顺着人的本性去行事，所以"见性"是"闻道"的根本；而性则是从心而生，所以"尽心"是"知性"的根本。基于此，陈履祥认为人们在聚会讲学中出现弊端的根本原因在于"不认取本心"，即不承认、不扩充自己的本心。如果人"不认取本心"，就不可能"见性"，也不可能"明道"，以至于最终会"冒口耳为实得，信意气为天择"，并在"校长论短"的过程中产生"形骸念生而始合终离"的弊端，即把通过人形体的感官所认识的对象和内容作为真实可靠的，最终导致"始合终离"。在陈履祥看来，只有"认取本心"，以心见性，尽心知性，通过扩充人原有的本心，才能真正获得万物之理，才能真正明白天道。也只有"扩拓此本心"，人们才不会"辜负立会讲学"，不会在聚会讲学中出现有始无终的弊端。因为"本心中自有无限妙趣"，无"始勤终怠""始合终离"之

---

① （明）韩梦鹏辑：《新安理学先觉会言》卷一《狮山于氏同志会序》，民国安徽通志馆抄本。
② （明）韩梦鹏辑：《新安理学先觉会言》卷一《狮山于氏同志会序》，民国安徽通志馆抄本。

弊。可见，在陈履祥的思想中，本心是始终如一的，具有恒常性。而具有恒常性的本心贯穿于人伦日用中，与人们的生活密切相关。陈履祥言，"一念由是见家庭父子兄弟，亦只尽此本心；处日用事务应接，亦只尽此本心；自当下一息，至于经月经年，都只仅此本心。再无尔我间隔，再无长短嫌疑，则生生化化"①，在空间上，无论是尊父敬兄，还是应接事务，只需尽此本心，在时间上，短则一呼一吸间，长则整年整月，也只需尽此本心而已。只要无时无刻尽此本心，人与人之间就没有了隔阂，没有了是非，也没有了猜疑，那么万物就可以相生不绝，变化不已。可见，陈履祥受心学思想影响至深，认为本心既具有恒常性，又普遍存在于人伦日用、处事接物之中。

综上所述，阳明弟子钱德洪、邹守益、刘邦采等人以讲会的形式向徽州传播心学，并且在传播的过程中创造性地发展了阳明心学，特别是他们结合徽州的理学背景对阳明学中的心体、本心进行了新的诠释。同时，由于受到阳明弟子的影响，徽州学子翟台、陈昭祥、陈履祥等人也对阳明心学有了自己独特的理解，他们把阳明心学视为儒家入世之学，并把本心、心体与现实的人伦日用相联系，使得阳明心学在徽州逐步繁荣起来。

五 阳明学传入徽州的原因及意义

阳明心学能够在明代中叶传入徽州并非偶然，而是有其历史必然性。首先，长期以来程朱理学的官学化，使人们视其为获取仕途、实现理想的一种手段，从而在一定程度上限制了人的思想自由。程朱理学长期以来被奉为正统，受到统治者的青睐，朱明王朝把朱熹注的四书作为士人科举考试的唯一蓝本，要求人们必须尊崇程朱理学，非朱子之论不可教、不可学。甚至遏制人们新的理论见解，不允许人们有自己的语言表达方

---

① （明）韩梦鹏辑：《新安理学先觉会言》卷一《狮山于氏同志会序》，民国安徽通志馆抄本。

式，把理学抬到了至高无上的地位。明政府对程朱理学的这种过度提倡，无形中把理学变成了人们获取功名利禄的手段。为了快速步入仕途，人们开始机械地记诵时文章句，往往"以文为学"，知其然而不知其所以然，对理学义理不求甚解。这种为学风气，势必使人们的思想僵化，使理学失去原来本有的精神，促使理学走向功利化、形式化。此时理学看似风靡全社会，实则已是空中楼阁，逐渐趋于衰落。程朱理学引起的这种社会弊端和现实状况在徽州地区同样存在，甚至更加突出。阳明心学就是在这样的历史境遇之下变得"有机可乘"，渐渐进入徽州这难攻之地。

其次，元末明初程朱理学已无大的建树者出现，理学体系并没有超越性发展，使得程朱理学失去了往日的活力，思想的发展将近枯竭。而以朱熹嫡传自居的一些徽州理学家更是难以突破门户之见，对理学思想有独特见解。虽然此时也出现了一些较有名气的新安理学家，但是他们并没有形成鲜明的学术个性，在理学思想上也并没有多大创见。所以，理学想要恢复昔日的光彩，必须要另辟蹊径，打破门户之见，寻找新的机缘，吸收新鲜血液。恰在这时心学进入了徽州，使得徽州一些理学家开始试图调节理学和心学，故而出现了一些"和会朱陆"的新安理学家，如郑玉、赵汸、程敏政等。这些理学家或主张朱陆两家应取长补短，或主张朱陆"早异晚同""始异而终同"，表明他们在思想上已经解除了理学的禁锢，激起了徽州地区士人、学子立志求新的强烈欲望，这为后来阳明心学进入徽州提供了有利条件。

再次，就阳明学自身而言，阳明心学对程朱理学不仅有补偏救弊之效，而且适应了当时徽州社会发展的现实需要。自从程朱理学成为人们追求仕途的手段之后，理学就开始趋于庸俗化。有些徽州士人为了做官，为了高官利禄，常常口是心非，言行不一，人前大谈仁义，自称朱子正统，扬言道德理性，而其行为却背离仁义。阳明学认为这是士大夫个人道德沦丧的结果，所以王阳明提出了良知学，试图唤醒人们的道德良知，消除理学虚伪化所带来的社会弊端。不仅如此，阳明心学还缓解了理学对徽州商人的精神压迫。明代中后期，生存的压力迫使人们开始从商，但是程朱理学的价值观念给徽州商人带来了心理压力，无形中阻碍了徽商的发展。特别是朱熹的义利观、天理人欲观使得徽州人在从商时背负着道德的压力,可以说,程朱理学压制了徽州人从事商业活动的积极性,此时的理学就像一个枷锁,严重限制了社会历史前进的步伐。而阳明心学的出现让举步维艰的徽州人看到了一线希望。阳明学主张学术思想社会化、通俗化、平民化,无论是士大夫,还是农夫小贩、陶盐工人,都可以通过内心的修持达到与天理合一的精神境界。任何人只要以良知而行、求心安,那么"虽其言之出于葛羌,不敢以为非";而违背了良知使得心不安,那么"虽其言之出于孔子,未敢信也","况晦翁乎"?① 所以,程朱理学的道德观念、价值观念不再是神圣不可侵犯的"圣谕",一切以自己的良知、本心为标准。即使是商人,如果能在"声色货利"上致良知、求心安,那么从商不但不会"害其为圣为贤",而且还能促进商人成为真儒。很显然,阳明的这种思想适合当时徽州的实际,让徽州人卸下了精神枷锁。也许正是受到阳明学的影响,明中后期徽州出现了"亦贾亦儒"的现象,同时儒贾相通、"贾何负于儒"的新的观念开始在徽州流行。所以,阳明学促进了徽州人的思想解放和商业的发展,成就了盛极一时的徽商事业。

综上所述,程朱理学日益显现的社会弊端,以及阳明心学的补偏救弊、促进商业的发展,是明中后期心学在徽州迅速传播的主要原因。

---

① (明)韩梦鹏辑:《新安理学先觉会言》卷一《婺源同志会约》,民国安徽通志馆抄本。

《论语》"观过知仁"章新诠[*]

——以朱子为中心的讨论

翟奎凤

（山东大学儒学高等研究院）

摘要：《论语》"观过知仁"章历来注解不一，歧义颇多，孔安国、郑玄、皇侃、殷仲堪这些经典注疏与汉唐史籍中的用意都不尽一致。程朱基于汉唐古训认为考察他人或过于仁厚（君子）或过于刻薄（小人），可知其仁与不仁。谢良佐、湖湘及陆王一系的学者多认为观过是省觉自己心地之偏，可以使心体回复到仁体的本然之中的状态。朱子对谢良佐、湖湘学者的"观过知仁说"曾予以激烈批判，认为这种修身方法与佛禅没有实质性区别，甚至属于禅门里比较低的一种修行方法。"党"历来主要有"亲族、乡党、所"，"类"，"偏"三个义项。基于中道诠释学的精神，我们今天应该跳出狭隘的道统观及门户之见，体察各种注疏与诠释的合理之处，而不是简单地肯定或否定某种观点。

关键词：党　观过　知仁　朱子　湖湘

"观过知仁"见于《论语·里仁》篇"人之过也，各于其党。观过斯知仁矣"，这句话汉唐时期的理解就不尽一致。宋代朱熹非常重视"观过知仁"，他坚守程颐的解释，围绕这句话与湖湘学者进行过反复辩

---

[*] 本文是国家社会科学基金重大项目"朱子门人后学研究"（项目号编：14ZDB008）的研究成果。另本文已发表于《江苏师范大学学报》（哲学社会科学版）2020年第3期。

论。总体来看，宋明时期，陆王一系在"观过知仁"的理解上近于湖湘，程朱一系宗主程颐，占据了主流的解释话语。清人在"观过知仁"问题上，则在整体上反对宋学，回归汉唐，不管是程朱还是湖湘陆王皆在批评之列。

一 汉唐史籍与经典注疏中的"观过知仁"

"观过知仁"在汉唐时期史书的语境里被多次征引，比较早的是《汉书》卷九七上《外戚传》中的一段话：

> 燕王大喜，上书称："子路丧姊，期而不除，孔子非之。子路曰：'由不幸寡兄弟，不忍除之。'故曰'观过知仁'。（师古曰《论语》云孔子曰'人之过也，各于其党，观过斯知仁矣'，引此言者，谓子路厚于骨肉，虽违礼制，是其仁爱）今臣与陛下独有长公主为姊，陛下幸使丁外人侍之，外人宜蒙爵号。"①

仅就此段来看，似乎会让人以为孔子"观过知仁"句是针对子路来说的，实际上关于子路为其姐姐服丧之事，还见于《礼记·檀弓上》中载"子路有姊之丧，可以除之矣，而弗除也，孔子曰：'何弗除也？'子路曰：'吾寡兄弟而弗忍也。'孔子曰：'先王制礼，行道之人皆弗忍也。'子路闻之，遂除之"。联系这段话来看，"观过知仁"与子路应该没有关联，只是燕王用《论语》中孔子这句话来为子路其实是为自己的不合常情的举止来开脱。尽管如此，在这段话的语境下，"观过知仁"的意思是比较清晰的，即观察一个人越于常礼的行为过失，可以看到其内心深处浓厚的仁爱之情。类似这种用法，在汉唐时期的史书中多次出现，如《宋书》中载"非唯免怨，亦可要不义之赏，而超曷曾无此意，微足观过

---

① （汉）班固撰，（唐）颜师古注：《汉书》卷九七上，中华书局1999年版，第2914页。

知仁"①；《魏书》中载"又世祖高宗缘保母劬劳之恩，并极尊崇之义，虽事乖典礼，而观过知仁"②，"乃有负土成坟，致毁灭性，虽乖先王之典制，亦观过而知仁矣"③；《南齐书》中载"母年八十，籍注未满，岱便去官从实还养，有司以岱违制，将欲纠举，宋孝武曰'观过可以知仁，不须案也'"④；《北齐书》中载有"矫枉过直，观过知仁，不亦异于是乎"⑤，"望公观过知仁，以免尤责"⑥，"潘子义曾遗之书曰：'在官写书，亦是风流罪过。'基答书曰'观过知仁，斯亦可矣'"⑦；《旧唐书》中有"时兄宿为华州刺史，因失火惊惧成瘠病。成素孝悌，苍黄请急，不俟报而趋华。代宗嘉之，叹曰：'急难之切，观过知仁。'"⑧ 此外，《论衡·问孔》中有"子文智蔽于子玉，其仁何毁？谓仁，焉得不可？且忠者，厚也。厚人，仁矣。孔子曰：'观过，斯知仁矣'，子文有仁之实矣"⑨；《风俗通义》卷三中载"今人乃为制杖，同之于父，论者既不匡纠，而云'观过知仁'，谓心之衷恻终始一者也"⑩，卷四"盖观过知仁，

---

① （梁）沈约：《宋书》卷六六《何尚之传》，中华书局1999年版，第1148页。其具体情景是：刘宋孝武帝孝建元年（454），荆州刺史、南郡王刘义宣与车骑将军、江州刺史臧质起兵造反，失败后，丞相司马竺超民、车骑司马陆展都因参与此次造反事件而被杀，超民与陆展的兄弟按律均应从诛。何尚之时任尚书令，上奏孝武帝说："刑罚得失，理乱所由，圣贤留心，不可不慎。竺超民身为义宣司马，义宣败逃，一夫可擒，如超民反覆昧利，就当捕杀义宣，不但可以免罪，而且还能蒙受不义之赏，但超民却从无此心。况且他还为朝廷保全荆州城府，谨守库藏，又正坐待缚，不逃不窜。现在戮及他的兄弟，如此处置，与那始终冥顽不灵者又有什么两样？陆展与臧质同陷巨逆，罪行比竺超民要重得多。"竺超民的兄弟因此得以免死。（郭成伟、肖金泉主编：《中华法案大辞典》，中国国际广播出版社1992年版，第138页）
② （北齐）魏收：《魏书》卷一三《皇后列传》第一，中华书局1999年版，第215页。
③ （北齐）魏收：《魏书》卷八七《列传节义》第七十五，第1277页。
④ （南朝梁）萧子显：《南齐书》卷三二列传第十三，中华书局1999年版，第535页。
⑤ （唐）李百敬：《北齐书》卷一二列传第四，中华书局1999年版，第112页。
⑥ （唐）李百敬：《北齐书》卷三七列传第二十九，第339页。全段语境如下：又尚书陆操尝谓愔曰："魏收魏书可谓博物宏才，有大功于魏室。"愔尝谓收曰："此谓不刊之书，传之万古。但恨论及诸家枝叶亲姻，过为繁碎，与旧史体例不同耳。"收曰："往因中原丧乱，人士谱牒遗逸略尽，是以具尽其枝派。望公观过知仁，以免尤责。"
⑦ （唐）李百敬：《北齐书》卷四六，第441页。
⑧ （后晋）刘昫：《旧唐书》卷一九〇下，岳麓书社1997年版，第3188页。
⑨ （汉）王充：《论衡》，陈蒲清点校，岳麓书社2006年版，第117页。
⑩ （汉）应劭：《风俗通义校释》，吴树平校译，天津人民出版社1980年版，第104页。

谓中心笃诚而无妨于化者"①；《拾遗记》卷三中说"灵公违诗人之明讽，惟奢纵惑心，虽追悔于初失，能革情于后谏，日月之蚀，无损明焉，伯玉志存规主，秉亮为心，师涓识进退之道，'观过知仁'，一君二臣，斯可称美"②；《昭明文选》中载"宗孝宣于乐游，绍衰绪以中兴。不获事于敬养，尽加隆于园陵。兆惟奉明，邑号千人。讯诸故老，造自帝询。隐王母之非命，纵声乐以娱神。虽靡率于旧典，亦观过而知仁"③；《白氏长庆集》中有"未乖观过之仁，雅叶谛思之义"④；等等。显然，以上这些史籍中"观过知仁"的用意基本是一致的，观过是"看"——审视别人的过错、过失，所知之仁也是所观对象之仁厚，由此逆推，在这种语境用意下，其"党"的意思较接近郑玄所说的亲族、乡党或同属的有亲密关系的特定团体。

  汉代的论语注解保存下来得很少，今天能看到比较早的是孔安国关于此句的注，"党，党类也，小人不能为君子之行，非小人之过也，当恕而勿责之，观过，使贤愚各当其所，则为仁之也"。皇侃的《论语集解义疏》征引了这条孔注，并疏解说："民之过也，各于其党者，过犹失也，党党类也，人之有失，各有党类，小人不能为君子之行，则非小人之失也，犹如耕夫不能耕，乃是其失，若不能书，则非耕夫之失也。若责之，当就其辈类责之也，云观过斯知仁夫者，若观人之过，能随类而责，不求备一人，则知此观过之人，有仁心人也，若非类而责，是不仁人，故云观过斯知仁矣。"⑤ 我们看到，这里明确把"党"注为"党类"，具体来说就是分小人、君子两类，就是说一个人有了过失，要看其是哪一类人，从而做到具体问题具体分析、具体对待，能这样就是仁恕精神的体现，这里强调的是"观者之仁"的体现，这与上述汉唐史籍中强调的"被观者之仁"有很大不同。与孔安国、何晏、皇侃等人的注解又不一样

---

① （汉）应劭：《风俗通义校释》，吴树平校译，天津人民出版社1980年版，第125页。
② （晋）王嘉：《拾遗记译注》，孟庆祥、商微姝译注，黑龙江人民出版社1989年版，第99页。
③ （南朝梁）萧统编：《昭明文选》，于平等注释，华夏出版社2000年版，第280页。
④ （唐）白居易：《白居易集》卷六七，中华书局1979年版，第1410页。
⑤ 《论语集解义疏》卷二，载（魏）何晏撰，（南朝梁）皇侃义疏《丛书集成初编》，商务印书馆1937年版，第47页。

的是，郑玄认为"此党谓族亲，过厚则仁，过薄则不仁也"①，唐代的《群书治要》也采用了这种说法。以"党"为"族亲"，强调"过厚则仁"，与汉唐史籍中"观过知仁"的一些语境比较契合，但史籍中的这些事例多是"过厚则仁"之义，似并无"过薄不仁"的意思。此外，皇侃的《论语义疏》中还征引了殷仲堪的另外一种特别的理解："人之过失，各由于性类之不同，直者以改邪为义，失在于寡恕，仁者以恻隐为诚，过在于容非，是以与仁同过，其仁可知，观遇之义，将在于斯者。"②殷氏强调的也是"被观者之仁"，"与仁同过，其仁可知"见于《礼记·表记》中的"与仁同功，其仁未可知也。与仁同过，然后其仁可知也"。与孔安国"党类"不同的是，孔的"党类"是小人、君子，殷的"性类"是"直者""仁者"。

二 朱熹论"观过知仁"及其对湖湘学者的批评

历史上对《论语》"观过知仁"章讨论最多的莫过于朱子，乾道七年（1171）辛卯，朱熹（四十二岁）与湖湘学派的张南轩（张栻）、胡广忠（胡实）、吴悔叔（吴翌）、胡伯逢（胡大原）等人就"观过知仁"问题展开了大论战③，由此"观过知仁"问题成为宋明理学讨论的重要话题之一，通过与湖湘学者的论战，朱熹也深化了其仁学思想。关于"观过知仁"，朱子在《论孟精义》《四书集注》《四书或问》《朱子语类》及其文集中都有很多讨论，《论语集注》中说："党，类也，程子曰'人之过也，各于其类，君子常失于厚，小人常失于薄，君子过于爱，小人过于忍'。尹氏曰'于此观之，则人之仁不仁可知矣'。吴氏曰：后汉吴祐谓，'掾以亲故，受污辱之名，所谓观过知仁是也'。愚按：此亦但言人虽有

---

① 参见王素《唐写本论语郑氏注及其研究》，文物出版社1991年版，第193页。
② 《论语集解义疏》卷二，载（魏）何晏撰，（南朝梁）皇侃义疏《丛书集成初编》，商务印书馆1937年版，第47页。
③ 关于朱熹与湖湘学者往来论辩"观过知仁"的时间，本文采用陈来先生《朱子书信编年考证》的说法，参见《朱子书信编年考证》，生活·读书·新知三联书店2007年版。

过，犹可即此而知其厚薄，非谓必俟其有过而后贤否可知也。"① 朱熹尊崇程颐，在"观过知仁"问题上尤其是奉程说为圭臬，其实程说一方面延续了孔安国以"党"为类的看法，而另一方面"君子常失于厚，小人常失于薄"则发挥了郑玄"过厚则仁，过薄则不仁"的说法。程说与汉唐史籍中的用法比较接近，朱子这里也引用了《后汉书·吴祐传》中的"观过知仁"来旁证。朱子高度赞赏程颐的注解，他认为"程子至矣，尹氏（尹和靖）又推明之亦尽矣"②。为此，朱子与偏离程颐这一解释方向的湖湘学者进行了反复论辩。其实，湖湘学者的"观过知仁说"渊源于谢良佐（上蔡）。谢良佐认为："仁之道不易知，圣人于此语以知仁之方。党，偏蔽也，君子小人之注心处也，君子注心于义，小人注心于利，自其过中皆可谓之过，既曰过，安可谓之仁。然于此特可以见仁矣。"又说："孟子论性善，论之至也，性非不可为不善，但非性之至，如水之就下，搏击之非不可上，但非水之性，人虽可以为不善，然善者依旧在，如观过斯知仁，既是过，那得仁，然仁亦自在。"（朱子《论孟精义》卷二下）朱子在《四书或问》中集中火力对谢上蔡此说进行了猛烈抨击："如谢氏之说，则但观人之运动作为而识其运动作为之所以然者，即可以知仁，而亦不必专于观过矣。范、吕既疏而谢氏之失为尤甚，盖其论仁每以活者为训，知见为先，遂以此所谓知为彼之知，此所谓仁为彼之活而误焉耳。"③ 实际上，朱子攻击谢上蔡"观过知仁说"的矛头是直指其"以觉训仁"对程子仁说的背叛。

关于"观过知仁"，胡宏说："闻诸先君子曰：'党，偏胜也。有所偏胜，则过而不得其中。或敏慧而过于太察，或刚勇而过于太暴，或畏慎而过于畏缩，或慈爱而过于宽弛，人能内观其过，深自省焉，则有所觉矣。'"④ 先君子即其父胡安国，安国受谢良佐的影响很大，其"观过知

---

① （宋）朱熹：《四书章句集注》，中华书局1983年版，第70页。
② （宋）朱熹：《论语或问》卷四，载《四书或问》，黄坤校点，上海古籍出版社2001年版，第178页。
③ （宋）朱熹：《论语或问》卷四，载《四书或问》，黄坤校点，上海古籍出版社2001年版，第178页。
④ （宋）胡宏：《论语指南》，《胡宏集》，中华书局1997年版，第304页。

仁说"也显然渊源于谢良佐。谢良佐、胡安国的"观过知仁说"又为胡宏及湖湘学者所继承发扬。因此，朱子在"观过知仁"及相关"仁说"问题上攻击湖湘学者不遗余力。在给吴晦叔（吴翌）的信中，朱子说：

> 观过一义，思之甚审。如来喻及伯逢兄说，必谓圣人教人以自治为急，如此言乃有亲切体验之功，此固是也。然圣人言知人处亦不为少，自治固急，亦岂有偏自治而不务知人之理耶？又谓人之过不止于厚薄爱忍四者，而疑伊川之说为未尽。伊川止是举一隅耳，若"君子过于廉，小人过于贪"，"君子过于介，小人过于通"之类皆是，亦不止于此四者而已也。但就此等处看，则人之仁不仁可见，而仁之气象亦自可识。故圣人但言"斯知仁矣"，此乃先儒旧说，为说甚短而意味甚长，但熟玩之自然可见。若如所论固若亲切矣，然乃所以为迫切浅露而去圣人气象愈远也。且心既有此过矣，又不舍此过而别以一心观之，既观之矣，而又别以一心知此观者之为仁。若以为有此三物递相看觑，则纷纭杂扰，不成道理。若谓止是一心，则顷刻之间有此三用，不亦匆遽急迫之甚乎？凡此尤所未安，姑且先以求教。（《文集》卷四二）

在答胡广仲的信中又说：

> 知仁之说前日答晦叔书已具论之，今细观来教，谓释氏初无观过工夫，不可同日而语，则前书未及报也。夫彼固无观过之功矣，然今所论亦但欲借此观过而知观者之为仁耳，则是虽云观过而其指意却初不为迁善改过、求合天理设也。然则与彼亦何异邪？尝闻释氏之师有问其徒者曰："汝何处人？"对曰："幽州。"曰："汝思彼否？"曰："常思。"曰："何思？"曰："思其山川城邑、人物车马之盛耳。"其师曰："汝试反思，思底还有许多事否？"今所论因观过而识观者，其切要处正与此同。若果如此，则圣人当时自不必专以观过为言。盖凡触目遇事无不可观而已，有所观亦无不可因以识观者而知夫仁矣，以此讥彼，是何异同浴而讥裸裎也耶？（《文集》卷四二）

显然，在朱子看来，湖湘学者的"观过知仁说"实际上已经陷入了异端（佛教），而"一心三用"又有禅客以心观心之讥弊。在朱子的强势攻击下，湖湘学派的主将张栻逐渐向朱子的观点靠拢，张栻在与吴晦叔的信中说：

> 又示及元晦、伯逢观过知仁说，正所欲见。某顷时之说，正与伯逢相似，后来见解经义处，惟伊川先生之言看得似平易，而研穷其味无斁，此段伊川但以谓君子之过，过于厚、伤于爱，小人之过，过于薄，伤于忍。近来尝下语云：君子之失于厚、过于爱，虽曰过也，然观其过而心之不远者可知矣。若小人之过，则失于薄伤于忍，夫所谓薄与忍者，岂人之情也哉？而其失若此，则其所陷溺者亦可知矣。以此自观，则天理在所精，人欲在所遏也。以此观人，则亦知人之要也，未知兄看得如何，若如旧日所说，恐伤快了，圣人论仁不如是耳。更幸思之讲之。①

南轩这里的"自观""观人"与湖湘学者之前的纯粹"自观说"已经有了很大不同。对于南轩思想的这一动摇，湖湘学者周奭有些不满，他在致南轩的信中不无讥讽地说：

> 观过斯知仁矣，旧观所作讷斋韦斋记，与近日所言殊异。得非因朱丈别以一心观，又别以一心知，顷刻之间有此二用，为急迫不成道理，遂变其说乎？奭尝反复紬绎此事，正如悬镜当空，万象森罗，一时毕照，何急迫之有？必以观他人之过为知仁，则如观小人之过于薄，何处得仁来？又如观君子之过于厚，则如鬻拳之以兵谏，岂非过于忠乎？唐人之剔股，岂非过于孝？阳城兄弟之不娶，岂非过于友悌乎？此类不可胜数，揆之圣人之中道无取焉耳，仁安在哉？

---

① （宋）张栻：《与吴晦叔》，《张栻全集》，王蓉贵、杨世文校点，长春出版社1999年版，第949页。

若谓因观他人之过,而默知仁之所以为仁,则曷若返之为愈乎?窃于先生旧说似未能遽舍,更望详教。①

对于周允升的这一质难,张南轩也回应道:

> 后来玩伊川先生之说,乃见前说甚有病。来说大似释氏,讲学不可潦草盖过,须是仔细玩味,方见圣人当时立言意思也。过于厚者,谓之仁则不可,然心之不远者可知,比夫过于薄甚至于为忮为忍者,其相去不亦远乎?请用此意体认,乃见仁之所以为仁之义,不至渺茫恍惚矣。②

针对湖湘学者,朱子专门著文《观过说》来系统阐述其看法:

> 观过之说,详味经意,而以伊川之说推之,似非专指一人而言,乃是通论人之所以有过,皆是随其所偏,或厚或薄,或不忍或忍,一有所过,无非人欲之私。若能于此看得两下偏处,便见勿忘勿助长之间,天理流行,鸢飞鱼跃,元无间断,故曰:"观过斯知仁矣。"盖言因人之过而观所偏,则亦可以知仁,非以为必如此而后可以知仁也。若谓观己过,窃尝试之,尤觉未稳,盖必俟有过而后观,则过恶已形,观之无及矣,久自悔咎,乃是反为心害,而非所以养心。若曰不俟有过而预观平日所偏,则此心廓然,本无一事,却不直下栽培涵养,乃豫求偏处而注心观之,圣人平日教人养心求仁之术,似亦不如此之支离也。(《文集》卷六七)

综上所论,朱子在"观过知仁"问题上的看法是明确而坚定的,其特点

---

① (清)黄宗羲原著,(清)全祖望补修:《宋元学案》卷五〇《南轩学案》,中华书局1986年版,第1620页。

② (宋)张栻:《答周允升》,《张栻全集》,第978—979页。

有：宗祖程颐之说①；观人之过，非观己过；反对湖湘学者的自观觉仁说；注重慈爱的向度、反对觉悟的向度来诠释仁。在朱子看来，其"观过说"足见圣人从容气象，而湖湘学者的"观过说"显得或急迫浅露，或过于高明玄虚，有陷入佛禅之嫌，甚至认为其为"此是禅学下等说话，禅门高底也自不肯如此说"②。

三 湖湘学派"观过知仁说"的延续

由于朱子的巨大学术影响力，也因为其主张与汉唐古说有连续性，所以当时及后来的学者在"观过知仁"问题上，多信从程朱。但是谢良佐与湖湘学者一系的"观过知仁说"在历史上仍有持续的影响，特别是陆王心学一系在解释"观过知仁"问题上多与湖湘学派接近。如陆九渊的弟子杨简就说："党，偏也。某年六十四，始省偏与党相近而微不同。党者意好所向，人心本清明，动于意欲，使有过。知意欲之为过，则知意欲之不作为仁矣。仁者复其本心之清明如鉴如日月，万物毕照，而未尝思为也。"③又说："党，偏也。动乎意则有所倚，故曰党。倚则有过，观动意有倚有过，则知不动乎意，庸常平直虚明，日用非思非，为斯仁矣中庸矣。大过易知，小过难知，知过不尽以过为仁。"④杨简的弟子钱时也说："党即偏党之党，党是人心偏私处，所以过也。仁者大公无我，何偏私之有？知所以为过，即知所以为仁。"⑤杨简把"党"理解为"动于意欲有所倚偏，故会有过失"，其"观过说"与谢良佐"既曰过，安可谓之仁，然于此特可以见仁矣"，胡安国"人能内观其过，深自省焉，则有所觉矣"可谓一脉相承，在他们看来，偏过为不中，中即是仁体本心。

---

① 在一些细节上，朱子与程颐也略有不同，《四书章句集注》中朱子从程颐以"党"为类，在《朱子语类》中，他又说"党，类也，偏也"，以"偏"来解释，程颐没有明确提出。
② （宋）黎靖德编：《朱子语类》，中华书局1999年版，第2册，第659页。
③ （宋）杨简：《慈湖遗书》卷一〇，民国四明丛书本。
④ （宋）杨简：《慈湖遗书》卷一〇，民国四明丛书本。
⑤ （宋）钱时：《融堂四书管见》卷二《论语》，清文渊阁《四库全书》本。

与杨简、钱时的观点比较类似的还有南宋的孙奕、郑汝谐，孙奕说"党谓偏也。偏则过之所由起也。观吾有偏而不正之处于此乎识之，则过不得着见矣，非仁者能之乎？"① 郑汝谐则认为"仁，人心也。不见此心者，偏党蔽之也"②。

明代的湛若水说"近有一学者洪章于新泉精舍说此云：'党偏也，人惟偏党，故有过，若能反观知其过，便得其本心而知仁矣'，亦通"③。尽管这里是转述别人的说法，但显然湛若水是赞同且认可这种看法的。阳明弟子季本说："'过'是天理中流出，顺势自然，无撑节处，势重则偏胜，即为党矣，故曰'人之过也，各于其党'。然人之良知，必能自觉，觉处着一毫将就，即自欺而为恶矣。'过'之发端处，蔼然莫能遏，即是仁之根也。于过处观之，可以知仁。欲人察识'过'是仁之流而不中节者也。知其流而不中节，则仁即此而在矣。"④ 季本从良知学的角度来诠释"观过知仁"可谓别具特色，但其精神实质与湖湘学派的观点是一致的，都强调"过"是对中（仁体、仁根）的偏离，通过反观省觉可以复归心体中道流行之天理。

但是以上心学派的学者在"观过知仁"问题上，并没有回应朱熹的批评或对朱熹的"观过知仁说"进行批判。据笔者目前所见材料来看，一直到明末黄宗羲才公开站在湖湘学派的立场上来反击朱子的批判，他说：

> 党偏也，无偏无党，王道荡荡。人之气质，刚柔狂狷，各有所偏，而过亦从之而生，过则不仁，识得过底是己私，便识得不过底是仁。如工夫有间断，知间断便是续，故观过斯知仁，此南轩韦斋记意如此。晦翁以为一部《论语》何尝只说知仁便须有下手处，殊不知不知仁亦无从有下手处。果视其所知者悬空测度，只在影响一

---

① （宋）孙奕：《示儿编》卷五，元刘氏学礼堂刻本。
② （宋）郑汝谐：《论语意原》卷一，清武英殿聚珍版丛书本。
③ （明）湛若水：《湛甘泉先生文集》卷九《新泉问辨续录》，清康熙二十黄楷刻本。
④ （清）黄宗羲：《明儒学案》，沈芝盈点校，中华书局1985年版，上册，第279页。

边，便是禅门路径。若观过知仁，消融气质，正下手之法，明道之识仁，独非知乎？①

黄宗羲认为"观过知仁"，可以消融气质之偏，从而识得仁体，他认为此"知仁"与程颢所说"识仁"的意思是相通的，因此，朱熹的指责是没有道理的。在黄宗羲看来，湖湘学者的"观过知仁说"与程颢的思想是遥相契合的，这也强化了我们现在的一个比较普遍的认识，即朱熹近程颐、陆王近程颢，理学与心学的分殊实由二程开其端。

由此来看，在"观过知仁"问题上，程朱理学与陆王心学可谓泾渭分明，各自的立场很鲜明。程朱的观过是观他人之过，知他人之仁，湖湘陆王的观过是观己之过，体认内在本心仁体。实际上，湖湘学派与陆王心学在精神上的契合处也确实甚多，在程朱看来，二者都有沾染佛禅、流于异端而不自知之嫌，包括在"观过知仁"问题上，朱子之所以猛烈攻击湖湘，其间明显能感受到其强烈的护教（孔孟二程之教）意味。无疑，在传统上，程朱的解释一直是主流的，在宋元明清时期影响最大。但湖湘陆王一系的解释一直到现在仍有其重大的理论影响，如亲陆王、贬程朱的现代新儒家牟宗三在其《心体与性体》中就以专门章节来为湖湘的"观过知仁说"伸张，逐条回应反击了朱子对湖湘学派的指责②，牟宗三的弟子林月惠也有专文《宋儒对于仁德诠释——以论语观过斯知仁矣为例》来进一步发显湖湘学者在"观过知仁"问题上的卓见③。

结语　中道诠释精神视域下的"观过知仁"

以上比较系统全面地梳理了中国思想文化史上《论语》"观过知仁"

---

① （清）黄宗羲原著，（清）全祖望补修：《宋元学案》卷五〇《南轩学案》，中华书局1986年版，第1621页。
② 牟宗三：《心体与性体》（下），上海古籍出版社，第272—320页。
③ 林月惠：《宋儒对于仁德诠释——以论语观过斯知仁矣为例》，《鹅湖学志》2001年第36期，台北。

章的各种有影响的解释。这些注解和诠释有些在大的方面比较接近，只是在细节上略有出入，有些在根本立场上就有着很大不同。那么，面对历史上的这些解释，我们今天该如何看待呢？当然，智者见智，仁者见仁，每个人可以根据自己的喜好与理解来接受其中的某种看法。作为一种学术研究，本文试图以中道诠释的精神来做客观呈现和分疏，最大限度地同情理解这些不同说法的合理性。而实际上，一旦某种诠释和解读在历史上已经产生了很大影响，作为一种思想文化现象，我们也应充分尊重其存在的合理性，即便其诠释未必是《论语》的原意，也有其思想上独立存在的价值。所以，我们今天应该跳出一些狭隘的道统意识和所谓的门户之见，来综合内在地理解这些诠释的思想和学术意义。

　　《论语》所载孔子言语，就其原始场景来说是有其具体场合、特定对象的，然而像《论语》中很多孔子的话一样，"观过知仁"到底是在什么情况下对谁说的，我们今天已经很难知道了。在这种情况下，我们往往会倾向于信从比较接近于孔子时代的理解。从这个角度看，汉唐史籍中的"观过知仁"也许是比较接近孔子原意的。但这也只是推测，谁也不好说这就是《论语》的本义。这里需要进一步指出的是，"人之过也"句，皇侃、郑玄、《群书治要》皆作"民之过也"；"观过知仁"句，一些史籍中引作"观过知人"。对此，古人也都有讨论，梁章巨在《论语旁证》中说："孔注'党，党类，小人不能为君子之行，非小人之过，当恕而勿责之'，此与《集注》微异，其义近偏，而于皇本作'民之过也'意却相近。"① 所谓"意相近"是指民与小人意思相近，但孔注还说"观过，使贤愚各当其所"，似又不专指小人，看来此章还是应作"人之过也"。关于"人""仁"，钱大昕认为"《吴祐传》'所谓观过斯知人矣'。今本《论语》'人'作仁，古书仁人二字多通用，然以人义为长"②，就《论语》原文来说，作"观过知人"与"人之过也"连句在意思上也比较连贯。若作"观过知人"，这对宋儒高度义理化的思想建构无疑是釜底抽薪，无论是朱子还是湖湘学者，都将失去其讨论的基本依据。但是综合分析汉唐史籍中的这些特

---

① （清）梁章巨：《论语旁证》卷四，清同治十二年刻本。
② （清）钱大昕：《廿二史考异》之《后汉书》卷三，凤凰出版社2008年版，第175页。

殊用语，显然其语义是支持"观过知仁"而不是"观过知人"，《后汉书》及《史通》中的"观过知人"当作"观过知仁"，"人"本作"仁"，因此，与钱大昕相反，笔者认为"仁人二字多通用，然以'仁'义为长"（当然这是仅就汉唐史籍中"观过知仁"而言的）。

程朱的"观过知仁说"在一定意义上可以说综合了孔安国、郑玄、殷仲堪的注解，同时与汉唐史籍中的"观过知仁说"也比较接近，又由于朱熹特殊的学术地位，因此后来影响甚大。但是汉唐史籍皆言"观过知仁"，未曾言"知其不仁"，而程朱的意思，不但观其仁，还观其不仁，汉唐皆观其仁厚之心，而程朱还观其刻薄之心，汉唐所观皆为君子，程朱所观则包括君子、小人。同时，汉唐史籍意义下的"观过知仁"，其"党"多是亲族、乡党、同党之义，而不是程朱所说的君子、小人之"类"。因此，与朱子特别过不去的清人毛奇龄在其《四书改错》中就以汉唐史籍中的这些用语抨击朱子，他说：

> 如此则是人之党，非过之党矣。《国语》"上党之国"，注"党，所也"，此党字亦当作"所"解，谓过之所也。如周公使管叔监殷，其受过之所在爱兄；孔子答昭公知礼，其受过之所在敬君；孙性私赋民钱，市衣进父，其受过之所在孝亲，故曰"观其过而仁可知焉"，乃添出"厚薄爱忍"四字，已乖迕矣。然且添"不仁"二字而以仁不仁对待立言，毋论本文无"知不仁"语，即学人解经，亦应知当时有解是经者。尝考史称陈仲弓外署非吏，为本司受过，人谓即《论语》"观过知仁"；刘宋张岱为西曹掾，以母年八十而违制去官，宋武称为观过可以知仁；汉《外戚传》，燕王上书，谓子路丧姊而不忍除服，即子曰观过知仁；后汉吴祐称啬夫孙性以亲故受污辱名，可谓观过知仁，则汉后行事，但以知仁引此经。若知不仁，则遍考无有也。且解经并应知他经之有与是经可证明者，《表记》"与仁同功，其仁未可知也，与仁同过，然后其仁可知也"，是观过知仁，他经显然也。若知不仁，则未有也。①

---

① （清）毛奇龄：《四书改错》，清嘉庆十六年金孝柏学圃刻本。

后来清人戴大昌又著有《驳四书改错》，批驳毛奇龄，为程朱辩护。实际上，程朱的解释确实已经与汉唐史籍中的用意有了很大不同，尽管朱熹也引用了《后汉书》试图为其说佐证。其实，孔安国、郑玄、殷仲堪的注解与汉唐史籍中的用法也有所不同，所以，我们不必以汉唐史籍中的用法来苛责程朱。于程朱而言，其"观过知仁说"也自有其道理。

　　同样，若征诸汉唐史籍及经典著述，谢良佐、湖湘、陆王一系的"观过知仁说"可谓更没有古典依据，但仍不妨其为独立之新说。朱熹对湖湘的指责，如"偏于自治""近于佛禅""迫切浅露"，等等，站在程朱的角度固然湖湘有如此多之不足。但若摆脱所有门户，湖湘陆王确然近似于佛禅，也是无可指责的。就经验生活和修身实践来说，无论是外观还是内观，观人还是观己，皆可以体悟生生不息之仁道，盖天理仁道即内即外，无处不在也。当然，就"党"而言，总结起来，不外"亲族、乡党、所""类""偏"三个意向，汉唐史籍多取"亲族、乡党、所"，程朱取"党"为"类"，湖湘陆王取"偏"，当然，于亲族、熟悉之人，难免情感有所偏。所谓中道诠释的精神，就是试图努力体会历史上各种注解和诠释的合理之处，由此来看历史上的各种注解就可以让他们各就其位而不必一定相互排斥。

体性与体用*

赵金刚

（清华大学哲学系）

摘要：体用是中国哲学的重要概念范畴，然而其用法含义仍有待厘清，特别是从哲学史的角度梳理不同阶段体用与体用思维的含义，今天仍十分有意义。《五行大义》以体性表示一般认为的体用的含义，体与形体有关，性与功用有关，这与中古的一般非佛教文献的含义一致。《五行大义》论述了五行、五常的体用，在性情问题上亦有讨论。这些讨论在哲学史上具有承上启下的意义。

关键词：体性　体用　五行　五常

张岱年先生将体用视作最重要、最具有中国特色的十六对哲学范畴之一[①]，此一范畴由于其"哲学"与"文化"的双重意谓[②]，在当代哲学研究中颇受学者重视。从中国哲学史的角度来看，体用与中国哲学的"本体论突破"问题密切相关[③]，同时还涉及儒释道三家思想的相互关

---

* 本文是国家社会科学基金青年项目"朱熹理学中'气'的思想研究"（项目编号：18CZX028）的研究成果。

① 张岱年：《中国古代哲学概念范畴要论》，《张岱年全集》第4卷，河北人民出版社1996年版，第465页。

② 其中的"文化意味"主要指近现代思想史当中的"中西、体用"之争。

③ 汤用彤先生以为，"魏晋玄学者，乃本体之学也"（汤用彤：《汉魏两晋南北期佛教史》，《汤用彤全集》第1卷，第188页）。他认为魏晋玄学有所谓"本体论突破"，王弼之前的主要思维模式是宇宙论的，王弼则将之转为"本体论"（参见汤用彤《魏晋玄学论稿及其他》，北京大学出版社2010年版）。他将此一转向视为中国思想在玄理上接引佛教的契机（参见《汤用彤全集》第7卷，河北人民出版社）。张岱年先生则认为"有些哲学史论著说'理'是韩非（转下页）

系,特别是玄学与佛学、佛学与理学的"影响史"①,还关系着中国哲学与西方哲学的异同②。

当然,讨论体用问题需要从体用思维、体用范畴与体用思维的联系两方面入手。早期中国哲学家并未使用体用这一范畴讨论哲学问题,但并不意味着他们没有体用思维,即使使用体用这一范畴,不同时期的不同哲学家,其内涵也可能不同,尤其是不同于今天参照西方哲学对这一范畴的一般性理解。张岱年先生以为,"'体用'是唐宋以至明清的哲学著作中常用的范畴,其渊源亦在先秦时代。与'体用'意义相同或相近的观念有'本用''质用'","'体用'似乎是由'本用'观念衍化而来的"③。其实汤用彤先生也更多的是从"本末"这一观念来讨论玄学的体用思维的。可以说,宋明道学确立了我们今天对体用范畴的一般理解,并将体用范畴与体用思维的关系相对固定下来,"本末""本用""质用"等则可视为走向体用的过渡形态④,关注哲学家对这些"过渡形态"的使用或许有助于我们厘清体用思维的发生与演进,进而探讨与之相关的哲学史问题。

(接上页)首先提出的,体用、本末是王弼首先提出的,其实都不符合历史事实"(《张岱年全集》第4卷,第457页)。早在《中国哲学大纲》中他就在"本根论"中讨论体用问题,并认为早在先秦中国就有此思维。

① 顾亭林与李二曲关于此问题的争论颇能说明此一方面,顾李之争论还影响清代汉学对宋学的评价,关于这些争论,具体可参见钱锺书《管锥篇》之《周易正义》第二则的相关讨论(钱锺书:《管锥篇》,中华书局1979年版,第1册,第8—11页)。白辉洪博士认为,汤用彤先生对玄学"本体"问题之研究,实承顾李争论之余序,背后关注的依旧是体用与儒释道思想的关系(参见白辉洪《物之终始》第四章第一、二节的相关论述,博士学位论文,北京大学,2018年)。

② 张岱年先生早在《中国哲学大纲》中就关注了这一问题,并进行了详细讨论。

③ 张岱年:《张岱年全集》第4卷,第465页。

④ 方克立先生认为,"在中国哲学中,体用观念的萌芽,可以说早就见于先秦诸子(不只是儒家)书中。这种萌芽并不限于言及'体''用'二字,有的以'本''物'并举,或以'本''用'相对,实质上都以萌芽形态表达了后来体用范畴的基本涵义或部分涵义。先秦已有体用并举的提法(如《荀子》),但还是个别的、偶然的,尚未形成一对有确定涵义的哲学范畴。这种情况在两汉时期并无根本改变,不过'有体有用'的观念已经运用到较为广泛的领域罢了。直到魏晋时期,'体'和'用'才成为一对重要范畴、有了明确的哲学涵义"(方克立:《论中国哲学中的体用范畴》,《中国社会科学》1984年第5期)。

在以往的哲学史研究中，学者对"本末""本用""质用"等范畴都有较多的关注，然而尚有不少范畴未走入研究者的视野当中。其中颇为有趣的是隋代萧吉在《五行大义》一书中专门讨论体性问题，其含义则与后代较为成熟的体用用法十分接近。萧吉（约525—606），字文休，祖父为梁武帝之兄，"江陵陷，归于魏"，后入隋，约在公元594年向隋文帝上书《五行大义》[1]。《五行大义》成书之前，体用使用已较为广泛，尤其是在佛教学者当中；《五行大义》成书之后，体用更是被普遍使用，然而在唐代一些经学著作中，体性却未被完全淘汰，我们依旧可以发现这一范畴的踪迹。关注体性这一体用之"过渡形态"，或许有助于我们进一步理解中国哲学史中的体用问题。

一 体形、性用

体性之使用在萧吉之前已有之，但不十分系统，关注也不多，含义较难确定。《国语·楚语上》中言："且夫制城邑，若体性焉，有首领股肱，至于手拇毛脉，大能掉小，故变而不勤。"《国语集解》引高注《吕氏春秋》言"性，犹体也"[2]，将体性视为"体"，然《吕氏春秋》讲"牛之性""羊之性"，并无体性，略去"性"而认为此处含义为"身体"，似可通，但身体"大能掉小"的动态运用之意则丧失。《商君书·错法》中言："夫圣人之存体性，不可以易人。"高亨解此体性为"才能"[3]，又有解为"禀性"者[4]，"才能"与"禀性"差别实较大，然古今注家似对此概念颇不注意。《文心雕龙》有"体性"篇，此"体"指文体，"性"指人的"气性"，"体性"篇讨论的是人的气性、才性与文体的关系。这些都不明确具备我们关注的体用的思维问题。而《五行大义》则明确地用体性指体用。

---

[1] 钱杭:《萧吉与〈五行大义〉》,《史林》1999年第2期。
[2] 徐元诰:《国语集解》,中华书局2002年版,第499页。
[3] 高亨:《商君书注译》,中华书局1974年版,第236页。
[4] 石磊:《商君书》,中华书局2009年版,第98页。

体性与体用

《五行大义·释名第一·第一释五行名》中言：

> 夫万物自有体质，圣人象类而制其名。故曰"名以定体"。无名乃天地之始，有名则万物之母。以其因功涉用，故立称谓。《礼》云："子生三月，咳而名之。"及其未生，本无名字。五行为万物之先，形用资于造化。岂不先立其名，然后明其体用？①

这里讨论"名""称谓"与万物"体质""功用"的关系。确立"名"才能明体用，"体"指"体质"，"用"则指"功用"。这里并未出现体性，而是直言体用。需要注意的是，萧吉以为"名"指称"体"，而"称谓"与"功用"有关。在王弼那里，"名"是不能指称无形的"本体"的，"名"据"形"而定，"称谓"则是用来刻画无形无象的"本体"的。这里还涉及五行之"形用"，也就是五行的形体与功用，可以说此处"形用"即体用。在《五行大义》中以"体"表示"形""体质"十分常见，如"树体""身体"等。但《五行大义》中的"体"还不是"本体"。

《辨体性第二》则直接使用体性表示体用，并详细讨论了五行的体性：

> 体者，以形质为名；性者，以功用为义。以五行体性，资益万物，故合而辨之。②

"体"依旧是"形质"，而用"性"指称"功用"，"为名""为义"即"名"与"称谓"之别。《五行大义》是按照"气—阴阳—五行—万物"的逻辑来讨论天地事物的。本篇讨论"五行体性"，万物凭借其生长发育。五行与万物对举，从《五行大义》的讨论来看，相对于更加有形有象的万

---

① （隋）萧吉：《五行大义校注》，[日]中村璋八校注，东京：汲古书院1998年版，第7页。
② （隋）萧吉：《五行大义校注》，第13页。

物，五行之"体"的"形质"性则没有那么明确。当然，对比上文我们可以说五行有五行之体性，万物有万物之体性（体用），体性并不仅仅是天地万物之本体与发用这一个层级的关系。更何况无论是五行之"体"，还是万物之"体"，都不是"总体""统体""一体"的"体"，而是"分体"。在萧吉那里，"无""气"才具有总体性的意谓，当然"无"更根本。当然，《五行大义》中的"无"与王弼的"无"含义并不能等同，而更接近汉代元气论的"无"，《明数第三·起大衍论易动静数》中讲：

> 凡万物之始，莫不始于无，而后有。是故易有太极，是生两仪，两仪生四序。四序，生之所生也。有万物滋繁，然后万物生成也，皆由阴阳二气，鼓舞陶铸，互相交感。故孤阳不能独生，单阴不能独成，必须配合以炉冶，尔乃万物化通。是则天有其象，精气下流，地道含化，以资形始，阴阳消长，生杀用成。①

"有"始于"无"，万物的生成均有阴阳二气的相互作用而有。这里还有"象"与"形"的区分，在天成象，天道、地道配合才有了"形"。这里没有明确讲"象"有没有"性""用"，但从"阴阳消长，生杀用成"的判断来看，"用"似乎是在五行、万物这两个阶段才有的，无和阴阳没有体性，体性是到了有一定"形质"后才有的。可以说，体性、体用是与"形质"密不可分的一对范畴。当然，五行与万物的体性在根源上都是因为阴阳的作用而有，在天之象若有一"用"对应，则应是大化流行"炉冶""化通"之"用"。就《五行大义》自身概念范畴使用而言，体性当在有"形"之后。

二 五行体性

《辨体性》言五行之体性曰：

---

① （隋）萧吉：《五行大义校注》，第17—18页。

木居少阳之位，春气和，煦温柔弱，火伏其中。故木以温柔为体，曲直为性。

火居大阳之位，炎炽赫烈，故火以明热为体，炎上为性。

土在四时之中，处季夏之末，阳衰阴长，居位之中，总于四行，积尘成实。积则有间，有间故含容，成实故能持。故土以含散持实为体，稼穑为性。

金居少阴之位，西方成物之所。物成则凝强，少阴则清冷。故金以强冷为体，从革为性。

水以寒虚为体，润下为性。

《洪范》云"木曰曲直，火曰炎上，土曰稼穑，金曰从革，水曰润下"，是其性也。

《淮南子》云："天地之袭精为阴阳，阴阳之专精为四时，四时之散精为万物。"积阴之寒气，反者为水；积阳之热气，反者为火。水虽阴物，阳在其内，故水体内明。火虽阳物，阴在其内，故火体内暗。木为少阳，其体亦含阴气，故内空虚，外有花叶，敷荣可观。金为少阴，其体刚利，杀性在外，内亦光明可照。土苞四德，故其体能兼虚实。①

结合上引可见，此以阴阳来解释五行之体性，五行有不同的"体"与"性"，与其阴阳构成相关。这里值得注意的是，《五行大义》引《洪范》"曲直""炎上""稼穑""从革""润下"等五行"自然之常性"②，并言其"体"，此与"体"对言的"性"，就不是"本性""本质"，而是功能、功用、性能。《洪范传》中言"木可揉使曲直""金可以改更""土可以种、可以敛"③，其实也强调"曲直""从革"等是五行的一种能力。这里的"性"之功能还未到具体的"使用""运用""作用"层面，而是

---

① （隋）萧吉：《五行大义校注》，第13—14页。
② （汉）孔安国传，（唐）孔颖达疏：《尚书正义》，北京大学出版社2000年版，第357页。
③ （汉）孔安国传，（唐）孔颖达疏：《尚书正义》，第357页。

有某种"使用"的可能。当然，五行有此"性"、有此可能是根源于五行之气的，"性"与"形气"是不可分割的，如火是"气极上，故曰炎上"①。《五行大义》中讲"阳性升，阴性降"，此阴阳升降之性，构成五行、万物性能之基础。

而这里言的"体"的含义则较为复杂。首先讲五行有阴阳构成的气体，这是从结构说。其次以"温柔""明热"等言"体"，如此则"体"类似性质或性相。这样来看"体"就不仅包含了物质性的构成，而且包含了构成后具有的性质、属性。即在《五行大义》中，现成的物质性及由之而来的性质属于"体"，而此形体可以发挥的功能是"性"，也即体性并不表达形体和运用的关系，而是表征形体及其性质与由之而有的可能性。如讲脏腑时，《五行大义》中言：

> 脏府者，由五行、六气而成也。脏则有五，禀自五行，为"五性"；府则有六，因乎六气，是曰"六情"。②

这里就是从禀受的角度言形质及其"性""情"。此"性"并非具体的"使用"，还体现在"气顺如性"的种种描述中。如王者"明则顺火气，火气顺则如其性，如其性，则成熟，顺人士之用。用之则起，舍之则止"③，其他四行同样如此。我们可以看到，在《五行大义》看来，气顺"性"才能实现，功用才能发挥，而现实世界气顺与否，则依人主作为。这里"主明""气顺""如性""民用"构成一个链条，一般的应用、使用处于链条的最末端。

《五行大义》中的"体"非本体还体现在"五行相杂"：

> 凡五行均布，遍在万有，不可定守一途。今先论五行体杂，但其气周流，随事而用。若言不杂，水只应一，何故谓五而为六？火、

---

① （隋）萧吉：《五行大义校注》，第15页。
② （隋）萧吉：《五行大义校注》，第101—102页。
③ （隋）萧吉：《五行大义校注》，第15页。

金、木、土,并尔。当知生数为本,成数为杂。既有杂,故一行当体,即有五义。①

一行之中并有四行,五行遍在万物而非固定不变。这里与体用有关的是,随着气的周流,在不同的情形之下,"用"会不同。一行是某一方面性相占主导,但同时也兼具五行之义。如此可见,对具体事物来讲,体用并非一成不变。

三 五常体用

《五行大义》对体用描述得较为复杂,这还体现在五常体用、性情本末等问题上。《五行大义》以为,禀气而后有性理。② "诚于中"必会"形于外","五常之色动于五脏,而见于外"③,对人来讲,五常之性与形体是相互关联的,"人情不可隐也"④。

《论五常》中言:

> 夫五常之义,仁者以恻隐为体,博施以为用;礼者以分别为体,践法以为用;智者以了智为体,明睿以为用;义者以合义为体,裁断以为用;信者以不欺为体,附实以为用。⑤

一般认为五常为"性",《五行大义》有体性之"性",也有五常之"性",还有其他种种对"性"的使用,"性"的含义在书中颇为多样,较为复杂。这里作为五常的仁、义、礼、智、信也有体用可分。以仁为例,在后世理学的话语体系中,仁作为"性"是"体",恻隐为"情"

---

① (隋)萧吉:《五行大义校注》,第61页。
② 《汉书·艺文志》言"五行者,五常之形气也",其实也把五行和五常联系起来讲。
③ (隋)萧吉:《五行大义校注》,第89页。
④ (隋)萧吉:《五行大义校注》,第89页。
⑤ (隋)萧吉:《五行大义校注》,第117—118页。

是"用","博施"是外在事业、"做处";旧疏则以恻隐为"端本",仁"本起于此"。此处以"恻隐"为体,"博施"为用,"用"可较为明确地确定为"功用"(解为仁者能博施、礼者能践法似可),"体"的含义则不甚明确,若结合《五行大义》一贯将"体"与形体联系起来的倾向,这里的"体"似不能解为"本质"之本体,此"体"偏向"端本",但又更强调仁之"形象"可琢磨把握处。①

当然,《五行大义》特别讲究五行、五常与万事万物的配比,在解释五常体用时,还将之与五行之属性联系起来:

> 其于五行:则木有覆冒滋繁,是其恻隐博施也;火有灭暗昭明,是其分别践法也;水有含润流通,是其了智明睿也;金有坚刚利刃,是其合义裁断也;土有持载含容,以时生万物;是其附实不欺也。②

五常对应五行,五常的体用是由五行的本质倾向带来的。对人来讲,禀此五行之气,故有五常之体用。在《五行大义》的系统中,"性"与"气"是不可分离的,前言脏腑性情与五行、六气就是一例,人性、物性由气性而有,而气性又是其体之"性"。在这个意义上我们似可理解《五行大义》何以言体性,又言"五常之性",各种性之统一在"气体"。

在言性情关系时,《五行大义》并未使用体用或体性范畴来讲,而是一方面继承汉代以来以阴阳言性情的传统,另一方面以本末、动静讲性情:

> 《左传》子产云"则天之明",天有三光,故曰明也;"因地之性",性,生也,生万物,故因其所生而用之;"生其六气,用其五行",五行者,为五性也,六气者,通六情也。翼奉云:"五行在人为性,六律在人为情。"性者,仁、义、礼、智、信也;情者,喜、怒、

---

① 张岱年先生曾举西晋袁准"质用"之例讨论体用问题,认为"质指内在的本性,用指外在的表现"(《张岱年全集》第4卷,第517页),这似乎可以和此处讲五常之体用相比较呼应。同时,袁准讲性言"曲直者,木之性",而此性为质,对应"才""用",这样的讨论放在一起,颇可观察这些范畴早期的使用形态。

② (隋)萧吉:《五行大义校注》,第118页。

哀、乐、好、恶也。五性处内御阳，喻收五藏；六情处外御阴，喻收六体。故情胜性则乱，性胜情则治。性自内出，情从外来。情性之交，闲不容系。《说文》曰："情，人之阴气，有欲嗜也。性，人之阳气，善者也。"《孝经援神契》云："性者，人之质，人所禀受产。情者，阴之数，内传着流，通于五藏。"故性为本，情为末；性主安静，恬然守常；情则主动，触境而变。动静相交，故闲微密也。①

五性居本，六情在末。情因性有，性而由情，情性相因。②

这里引经典言性情关系，以五行对"性"、"六气"对"情"。其以"生"训"地之性"，讲"因其所生而用之"，具体的使用在"生性"之后，这就与前文所讲之体性较为契合。"性"为阳而善，"情"为阴则可恶，"性"内在于人，而"情"则受外在作用影响。因阳本阴末，故性本情末。但在一般的理解中，阳动阴静，这里却讲情动性静，这主要还是从内外的角度，以及内在与外物的交互作用来说的。这些说法都较为古老。《五行大义》中还未用体用这样的范畴来讨论"心""性""情"问题，这或许与其言体与"气体""形体"有关。哲学史上，真正以体用讲"心""性""情"的，还是佛教和理学。③《五行大义》对本末的运用也当与体用有一定区分，即我们似乎不能直接将言本末的用例一概视作在讨论体用问题。《五行大义》对这些范畴的使用提醒我们要注意现在一般理解的体用思维与体用、本末这样的用例的关系到底如何，是否可以直接以为言本末就是言体用，或者古人使用体用是否就等同于我们今人的一般理解。

四 余论

《五行大义》中以体性表达体用的含义，这一使用在思想史上较为独

---

① （隋）萧吉：《五行大义校注》，第154—155页。此段涉及引文，断句有费思量处。
② （隋）萧吉：《五行大义校注》，第159页。
③ 梁武帝《立神明成佛义记》及沈绩注以"本用"、体用讨论"心"的问题。

特，可以视作体用范畴发展的一个过渡阶段。其体性、体用含义却颇能代表早期体用这一范畴的基本意涵。张岱年先生认为崔憬（生平不详，大概在孔颖达之后）在《周易探玄》中对体用的阐释在中国古代哲学史上较为重要，我们可对崔憬之论再做一分析，并与《五行大义》作一比较：

> 凡天地万物，皆有形质。就形质之中，有体有用。体者，即形质也。用者，即形质上之妙用也。言有妙理之用，以扶其体，则是道也。其体比用，若器之于物。则是体为形之下，谓之为器也。假令天地圆盖方轸，为体为器，以万物资始资生，为用为道。动物以形躯为体为器，以灵识为用为道。植物以枝干为器为体，以生性为道为用。①

崔憬此段实是用来解释《周易》"形而上者谓之道，形而下者谓之器"的，故言体用亦在此背景下。张岱年先生指出，此段"体指形质而言，用指形质的作用而言"②，这与《五行大义》颇为一致。在早期非佛教用例中，以形体、形质言"体"似乎更为普遍。但崔憬将"体—器—形下""用—道—形上"联系起来，似乎更突出"用"的地位，尤其是讲"妙用之理"起着"扶其体"的作用。崔憬的这一讲法即不离"有"讲体用，然又强调了"用"的重要，与王弼既有不同（不同于王弼倡"无"），又有继承（继承王弼对"用"的突出）。比诸在《五行大义》中，我们则可看到，同样是从"形体"讲体用，其重点和模式亦可有差别，《五行大义》更重形体的基础性地位，强调"性""用"依赖于"体"，更注重阴阳之气对万物性质、作用的影响。在这个意义上，《五行大义》的讲法似乎更"唯物主义"。

《五行大义》从形体上讲体用与当时非佛教的讲法具有一致性，其特异处，在于将此体用系统与五行的复杂系统联系起来，也在于使用体性来言体用。《五行大义》中以体性言体用在思想史上似乎"昙花一现"，

---

① （清）李道平：《周易集解纂疏》，中华书局1994年版，第612页。
② 《张岱年全集》第4卷，第518页。

其对体性的独特运用，在后世很少见到，能寻到的体性踪迹，多在《五经正义》，然对此论述则颇不详细，含义也较难确定。兹举两例。《周易正义·系辞》中有：

> "乾以易知，坤以简能"，论乾坤之体性也。"易则易知，简则易从"者，此论乾坤即有此性，人则易可仿效也。"易知则有亲"者，性意易知，心无险难，则相和亲，故云"易知则有亲"也。"易从则有功"者，于事易从，不有繁劳，其功易就，故曰"易从则有功"。此二句论圣人法此乾坤易简，则有所益也。①

《周易正义》解释《乾卦》时讲"天者定体之名，乾者体用之称……天之体以健为用"②，以体用分别天的形体与作用，认为乾之一名该体用，而此段则讲体性，且后论乾坤"性"之功用较多。"易""简"是乾坤之"性"，"知""能"则是对此性的运用。"天阳之气""地阴之形"似乎是乾坤之"体"。这些只是从《周易正义》的上下文中推测而来的，本文并无特别明确的界定。然若可成立，则可见此处对体性的使用与《五行大义》颇具一致之处，尤其是既讲体用，又讲体性。

《尚书正义·洪范》中有：

> 正义曰：此以下箕子所演陈禹所第畴名于上，条列说以成之。此章所演，文有三重，第一言其名次，第二言其体性，第三言其气味，言五者性异而味别，各为人之用。《书传》云："水火者百姓之所饮食也，金木者百姓之所兴作也，土者万物之所资生也，是为人用。""五行"即五材也，襄二十七年《左传》云"天生五材，民并用之"，言五者各有材干也。谓之行者，若在天则五气流行，在地世所行用也。③

---

① （魏）王弼注，（唐）孔颖达疏：《周易正义》，北京大学出版社2000年版，第305页。
② （魏）王弼注，（唐）孔颖达疏：《周易正义》，第1页。
③ （汉）孔安国传，（唐）孔颖达疏：《尚书正义》，第357页。

《洪范》中言五行,《洪范》之注疏,在一定程度上可以和《五行大义》参考来看。这里言箕子讨论五行之体性,但却未明确界定何为体性。但从《洪范》上下文,我们似乎可以大胆的推测,"体"当指五行之气与材干,"性"指"曲直""炎上"等,"用"则指具体的被人应用、使用,也就是说《洪范》此处依旧同《五行大义》一样区分了"体""性""用",其使用体性当与《五行大义》有一致之处。

结合上述这些用例及我们对《五行大义》的讨论,我们在处理汉唐注疏和其他著述时,似乎需要关注其"体""性""用"等概念的具体含义,并对其做细致梳理,在处理"本末"等问题时也需要结合哲学史做更为细致的辨析,这有助于我们进一步探索体用范畴、体用思维的发展演进脉络,进而理解这一范畴在佛学与理学中的独特性。

现代儒学的展开

现代儒学与人伦的规范性重构*

——以梁启超的《新民说》为中心

唐文明

（清华大学哲学系）

摘要： 本文依据霍耐特的现代承认理论，对梁启超的《新民说》进行了详细的分析，指出人伦的规范性重构应当是现代儒学正确的开展方向。在《新民说》中，梁启超基于耶林式的法权观念批判旧伦理与旧道德，并以此建构新的社会伦理。但他并未因此而完全否定了旧伦理与旧道德，而是基于新的权利义务观念对旧伦理进行规范性重构，将旧道德淬厉为新道德。《新民说》的核心主张是，作为一个现代人，其人格应当奠基于自由，确立于孝亲，完成于爱国。

关键词： 权利　人伦　规范性重构　公德　私德

人伦一直是古代儒学的核心理念，这一点具有经典上的根据，自不待言，历代儒家也往往以此来判定异端，如孟子以"无君、无父"辟杨、墨，被宋儒认为"功不在禹下"，而唐、宋之儒排佛、老的一个重要考量也正是认为其出家的理念涉嫌"毁伦常"。相比之下，现代儒学似乎并未给予人伦以同等的重要性，甚至可以说对人伦理念相当不重视。在很大程度上，这种忽视并非无心之失，而是有意为之。实际上，更为流行的观点是，对三纲的批判和废除，是现代儒学成立的前提。顺此，现代儒学的不少版本都采取了废人伦、存道德的进路，"三纲不能留，五常不能

---

* 本文已发表于《云梦学刊》2019年第6期。

丢"就是对这种进路的口号性表达。既然三纲与五伦仍有重要差异,那么,从废除三纲到废除人伦之间还有一个距离。而我们实际看到的则是,即使在那些充分注意到这种差距的现代儒学版本中,人伦也往往变得无足轻重,如果不是被彻底废除的话。

就制度而言,对三纲的批判也就是对君主制国家和父权制家庭的批判。对这两者的批判也往往被结合在一起,因为即使没有理论上更为直白的分析,也不难注意到二者之间存在的联系。无论是晚清时期自陈从小就"遍遭纲伦之厄"的谭嗣同在呼吁"冲决网罗"时关于"三纲五常之惨祸烈毒"的危言,还是新文化运动中吴虞、傅斯年等人在直面共和危机时关于"家庭为万恶之源"的控诉,都是将旧家庭与旧国家这两种旧制度关联在一起加以批判的。

对三纲的批判基于这样一种理解,即认为三纲的真实含义是要求臣、子、妇对于君、父、夫具有单方面的服从义务,或者反过来说,确立君、父、夫对于臣、子、妇具有单方面的支配权利。更有甚者,纯粹基于支配与服从来理解三纲乃至将这种支配与服从绝对化的一个理论后果则是将三纲理解为三种奴役形式,这在新文化运动以降也是一个颇为流行但其实经不住深究的看法。

针对这种理解倾向,现代以来的儒家学者曾从不同角度加以解释,甚至企图基于现代观念而为三纲进行合理辩护。刘咸炘认为,三纲的本义在责君、父、夫,因此不应将三纲理解为一味地尊上抑下、一味地主张臣、子、妇的单方面乃至绝对性的服从。刘咸炘还指出,在君臣、父子、夫妇之间可能存在合理的支配关系,其合理性可以基于实际的共事因素得到辩护,具体来说,既然以主佐关系理解三种人伦中的支配关系是恰当的,而就人际共事而言"主佐之实不可去",那么,人伦中的支配关系就能得到合理的辩护。陈寅恪则提出"抽象之理境说"来理解三纲,可以与刘咸炘的观点互相证明。贺麟又从唯心论哲学的进路将陈寅恪的观点大加发挥,企图比照柏拉图的"理念"或康德的"绝对命令"来发掘"三纲的真精神",其论证亦颇有力。[1]

---

[1] 参见笔者在《人伦理念的普世意义及其现代调适》一文中的分析,载唐文明《彝伦攸斁:中西古今张力中的儒家思想》,中国社会科学出版社2019年版。

除了重新解释的进路，还有一种来自儒门的辩护策略认为三纲并非出于孔、孟，而是肇始于荀子或韩非，得名于汉儒，是儒家伦理法家化的结果。无须赘言，这种辩护策略并不质疑前述对三纲含义的流行理解，而是企图从三纲缺乏经典根据这一点来作文章，目的则是将三纲排除在儒家的核心伦理价值之外。既然汉代以降的儒家都明确将三纲作为核心伦理价值，那么，对于儒家伦理的法家化这个说法，我们就需要进一步分析和澄清。

实际上，的确存在两种不同版本的"三纲说"，分别对应于法家和儒家。法家以利益关系理解人伦，无论是政治层面的君臣，还是家庭领域中的父子、夫妇。如果三纲的要点在于这三种人伦中的支配关系，那么，在法家的"三纲说"中，人际支配的合理性只能基于利益来说明，质言之，支配者和服从者都是出于对自己利益的考量来支配和服从的。而儒家则基于孝悌之情来理解人伦，相应的三纲或可理解为这种人伦观念的法权化形式。于是，在儒家的"三纲说"中，人际支配的合理性必然基于以事亲敬长为其实的仁义来进行辩护，换言之，支配者和服从者都是基于道义的考量来支配和服从的。与此相应，在儒家的"三纲说"中，规范性的另一个重要方面是要求以美德成就伦理责任。

以义利之辨区分法家的"三纲说"与儒家的"三纲说"，也就等于澄清了儒家三纲说的要点，对于我们深入理解儒家的"三纲说"不无重要意义，其实也反驳了以三纲为三种奴役形式的浅薄论调。不难看出，即使是法家以利益为导向的"三纲说"，严格来说也不能被理解为三种奴役形式，遑论儒家以仁义为导向的"三纲说"。不过，这种澄清并不意味着现代以来对"三纲说"的批判完全沦为无的放矢。首先，在做出这种澄清之后再去看前述对"三纲说"的流行理解，我们当然能够意识到，现代以来对"三纲说"的批判其实主要针对的是法家的"三纲说"。其次，对儒家"三纲说"的规范性澄清得到的是一个理论层面的或者说是理想化的"三纲说"，而被放置在批判视野中的历史上的"三纲说"则可能是现实的"三纲说"，或者说是指向被历史地实践了的"三纲说"，因此批判仍然可能是有效的。至于以三纲为三种奴役形式，也可能作为历史事实而存在，无论是作为法家"三纲说"的变态形式还是作为儒家"三纲说"的变态形式。

说明儒家的"三纲说"不同于法家,且"三纲说"绝不应当被理解为三种奴役形式,这些分析和澄清可谓非常有力,对于我们纠正过去妖魔化中国文明和中国历史的倾向极有助益。不过,现代儒学不可能止步于此,其原因当然在于,古代儒家的"三纲说"将君臣、父子、夫妇都理解为等级关系,而这与作为现代性核心价值的平等观念绝不相契,与同样作为现代性核心价值的自由观念也形成不小的张力。于是,既然人伦理念具有深厚的经典根据,也被历代儒家厘定为核心价值,那么,基于现代以来的自由、平等观念而对人伦进行规范性重构就应当是现代儒学的一个重要课题。

基于自由、平等观念而对人伦进行规范性重构的尝试当然在笔者将这一课题主题化之前就早已存在,前述刘咸炘、陈寅恪、贺麟等人的论述其实皆有此义,甚至谭嗣同以朋友一伦中的平等关系重构五伦中的其他四伦也可以归入此论域,但都很难说是对此一主题的系统化的思考。笔者已经指出,由黑格尔开启而为霍耐特进一步阐发的现代承认理论能够成为现代儒学对人伦进行规范性重构的重要思想资源。① 带着这一问题意识,我们回过头来再看,可能会发现,其实处在古今变革端口的梁启超早已有过这个方向上的思考。接下来笔者就以现代承认理论为视角,以《新民说》为中心,阐明梁启超如何基于现代的自由、平等观念对人伦进行规范性重构,并对这个被显明化的主题做进一步的探讨。

公德问题是《新民说》的核心关切。② 梁启超对公德问题的重视,来自他的共和主义政治理想。孟德斯鸠认为,古代的共和政体以公民美德为原则。这里的美德并非私人性的或宗教性的美德,而是政治性的或公共性的美德,具体内容主要是爱国。梁启超受其影响而提出公德与私

---

① 参见笔者在《从陈寅恪悼念王国维的诗文谈儒教人伦思想中的自由观念》一文中的分析。唐文明:《彝伦攸斁:中西古今张力中的儒家思想》,中国社会科学出版社2019年版。

② 在第十八节"论私德"一开始,梁启超说:"吾自去年著《新民说》,其胸中所怀抱欲发表者,条目不下数十,而以公德篇托始焉。"这"以公德篇托始焉"的自陈实际上就表明公德问题是《新民说》所关切的核心主题。梁启超:《新民说》,《饮冰室合集》,中华书局1989年版,第6册,专集之四,第118页。

德的区分，并在对未来中国的共和主义构想中思考公德的问题。

在第五节"论公德"一开始，梁启超就对公德给出了一个明确的界说："公德者何？人群之所以为群，国家之所以为国，赖此德焉以成立者也。"① 因此，公德问题实际上就是国民的爱国心的问题，或者说，指向国民之间如何团结的问题，从伦理的角度看就是要建构国家与公民之间的伦理，即国民一伦。在梁启超看来，中国人缺乏公德观念，因此当务之急是以"利群"为纲来"发明公德"："然则吾辈生于此群，生于此群之今日，宜纵观宇内之大势，静察吾族之所宜，而发明一种新道德，以求所以固吾群、善吾群、进吾群之道，未可以前王先哲所罕言者，遂以自画而不敢进也。知有公德而新道德出焉矣，而新民出焉矣。"②

具体来说，结合中国的现状，梁启超从国与民两方面展开他的批判与论述。从国的方面说，梁启超认为，缺乏国家观念是中国人缺乏公德观念的根本原因。我们知道，《新民说》时期的梁启超已经通过伯伦知理接受了来自欧洲，特别是德国人的"国家有机体说"，这一点清晰地呈现在《新民说》一开篇的叙论中："国也者，积民而成。国之有民，犹身之有四肢五脏筋脉血轮也。未有四肢已断、五脏已瘵、筋脉已伤、血轮已涸而身犹能存者，则未有其民愚陋怯弱、涣散混浊而国犹能立者。"③ 虽然在《新民说》中，梁启超并未对"国家有机体说"予以特别显眼的阐发，但是，必须注意，梁启超的《新民说》一直是以"国家有机体说"为基础而展开的。在紧随第五节"论公德"之后的第六节"论国家思想"中，梁启超从"对于一身而知有国家""对于朝廷而知有国家""对于外族而知有国家""对于世界而知有国家"四个方面论述了国民所应有的国家思想。扼要地说，这里的"国家"即指现代以来的民族国家，即由独立的个人因地缘、历史、

---

① 梁启超：《新民说》，《饮冰室合集》，第6册，专集之四，第12页。
② 梁启超：《新民说》，《饮冰室合集》，第6册，专集之四，第15页。
③ "国也者，积民而成。国之有民，犹身之有四肢五脏筋脉血轮也。未有四肢已断、五脏已瘵、筋脉已伤、血轮已涸而身犹能存者，则未有其民愚陋怯弱、涣散混浊而国犹能立者。"梁启超：《新民说》，《饮冰室合集》，第6册，专集之四，第1页。

文化等因素及内部与外部的竞争关系而团结起来的最大群体。①

从民的方面说，梁启超特别标出"独立"一词，认为国家作为人群最大的团结形式必须基于个人的独立性。至于个人如何能够获得独立，从道德来说则在个人的权利意识，从法律来说则在通过立法来确定个人的法权。因此，我们看到，他在赞扬盎格鲁—撒克逊民族的优点时极力表彰其独立风气与权利意识："其独立自助之风最盛，自其幼年在家庭、在学校，父母师长，皆不以附庸待之，使其练习世务，稍长而可以自立，不依赖他人，其守纪律、循秩序之念最厚，其常识（common sense）最富，常不肯为无谋之躁妄举动，其权利之思想最强，视权利之思想为第二生命，丝毫不肯放过。"②

既然独立当为国民团结的基础，是国民资格之所在，而独立的根本又在权利意识，那么，《新民说》的重点无疑就落在第八节"论权利思想"上了。③ 根据梁启超的自述，他论权利思想这一节"大率取材"于德国法学家耶林的《为权利而斗争》一书。④ 在这一节一开始梁启超就以形而下之生存与形而上之生存来区别保生命与保权利，并明确区分权利与利益，显示他对耶林思想中权利概念与人格概念的联系及权利与利益的区分有清楚的把握。另外，关于对人格的平等承认，梁启超多次基于孟子的"良知良能"与"天民"观念来说之，即以天赋的"良知"来说人格平等，再以权利来保障人格平等，这自然就开出一条将权利观念引入儒家思想的新路。

---

① 这个时候的梁启超以竞争论文明，又以这样的文明概念定位国家，所以得出"以国家为最上之团体，而不以世界为最上之团体"的观点："夫竞争者，文明之母也。竞争一日停，则文明之进步立止。由一人之竞争而为一家，由一家而为一乡族，由一乡族而为一国。一国者，团体之最大圈，而竞争之最高潮也。若曰并国界而破之，无论其事之不可成，即成矣，而竞争绝，毋乃文明亦与之俱绝乎！"梁启超：《新民说》，《饮冰室合集》，第6册，专集之四，第18页。

② 梁启超：《新民说》，《饮冰室合集》，第6册，专集之四，第11页。

③ 梁启超以树与根的关系来比喻国家与权利思想的关系："国家譬犹树也，权利思想譬犹根也。其根既拔，虽复干植崔嵬，华叶蓊郁，而必归于槁亡。遇疾风横雨，则摧落更速焉。即不尔，而旱暵之所暴炙，其萎黄凋敝，亦须时耳。"梁启超：《新民说》，《饮冰室合集》，第6册，专集之四，第39页。

④ 对这一点的具体分析可参见安靖如《人权与中国思想》，黄金荣、黄斌译，中国人民大学出版社2012年版，第157页以下"梁启超与耶林"一节。

从文中可以看出，梁启超权利观念受耶林影响之处主要表现在对斗争观念的重视上。正如书名所显示的，耶林一书强调的是为权利而斗争。在耶林的论述中，权利指向对个体人格的平等承认，而又有主体意义与客观意义两个面向的区分。主体意义的权利指向主体维护自己人格尊严的那种情感或意识，客观意义的权利指向以实定法的形式确立下来的法权。于是，在自己的权利被侵害时可能产生的那种维护自己权利的情感或意识，也就是他所谓的那种"法权感"或"健全的是非感"，实际上就是为了捍卫自己的人格能够得到平等承认的那种情感或意识，而无论斗争的矛头指向歧视性的恶法还是指向实际侵犯了自己权利的具体个人或团体。换言之，为权利而斗争，实际上就是为承认而斗争，一方面是为获得能够捍卫人格平等承认的法律而斗争，另一方面是在法律已经规定好的前提下为获得人格实际上的平等承认而斗争。①

耶林推论说，既然权利关乎对人格的平等承认，那么，权利思想其实就是义务思想。首先，权利思想意味着人有义务保护自己的人格不受侵害，因而表现为人对自己的一项义务。其次，保护自己的人格不受侵害又直接关系到保护其他国民的人格也不受侵害，因而人对自己的这项义务同时也就是人对所有国民的一项义务，亦即人对国家的一项义务。梁启超则完全依照耶林，也将权利归为上述两项义务："权利思想者，非徒我对于我应尽之义务而已，实亦一私人对于一公群应尽之义务也。"②顺此也就很容易理解，由关乎人格平等承认的权利意识而来的自我意识，即自尊的意识，何以在梁启超的笔下成为"德育最大纲领"。在《新民说》第十二节，梁启超专门论自尊之道，开篇即说："日本大教育家福泽谕吉之训学者也，标提'独立自尊'一语，以为德育最大纲领。夫自尊何以为德？自者，国民之一分子也，自尊所以尊国民故；自也者，人道之一阿屯也，自尊所以尊人道故。"③

---

① 参见［德］耶林《为权利而斗争》，郑永流译，商务印书馆2016年版。关于从为承认而斗争的角度（特别是第二种承认形式，即法权承认的形式）来看待耶林的权利思想，可参见［德］阿克塞尔·霍耐特《为承认而斗争》，胡继华译，上海人民出版社2005年版。
② 梁启超：《新民说》，《饮冰室合集》，第6册，专集之四，第36页。
③ 梁启超：《新民说》，《饮冰室合集》，第6册，专集之四，第68页。

不过，从对人格的平等承认或者说霍耐特所谓的为承认而斗争的第二种形式来理解梁启超的权利思想，可能会面临一些理解上的困惑或疑难。首先，霍耐特在《为承认而斗争》中论及耶林时，特别强调的是耶林在《法律的目的》一文中对两种尊重形式的区分：一种是仅仅基于一个人的人格而有的尊重，另一种则是基于一个人对社会的贡献而有的尊重。在《承认的政治》一文中，查尔斯·泰勒也曾讨论过类似的主题，他的说法是，"现代的尊严观念与传统的荣誉观念截然不同"①。但是，我们看到，在梁启超论述权利思想时，似乎并不刻意区分这两种尊重的形式，似乎也并不将权利意识限制在人格尊严这一边："权利思想之强弱，实为其人品格之所关。彼夫为臧获者，虽以穷卑极耻之事廷辱之，其受也泰然；若在高尚之武士，则虽掷头颅以抗雪其名誉，所不辞矣。为穿窬者，虽以至至丑极垢之名过毁之，其居也恬然；若在纯洁之商人，则虽倾万金以表白其信用，所不辞矣。"② 在这段话中，"臧获"与"高尚之武士"、"穿窬者"与"纯洁之商人"就人格尊严来说并无差别，所以，他们之间的对比，就不可能通过他们同样具有的人格尊严得到理解，而恰恰只能通过他们的不同品格或者说他们对名誉的不同看重得到理解。

对照一下会发现，梁启超这里关于"臧获"与"高尚之武士"，"穿窬者"与"纯洁之商人"的简洁论述直接来自耶林。在《为权利而斗争》一书中，为了说明权利问题根本上来说不是利益问题，而是人格问题，耶林依次列举了农民、军官和商人三个涉及不同阶层的例子。既然在这个语脉中耶林的论述重点是权利与人格的关联，那么，他就不需要严格区分人格尊严与社会荣誉这两种不同的尊重形式，因为在实际的人格经验中，尊严与荣誉都可能被包含在其中。在梁启超"论权利思想"一节的语脉中，他基本上照搬了耶林提到的后两个例子，也主要是为了说明权利与人格的关联。

---

① ［加］查尔斯·泰勒：《承认的政治》，董之林、陈燕谷译，载汪晖、陈燕谷主编《文化与公共性》，生活·读书·新知三联书店2005年版，第290页。如果说传统的荣誉观念经过规范性重构能够达致一种现代荣誉观念，那么，这种现代荣誉观念正与霍耐特所谓的第三种承认形式即团结的承认形式相对应。

② 梁启超：《新民说》，《饮冰室合集》，第6册，专集之四，第32—33页。

现代儒学与人伦的规范性重构

理解上的更大的困惑或疑难可能来自梁启超将权利还原为权力的特别看法："权利何自生？曰生于强。彼狮虎之对于群兽也，酋长国王之对百姓也，贵族之对平民也，男子之对女子也，大群之对于小群也，雄国之对于屡国也，皆常占优等绝对之权利。非狮虎酋长等之暴恶也，人人欲伸张己之权利而无所厌，天性然也。是故权利之为物，必有甲焉先放弃之，然后有乙焉能侵入之。人人务自强以自保吾权，此实固其群善其群之不二法门也。"① 乍看之下，在这段话里，梁启超公开为强者的权力鼓吹，并以此来界定权利。如果这意味着梁启超从一开始就将权利化约为强者的权力，那么，我们又如何能够将他的权利思想与通过法律而对人格给予平等尊重的承认思想关联起来呢？

在梁启超对权利与义务之关联的进一步论述中，我们能够发现解决这个困惑或疑难的线索。在一定程度上有感于人们可能会误以为提倡权利思想就是在"求无义务之权利"，梁启超在《新民说》中专门辟一节论义务思想（第十六节）。在这一节一开始，梁启超以一种独特的论述方式阐明"权利与义务相对待"的观点："义务与权利对待者也。人人生而有应得之权利，即人人生而有应尽之义务。二者其量适相均。其在野蛮之世，彼有权利无义务有义务无权利之人，盖有焉矣。然此其不正者也。不正者固不可以久。苟世界渐趋文明，则断无无权利之义务，亦断无无义务之权利。惟无无权利之义务也，故尽瘁焉者不必有所惧；惟无无义务之权利也，故自逸焉者不必有所歆。"②

可以看到，梁启超在此并非直接站在道德的高地从理论上论证"权利与义务相对待"的观点，而是通过诉诸人类从野蛮到文明的历史进化过程为这一观点做迂回的辩护。在他所建构的历史叙述中，野蛮时代的特征是，一部分人有权利无义务，另一部分人有义务无权利，而文明时代的特征则是，人人都有权利，同时人人也都有义务，亦即权利与义务相对待。其实早在1899年写作的《论强权》一文中，梁启超就已经有了对人类历史的类似刻画，并基于这种对人类历史的理解来说明自由权与

---

① 梁启超：《新民说》，《饮冰室合集》，第6册，专集之四，第31—32页。
② 梁启超：《新民说》，《饮冰室合集》，第6册，专集之四，第104页。

强权"其本体必非二物"的观点。

> 昔康德氏最知此义。其言曰,统治者对于被治者等,贵族对于贱族等,所施之权力,即自由权也。盖康氏之意,以为野蛮之国,惟统治者得有自由。古代希腊罗马,则统治者与贵族得有自由。今日之文明国,则一切人民皆得有自由。又李拔尔氏之说,亦大略相同。其意谓专制国之君主,与自由国之人民,皆热心贪望自由权者也,故自由权可谓全为私利计耳云云……要而论之,前此为在上位者有自由权,今则在下位者亦有自由权,前此惟在上位者有强权,今则在下位者亦有强权。然则强权与自由权,决非二物昭昭然矣。若其原因,则由前此惟在上位者乃为强者,今则在下位者亦为强者耳。故或有见人民伸其自由权以拒压制之强权,以为此强弱迭代也,不知乃两强相遇,两权并行,因两强相消,故两权平等,故谓自由权与强权同一物。①

很显然,在德国哲学的影响下,梁启超在写作《新民说》之前就已获得了这样一个观点:个体之间的平等承认是且应当是人类历史的最后归宿。这正是梁启超权利观念的历史哲学基础。我们知道,正是黑格尔明确地以主奴关系为主轴将人类历史刻画为每个人获得平等承认的一幅斗争长卷,而根据梁启超这里的自述,他是从康德等人那里获得了类似的看法。② 在《为权利而斗争》一书中,耶林虽然并未明确论述这个具有浓厚的黑格尔色彩的进化史观,但他不仅谈到了"斗争伴随着历史上抽象法的产生、形成和进步",甚至还说法律的进步"最终听凭历史的神明裁判",庶几表明他在该书中对黑格尔式的进化史观也有隐含的接受。

澄清了梁启超权利观念中的历史哲学基础,上述可能的困惑或疑难也就能够得到恰当的解释:既然权利与义务相对待是人类经过无量的

---

① 梁启超:《新民说》,《饮冰室合集》,第6册,专集之四,第31页。
② 参见[德]康德《历史理性批判文集》,何兆武译,商务印书馆1996年版,特别是其中《世界公民观点之下的普遍历史观念》一文。梁启超对这个观念的接受可能与加藤弘之有关,参见[美]安靖如《人权与中国思想》,第168页。

"血风肉雨"而得来的,是"强与强相遇,权与权相衡"所结的善果,那么,将权利还原为权力并不是直接地从价值的立场将强者的权力正当化,而是历史地从实践的角度说明权利的真实来源。换言之,对于梁启超的这一看法,我们可以基于承认理论重述为:野蛮时代的人类社会因为缺乏对所有社会成员在人格上的平等承认从而持有一种"不正之权利义务"观念,此即权利与义务不相对待的社会状态;既然为承认而斗争是人类社会进化的必然道路,是"物竞天择之公理",那么,人类社会一定会从种种"不正之权利义务"的野蛮状态进化到"正之权利义务"的文明状态,此即权利与义务相对待的社会状态。从《新民说》的文本中我们还能清楚地看到,梁启超甚至还以日本为例而像宣布历史终结于自由、民主的福山那样斩截地断言,权利与义务相对待的阶段一旦获得,则"永不可复失焉"。[1]

正是基于权利义务相对待的新观念,梁启超展开了对旧伦理、旧道德的批判。在"论公德"一节,梁启超直接将矛头对准传统的五伦观念:"今试以中国旧伦理与泰西新伦理相比较。旧伦理之分类,曰君臣,曰父子,曰兄弟,曰夫妇,曰朋友。新伦理之分类,曰家族伦理,曰社会伦理,曰国家伦理。旧伦理所重者,则一私人对于一私人之事也。新伦理所重者,则一私人对于一团体之事也。"更强的批判性呈现于这段话的注文中,特别针对社会伦理与国家伦理两方面。

> 以新伦理之分类归纳旧伦理,则关于家族伦理者三,父子也,兄弟也,夫妇也;关于社会伦理者一,朋友也;关于国家伦理者一,君臣也。然朋友一伦,决不足以尽社会伦理,君臣一伦,尤不足以尽国家伦理,何也?凡人对社会之义务,决不徒在相知之朋友而已。即绝迹不与人交者,仍于社会上有不可不尽之责任。至国家者,尤非君臣所能专有。若仅言君臣之义,则使以礼,事以忠,全属两个私人感恩效力之事耳,于大体无关也。将所谓逸民不事王侯者,岂不在此伦范围之外乎?夫人必备此三伦理之义务,然后人格乃成。

---

[1] 梁启超:《新民说》,《饮冰室合集》,第6册,专集之四,第38页。

若中国之五伦，则惟于家族伦理稍为完整，至社会、国家伦理，不备滋多。此缺憾之必当补者也，皆由重私德轻公德所生之结果也。①

既然公德成立的基础是独立的个人，也就是应当通过立法赋予相对待之权利与义务的个人，那么，朋友一伦之所以不足以尽社会伦理，就是因为朋友一伦不能够将权利与义务相对待的现代社会观念充分地呈现出来。质言之，梁启超在《新民说》中所倡导的新的社会伦理即以权利与义务相对待的观念为核心内容，而其思想实质是对人格尊严的平等承认。基于这种新的社会伦理再回过头来看，则旧伦理、旧道德的主要问题在于缺乏对人格尊严的平等承认，无论这种缺乏是表现于旧有的立法，还是表现于具体的生活经验。我们看到，在这一点上，完全依照耶林，梁启超不仅刻画了法律新旧更替的斗争过程，而且也刻画了个体权利意识不断增强的斗争过程。②

既然新的社会伦理以塑造独立自尊的个人为要点，这是否意味着基于原子式个人主义的自由主义是梁启超《新民说》的思想归宿呢？鉴于梁启超对国家观念的强调和重视如此明显，这个问题大概很容易回答。但如果反过来再问，梁启超对国家观念的强调和重视是否意味着他否定了个人自由，从而完全走向了自由主义的对立面，即通常所概括的国家主义，似乎就不那么容易回答了。③

霍耐特基于他对黑格尔、米德等人的论述，总结出爱、法权和团结三种现代承认形式，并指出，只有"参照现代社会形成以来一直主宰着

---

① 梁启超：《新民说》，《饮冰室合集》，第6册，专集之四，第12—13页。
② 如在谈到前一义时梁启超说："故有权利思想者，必以争立法权为第一要义。"他还顺此批评了孟子的仁政思想，认为专言仁政而"不识权利"则不足以言立国之道。在谈到后一义时梁启超说："欲求国民之思想之感觉之行为，舍其分子之各私人之思想感觉行为而终不可得见。其民强者谓之强国，其民弱者谓之弱国，其民富者谓之富国，其民贫者谓之贫国，其民有权者谓之有权国，其民无耻者谓之无耻国。夫至以无耻国三字成一名词，而犹欲其国之立于天地，有是理耶？有是理耶？"由此可见，如果强调写作的语境而将《新民说》看作一篇政论文章，那么，《新民说》中所极力倡导的争立法和争权利，恰好构成梁启超宪政共和主义主张的两大要点。梁启超：《新民说》，《饮冰室合集》，第6册，专集之四，第37、39页。
③ 以自由主义对立面的国家主义理解梁启超《新民说》的根本思想旨趣其实是过去颇为流行的一个看法。

承认关系的规范发展过程",才能"重建法权关系的承认模式",而以法权关系为基础的新的伦理框架一旦形成,就必然"对爱的关系和团结的条件具有同样的限制作用"①。由此视角来看,我们发现,梁启超在《新民说》中其实正是经由关于权利与义务相对待的新思想确立起法权承认的形式,然后基于法权承认来重构另外两种承认形式。用他使用的概念来说就是,基于新的社会伦理来重构国家伦理和家族伦理,而具体到几千年来浸淫于儒家传统的中国语境,就是基于对人格尊严的平等承认而对君臣、父子、夫妇等人伦进行规范性重构,对应于美德层面就是对忠和孝等旧道德的重新阐发与弘扬。

> 吾中国相传天经地义,曰忠曰孝,尚矣。虽然,言忠国则其义完,言忠君则其义偏。何也?忠孝二德,人格最要之件也,二者缺一,时曰非人。使忠而仅以施诸君也,则天下之为君主者,岂不绝其尽忠之路,生而抱不具人格之缺憾耶?则如今日美法等国之民,无君可忠者,岂不永见屏于此德之外,而不复得列于人类耶?顾吾见夫为君主者,与为民主国之国民者,其应尽之忠德,更有甚焉者也。人非父母无自生,非国家无自存,孝于亲,忠于国,皆报恩之大义,而非为一姓之家奴走狗者所能冒也。②

忠君之义偏,忠国之义完,这正是基于权利义务相对待的思想而得出的结论。在"论义务思想"一节,梁启超说:"权利义务两思想,实爱国心所由生也。"③ 将忠君之私德转化为忠国之公德,即基于人格平等的思想将君臣一伦规范性地重构为国民一伦。针对中国当时的现状,梁启超痛心疾首地指出,如果做不到这一点,我们将会一直陷入"无民之国,何以能国?"的窘迫处境。国民一伦的重构基于对人格尊严的平等承认,但又不止于此,因为在此之上还有民族的共同生活。只有个人在民族共同

---

① [德]霍耐特:《为承认而斗争》,第 183 页。
② 梁启超:《新民说》,《饮冰室合集》,第 6 册,专集之四,第 18—19 页。
③ 梁启超:《新民说》,《饮冰室合集》,第 6 册,专集之四,第 107 页。

生活中的特殊性得到相互之间的承认和尊重，也就是从霍耐特所谓的法权承认的形式上升到国民团结的承认形式，国民一伦才能够真正建构起来。关于国民团结与法权承认之间的距离，梁启超在《新民说》中并未着意展开论述，但隐约可见于他对"国家有机体说"的认同及他基于民族主义理解国家这些要点上。

将旧的君臣一伦规范性地重构为新的国民一伦，自然也包含着对旧的君臣一伦的批判，所谓"家奴走狗于一姓而自诩为忠"。

夫独善其身乡党自好者，畏国事之为己累而逃之也；家奴走狗于一姓而自诩为忠者，为一己之爵禄也。势利所在，趋之若蚁，而更自造一种道德以饰其丑而美其名也。不然，则二千年来与中国交通者，虽无文明大国，四面野蛮，亦何尝非国耶？谓其尽不知有对待之国，又乌可也？然试观刘渊、石勒以来，各种人之入主中夏，曾有一焉无汉人以为之佐命元勋者乎？昔稽绍生于魏，晋人篡其君而戮其父，绍腼颜事两重不共戴天之仇敌，且为之死而自以为忠，后世盲史家或以忠许之焉。吾甚惜乎至完美至高尚之忠德，将为此辈污蔑以尽也。无他，知有己而已。有能富我者，吾愿为之吮痈；有能贵我者，吾愿为之叩头。其来历如何，岂必问也。若此者，其所以受病，全非由地理学说之影响。地理学说虽万变，而奴隶根性终不可得变。呜呼！吾独奈之何哉？吾独奈之何哉？不见乎联军入北京，而顺民之旗，户户高悬，德政之伞，署衔千百。呜呼痛哉！吾语及此，无眦可裂，无发可竖，吾惟胆战，吾惟肉麻。忠云忠云，忠于势云尔，忠于利云尔。不知来，视诸往，他日全地球势利中心点之所在，是即四万万忠臣中心点之所在也。而特不知国于此焉者之谁与立也！①

结合其他文字可以看到，在《新民说》中，梁启超对于旧伦理、旧道德有可能沦为奴役形式的批判，侧重点并不在奴役的外部关系上，而在被奴役

---

① 梁启超：《新民说》，《饮冰室合集》，第6册，专集之四，第22页。

者的内在自觉上。在第九节"论自由"中，梁启超特别着意于"莹莹一点存于灵台者"的道德自由，而与此相对应的即是"除心中之奴隶"。

> 人之奴隶我不足畏也，而莫痛于自奴隶于人；自奴隶于人，犹不足畏也，而莫惨于我奴隶于我。庄子曰："哀莫大于心死，而身死次之。"吾亦曰："辱莫大于心奴，而身奴斯为末矣。"夫人强迫我以为奴隶者，吾不乐焉，可以一旦起而脱其绊也，十九世纪各国之民变是也。以身奴隶于人者，他人或触于慈祥焉，或迫于正义焉，犹可以出我水火而苏之也，美国之放黑奴是也。独至心中之奴隶，其成立也，非由他力之所得加；其解脱也，亦非由他力之所得助。如蚕在茧，著著自缚；如膏在釜，日日自煎。若有欲求真自由者乎，其必自除心中之奴隶始。①

"除心中之奴隶"意味着梁启超对道德自由的高度重视，而这一点又可以与他在第十八节对私德的重新重视关联起来理解。"论私德"一节特别澄清了"私德与公德，非对待之名词，而相属之名词"，一举扭转了因前文强调公德而导致的不重视私德的可能误解，明确提出了"欲铸国民，必以培养个人之私德为第一义"的观点："公德者私德之推也。知私德而不知公德，所缺者只在一推；蔑私德而谬托公德，则并所以推之具而不存也。故养成私德，而德育之事思过半焉矣。"② 在具体论述私德问题时，梁启超虽然多从外部环境谈论中国人私德堕落的原因，但最终还是立足阳明学的传统将私德的建设归于"良知"问题或道德自由问题，因而开出的建设性方案是以"正本""慎独""谨小"等心性工夫为主要节目。

将私德落实于"良知"，落实于道德自由，对于我们深入理解《新民说》中私德与公德的关联有特别的提示作用。公德的基础是应当以法权形式加以维护的对人格尊严的平等承认，而人皆有之的"良知"或道德

---

① 梁启超：《新民说》，《饮冰室合集》，第6册，专集之四，第47页。
② 梁启超：《新民说》，《饮冰室合集》，第6册，专集之四，第119页。

自由的能力正是人格尊严与人格平等的依凭所在,从这个对照中我们能够看到"良知"与法权之间的对应关系:如果说"良知"意味着人的内在自由,那么,法权就意味着人的外在自由。质言之,所谓法权的确立,其实就是将人的内在自由以法律的形式客观地落实下来,或者说,就是将人的内在自由外在化为客观的法律制度。无疑,这正是康德政治哲学的核心主题,而梁启超分明对此了然于胸,且如前所述,也正是他在《新民说》中开启了将儒家的"良知"观念与康德的道德自由观念加以会通的新思路。

澄清了这一点,有助于我们更确切地把握"公德者私德之推也"的具体含义。既然私德的培养旨在内在的道德自由的觉醒,而公德的培养则以外在自由为基础,那么,如果缺乏私德,即使通过法权在制度上确立了外在自由,也无法真正培养起公德。而既然公德并不止于法权承认的伦理形式,还应上升到国民团结的伦理形式,那么,公德就需要从法权承认往前再推一步,即从自尊尊他上升到忠国忠己。这大概就是梁启超在"论公德"一节中提出"无私德则不能立,无公德则不能团"的确切含义。换言之,根据承认理论,仅仅是法权意义上的外在自由,还不意味着自由的真正实现,而只有当个体在民族共同生活中的特殊性得到自己和其他国民的承认与尊重时,个体的自由才真正得以实现。

我们知道,在霍耐特看来,从道德自由上升到伦理自由,正是黑格尔对现代自由理论的特别贡献。而我们也能看到,在《新民说》中,梁启超虽然几次援引康德,但并未停留于康德意义上的道德自由,而是将目标指向了黑格尔意义上的伦理自由。具体就君臣一伦及其相对应的忠德来说,梁启超并未基于个体的道德自由否定传统的忠德,而是企图通过规范性重构将原来的忠君转化为忠国,认为只有这样才能达到"至完美至高尚之忠德"。这其实就是以个体的道德自由为基础,重新肯定民族共同生活对于个体的构成性意义,或者说,这就是把作为伦理生活之整体的国家理解为个体自由的真正实现。一言以蔽之,梁启超的《新民说》,最后的落脚点在私德,而其根本的关切始终在公德,此中的秘密只有揭示出道德自由与伦理自由的关联才能得到恰当的理解。因此我们也能够得出如下结论:在《新民说》中,梁启超既没有流于那种基于原子式个人主义的自由主义，也没有落入那种作为自由主义对立面的国家主义。①

同样，以权利与义务相对待为核心内容的新的社会伦理也是规范性地重构家族伦理的基础："吾请申言权利与义务相待之义：父母之于子也，蚤年有养子之义务，故晚年有受养于子之权利；夫之于妻也，有保护之义务，故有使妻从我之权利；佣之于主也，有尽瘁执事之义务，故有要求薪俸之权利，此其最浅者也。为子者必能自尽其为人之义务，而无藉父母之代劳，然后得要求父母许以自由之权利，亦其义也。"② 由此可见，尽管梁启超曾说相比于社会伦理与国家伦理，传统中国的家族伦理更为完备，但从新的社会伦理出发，依然对旧的家族伦理构成了批判。③

新的社会伦理以独立自由为要义，但提倡新的社会伦理并未导致将原来指向家、国的旧伦理化约为法权承认的形式，而是基于法权承认规范性地重构旧伦理。换言之，要在旧伦理中植入一种平等的承认，而旧伦理中所包含的独特的承认形式，如爱的形式或团结的形式，并没有被抛弃或破坏，而是基于人格的平等承认也就是法权的承认形式被重构了。梁启超曾明确谈到过：

> 夫吾之为此言，非谓欲使人尽去其所尊所亲者，而倔强跋扈以为高也，乃正所以为合群计也。凡一群之中，必其人皆有可以自立之道，然后以爱情自贯联之，以法律自部勒之，斯其群乃强有力。

---

① 实际上我们看到，在第九节专门论述自由问题时，梁启超聚焦于民族建国与公民的政治参与，呈现出非常明显的共和主义色彩。
② 梁启超：《新民说》，《饮冰室合集》，第6册，专集之四，第105—106页。
③ 在"论自尊"一节论述"自尊者必自立"的道理时，梁启超先引用了庄子"有人者累，见有于人者忧"的话，然后对包括君臣、父子、夫妇在内的各种旧伦理展开了尖锐的批判："故夫大同太平之极，必无一人焉能有人，亦无一人焉见有于人。泰西之治，今犹未至也。而中国则更甚焉！其人非有人者，则见有于人者。故君有民，民见有于君。父有子，子见有于父。夫有妇，妇见有于夫。一室之中，主有仆，仆见有于主。一铺店之中，股东有伴佣，伴佣见有于股东。一党派之中，党魁有徒众，徒众见有于党魁。通四百兆人而计之，大率有人者百之一，见有于人者百之九十九。而此所谓有人者，时又更有他人焉从而有之。若是乎，吾中国虽有四百兆人，而其见有于人者，直三百九十九兆强也。凡见有于人者，则丧其人格。若是乎，则此四百兆人中能保存人格者，复几何哉？是安得不瞿然惊也。"梁启超：《新民说》，《饮冰室合集》，第6册，专集之四，第72—73页。

不然，则群虽众，而所倚赖者不过一二人，则仍只能谓之一二人，不能谓之群也。①

无论是家庭之合群，还是国家之合群，除了要"以法律自部勒之"之外，还要"以爱情自贯联之"。换言之，合群当基于自立之道，但仅仅自立还不足以合群，还需要爱，无论是亲情之爱还是对国家的爱。基于19世纪欧洲的特殊处境，黑格尔较为笼统地谈论家庭中的爱，其家庭观念也是相应于资产阶级的，而梁启超处于古今变革之端口的中国，在家庭、家族伦理上仍汲汲于重申孝德，我们并不能说这仅仅是文化的惯性使然。②

在"论私德"一节，私德主要被关联于道德自由，这再次显示梁启超对私德与公德的划分主要基于对私还是对公，这与他的公德概念来自孟德斯鸠对政治性美德与私人性美德，特别是宗教性美德的区分有关。于是，一个合理的问题就是，对父子一伦经过规范性重构之后的孝德，究竟属于私德还是公德？一方面，如果从梁启超认为旧道德只是一私人对私人的关系因而是私德，而新道德注重一私人对一团体的关系，因而是公德这一点来看，似乎规范性重构之后的孝德应当属于公德或至少包含公德的成分，但另一方面，梁启超仍明确地以孝为"私德上第一大义"，而与我们一般对公私领域的划分一致。③那么，如何才能将这两个似乎相反的答案综合在一起呢？

对父子一伦进行规范性重构也就是基于父子之间的人格平等而重申

---

① 梁启超：《新民说》，《饮冰室合集》，第6册，专集之四，第73页。
② 考虑到其时梁启超早已读过谭嗣同以"冲决网罗"为核心主张的《仁学》，他这种重申忠孝美德的思路就尤其显得难能可贵。
③ 梁启超正是比拟于父子之伦来说明国民一伦的重要性："父母之于子也，生之育之，保之教之，故为子者有保父母恩之义务。人人尽此义务，则子愈多者，父母愈顺，家族愈昌，反是则为家之索矣。故子而逋父母之负者，谓之不孝，此私德上第一大义，尽人能知者也。群之于人也，国家之于国民也，其恩与父母同。盖无群无国，则吾性命财产无所托，智慧能力无所附，而此身将不可以一日立于天地。故报群报国之义务，有血气者所同具也。苟放弃此责任者，无论其私德上为善人为恶人，而皆为群与国之蟊贼也。譬诸家有十子，或披剃出家，或博弈饮酒，虽一则求道，一则无赖，其善恶之性质迥殊，要之不顾父母之养，为名教罪人则一也。明乎此义，则凡独善其身以自足者，实与不孝同科，案公德以审判之，虽谓其对于本群而犯大逆不道之罪，亦不为过。"梁启超：《新民说》，《饮冰室合集》，第6册，专集之四，第14页。

父慈子孝的美德。进一步分析一下可知，父子之间的爱敬之情仍属于一私人对一私人之关系，而父子之间对各自人格的平等承认则属于一私人对一团体之关系。而私人对团体之关系除了法权承认的形式外，还有一个更高的层次，即国民团结的形式。只有达到国民团结，公德才算完善，而此公德完善之层次，自然优先于公德不完善之层次，即其他两种分别对应于家族伦理和社会伦理的承认形式。这就是为什么梁启超会说国家是"私爱之本位，博爱之极点"①。关联于我们这里讨论的问题，是说爱亲要以国家为本位。这就意味着，在梁启超那里，经过对父子一伦的规范性重构的孝德，仍是人格成立的要件，但一方面要受到法权的限制，另一方面也要低于爱国之忠德。换言之，在梁启超那里，经过对父子一伦的规范性重构的孝德，实际上是经过了公德之合理限制的私德，从而也就是经过了公德之成全的私德。②

我们知道，关于爱、法权与团结三种承认形式的关系，黑格尔基于他的精神哲学将之理解为一个辩证发展过程。对此，霍耐特认为完全没有必要，而是将之作为三种并列的承认类型。而他之所以重视"米德对黑格尔观念的自然主义转化"，其中的一个动机也是要脱离黑格尔的精神哲学基础来建构其承认理论。在梁启超那里，我们看到，他不仅仍然像古代文献中所显示的那样，将国与家进行类比，而且明确指出，对一个现代的文明人来说，有没有国家思想是其人格成熟与否、人格完善与否的重要标志。《新民说》的最后定论毋宁说是，作为一个现代人，其真实的人格应当奠基于自由，确立于孝亲，完成于爱国。就此而言，关于三种承认形式之间的关系，梁启超的看法或许更接近黑格尔，尽管他在论述时并未明确引入黑格尔式的辩证法思想。

在《新民说》一开始，梁启超就区分了"采补其所本无之新"与

---

① "国也者，私爱之本位，而博爱之极点，不及焉者亦野蛮也，过焉者亦野蛮也。"梁启超：《新民说》，《饮冰室合集》，第6册，专集之四，第18页。

② 以儒家经典和中国历史而言，经典中所记载的尧舜三代都是以孝为直接的政治价值，历史进入秦汉以降，虽然君权张大，由封建而郡县，其后仍通过法律确立了孝的政治价值。梁启超对人伦的规范性重构的一个思想后果则是孝基本上变成了私德，其政治价值之微弱一如家庭在黑格尔法权哲学中的地位。不过，既然梁启超仍以国家为民族伦理生活的整体，那么，孝的公共意义或政治价值仍然可能被作为民族伦理生活的独特性而得到肯定。

"淬厉其所本有之新"。经过以上分析，我们能够看出，基于权利与义务相对待的思想而建立起来的新的社会伦理就是他所谓的"采补其所本无之新"，而基于新的社会伦理对于旧伦理加以规范性重构所得到的新的家族伦理和国家伦理，就是他所谓的"淬厉其所本有之新"。换言之，梁启超的做法其实是基于"采补其所本无"来"淬厉其所本有"，其新民方案实可概括为采新淬旧、化旧为新，最终达到以新全旧。① 这里的"新"显然与后来新文化运动以降自命为"新青年"的那些人所鼓吹的那种与传统彻底断裂之"新"截然不同，因此我们也就不能将他在"论公德"一节所提出的"道德革命"等同于新文化运动以降以彻底的"文化革命"来行道德革命的激进主张。

尽管共和主义的乌托邦色彩在梁启超那里并未完全消退，但是，《新民说》中所提出的以人伦的规范性重构为核心内容的新民方案，在人民主权作为"理势之所必然"的现代，对于被儒家文化深刻塑造的中国来说无疑是最好的选择。而对于现代儒学来说，走在人伦的规范性重构这一正确方向上，由现代性的平等理念所引发的伦理与道德之间的张力乃至矛盾也就可以找到一个两全的解决方案，从而也就可以免除"毁伦常"这一来自经典的合理指责了。②

---

① 梁启超亦由此"新"义而为"真能守旧者"正名："我同胞能数千年立国于亚洲大陆，必其所具特质，有宏大高尚完美，厘然异于群族者，吾人所当保存之而勿失坠也。虽然，保之云者，非任其自生自长，而漫曰'我保之，我保之'云尔。譬诸木然，非岁岁有新芽之茁，则其枯可立待。譬诸井然，非息息有新泉之涌，则其涸不移时。夫新芽新泉，岂自外来者耶？旧也而不得不谓之新，惟其日新，正所以全其旧也。濯之拭之，发其光晶，锻之炼之，成其体段，培之濬之，厚其本源。继长增高，日征月迈，国民之精神，于是乎保存，于是乎发达。世或以守旧二字为一极可厌之名词，其然，岂其然哉？吾所患不在守旧，而患无真能守旧者。真能守旧者何？即吾所谓淬厉其固有而已。"梁启超：《新民说》，《饮冰室合集》，第 6 册，专集之四，第 6 页。

② 至于如何基于现代立场重估孝的基源性价值，并使孝作为政治价值重返政治领域，现代承认理论仍能给予我们重要启发。在《物化》中，基于"感应实践"的概念，霍耐特提出了一种"主体间肯认的根本形式"，他称之为"承认的存在模式"，认为这种承认模式"是所有其他较具实质内容的承认形式的根基，在这些其他形式中，我们所肯认的乃是他人某些特定的特质或能力"。既然孝正是来自子女与父母之间的感应实践，且这种感应实践能够通过"理一分殊"的架构还原为人心对天地之心的切身性感应，那么，彻底清除人文社会科学方法本身所留有的"物化"残余，回到实际生活经验，我们能够意识到，其实孝才意味着承认的存在模式，或者说最原初的承认模式，既具有终极指向又具有心理学依据（对此，霍耐特曾重点援引过的温尼科特的精神分析心理学仍可作为重要思想资源），并构成了其他承认形式的根基。笔者将另文提出应当把父子一伦理解为原初承认模式的观点，并以此展开对霍耐特承认理论的批评与修正。引文见［德］霍耐特《物化：承认理论探析》，罗名珍译，华东师范大学出版社 2018 年版，第 77 页。

冯友兰新理学哲学话语的构建方法[*]

陈 鹏

（首都师范大学哲学系）

摘要：新理学哲学话语建立的基本方法可以被描述成"接着讲"，它的实质性内涵是如何在接续传统哲学逻辑线索的基础上融收现代的、西方的哲学方法。从传统哲学脉络来看，新理学继承了程朱之理气存有论、传统儒家的道德理想、传统哲学的人生境界论等，对于这个核心精神，冯友兰以"极高明而道中庸"概括之。从西方哲学脉络来看，新理学融合了柏拉图主义、共相殊相论、形式化分析化的方法，重视认知等，我们不妨用"分析化"简括之。我们可以称新理学为"分析的儒学"。在新理学话语建立的过程中，形上、形下"两个世界"的划分；非独断的、分析化的方法；"极高明而道中庸"的理想境界是三个比较重要的思想线索。

关键词：新理学 哲学话语 方法 两个世界 非独断

冯友兰新理学是现代中国哲学创作的一个发端，从现代新儒学理学与心学的某种对峙来看，新理学也是现代理学思潮的一个发端，因此，研究新理学哲学话语体系的形成及其方法，对于我们把握现代中国哲学的历史进程，理解现代新儒学的自我重建都有着重要的理论意义。本文尝试从哲学自觉、"形式底释义"、避免独断、共相之理与形式之理、

---

[*] 本文系国家社会科学基金一般项目"现代新儒学话语研究"（项目编号：18BZX083）的阶段性成果。

认知化的人生境界等方面来简要讨论冯友兰构建新理学哲学话语的基本方法。

一 "形式底释义"与"最哲学底哲学"

在现代中国哲学的发展历程中，冯友兰是最早基于明确的方法意识和方法反思来建立自家哲学体系的哲学家。在《新理学》（1939年）之前，冯对哲学问题的思考主要集中在中西人生哲学比较及一个新人生哲学的初步创建上，在《人生哲学》（1926年）中，冯所关注的主要是哲学的内容，主张哲学是求好之学、科学是求真之学。至《新理学》，冯自觉建立一个新的哲学系统，比较关注哲学的方法问题，强调哲学的知识性、逻辑性和形式性。于此，冯提出了现代中国哲学史上关于哲学之为"学"的经典阐述：

> 凡所谓直觉、顿悟、神秘经验等，虽有甚高的价值，但不必以之混入哲学方法之内。无论科学哲学，皆系写出或说出之道理，皆必以严刻的理智态度表出之……各种学说之目的，皆不在叙述经验，而在成立道理，故其方法，必为逻辑的，科学的……以此之故，科学方法，即哲学方法，与吾人普通思想之方法，亦仅有程度上的差异，无种类上的差异。①

在《新知言》（1946年）中，科学与哲学的区别被表述为对经验作"积极底释义"与"形式底释义"，冯于此将知识分为四种类型。

> 人的知识，可以分为四种。第一种是逻辑学、算学。这一种知识，是对于命题套子或对于概念分析底知识。第二种知识是形上学。这一种知识，是对于经验作形式底释义底知识。知识论及伦理学的

---

① 冯友兰：《三松堂全集》第2卷，河南人民出版社2001年版，第247页。

一部分，亦属此种。伦理学的此部分，就是康德所谓道德形上学。第三种是科学。这一种知识，是对于经验作积极底释义底知识。第四种是历史，这一种知识，是对于经验底记述底知识。①

科学是对实际作"积极底释义"，哲学作为"形式底"形上学则要避免对于实际作肯定，对实际肯定越多的形上学就越是"坏底形上学"。冯说：

> 形上学中底命题，仅几乎是重复叙述命题，所以也是综合命题，也可能是假底。不过形上学中底命题，除肯定其主辞的存在外，对于实际事物，不积极底说什么，不作积极底肯定，不增加我们对于实际事物底知识。所以它是假的可能性是很小底。……只要有任何事物存在，它的命题都是真底。……真正底形上学，必须是一片空灵……其不空灵者，是坏底形上学。坏底形上学即所谓坏底科学。②

休谟、维也纳学派都主张形上学实质上是"坏底科学"，而新理学要在休谟、维也纳学派之后挽救形上学。冯认为维也纳学派所用的方法是分析法的高度发展，只是他们所批评的形上学实质上是"坏底形上学"或"坏底科学"，真正的形上学几乎都是分析命题，对实际不做肯定，或甚少肯定，这个很少的肯定就是"事物存在"或"主辞的存在"。在后来的《中国哲学简史》中，冯指出：

> 哲学的推理，更精确地说，形上学的推理，其出发点是经验中有某种事物……从"有某种事物"这句话演绎出《新理学》的全部观念或概念，它们或是程朱的，或是道家的。③

冯一再申明其新理学是"最哲学底哲学"，强调哲学的分析性、形式性、

---

① 冯友兰：《贞元六书》下，华东师范大学出版社1996年版，第874页。
② 冯友兰：《贞元六书》下，第874—875页。
③ 冯友兰：《中国哲学简史》，第371页。

演绎性，或者非实质性、非建构性，其用意在于要将哲学与科学区别开来，在维也纳学派之后，为形上学找到合理的方法基础。新理学形上学的基本方法就是从最基本的日常经验出发，对"存在"的各种蕴涵进行分析、概括，获得几个超越的概念和相关命题，从而形成一个简明的形上学或存有论系统。所以，新理学的形上学可谓"一片空灵"。

二 分析化：避免独断与哲学话语的"空灵化"

冯友兰在《新理学》中对哲学作如下界定："照我们的看法，哲学乃自纯思之观点，对于经验作理智底分析、总括及解释，而又以名言说出之者。哲学有靠人之思与辩。"[1] 这个"理智底分析、总括及解释"，即"逻辑分析""形式底释义"，是不着实际、一片空灵。对此，我们可以称新理学是一个"分析化"的哲学系统。新理学的"分析化"方法，不仅是逻辑化、演绎化，它有着丰富的内涵，我们尝试做四个方面的解析。

1. 作为形上立场的分析。形上学不再"非法"提供实际的知识，而只对经验做形式的释义、逻辑的分析。形上学不能是"坏底科学"，意味着对任何可能的独断持批判态度。新理学对传统儒学种种神秘的、关乎实际的、拖泥带水的观点都一一加以消除。

2. 作为建立形式系统的分析。冯友兰有感于中国传统哲学缺乏形式系统的弱点，在建立新理学的过程中充分重视作为建立理论系统的逻辑方法，诸如概念界定、证词分析、逻辑论证、系统建立等。这一类分析，可以视为建立理论系统的逻辑化、形式化技术。

3. 作为概念的先验分析。何谓"纯思"？对于此理智的"纯思"，其基本内涵是"始于经验又超越经验"的先验概念思维。从认知的程序来看，所有的概念都是从经验而来，而从存有的观点看，概念自身（指向理世界）却不依赖经验而存在。"我们说'有方'，即对于真际做一形式底肯定。'有方'并不涵蕴'有——实际底方底物'，更不涵蕴'有这

---

[1] 冯友兰：《贞元六书》上，第7页。

个实际底方底物'。故说'有方',并不对于实际有所肯定,即只是对于真际,做一形式底肯定。就我们的知识之获得说,我们必须在经验中见有实际底方底物,我们才能说'有方'。但我们既说'有方'之后,我们可见即使事实上无实际底方底物,我们仍可说'有方'。"① 在此,这个分析化的立场是虽肯定真际、理世界、先验世界,却对实际不做肯定。

4. 作为释义(呈现蕴涵或内涵)的分析。新理学的"分析化"是非建构的、非独断的,或是描述的、呈现的、解释的,这是一种试图不作或最少做"本体承诺"(只肯定事物存在)的分析或释义。这是一种从经验世界出发,在不同的层次、不同的角度上,对事物"所有之性"或各种内涵进行逻辑分析的方法,它充分展现各种可能性。

"分析化"成为冯友兰新理学的重要方法,这是当时"时髦的"方法。这个方法具有鲜明的"现代性"内涵,有四个方面值得注意。

1. 承认科学是唯一的求真的知识形态,而哲学只是"形式底释义"或是求好(对于好的"形式分析")。新理学反复申言哲学的分析性和非建构性。哲学试图僭越科学的职能,必是坏的哲学,也是坏的科学。

2. 避免"独断"。新理学对于"坏形上学"的批判意识是接着西方哲学的发展讲的。在西方,自休谟之后,这种"现代性"思考逐渐兴起,20世纪的实证主义、分析哲学和实用主义思潮使这一线索趋向鼎盛。简言之,哲学的"分析化"运动实质上是哲学的逻辑化、形式化、方法化的运动,它与哲学的批判性与非建构性、非实质性相关,实质性、建构性的知识都让位于科学了。在这个意义上,"分析"不仅是一种技术,而且意味着一种本体论立场,它集中体现了"取消独断"的现代理性精神。

3. 区分"是"与"应"。冯友兰曾明确区分天道和人道,他说:"吾人对天道,不能不遵,对于人道,则可以不遵;此天道与人道大不同之处也……今所谓科学之征服天然,皆顺天然之道而利用之,非能违反天然法则了。至于当然之道则不然,盖当然之道,皆对于一目的而言,若不欲此目的,则自可不遵此道。"又说"天然事物本有其实然,其实然自

---

① 冯友兰:《贞元六书》上,第20页。

是客观的，不随人之主观而变更"。① 在《新原人》中，冯指出："一件事的性质，是它原有底……其与别的事物底关系，亦是原有底。但一件事的意义，则是对于对它有了解底人而后有底。"②

4. "应"建立在"是"的基础之上，至少不能违背"是"。在科学世界之外，同时承认其他世界的某种地位。冯说："此种说法（指新实在论）完全承认科学之观点及其研究之所得，但同时亦承认吾人所认为'高'者之地位（指精神、自由等），不以'不过'二字取消之。如斯宾诺莎及现代所谓新实在论者，皆持此说法者也。"③ 冯主张，吾人若不知宇宙及人在其中之地位究竟"是"如何，吾人实不能断定人究竟"应该"如何。冯指出："我们看斯宾诺莎《伦理学》，我们开首觉得他的哲学是个实在主义；看到最后，他的实在主义，竟为神秘哲学所掩了。他能把实在主义与神秘主义合一。郭象的主义也是如此。我以为这是他们的价值之一……佛学所说之真如门，是形上底，郭象所论之玄同无分别，是认识论底。所以郭象这一类的道家哲学，虽有神秘主义，然与科学并不冲突。"④ 新理学不再坚持传统理学的一些神秘的主张，但对某种神秘主义仍有所肯定，这个肯定的前提是它不违背科学。

正是基于这样的方法意识和方法选择，新理学哲学话语的建构方法基本可以表述为：以一种分析的精神和方法来阐明和转化程朱理学。

三 形上之理：从道德本体到形式本体

早年对逻辑问题的兴趣将冯友兰带入哲学，后来，通过共相殊相问题，冯找到哲学探寻的重要起点和方向。在冯看来，个体"这"是一片混沌，对"这"的认识开始于对"这"的分析或抽象，然后有相关的认知命题，比如"这是方底"，"这"是主词，是个体；"方"是谓词，是

---

① 冯友兰：《三松堂全集》第 2 卷，第 216—217 页。
② 冯友兰：《贞元六书》下，第 519 页。
③ 冯友兰：《三松堂全集》第 2 卷，第 205 页。
④ 冯友兰：《三松堂学术文集》，北京大学出版社 1984 年版，第 80 页。

一般。这一过程既是认知的开始，也是对存有的共殊分析，"这"是个体、是殊相，"方"是一般、是概念，也是共相，从存有论来说，共相先于殊相独立自在。冯明确说：

> 懂得了柏拉图以后，我对于朱熹的了解也深入了，再加上当时我在哥伦比亚大学所听到的一些新实在论的议论，在我的思想中也逐渐形成了一些看法，这些看法就是"新理学"的基础。①

柏拉图哲学与程朱哲学的会通，使冯确信共相与殊相不仅是柏拉图哲学的主要问题，也是程朱理学的主要问题。冯认为，运用以柏拉图为代表的西方理性主义哲学可以使程朱哲学的某种内在逻辑得到充分而清晰的发展，这就是新理学所谓"接着讲"的一个重要内涵。

冯友兰因各种机缘选择了"柏拉图—程朱"式的理学话语。新理学形上学从四个角度（形式、质料、过程、总体）对"存在"做逻辑分析，得出"理""气""道体"和"大全"四个主要的形上学概念及相关命题。通过"所以然"与"所以能"引出"理"与"气"，通过过程与整体引出"道体"和"大全"，"理"解释存在之所以然之则，"气"解释存在之质料，"道体"解释存在之流行，"大全"解释存在之总体，从而形成一个所谓"形式化"的形上学或存有论系统。这个形上学或存有论系统的主干就是形上和形下、真际和实际、共相与殊相的两个世界的区分。

在《新知言》中，"理"概念被表述为这样一组命题：

> 新理学的形上学的第一组主要命题是：凡事物必都是什么事物。是什么事物，必都是某种事物。某种事物是某种事物，必有某种事物之所以为某种事物者。借用中国旧日哲学家的话说："有物必有则。"②

---

① 冯友兰：《贞元六书》上，第258页。
② 冯友兰：《贞元六书》下，第920页。

"理"是事物之所以然之则和所当然之极,"理"自在永存,"理"自身不造作、无动静,在这些观点上新理学与程朱理学并无二致。但在诸多方面,新理学之"理"比程朱之"理"要"空灵"得多,可以称为程朱之理的"分析化"的转换。

1. 一理与万理。新旧理学均承认万事万物各有其理,不同的是,程朱理学肯定统合万理的理一或理体,而新理学不承认此实体本体意义上的理一,理一至多是万理的类名。程颐受华严宗"理事无碍"的诱发得出"万理归于一理"(《二程集·遗书》卷一八),以一理包蕴万理,万理为一理之显现。朱子则有"太极说",以为"人人有一太极,物物有一太极"(《朱子语类》卷九四),所谓太极是"总天地万物之理"是"理之极至",是"天地万物之根"。太极虽蕴含万理,却又是绝对的个体的"一":"本只是一太极,而万物各有禀受,又自各全具一太极尔。"(同上)又说:"自太极至万物生化,只是一个道理包括,非是先有此后有彼,但统是一个大源,由体而达用,从微而至著。"(同上)程朱"理一分殊"虽不是完全没有某种共殊逻辑的意味,更多的则是体用关系,此体是浑然之一又遍在万物,在万物之中有不同的发用、呈现。在新理学,理一只是一切理的类名,其所指是万理,其内涵是理之所以是理者。对于一理与众理,以及众理之间的关系,新理学只承认它们之间共与殊之间的逻辑关联,诸如物之理蕴含于生物之理,生物之理蕴含于动物之理等,这就是新理学的"理一分殊"。冯认为朱子的实体本体化的理一是就形下说的,是肯定实际事物之间有一种内部的关联,对此神秘的说法新理学是不能肯定的。[①]

2. 理之善恶。新理学主要从四个方面讨论理之善恶问题:一是从真际或理自身的观点看,理自身无所谓善恶;二是从某类实际事物的观点看,某理是某类事物的至善;三是从一个个实际事物看,则每一事物皆以自己的标准来确定善恶,个体事物之间并无统一的善恶标准;四是从社会的观点看,道德是善。在此,新理学是在不同的逻辑线索上分析具

---

① 参见冯友兰《贞元六书》上,华东师范大学出版社1996年版。

体的善恶，而不是独断地在本体或实质上肯定善恶。

新理学的理（理一）至多只是一"形式本体"，它形式地解释了事物的统一性，即"事物皆有理"，或是一切事物皆是其所是，如其所如，如此而已。新理学既不肯定统合万理之理的太极，也不主张道德意味的天理。新理学在建立其形上学的过程时基本上秉持了这种"分析的"方法，尽可能做到对实际不作肯定的"形式化"展开，其对气、道体、大全的概念分析均是如此。

四 "宇宙底道德"与"社会底道德"

新理学明确反对"宇宙道德"、道德本体之类的道德形上学的主张，对于程朱理学肯定的"宇宙是道德底"，新理学则批评为"神秘的观点"，表示不能持之：

> 在程朱及一般宋明道学家之哲学中，所谓善即道德底善；而整个宇宙亦是道德底。我们的说法不是如此，我们以为道德之理是本然底，亦可说是宇宙底，但宇宙中虽有道德之理，而宇宙却不是道德底。①

新理学注意区分"一般的善恶"与"道德的善恶"，认为不存在适用所有事物之一般的善恶，道德的善恶只可对于人说，而不能对于一切事物说。显然，在一般存在的意义上，新理学并不肯定一绝对的善，而是把道德之理或道德价值归属于社会人生范畴。

冯明确指出："从社会之观点，以说善恶，其善恶是道德底善恶。以上所说善恶，均可对于一切事物说。但道德底善恶，则只可对于人说。"②冯是从社会之理来界定道德的：

---

① 冯友兰：《贞元六书》上，第100页。
② 冯友兰：《贞元六书》上，第99页。

社会之为物，是许多分子所构成者。人是构成社会之分子。每一人皆属于其所构成之社会。一社会内之人，必依照其所属于之社会所依照之理所规定之基本规律以行动，其所属于之社会方能成立，方能存在。一社会中之分子之行动，其合乎此规律者，是道德底，反乎此者，是不道德底，与此规律不发生关系者，是非道德底。①

依照社会之理是道德的，违背社会之理是不道德的，与社会之理不发生关系的是非道德的。给予人的行为以非道德的空间是新理学人生论的一个重要特色。在这个人性蕴涵社会之理的意义上，新理学肯定人性善，"人之性即人之所以为人者。在人之定义中，我们必须说人之有社会、行道德。此是人之定义之一部分底内容，亦即人之理、人之性"②。

新理学不承认有"宇宙底道德"，也不承认有"宇宙底心"。冯说：

　　无论所谓心之性是生或是知觉灵明，照我们上面底说法，我们不能承认有宇宙底心。上所述程朱或陆王所说之宇宙底心，以及西洋哲学中所谓宇宙底心，皆是实际底，但心之实际底有，必依一种实际底结构，即所谓气质者。照我们的说法，所谓宇宙是一个逻辑底观念，是把所有底有，总而言之，统而言之，所得之一个总名。它不能有实际底心所需要之实际底结构，所需要之气质或气禀。实际底心，只有有心所需要之实际底结构者有。照我们现在底经验所知，只有动物，或较高等底动物，有实际底心所需要之实际底结构，亦只有动物或较高等底动物有心。至于离开这些有实际底心所需要之实际底结构之物，超乎这些物之上，有所谓宇宙底心，照我们的系统看，是不可解底。③

---

① 冯友兰：《贞元六书》上，第115页。
② 冯友兰：《贞元六书》上，第100—101页。
③ 冯友兰：《贞元六书》上，第112—113页。

因此，新理学无论是在理体（原理、规则）还是心体（精神）的方向上都反对道德形上学的讲法，新理学基本上把道德置于社会、人际的视野之中。这与其"是"与"应"相区分的方法立场是一致的，任何价值内涵（善）的确定都要依赖在一个确定的逻辑线索或理想目标上。价值不是一个内在的确定的方向，而是一个关系项。

五 "性之善恶"的逻辑分析

这种形式化的、非独断的、非构成性的多元分析的方法，在新理学对于性之善恶的分析中充分体现出来。新理学对事物之性有正性、辅性、所有性的解析。冯提出："每一事物，从其所属于之任何一类之观点看，其所以属于此类之性，是其正性，其正性所涵蕴之性，是其辅性，与其正性或辅性无干之性，是其无干性。"① 例如人，从其所属于人之类之观点看，则有人之性，人之性是人之理，此是人之正性。人不仅是人，而且是物、是生物、是动物，那么物之性、生物之性、动物之性都是人之性所蕴含之性，都是人之辅性。至于人之高矮、黑白、胖瘦之类，则是人的无干性。

新理学此所谓"正性说"正是从"个体"到"类"的跳跃，当个体被归属于某类时，个体同时也就获得了"某类之所以为某类"的正性即本性，这是一个典型的柏拉图式的本质主义的立场。从逻辑来说，我们不确定其所属类，也就无法确定其正性、本性及其他相关之性。

基于此，新理学对性善性恶问题进行了一番典型的"形式底释义"。

1. 凡所谓善者，即是从一标准，以说合乎此标准者之谓……所谓恶者，即从一标准，以说反乎此标准者之谓。

2. 由真际之观点说，理不能说是善底，或是恶底，因为我们说到任何事物之是善是恶时，我们必用一批评之标准。

---

① 冯友兰：《贞元六书》上，第92页。

3. 从每一类事物之观点看，每一类事物所依照之理，皆是至善底。

4. 若从一件一件底实际事物之观点看，则每一件事物，各以其自己之所好为标准，以批评其他事物。合乎其自己之所好者是善底；否则是恶底。

5. 人所谓自然底善恶，其善恶是以人之欲为标准而说者。①

那么，人性是善还是恶？人性的标准是什么？新理学从"人必属于社会"找到人之类的标准，认为社会的标准才是人性善恶的标准。冯说：

> 从道德底善说，人之性亦是善底。因为人之性之内容中，即必须有道德。人之性即人之所以为人者，人之所以异于禽兽者，若用言语说出，即人之定义。人之有社会，行道德，不能不说是人之所以异于禽兽者之一重要方面。②

正是依据这个逻辑线索，新理学得出人之性是道德的结论，可谓孟子性善论的一个现代版本。在这个系统中，道德被解释成社会的需要，社会的本质决定了道德的本质，而理想的社会被解释成社会中各分子的需求能够得到最大程度的满足与调和。

六　境界论的"知识底路子"

境界论是新理学人生哲学的重要内容，它集中体现在《新原人》中，其实《新理学》已经涉及人生境界的问题。在《新理学》的"绪论"中，冯指出哲学是无用之学，如果说有用那就是可使我们对于真际有一番同情的了解。这个同情的了解，可以作为入"圣域"之门路。在《新

---

① 冯友兰：《贞元六书》上，第95—98页。
② 冯友兰：《贞元六书》上，第100页。

理学》第十章"圣人"中,冯指出:

> 圣人之所以达到此境界之学名曰圣学。圣学始于格物致知,终于穷理尽性。格物致知是知天,穷理尽性是事天。换句话说:圣学始于哲学底活动,终于道德底行为。①

这个通过形上学的了解来达到圣人境界的思想线索在《新理学》中已经具备,至《新原人》,新理学才完成了一个较系统的由觉解而境界的人生境界论。

新理学的"境界"概念在很大程度上被化约成了一个"觉解"的概念,它并没有强调"境界"对"觉解"的某种超越,而有着"即觉解即境界"的思想倾向,体现了通过"认识底路子"来提升境界的主知特征。冯说:

> 人对于宇宙人生底觉解的程度,可有不同。因此,宇宙人生,对于人底意义,亦有不同。人对于宇宙人生在某种程度上所有底觉解,因此,宇宙人生对于人所有底某种不同底意义,即构成所有底某种境界。②

觉解形成意义,意义形成境界,境界的不同归根到底是由于觉解的不同。境界的高低取决于人对于人性觉解的高低,人生境界从底到高主要可有四种:顺着自己生物学上的性而行的人是自然境界,在自然境界中的人无觉解;自觉地为着自己的功利而行动的人是功利境界,在功利境界中的人只觉解到自我的功利;对于人之道德性有觉解,"了解人之性是涵蕴有社会底"才是道德境界;了解于社会的全之外,还有宇宙的全,了解人必于知有宇宙的全时,人之性始能得到充分的发展,即天地境界。在天地境界中人不仅是社会中人,也是宇宙中人,不但对于社会应有贡献,

---

① 冯友兰:《贞元六书》上,第204页。
② 冯友兰:《贞元六书》下,第552页。

对于宇宙亦应有贡献。① 哲学作为一种特殊的觉解，其意义不在于获得关于实际的、积极的知识，而在于提高人的精神境界。冯在《新原道》中指出：

> 新理学中底几个主要观念，不能使人有积极底知识，亦不能使人有驾驭实际底能力。但理及气的观念，可使人游心于"物之初"。道体及大全的观念，可使人游心于"有之全"。这些观念，可使人知天、事天、乐天，以至于同天。这些观念，可以使人的境界不同于自然、功利及道德诸境界——在这种境界中底人，谓之圣人。②

冯在其《中国哲学与未来世界哲学》（1948年）一文中明言道德境界、天地境界为某种哲学境界：

> 按照中国哲学的传统，一般地说哲学，特殊地说形上学，其功用是帮助人达到精神创造的那两种生活境界。天地境界必须看成哲学境界，因为若非通过哲学得到对宇宙的某种理解，就不可能达到天地境界。但是道德境界也是哲学的产物。道德行为并不单纯是符合道德律的行为，道德的人也不是单纯养成一定的道德习惯的人。他的行为、他的生活，必须信有对相关的道德原则的理解；否则他的生活境界简直可能是自然境界。哲学的任务就是给予他这种理解。③

在新理学，境界主要不是一个整合知情意的实践性的概念，不是一个指向具体生命存在状态的概念，而更是一种"认知性"指向，即对于某种意义的自觉和了解。

---

① 参见冯友兰《贞元六书》下，华东师范大学出版社1996年版。
② 冯友兰：《贞元六书》下，第855页。
③ 冯友兰：《三松堂全集》第11卷，第595页。

结　语

新理学哲学话语建立的基本方法还可以被描述成"旧瓶装新酒"和"接着讲"，它们的实质性内涵就是如何在接续传统哲学的逻辑线索的基础上融收、整合新的、时代的、西方的思想线索。我们可以从中西两种思想脉络去分析新理学的整合过程。简要地说，从传统哲学脉络来看，新理学继承了程朱之理气架构的存有论、传统儒家的道德理想、传统哲学的人生境界等，对于这个核心精神，冯友兰以"极高明而道中庸"概括之。从西方哲学脉络来看，新理学融合了柏拉图主义、共相殊相论、形式化分析化的方法，重视认知等，我们不妨用"分析化"简括之。所以，我们称新理学为"分析的儒学"。

在新理学建立的过程中，有三个方面的线索是比较重要的。一是形上、形下"两个世界"的线索，它是理与气、理与事、共与殊、实然与所以然相区分的线索，新理学也称之为真际与实际。这是理学话语的思想线索，理学话语的一个关键在于通过"理"概念来解释事物的所以然、所当然，从自然哲学的角度看，"理"决定了事物的运行、活动、变化；从人生哲学的角度看，"理"决定了目的、理想、方向和价值。

二是"极高明道中庸"的理想线索。冯友兰在《人生哲学》时期就基本确定了一个中道的人生观，这个人生观既承认理想，也承认自然，其理想不是肯定某种具体的价值或欲，而以"调和诸欲"为人道的最高理想。《新理学》的重点在于形上学或存有论，对人生之理着墨不多。后来，《新原人》提出了一个较系统的人生境界论，这是一个将道德性扩充至极（天、极高明）的努力，同时强调极高明的觉解境界也须落实在实际社会人生之中。

三是非独断的、分析化的方法线索。分析或逻辑分析对于新理学的成立非常重要，它不仅是新理学成为一个理论系统的逻辑技术，同时也是非构建性、形式化的哲学立场，它导致新理学的形式性、空灵性。这一立场固然"掏空"了传统儒学的诸多实质性的内涵，但同时使得新理学能够在避免独断性的基础上，对事物内涵的各种可能性做多元多层的分析，如此才有合理的选择和实践。儒学的现代重建应该经过这一理性批判的过程。

牟宗三与黑格尔哲学

卢 兴

（南开大学哲学院）

摘要：论及牟宗三哲学的西学助缘，黑格尔哲学的影响不容忽视。在哲学基本精神上，牟宗三立足于儒家心性论进而打通天人、物我，正如黑格尔在主体哲学范围内克服主体与客体之间的分裂，两者不约而同地诉诸"绝对理性"。在历史哲学上，牟宗三虽然对黑格尔关于中国历史的论断有所驳正，但同样秉持着一元论的历史发展目的论，即"精神之内在有机发展观"。在哲学体系上，牟宗三继承并运用黑格尔唯心辩证法，力图以"良知自我坎陷说"贯通主客，实际上是将客观存在纳入主体自身中加以观念化，通过精神内在的自我否定实现主客观的统一。"良知自我坎陷说"自身的理论困难，只有在黑格尔哲学的意义上才能得以恰当理解，同时也只有超越这种唯心论系统才能够真正加以克服。

关键词：牟宗三　黑格尔哲学　绝对理性　历史目的论　良知坎陷说

综观现代中国哲学的发展历程，谋求传统哲学现代化与中西哲学会通综合成为时代主题。正是在这个意义上，牟宗三先生的学术研究引起了学界日益广泛的重视。在"牟学"研究中，学者们大多把目光集中于其与康德哲学的关系问题，其原因一方面在于牟先生以一人之力翻译康德三大批判，另一方面在于其所建构的"道德的形上学"体系倚重于康德的架构。然而，对牟宗三哲学与黑格尔哲学之间的关系问题，有的学者根本否定①，有的学者略微一提②，而真正意义上的系统梳理和研究尚付诸阙如。本文无意全面爬梳牟宗三文本之中涉及黑格尔的所有文字，而是立足于现代性的视域对两者哲学的内在联系和张力加以揭示，以期从一个侧面透视牟宗三哲学与"现代性"之间的复杂关联。

一 "理性"的绝对性

在某种意义上，"理性"和"自由"构成了现代性的核心理念。"理性"这一概念在西方哲学中的起源可以追溯到古希腊的"logos"和"nous"两个词：前者的基本涵义是"言谈"和"叙述"，引申为"世界的规则性和根基"；后者的最初涵义是"看"，引申为人的"心灵"或"精神"。在古希腊哲学中，"理性"的概念不仅仅局限于人的领域，更多地涉及真理本身的显示方式，或者说这时的"理性"是一个本体论意义上的概念，可以称为"存在理性"。中世纪的神学延续了这一概念的本体论含义，将其视为上帝的神圣能力，而人所具有的理性能力同样是上帝的创造，隶属于"上帝的理性"，是有限的和不完善的。只有到了近代，"理性"这一概念才具有了独立的认识论意义。笛卡尔确立了"我思"作为哲学不可怀疑的起点，使知识的确定性奠基于能思主体的自我确定性之上，这样"理性"概念就从客体意义上的"存在理性"转变为人内在的"主体理性"，人通过这种理性对世界加以认识并予以改造。因此，理性的主观化或主体性化是近代哲学的产物，也是近代哲学的基本原则。③正是在与近代以前的"存在理性"相区别的意义上，我们才把"主体理性"作为现代性的基本特征之一。

---

① 如牟氏弟子李明辉明确否认牟宗三哲学与黑格尔之间的关系，认定牟氏的思考模式是"康德式的"，而绝非"黑格尔氏的"。参见氏著《儒学与现代意识》，台北：文津出版社1991年版。

② 如郑家栋提到牟宗三哲学与黑格尔哲学之间在本体论意义上的共同之处在于典型而彻底的"本质主义"倾向，参见氏著《断裂中的传统》，中国社会科学出版社2001年版。

③ 参见张汝伦《历史与实践》，上海人民出版社1995年版。

康德把这种近代哲学的"主体理性"推到极致,甚至在根本上取消了"存在理性"的含义,这一趋向的突出表现就是他所做的"现象"与"自在之物"的划分。康德把知识限定于主体经验的范围(现象界)之内,将"灵魂""世界"和"上帝"等传统形而上学的实体归于"自在之物"的领域,这些实体超出了人的理性认知能力,仅仅在"实践理性"的范围内发挥着调节性作用。因此,在康德那里,主体与客体(自在之物)之间存在着不可逾越的鸿沟,"理性"这一概念完全被限定于主体的范围之内。其后的哲学家们不满足于康德的这种限定,力图从主体性自身出发进而达到客体世界。在黑格尔那里,将康德哲学所设定的对立转变为"思维"和"存在"之间的矛盾。与康德消解客体以限定主体的做法相反,黑格尔力图通过主体(以概念形式的辩证运动)达到与客体的"和解"。因此,在黑格尔那里,"理性"就不仅仅是一个"主体理性",而且包含"存在理性",是主观性与客观性的统一,即"绝对理念"。可以说,黑格尔的"理性"概念在某种程度上回复了其"逻各斯"和"努斯"统一的古义,但同时其达到主客统一的方式也带有鲜明的近代主体性哲学的印记。①

在黑格尔那里,"理性"概念具有多重涵义,一方面指涉外在世界,具有客体性的含义:"理性自身是一切事物性,甚至是纯粹客观的事物性。"②"理性是世界的灵魂,理性居住在世界中,理性构成世界的内在的、固有的、深邃的本性,或者说,理性是世界的共性。"③"理性是世界的主宰","理性是宇宙的实体和无限的权力"。④ 另一方面作为主体所具有的认知能力和思维的高级形式:与有限的知性能力相对,"理性即是认识无条件的事物的能力"⑤,黑格尔批评康德割裂了知性与理性、有限

---

① 参见张汝伦《历史与实践》,上海人民出版社1995年版。
② [德]黑格尔:《精神现象学》上卷,贺麟、王玖兴译,商务印书馆1979年版,第231页。
③ [德]黑格尔:《小逻辑》,贺麟译,商务印书馆1980年版,第80页。
④ [德]黑格尔:《历史哲学》,王造时译,上海世纪出版集团2001年版,第8—9页。
⑤ [德]黑格尔:《小逻辑》,第126页。

与无限,而"只有无条件者与有条件者的结合才是理性的具体概念"①,因此要求理性扬弃有限的知性并且发展这种有限认识,达到真正无限性的认识,即对"绝对理念"或"绝对精神"的认识。由此可见,黑格尔的"理性"观念既是主观的(理性是把握无限的思维),又是客观的(理性是存在的本质和规律),在这个意义上思维和存在具有同一性,这种同一的最终达到就是绝对理念自身的实现,因此哲学上真正意义的理性就是绝对理念。②

基于以上对康德与黑格尔哲学"理性"概念的分析,可以看出两者之间鲜明的区别:康德的"理性"是主体范围之内的先验自我意识和自由意志,而黑格尔的"理性"则超出了主体范围而获得了本体论上的绝对性。在这一结论的基础上审视牟宗三的哲学,其根本倾向上无疑更接近于黑格尔:他所面对的问题同样是如何打通康德设置的主客观之间的隔阂,他所采取的进路也正是从主体自身出发达到主观与客观的同一性,这一过程亦即主体绝对性的自我确证。

牟宗三比照康德的道德哲学,将儒家所讲的"天道""性体""心体"等实体性概念视为"道德理性",并借用禅宗"云门三句"讲出其三层涵义。第一义即"截断众流"义:道德理性本身之严整而纯粹的意义(即道德理性的主观义、形式义),在此一义下,儒家与康德讲法大体相当,无分高下。第二义即"涵盖乾坤"义:道德理性充其极而达致的形而上的意义(即道德理性的绝对义、超越义),在此一义下,康德一间未达,始终不能成就道德理性的超越义。第三义即"随波逐浪"义:道德理性通过工夫实践而呈现的具体意义(即道德理性的客观义、实践义),在此一义下,康德根本缺乏相关的讨论,不及儒家。③ 在牟宗三看来,康德仅仅达到了"道德理性"的第一义,其讲道德律令仅仅是主体自我的立法,由于设定现象与"物自身"的区分并且否定人具有"智的直觉"的能力,因而"自由意志"只成为一个"设准"(Postulat)而不

---

① [德]黑格尔:《哲学史讲演录》第4卷,贺麟、王太庆译,商务印书馆1981年版,第276页。
② 参见[德]黑格尔《小逻辑》,贺麟译,商务印书馆1980年版。
③ 牟宗三:《心体与性体》上卷,吉林出版集团责任有限公司2013年版,第100、118页。

能真实地呈现，这样道德原则就局限于主观性之中而得不到本体论的确证，因此康德所论的绝对命令、道德律并没有形而上的必然性，"必然全部落了空"。这里，牟宗三的"道德理性"与康德所讲的"道德理性"的分歧是很明显的：前者不但具有主观性，而且包含客观性和绝对性，必然超越主体阈限（"本心""良知"）而达到超验的本体世界（"宇宙天道""天命实体"），进而诉诸主体与本体的先天同一性（"天道性命通而为一"）来保证道德理性的绝对性。由此可见，牟宗三的这种对康德哲学的批判和超越方式非常接近于黑格尔的理路。不可否认这种"天人合德"的理论模式是儒家传统自身固有的，比如在王阳明那里"良知"就不仅仅是主观的道德本心，而且是宇宙的本体、万物的根据；但是在牟宗三哲学中，这种模式被更加概念化地表述，而这些概念来源于黑格尔关于思维与存在同一性的绝对唯心论哲学。更为典型的是下面的论述：

> 本心即性即理之本心即是一自由无限心，它既是主观的，亦是客观的，复是绝对的。主观的，自其知是知非言；客观的，自其为理言；绝对的，自其"体物而不可遗"，因而为之体言。由其主观性与客观性开道德界，由其绝对性开存在界。①

牟宗三对"自由无限心"的规定与上文所分析的黑格尔的"理性"概念有诸多相似之处。首先，在主观性的意义上，"自由无限心"代表了人作为主体的一种无限性的能力，相对于康德对人的理性划定界限的做法，牟宗三力图通过主体自身的主动性进而达到其无限性的自我确证，这种主体性哲学的基本立场与黑格尔并无二致。牟宗三从道德进路揭示主体的这种自我立法的能力，立法的自由意志必须是真实的呈现而不是"设准"，道德主体本身就不能是有限的："当吾人由无条件的定然命令以说本心仁体或性体时，此本心仁体或性体本质上就是无限的，这里没有任何曲折，乃是在其自身即绝对自体挺立的。唯有如此绝对自体挺立，所

---

① 牟宗三：《现象与物自身》，台北：台湾学生书局1975年版，"序"第12页。

以才能有无条件的定然命令。此皆是由分析即可获得者。"① 其次，在客观性的意义上，如同黑格尔把"理性"视为世界的灵魂和本质，牟宗三所讲的"自由无限心"也是外在世界的本体论根据，超出了康德意义上单纯的"主体理性"界限，进而具有了"存在理性"的义涵。在牟宗三所建构的"道德的形上学"体系中，"自由无限心"（即"知体明觉"）既是道德的实体，又是"存有论的实体"（Ontological substance），而外在世界不外是这一实体的创造物，"它是万物底创生原理或实现原理，是乾坤万有之基，是造化底精灵"②。再次，在绝对性的意义上，黑格尔哲学通过绝对精神的外化及其扬弃这一否定之否定的过程，认识到存在的本质即思维，通过反思在对象中回复到自身，最终达到思维与存在的同一；而牟宗三通过"推心及物"而又"摄物归心"的辩证法，达到了"心体与物在明觉感应中如如地一起朗现"，以同样的方式确证了心与物的内在同一性。一方面，牟宗三肯定人具有"智的直觉"，能够觉照并创造"物自身"："是以智的直觉之觉照此物即呈现此物，而呈现此物非感性直觉之被动地接受之认知地呈现此物，故呈现之即实现之，即创生之。是即智的直觉之存有论的创生性。"③ 另一方面，"心外无物"，"物自身"不是知体明觉之外的独立存在，"于智的直觉处，物既是内生的自在相，则是摄物归心，不与心对，物只是知体之著见，即知体之显发而明通：物处即知体流行处，知体流行处即物处，故冥冥而为一也"④。由于"无限心"与"物自身"的同一性，两者的关系不是主客体间的对立关系，物不是心的对象，而完全统摄于"无限心"之中成为内在的部分，进一步说，两者间是"无执的存有论"中的体用关系。

综上所述，牟宗三哲学在根本意义上是一种理性主义哲学，其建构方式明显借鉴了康德哲学的二元架构。然而经过分析不难发现，其基本精神更近于黑格尔，这突出地表现在他立足于儒家心性论力图打通天人、

---

① 牟宗三：《智的直觉与中国哲学》，台北：台湾商务印书馆1971年版，第192页。
② 牟宗三：《现象与物自身》，第92页。
③ 牟宗三：《现象与物自身》，第99页。
④ 牟宗三：《现象与物自身》，第99页。

物我，正如黑格尔在主体哲学范围内克服主体与客体之间的分裂①，两者不约而同地诉诸"绝对"这一概念。

二 精神表现历史

牟宗三曾这样评价黑格尔："黑氏具体解悟力特别强，故能精解历史，乃至整个人文世界、价值世界。故依照西方哲学传统说，他虽不是好的哲学家（因为他不表现抽象的解悟与分解的功夫），却是好的历史哲学家。"② 之所以不是好的哲学家，在于黑格尔的逻辑学只有"辩证的综合"而缺乏"超越的分解"作为基础，因此其概念的运动只是"同质地滚"，如耍把戏一般；但这种辩证法落实于人文世界方面，尤其是具体地表现于历史发展之中，则真正能够理解历史的本质在于精神自我的实现过程。这就是黑格尔历史哲学的根本立场："历史是精神表现的发展过程。具体事实都在精神表现的发展中得其解析，得其条贯。如是，我们有了了解历史事实的一个理路。这个理路，就表示历史是一个精神的辩证发展之合理的系统。"③ 在黑格尔《历史哲学》的影响下，牟宗三写作了同名著作，并明确指出，"吾不悖于往贤，而有进于往贤者，则在明'精神实体'之表现为各种形态。吾于此欲明中国文化何以不出现科学、民主与宗教，其所具备者为何事，将如何顺吾之文化生命而转出科学与民主，完成宗教之综和形态。此进于往贤者之义乃本于黑格尔历史哲学而立言"④。

黑格尔的历史哲学将世界历史视为精神由东方到西方的单向运动：东方世界（中国、印度、波斯）只有"一个人的自由"，精神的普遍性与个体性并未分化，个体性尚未得到承认；希腊和罗马世界具有"一部分人的自由"，个体性人格出现并与普遍性精神实体相对立；只有到了日耳

---

① 参见［德］哈贝马斯《现代性的哲学话语》，曹卫东等译，译林出版社2004年版。
② 牟宗三：《生命的学问》，广西师范大学出版社2005年版，第144页。
③ 牟宗三：《生命的学问》，第177页。
④ 牟宗三：《历史哲学》，台北：台湾学生书局1984年版，"自序"第4页。

曼世界才真正达到了"全体人的自由",在基督教中个体人格得以净化提升为普遍性,精神意识到人作为人是自由的,神性与人性、普遍性与个体性得以统一。① 具体对于中国而言,黑格尔断言这种文化只有"实体的自由"("合理的自由")而缺乏"主观的自由"②,前者是意志在国家形态里发展自身,后者则是自由在个体中实现,在中国"'实体'简直只是一个人——皇帝——他的法律造成一切的意见"。"命令和法律是被看作固定的、抽象的,是臣民所绝对服从遵守的。这类法律不需要适合个人的意志,一般臣民因此好像孩童那样,只一味服从父母,没有自己的意志或者识见。"③

牟宗三对黑格尔的上述结论进行质疑,首先批评了黑格尔的这种"世界历史的单线发展论"。他列举了五点理由加以驳斥:第一,各民族的历史自有其独立的表现方式,西方并非继承东方形态而发展,而中国既然仍存在着,则必有其未来;第二,世界历史在开始时齐头并列,必然在精神表现方式和生活原理上有一个共同纲领,故在其发展途径中有一"息息相通之大谐和";第三,在当下的现实中,某民族发展到何种程度,并不能固定地视为其最终结局而否认其进一步的发展;第四,精神的表现方式在哲学上可以得到全面系统的说明,但在实际历史中,具体民族因其"气质之限",并不能一时显现出这种精神的全体,因此总会有所不足;第五,在一定时代取得既定领导地位的原则未必合理,不能视为最终结局,历史必然继续向前发展,诱发被动的民族进一步表现出尚未表现的精神原则,各民族之间起伏激荡促成世界历史精神的大谐和。基于这五点原因,牟宗三得出结论:"世界历史有一决定之东方,有一决定之起点,而此亦即决定之终点。黑氏之圆圈,西方之发展,终必因东方之自觉与发展而回到此起点:此是人类在精神上、在生活原理上之故土也。"④ 从牟氏的上述批评之中仍然可以看出黑格尔式历史目的论的色彩:历史是世界精神有目的的辩证运动,任何既定的存在形态都必将被

---

① 参见[德]黑格尔《历史哲学》,王造时译,上海世纪出版集团2001年版。
② "主观的自由"(die subjektive freiheit),牟宗三根据英译本译为"主体的自由"。
③ [德]黑格尔:《历史哲学》,第107、121页。
④ 牟宗三:《历史哲学》,第64—65页。

世界精神所扬弃，历史的最终目的在于精神的完全实现；就某一民族而言，现实中所表现出来的不足必然会被精神的发展所超越，例如中国以往并未出现科学和民主政治，但这并不意味着中国文化的死亡，由于精神发展内在地要求完善自身，因此中国必然要发展出科学民主，也必然能够发展出科学民主。然而吊诡的是，牟宗三断言世界历史最终必然回到东方这个"故土"，这一论断与黑格尔的"单线历史观"在理论模型上没有本质的差异，只不过改换了历史的目的地。更为典型的论述出现在《中国哲学的特质》一书，牟宗三断言"西方哲学在这一方面的活动所成的理想主义的大传统，最后的圆熟归宿是向中国的'生命之学问'走。不管它如何摇摆动荡，最后向这里投注"①。这种"故土说"与"投注说"实际上都是黑格尔式的"历史单线发展论"的变体，其中所表现出的独断心态也与黑格尔相类似，牟宗三在根本上坚持的是一元论的历史观和文化观，所谓"各民族精神发展大谐和"只能在摄于中国文化的"成德之教"中才得以圆满，这一立场进一步通过"文化判教"的工作加以巩固。

对于黑格尔关于中国历史只具有"实体自由"而缺乏"主体自由"的论断，牟宗三认为黑格尔所讲的并非全无道理，但也不完全符合事实，其合理性在于揭示了中国历史上在国家、政治、法律方面缺乏"主体自由"特征，其偏谬处在于无视中国所具备的"道德的主体自由"和"艺术性的主体自由"。依照黑格尔的精神哲学，精神表现为由"主观精神""客观精神"到"绝对精神"的辩证发展，"客观精神"中的"国家"环节构成黑格尔政治哲学的核心。黑格尔认为，西方近代意义上国家区别于以往的标志就在于以"主观自由"为其原则，"现代国家的原则，就是个人所做的一切都要由自己的意志来决定"②。牟宗三顺承黑格尔的基本理路，指出主体自由在"对反"中得以表现，西方历史中的"对反"以客观的方式表现，即通过阶级对立达到政治

---

① 牟宗三：《中国哲学的特质》，上海古籍出版社1999年版，第8页。
② [德] 黑格尔：《法哲学原理》，范扬、张企泰译，商务印书馆1961年版，第291、318页。

权力的平衡，形成了近代意义上的国家、法律和政治制度。而传统中国社会不存在西方式的阶级对立，因此中国的历史在"客观精神"方面有所欠缺，"对反"表现为个体生命中精神与自然的对立，这种精神的本质是道德的，通过自觉对物质成分的淘洗而纯粹化，达到"主观精神"与"绝对精神"的统一，这样所成就的是"道德的主体自由"。此外，在中国文化中还有一种不经过上述"对反"而成的"艺术性的主体自由"，其精神尚未从自然中提炼出来，表现为人的才情和气质。[①] 牟宗三进一步将中国文化所具备的两种主体自由归结为"综合的尽理精神"和"综合的尽气精神"，而将西方文化归结为"分解的尽理精神"，而就中西文化都是绝对精神（理性）的表现而言，前者是"理性的运用表现"，而后者是"理性的架构表现"。在牟宗三看来，尽管中国文化在历史上在道德宗教和艺术方面具有优长之处，但终究缺少国家政治法律方面的"客观精神"，因此面对西方现代文化的挑战，必须自觉地开出科学和民主政治，由"理性的运用表现"转为"理性的架构表现"，而这一过程就是所谓"坎陷"。

综上所论，牟宗三的历史哲学继承了黑格尔的运思方式，尽管他对黑格尔关于中国历史和中国文化的论断多有驳正，但同样秉持着一元论的历史发展目的论，将历史演进视为世界精神的自我运动，即"精神之内在有机发展观"[②]。

三 "良知自我坎陷说"与辩证法

牟宗三的哲学工作之所以具有某种现代性的意蕴，不仅表现于其在会通中西基础上对传统儒家的"心性之学"予以现代哲学的重建，更重要的是其力图从儒家以德性为主导的价值系统中内在地探寻知性主体与科学民主的生发之道，即"本内圣之学解决外王问题"，在这一方面牟宗

---

① 参见牟宗三《历史哲学》，台北：台湾学生书局1984年版。
② 牟宗三：《历史哲学》，"自序"第6页。

三提出"良知自我坎陷说"作为沟通本体世界与现象世界、价值世界与事实世界的理论模型。就这一理论而言，从其表述方式到其思想实质，无不带有黑格尔辩证法的鲜明印记，在某种意义上，"良知自我坎陷说"最为直接地体现了牟宗三哲学与黑格尔的关系。

首先，从词源来说，牟宗三所谓的"坎陷"一词，出典于《周易·坎卦》经文："初六：习坎，入于坎，陷，凶。"《易传·说卦》直接解之为"坎，陷也"。孔颖达正义云："坎象水，水处险陷，故为陷也。"其本意为"从高处坠下落于险地"。对于"坎陷"一词，牟宗三所给出的英文是 Self-negation①，显然，这一概念的真正意义来源于黑格尔辩证法中的"自我否定"一词，其内涵是"单一的东西的分裂为二的过程或树立对立面的双重化过程，而这种过程则又是这种漠不相干的区别及其对立的否定"②。在黑格尔那里，这种"自我否定"的过程正是精神自身"主体性"的体现，他的基本立场是"不仅把真实的东西或真理理解和表述为实体，而且同样理解和表述为主体"③。而"实体作为主体是纯粹的简单的否定性"，因此"主体性"和"否定性"在黑氏那里具有同等的意义，否定就是作为主体的实体，是一种"魔力"，"这种魔力就把否定的东西转化为存在"④。牟宗三的"坎陷"一词继承了黑格尔的辩证法精神，在"两层存有论"的架构之中，他借用佛教的术语将这种自我否定的过程称为"执"："知体明觉之自觉地自我坎陷是其自觉地从无执转为执。自我坎陷就是执。坎陷者下落而陷于执也。""这不是无始无明的执，而是自觉地要执，所以也就是'难得糊涂'的执，因而也就是明的执，是'莫逆于心相视而笑'的执。"⑤ 知体明觉自身是"无执"的，因为在智的直觉朗照下没有主体与对象的分别，"心与物一起如如朗现"；而要成就知识就必须有"执"，经此一"执"而成主客体之间能知与所知的对峙，主体不再是道德主体（"无限心"）而降格为认知主体（有限的"识

---

① 牟宗三：《中国哲学十九讲》，上海古籍出版社1997年版，第280页。
② ［德］黑格尔：《精神现象学》上卷，第11页。
③ ［德］黑格尔：《精神现象学》上卷，第10页。
④ ［德］黑格尔：《精神现象学》上卷，第21页。
⑤ 牟宗三：《现象与物自身》，第123页。

心"），它把"物自身"推出去视为对象，"认知地挑起或搦起"现象，牟称之为"平地起土堆"。①

其次，"坎陷"之所以可能根源于知体明觉的绝对性，这种无限的本体不能仅仅停留于自身之中，进而内在地要求与现象界产生联系，同时必然地能够实现于现象界，成就认知主体、科学民主等"新外王事业"。人虽有限而可无限，由其无限性不能不成就科学与民主政治，不能不有如此的"坎陷"。因此这一步"执"的过程实质上是主体精神的自我实现，因而是必然的、自觉自愿的，自我否定并不意味着道德主体的消解，相反是主体自身的充实和完善。在黑格尔的辩证法中，"否定的东西也同样是肯定的"，"由于这个产生结果的东西，这个否定是一个规定了的否定，它就有了一个内容。它是一个新的概念，但比先行的概念更高、更丰富"。② 牟宗三将黑格尔的这种辩证法贯彻于"良知自我坎陷说"之中："此步开显是辩证的（黑格尔意义的辩证、非康德意义的辩证）。此步辩证的开显可如此说明：（1）外部地说，人既是人而圣，圣而人（人而佛，佛而人，亦然），则科学知道原则上是必要的，而且亦是可能的，否则人义有缺；（2）内部地说，要成就那外部地说的必然，知体明觉不能永远停在明觉之感应中，它必须自觉地自我否定（亦曰自我坎陷），转而为'知性'，此知性与物为对，始能使物成为'对象'，从而究知其曲折之相。它必须经由这一步'自我坎陷'，它始能充分实现其自己，此即所谓辩证的开显。它经由'自我坎陷'转为知性，它始能解决那属于人的一切特殊问题，而其道德的心愿亦始能畅达无阻。"③ 在黑格尔看来，仅仅停留在自身之中的概念是单纯肯定性的，因而是抽象的、消极的东西，而"无论什么可以说得上存在的东西，必定是具体的东西，因而包含有差别和对立于自己本身内的东西"④。对牟宗三而言，单纯的"道德心愿"没有经过曲折和"坎陷"，必然也是某种抽象物，不能够真正挺立起知体明觉的绝对性和无限性，必然"枯萎而退缩"。

---

① 牟宗三：《现象与物自身》，第127页。
② ［德］黑格尔：《逻辑学》上卷，杨一之译，商务印书馆1966年版，第36页。
③ 牟宗三：《现象与物自身》，第122页。
④ ［德］黑格尔：《小逻辑》，第258页。

再次，牟宗三的"良知自我坎陷说"与其绝对唯心论的立场相结合，秉承黑格尔的"精神之内在有机发展观"，取消了认知主体和科学民主的客观性和独立性，将其视为精神（理性）的表现方式。这样，"坎陷"的过程不是两种异质的领域之间的转变，而成为精神内部的自我转化。黑格尔把整个自然界和人类社会的活动都视为绝对精神的自我展开过程，从人的个体意识到法、道德、伦理、艺术、宗教、哲学构成了精神由低级向高级的发展序列和表现形态，"精神的一切活动都无非外在东西回复到内在性的各种不同的方式，而这种内在性就是精神本身，并且只有通过这种回复，通过这种外在东西的观念化或同化，精神才成为而且是精神"①。这种在"绝对精神"的意义上将一切存在形态"观念化"或"同化"的做法使各种形态之间的转变具有了某种理论上的便捷，这种做法也为牟宗三所采用。他将以道德见长的中国文化归为"理性的运用表现"，而将以科学民主见长的西方文化归为"理性的架构表现"，前者的基础是"隶属关系"，而后者的基础是"对列之局"。中国文化现代化的目标就在于由"理性的运用表现"自觉转出"理性的架构表现"，这也就是"坎陷"的过程。② 在这个意义上的"坎陷"不是外在的由道德开出科学民主，而是"理性"自身表现形态的内在转变，这个转变过程不需要任何外在的中介，而直接诉诸概念的辩证法。因此，经由"坎陷"得到的认知主体和科学民主仍然是观念性的，并非现实的科学和民主政治本身，而仅仅是理念，这种理念与现实之间缺乏必要的中介。这就是"良知自我坎陷说"最为人所诟病之处，如同康德在批判"上帝存在的本体论证明"时所质疑的"由一百元的概念如何推出实际的一百元钱"③，同样我们有理由质疑牟宗三由"识心之执"（科学、民主的主观条件）如何达到科学和民主的现实存在，其中沟通概念与存在、主观与客观的中介被消解了，这一难题在黑格尔式的绝对唯心论系统中是无法得以根本解决的。

---

① ［德］黑格尔：《精神哲学》，杨祖陶译，人民出版社2006年版，第14页。
② 参见牟宗三《政道与治道》，台北：台湾学生书局1983年版。
③ ［德］康德：《纯粹理性批判》，邓晓芒译，人民出版社2004年版，第476页。

综上所述，牟宗三力图以"良知自我坎陷说"贯通"内圣"（主观境界）与"外王"（客观现实），实际上是将客观存在纳入主体自身中加以观念化，通过精神内在的自我否定实现主客观的统一，这一理路无疑是黑格尔唯心辩证法的继承和运用。这一学说自身的理论困限，只有在黑格尔哲学意义上才能得以恰当理解，同时也只有超越这种唯心论系统才能够真正加以克服。

牟宗三对康德"物自身"概念的接受与转化

盛 珂

（首都师范大学哲学系）

摘要："物自身"是牟宗三借鉴康德哲学用来阐释中国哲学的重要概念。牟宗三对于"物自身"的理解和接受从一开始就表现出与康德不同的面相。康德表述"物自身"的逻辑是由知性推出"物自身"，并在此基础上提出智的直觉；而牟宗三则是由"真我"推出智的直觉，并且由智的直觉论证"物自身"的存在。牟宗三更进一步的直接把"物自身"表述为"价值意味"的存在，成为知体明觉之用。这表现出牟宗三哲学的核心精神完全来自传统宋明理学，我们也只有以宋明理学为基础，才能更好地理解牟宗三哲学。

关键词：物自身 真我 智的直觉 知体明觉

牟宗三先生对于康德"物自身"概念的理解和阐发，经历了一个变化，在《智的直觉与中国哲学》中，"物自身"更多的还是作为实际存在的实体来表述的。而至《现象与物自身》中，"物自身"则更加圆融地表述为"价值意味"的存在。这两种意味之间的转换，凸显了牟宗三与康德之间的差异，而这种差异来自牟宗三坚持的中国哲学的主体性与康德哲学系统之间的差异。正是这种差异，凸显了牟宗三哲学较之于康德哲学的独特意义。

一 消极意义的"物自身"

"物自身"(thing in itself)一概念,对于康德来说有着重要的意义,然而其本身却是一个比较模糊的概念。在康德那里,我们可以看到现象(appearance)与"物自身"(thing in itself)的区分,也可以看到"现相"(phenomena)与本体(noumena)的区分,而在《纯粹理性批判》第一版中,康德还讨论了一个概念"超越的对象=X"(transcendental object = X)。在"物自身"、本体与"超越的对象=X"之间既有区别又有联系,其中"超越的对象=X"在该书的第二版中,被康德弃之不用,然而,在康德对于本体的讨论中,其实仍然包含了这一"超越的对象=X"的含义。而牟先生在《智的直觉与中国哲学》中,因为受到海德格尔的影响,着重区分了"超越的对象=X"与"物自身"之间的区别。

"超越的对象=X"在《纯粹理性批判》第一版中,意味着知性的超越的运用所得到的结果,康德说:

> 我们的一切表象实际上都是通过知性而与任何一个客体发生关系的,并且,由于现象无非是些表象,所以知性把它们联系到一个作为感性直观的对象的某物:但这个某物就此而言只是超越的对象。但超越的对象意味着一个等于 X 的某物,我们对它一无所知,而且一般说来(按照我们知性现有的构造)也不可能有所知,相反,它只能作为统觉的统一性的相关物而充当感性直观中杂多的统一,知性借助于这种统一而把杂多结合成一个对象的概念。[①]

可见,在第一版中,超越的对象对于康德来说,是包括在知性的表

[①] Kant, Immanuel, *Critique of Pure Reason*, translated by Werner S. Pluhar, Indiana: Hackett Publishing Company, 1996, A250。中译本参见邓晓芒译《纯粹理性批判》,人民出版社 2004 年版,译文较之邓晓芒译本有所修改,依牟先生将 transcendental object 译作"超越的对象"。

象之中的——"知性借助于这种统一而把杂多结合成一个对象的概念"——其作用虽然是消极的，但却是在经验中不可缺少的。但是，在第二版中，康德取消了这个概念，而把它直接归结为本体的概念。这样，一方面，本体包括了"超越的对象＝X"在内，是知性的超越的运用，但是，在这里取消了其在经验中的地位，另一方面，相对于本体，提出了智的直觉（intellectual intuition）的概念。即知性的超越的运用，使得我们能够设想在现象背后存在着一个相应的本体，而这一本体可以设想为通过纯粹知性概念来思维的。

  但在这里一开始就表现出某种可能引起严重误解的歧义性：既然知性当它在某种关系中把一个对象称为现相时，同时又在这种关系之外仍具有关于自在的对象本身的一个表象，因而它（understanding）想象它也可以对这样一个对象制定一些概念，并且，既然知性所提供出来的无非是范畴，所以，对象在后一种含义上至少必须能够通过这些纯粹知性概念来思维，但这就诱使人们把有关一个知性物（being of the understanding）即我们感性之外的一个一般某物的不确定的概念，当作有关一个我们有可能通过知性以某种方式认识到的存在物的确定的概念了。①

在这个意义上，本体的概念只具有消极的意义，仅仅是知性的僭越。然而，康德又说，假若存在着一种感性直观之外的直观方式的话，本体就可能成为积极意义上的本体。

  如果我们把本体理解为一个这样的物，由于我们抽掉了我们直观它的方式，它不是我们感性直观的客体；那么，这就是一个消极地理解的本体。但如果我们把它理解为一个非感性的直观的客体，那么我们就假定了一种特殊的直观方式，即智性的直观方式，但它

---

① Kant, Immanuel, *Critique of Pure Reason*, B306 – B307.

不是我们所具有的，我们甚至不能看出它的可能性，而这将会是积极的含义上的本体。①

在这个意义上，正如李明辉所认为的，康德其实是在基本相同的意义上使用"物自身"及本体的概念的，而牟先生在《智的直觉与中国哲学》中也未将两个词加以区分。②

在这里，我们可以看到牟先生与康德之间，在"物自身"与智的直觉的关系上的一个差异。对于康德来说，所谓的"物自身"，是知性的超越运用的结果，一方面，如"超越的对象＝X"所揭示的，对于知性的综合统一作用来说，知性必预设一个超越的对象的存在，另一方面，这一超越的对象会被理解为真实存在于现象背后，影响我们的感性的存在物。这样，就出现了消极意义上的"物自身"。"物自身"因为不能成为感性直观的对象，并且知性的诸概念与范畴都无法施加其上，则我们如果要知道"物自身"，则必须借助某种直观，而这种直观又是感性直观之外的，则，在康德看来，假若存在着一种智的直觉，我们始可以把握"物自身"。由此，对于康德来说，是先由知性的僭越有了"物自身"的概念，而后相应的提出了智的直觉的概念。

二　牟宗三基于智的直觉基础上理解的"物自身"

对于牟宗三来说，因为本心仁体的良知明觉，则存在着智的直觉，而智的直觉即不使用概念范畴的直观，智的直觉之存在可以保证吾人可

---

① Kant, Immanuel, *Critique of Pure Reason*, B307.
② 参见李明辉《当代儒学的自我转化》，中国社会科学出版社2001年版。"在《纯粹理性批判》中，与'物自身'一词几乎可看成同义词的是'理体'（Noumenon）一词，而现象与物自身之区分即相当于事相（Phaenomenon）与理体之区分。笔者在康德著作中未见他对'物自身'与'理体'二词做明白的区分。牟先生在《智的直觉与中国哲学》中将此二词视为可互换的同义词。但在《现象与物自身》中，他却对此二词加以区别，以'理体'涵盖物自身、自由的意志、不灭的灵魂和上帝四者。"

牟宗三对康德"物自身"概念的接受与转化

以如存在物之本来面目而呈现之。所以,对于牟先生来说,其理论的逻辑发展进路是先有智的直觉,并由之进而到"物自身"的讨论。而牟宗三对于智的直觉的说明是由他对于康德的"自我"概念的修正开始的。

在康德那里,一切表象都是在时间中被给予的,并且,时间是由瞬间的连续给予所构成。"在康德这里,时间是一种直接性意识,而且是一种被动的感性直接意识。所谓直接性意识,也就是说它是一种非反思性的意识。它与他物的存在直接处于同一性当中:'它的存在同时也是他物的显现,或者也可以说它的显现同时也就是他物的存在(出现)。简单地说,直接性意识只意识着存在,而并不意识这存在是"我"的存在,还是他者的存在。在直接性意识中,"我"(意识)与他物相互归属、相互维持着共在于一体。'"① 这样作为直接性意识的时间,本身是与表象的出现而共在的,所以,时间本身表现为不同瞬间的相续,时间自身并不具有自身同一性,所以并不能联结、统一直觉中所给予的表象的杂多。而离开了对于直观表象的杂多的统一,就根本无法构成自身同一物,就根本无法构成经验的对象。而表象唯有构成一个自身同一物,才能够被我们所经验,成为经验的对象,这种自身同一物的构成,在康德那里被表述为统一性。而在康德那里,唯有意识,才能够给予这种统一性。而根据黄裕生的研究,康德是在自我意识(*Das Selbstbewusstsein*)的意义上使用意识这个概念的,而自我意识就是"我思"②。

> 我思必定能够贯穿或伴随着我的一切表象;因为如若不然,在我这里被表象的东西就是全然不能被思想的,这也就意味着或者这一表象是不可能的,或者对我而言他什么也不是。那些先于一切思想而被给予的表象叫直观。所以,直观的一切杂多与处在同一个主体中的我思有必然的关系。但是,(我思)这一表象是主(自)动性的行动,也即说,它不能被视为是感性的。我把(我思)这种表象

---

① 黄裕生:《真理与自由——康德哲学的存在论阐释》,江苏人民出版社2002年版,第167页。
② 黄裕生:《真理与自由——康德哲学的存在论阐释》,第175页。

称为纯粹的统觉（以区别于经验的统觉），或者称为本源的统觉，因为它是这样一种自我意识：当它产生"我思"这一表象——这一表象必须能够伴随（贯穿于）其他一切表象，并且在所有意识中保持为同一者时，它不能再从其他表象中产生出来。本源统觉的这种统一性，我也称之为自我意识的超验统一性，以便根据它来说明先验知识的可能性。①

"我思"贯穿在每一个表象行为之中，所有的表象如果要构成表象，首先必须被确定为一个"我的"表象，因为只有成为"我的"表象，"我思"才能进一步把它意识为某一物，或综合入某一物。因此，自身同一物的构成必须先包含有一个"我"的自身同一性。在康德那里，这种能够贯穿于一切表象而又保持自身同一性的"我思"被称为纯粹的统觉或者本源的统觉。一方面这种"我思"是经验的自我意识，因为它必然伴随所有的经验而显现。另一方面，自我意识又可以不为任何其他表象所伴随，因为"我思"首先是意识着自己的存在而存在的，在这个意义上，自我意识又可以被理解成纯粹的自我意识。

牟先生对于康德的关于自我的讨论并不满意，在这里，牟先生所继承的中国哲学的立场显现了作用。一方面，统觉所意识到的"我思"之"我"在某种程度上还是经验意识的"我思"，因为，所有的"我思"的"我"都是伴随表象的杂多而出现的，唯有"我"在"思"，才有"我"，即思维的"我"是存在的。另一方面，统觉的综合统一所构成的"我思"的"我"，在康德那里，只有知性的综合作用，即其在本质上只是意识自身运用概念、范畴对于直观杂多进行的主动性的综合作用，没有超越的形而上的道德意涵。这两个方面都是牟先生不能接受的。他对于康德纠缠于辨析自我如何在内感觉中被感性直观而感到不满，在他看来，这偏离了问题的重点。

---

① Kant, Immanuel, *Critique of Pure Reason*, B132；黄裕生《真理与自由——康德哲学的存在论阐释》，第 176 页。

依中国哲学的传统说，知心象的假我，并不困难。问题是单在如何能知真我。而康德却把知我之困难落在感知上说，以内感之被表象于时间中来消解此困难，以为如此便可以说明我之知我自己。如果知我自己只是这种感知，则可以说这种自知是没有困难的，用不着如此张皇。这是把一个真困难的问题滑转成一个假困难的问题，而为真问题者却被置诸"六合之外"而在"存而不论"之列（用不可知）。①

在牟先生看来，对于中国哲学来说，道心、人心之间的分别源远流长，人所能具体把握到的人心原本就不是超越性的作为创造实体的道心，中国哲学传统对于这一问题已经有了充分的讨论。所以，现象意义存在的心对于中国哲学来说，不是一个重要的问题。在这里，牟先生基本上把康德所谓的现象意义的自身意识的呈现等同于中国哲学中的形而下的、气意义上的心。对于中国哲学来说，这当然不是最重要的问题，根本的问题在于如何通过这一形而下的心，令作为道德创造本体的心体呈现，如何"尽心知性知天"。所以，所谓的"真问题"则是如何呈现作为人之真实主体的道德自我，这一自我是超越性的，同时又是本源性的、创造性的。在康德处，因为这一超越性的自我是无法经由感性直观所得到的，所以是存而不论的。但是，对于牟先生来说，这一自我却是理论的核心问题，他也正是在这个超越性的自我的意义上，讲智的直觉。"所以最后的问题乃在：我如何能知真我？我如何能以智的直觉来直觉那作为'在其自身'的真我？智的直觉如何可能？而不是：我如何能内部地为我自己所影响而感触的知心象之假我，这问题。"② 基于这样的考虑，牟先生在这里，对于康德的自我意识做了一个最为重要的改变，这个改变的重要性在我看来，并不亚于他提出的人能够具有智的直觉。

在《智的直觉与中国哲学》第 17 节"自我之厘定"中，牟先生提出了他对于康德所谓的"自我"的新的划分。牟先生认为，在康德所讲的

---

① 牟宗三：《智的直觉与中国哲学》，台北：台湾商务印书馆 1971 年版，第 156 页。
② 牟宗三：《智的直觉与中国哲学》，第 157 页。

作为统觉的同一性的自我意识之上，还必须有一个作为真正主体的"我"存在。统觉的自身意识的"我"是介于作为现象的自我及作为真正主体的自我之间的存在，以感性直觉来直觉它，就是作为现象的自我，而以智的直觉来直觉它，才是作为真正主体的自我。

这样一来，康德关于自我的理论在牟先生那里就变成了三层的自我："依次，在这不灭性上，'我'之问题仍可分别建立为三个我：第一，'我思'之我（认知主体）；第二，感触直觉所觉范畴所决定的现象的假我；第三，智的直觉所相应的超绝的真我。"① 而对于牟先生来说，重要的是超绝的真我与认知主体的"我"之间的关系，现象的假我在这里就变得没那么重要了。牟先生认为，超绝的真我的主体是认知主体的本体，认知主体只是超绝的真我主体的曲折。

> 由此思维主体（认知主体）意识到一个形而上的单纯本体式的我乃是意识到此思维主体背后有一真我以为其底据或支持者，不是内在于此"思维主体"本身意识其为一形而上的实体性的我……如果这（认知主体）也是超越的我，则只是认知的超越的我，而不是形而上的（存有论的）超越的。前者是横列的，非创造的，正是人的成就经验知识的知性之所以为有限者，后者则是纵贯的，意许其有创造性与无限性，正是人之所以有无限性者。"认知的超越的"必预设主客之对立，且由其主动的施设范畴网及对象化之活动而见，此认知主体之所以为架构的。我们如果通着真我来说，此正是真我之一曲折（自我坎陷），由此曲折而拧成这么一个架构的我（认知主体）。……可是，另一方面，若通着真我之纵贯（形而上的超越的纵贯）说，则此架构的我亦可以说是那真我之示现，示现为一虚结，因而亦可以说是那真我之一现象，是真我之通贯呈现或发展中之一现象，不过此现象不是感触直觉所觉的现象，而其本身亦不可感。②

---

① 牟宗三：《智的直觉与中国哲学》，第170页。
② 牟宗三：《智的直觉与中国哲学》，第180—181页。

牟宗三对康德"物自身"概念的接受与转化

在这里,认知主体的"我"成了超绝的真我的"现相",成为超绝真我所呈现出来的"用",其本身没有本体性,唯有超绝的真我才是真正的本体。而这一本体,在牟先生看来,就是中国哲学中的心体或性体,在这里,牟先生将康德与中国哲学联系起来。

在此基础之上,"物自身"与现象之间的区分,首先被认为是一种超越的区分、主观的区分,这种区分在这里被理解成为相对于与主体的关系而来的。

> 至少我们消极地知道所谓物自身就是"对于主体没有任何关系",而回归于其自己,此即"在其自己"。物物都可以是"在其自己",此即名曰物自身,而当其与主体发生关系,而显现到我的主体上,此即名曰"现象"。现象才是知识底对象,所谓"对象"就是对着某某而呈现于某某,对着主体而呈现于主体。对象总是现象。物自身即是收归到它自己而在其自己,便不是对着主体而现,故既不是现象,亦不是知识的对象。它不是对着某某而现(ob-ject),而是无对地自在着而自如(e-ject)。故康德说现象与物自身之分是超越的;又说"只是主观的,不是客观的,物自身不是另一对象,但只是关于同一对象的表象之另一面相"。说"同一对象"不如说"同一物"。这"同一物"之另一面相就是不与主体发生关系而回归其自己,而那另一面相便是对着主体而现。物自身不是通常所说的形而上的实体(Reality),如上帝、自由意志,如梵天,如心体、性体、良知等等,乃是任何物在两面观中回归于其自己的一面。……即使是上帝、自由意志、不灭的灵魂,亦可以现象与物自身这两面来观之。①

在现象与"物自身"的区分中,现象是存在物对于认知主体的呈现,是相对于人之存在而呈现的存在;而"物自身"在康德的系统中,则不与认知主体发生关系。因此,在牟先生看来,现象与"物自身"的区分,

---

① 牟宗三:《智的直觉与中国哲学》,第105—106页。

可以以是否与认知主体发生关系来确定,而这一区分并不意味着存在着两种不同的存在物,而是同一存在物相对于不同的视角来加以区分的。现象与"物自身"之间的区分,可以看作一种批判方法上的区分到处应用。任何存在物都可以因为认识方式的不同而分别作为现象及"物自身"来看待。任何存在物,包括单纯通过理性所思维的形而上的实体,都具有如其自身存在的一面。"物自身"既不与主体发生关系,则"物自身"即表示"物之在其自己者"①,这就是康德所说的"物自身"的含义。并且,所谓"在其自己",在牟先生自己那里是物之"如如的呈现"。但是,既然"物自身"就意味着不与认知主体发生任何关系的存在物,那么我们又如何能够与"物自身""相遇"呢?

超绝的真我即中国哲学所谓的知体明觉,知体明觉自身呈现其自己是通过智的直觉。在智的直觉中一切感性的先天形式、知性的诸范畴都不起作用,所以,智的直觉之呈现是不经由感性、知性的综合统一而直接的呈现。这样,出现在智的直觉中的知体明觉自身就是其自身,是作为"物自身"的真我自身。同样,这样的智的直觉也可以直觉超绝的真我之外的存在物,因在此处,范畴都不起作用,则直觉所呈现的存在物即其本身。并且,对象的构成,是知性的统觉之综合统一的结果,所以,"物自身"因知觉在此并不存在,即不能构成对象的含义。所以,超绝的真我为体,智的直觉为用,"物自身"则是智的直觉之开显,在这样的开显中,智的直觉(知体明觉)与"物自身"同时呈现,智的直觉觉"物自身"即创造性的呈现物之在其自身者。

牟先生在《智的直觉与中国哲学》中,仍然跟随康德,将"物自身"看作不同对象存在之根据,所以,他曾言及"个个物自身"②,并且,在牟先生看来,"物自身"又与"超越的对象=X"相区别。"超越的对象=X"是知性之超越的运用,是"虚"的,并不是一个真实的存在,而"物自身"则与此不同,其本身是"实物",是真实的存在:"超越对象

---

① 参见牟宗三《智的直觉与中国哲学》中载:"物自身是顺俗译,严格说,即是'物之在其自己','在'(in)字不能少。因为'在其自己'与光说'自身'实有不同。'现象'亦可以自身(itself)说之,但现象不是'物之在其自己'",第106页。

② 牟宗三:《智的直觉与中国哲学》,第122页。

之非知识的对象乃是因为它是一个原则,不是一个存在物,而物自体之非对象乃是因为它不显现于吾人之感性,它是一实物,只是不在对某某别的东西的关系中显现而已,不是对着某某而为对象,乃是收归到其自身而为一自在物(e-ject)。"① 则"物自身"又不是一个"无",牟先生在这里,看上去将"物自身"当作了真实的存在物。"物自身"即为一真实的存在物,则有着形而下的规定性,用中国哲学的表述来说,即有气之一面,而不是纯粹的理,即便"物自身"仍然是理,也是包含有"型构之理"在内的、有着规定性的存在。

这样,"物自身"之为一真实的存在,还是一个"无";"物自身"之为一单数形态的存在,还是复数形态的存在,在《智的直觉与中国哲学》中,因为牟先生对于"物自身"的阐发还未真的达到清晰明确的地步,所以变得模糊不清,成为无法解决的问题。而这些问题,唯有在《现象与物自身》中才有可能得到解决。

三 价值意味的"物自身"

牟先生在《现象与物自身》中,对于"物自身"的表述更加圆融。在这里,"物自身"直接就被表述为一个"价值意味"的概念。

> 依康德,物自身之概念似乎不是一个"事实上的原样"之概念,因此也不是一个可以求接近之而总不能接近之的客观事实,它乃是根本不可以我们的感性与知性去接近的。因此,它是一个超绝的概念。我们的知识之不能达到它乃是一个超越的问题,不是一个程度的问题。物自身是对无限心的智的直觉而说的。如果我们人类无"无限心",亦无"智的直觉",则物自身对我们人类而言就只是一个消极意义的预设。可是,我们既可设想其是无限心的智的直觉之所对,则它不是我们认知上所知的对象之"事实上的原样"之概念甚

---

① 牟宗三:《智的直觉与中国哲学》,第95—96页。

显。总是譬况的可以说原样,如说"本来面目",亦不是所知的对象之"事实上的原样",而乃是一个高度的价值意味的原样,如禅家之说"本来面目"是。如果物自身之概念是一个价值意味的概念,而不是一个事实概念,则现象与物自身之分是超越的,乃始能稳定得住,而吾人之认知心(知性)之不能认知它乃始真为一超越问题,而不是一程度问题。①

牟先生在《现象与物自身》中,直接由康德现象与"物自身"的区别之能否成立入手,说"物自身"是一"价值意味"的概念。在他看来,"物自身"可以有消极与积极两层含义:消极的含义是对于人类知识之限制,"物自身好像是一个彼岸。就人类的知识言,这个彼岸只是一个限制概念,此即康德所说只取'物自身'一词之消极的意义,即只说其不是感触直觉的一个对象而已"②。在康德那里,"物自身"只表现为消极意义的存在,而在牟先生看来,如果"物自身"只是一限制的概念,我们其实无法证成现象与"物自身"的区分。因为,消极意义的"物自身"只是一个逻辑推导的概念,在这个意义上,是空洞无物的,假使要加以表述,只能表述为"物自身=非现象"。由现象出发,区分现象与非现象,其实并没有任何意义。"如果以空洞无内容无真实意义的物自身为限制概念,此如说现象与'非现象','非现象'只遮不表,则亦挡不住人们以吾人所知的现象为物自身。……物自身既不稳定,则现象亦不稳定。这样,这超越的区分便不是显明可信服的,亦不是充分证成了的。"③ 牟先生对于康德的这一批评有一定的道理。塞巴斯蒂安·加德纳(Sebastian Gardner)即认为,对于康德来说,我们完全可以设想一种"没有物自身存在的超越的观念论(transcendental idealism without the existence of things in themselves)",考虑到康德所宣称的"物自身"之概念的晦暗不明,我们有理由去设想一下,假使放弃"物自身"概念,我们将会失去什么。

---

① 牟宗三:《现象与物自身》,台北:台湾学生书局1996年版,第7页。
② 牟宗三:《现象与物自身》,第9页。
③ 牟宗三:《现象与物自身》,第7页。

在鼓吹这一念头的人看来，我们几乎不会失去什么，"物自身"概念对于康德哲学的重要性并不要求它自身的存在。他们声称康德对于我们的知识之本质的洞见，只是需要现象与"物自身"的对立在概念上的对立——而非存有论意义上的。"物自身"的概念从来没有被解释清楚，仅仅是被作为"非对象"（anti-object）被用作消极的目的。①

在这个意义上，牟先生认为，唯有"物自身"概念具有了积极的意义，现象与"物自身"的区分才能够被证成。而按照牟先生的看法，"物自身"概念如果要有积极的意义，唯有把"物自身"看作一"价值意味"的存在才能够成立。所谓"价值意味"的存在，即"物自身""虽有限而可以具有无限性之意义，如是方可稳住其为物自身"②。

那么，由智的直觉如何能判定"物自身"是一"价值意味"的存在，如此判定的"物自身"又究竟意味着什么。牟先生这样来表述：

> 知体明觉是道德的实体，同时意即存有论的实体。自其为存有论的实体而言，它是万物的创生原理或实现原理，是乾坤万有之基，是造化的精灵。由此开存在界。
>
> "存在"是对知体明觉而为存在，是万物地自在相之存在，因此，是"物之在其自己"之存在，不是对感性知性即识心而为存在，即不是当作现象看的存在。③

可见，知体明觉（也就是性体与心体）其本身一方面是存在的实体、是万物之存在的根据，另一方面知体明觉本身又是明觉的含义，又包含有智的直觉为其用。这样，智的直觉呈现其自己就是呈现作为万物之本体的存在本身。这样，在智的直觉中，所呈现的就不是作为具体的存在的万物——也就是种种不同的存在者——而是万物之存在的根据，而这一根据就是使得万物之所以能存在的根据。这样，智的直觉所呈现的就是这一根据，而

---

① 参见 Sebastian Gardner, *Kant and the Critique of Pure Reason*, New York: Routledge, 1999.
② 牟宗三：《现象与物自身》，第 11 页。
③ 牟宗三：《现象与物自身》，第 92 页。

万物正是因为这一根据而成为真实的存在。所以，这一存在的根据是真正的"物之在其自己者"，是相对于现实存在的万物的超越性（transcendental，或者用牟先生的翻译，是超绝的存在）的存在。在这个意义上的"物自身"，才是价值意义的存在，因为唯有超越的才具有价值。

智的直觉能呈现这一"物自身"，是因为智的直觉能呈现万物存在之本体，进而在这种对本体的呈现中，物作为在其自身的存在而呈现出来。这样存在者对于智的直觉的关系就不同于现象对于人的感性与知性的关系。在这种理解之下的"物自身"，其实已经与作为万物存在之根据的知体明觉很难分开了，牟先生就直言：

> 物之用之神是因明觉感应之圆而神而神。明觉之感应处为物。此感应处之物无"物相"，即无为障碍之用，它系于明觉而有顺承之用，故其为用是神用无方，而亦是不显用相之用也。明觉感应圆神自在，则物亦圆神自在也。故物不作物看，即是知体之着见也。此是将"物之在其自己"全系于无限心之无执上而说者。[1]

可见，这样理解的"物自身"，其实已经变成了知体明觉之用。因知体明觉为万物之存在之根据，即为宇宙万物存在之本体，知体明觉所发的智的直觉呈现其自身，即呈现万物存在之本体，而万物在其存在本体之中呈现，则是万物之在其自己之本来。如此则"物自身"不是别的，而正是知体明觉之具体的呈现与发用。这样，其实"物自身"所意指的已经变成了万物存在之本体的发用。知体明觉为体，而"物自身"与智的直觉为用。

这样呈现的"物自身"只能是一个单数性的存在，因为，在这种呈现中，呈现的只是万物存在的根据，也就是我们前面提到牟先生在讨论朱子的理的时候所说的"存在之理"，而非"型构之理"。"物自身"并不负责区分不同存在者的"曲折之相"，因此，并不存在各种不同的"物自身"，在存在根据的角度，"物自身"都是同一的："盖此种直觉只负责如如地去实现一物之存在，并不负责辩解地去理解那已存在者之曲折之

---

[1] 牟宗三：《现象与物自身》，第92页。

相。此后者是知性与感性之事，这是有'知'相的。"①

在这个意义上，牟先生其实对于康德的"物自身"概念，做了一个极大的改变，较之《智的直觉与中国哲学》中的表述，距离康德走得更远了，这里的"物自身"已经不再是康德意义上的"物自身"。

康德是由知性的超越的使用而推导出"物自身"的存在，是由现象出发，设定现象背后必有一能作用于人的感性直观的存在物。所以，在康德那里，还是将"物自身"看作一具体的现实性的存在，"物自身"相对于现象来说，只是超越的（transcendental）而不是超绝的（transcendent）。而牟先生则是由万物存在的本体出发，由这一本体而说到"物自身"，这样，"物自身"就完全与现象及人的知性无关，是完全与经验无关的存在，所以是超绝的存在。

不管怎么说，在牟先生对于"物自身"的阐释之中，存在着这样一个由《智的直觉与中国哲学》到《现象与物自身》的理论变化过程。在前者中，对"物自身"的理解更贴近于康德，虽然已经认定了由智的直觉直接呈现"物自身"，但是，"物自身"之含义还是由康德的进路来理解的，即还是由知性的超越的使用来理解的。这样理解的"物自身"，更多的还是一个存在者层面的具体的规定性的存在。在后者中，对于"物自身"的理解的进路发生了逆转，更大限度地抛开了康德，直接由知体明觉的角度、由宇宙万物存在之本体的角度来说"物自身"。这样的"物自身"就变成了本体的发用与呈现，就由存在者之存在的角度来看"物自身"。正是牟先生在对于"物自身"的阐释上的这种变化，造成了在对于"物自身"的理解上的种种含混与冲突之处。所以，对于牟先生思想体系中的"物自身"概念来说，应该分判清楚这一不同阶段的变化，也许就能帮助我们澄清很多疑难。

而造成这种变化的关键原因，还是因为牟宗三坚持以宋明理学的核心精神作为他理解、借鉴康德哲学的基础。康德哲学只是牟用来阐发儒学思想的工具性存在。我们也只有以宋明理学为基础，而非康德才能更好地理解牟宗三哲学。

---

① 牟宗三：《现象与物自身》，第100页。

"科学性"的新探求

——1949—1978年的中国哲学史研究

匡 钊

（中国社会科学院哲学研究所）

摘要： 在中国哲学史的研究领域内，范式反思始终是学科发展与知识积累的基本动力。1949年后学科层面对"日丹诺夫范式"的引入，体现了以更具"科学性"的方式阐释传统的新尝试。该范式包含的教条主义因素，在1957年中国哲学史研究方法反思中成为关注中心，反思中的问题意识，如中西哲学关系、中国哲学遗产的继承与如何克服"两军对垒"对于中国思想传统的简单化处理等，均在其后产生长久的影响。同时期亦产生了大量重要学术成果，无论通史的写作还是对具体人物和典籍的研究，均出现了新的观点与思路，客观上促进了学科的发展。但随后范式反思陷入长期停滞，相应的具体研究也开始偏离知识积累的方向，而中国哲学史学科需待1978年新一轮的范式反思促动而再出发。上述情形，恰从一个侧面显示了百年来学科发展历程的连续性。

关键词： 日丹诺夫　抽象继承法　范式反思

导言　从范式反思到知识积累

中华人民共和国成立，不仅是20世纪划时代的政治历史事件，还在思想领域产生了无与伦比的深远影响。哲学这个术语所意味的特定知识形式进入中国至今已逾百年，其在新中国的历史时期更展现出独特的复杂样态，尤其就面向传统的中国哲学史研究而言，其在古今中西的张力中既获得了深厚的积淀，有时又似乎成为无序的思想市场或教条主义的实验园地，更在较为极端的情况下，完全屈从于意识形态的片面要求。现代意义的哲学史研究，是在反思和对反思的不断反思中成长的学术样式，而中国哲学史学科正是在上述意义上对自身学科地位与基本学术范式的探讨中坎坷前行。

从传承性的角度来看，中国哲学史研究的最大特点，就是在对基础研究范式的不断的、有意识的主动反思中，明确相关知识积累的边界和古代文本的现代意义，研究范式问题从来都是思考的焦点、枢纽和学科建设的理论增长点。这一特点，同样存在于1949年后的中国哲学史研究中，并因此使后者与百年来的中国哲学史研究一起构成了不可分割的整体，也体现了其与新文化运动以来的中国哲学史原有研究的连续性。无论金岳霖、陈寅恪为冯友兰《中国哲学史》撰写的"审查报告"所关注的中心问题，还是1957年中国哲学史座谈会上对日丹诺夫的哲学史定义衍生出的研究方法的反思，其共同的潜在关切实际上均在于学科的基本范式，而后者正是推动学科走向成熟，使有关古代思想的现代知识不断得到积累的根本内在动力。相应的，马克思主义作为指导性理论在学科范式层面的全面导入亦产生了巨大的解释效力，而其带来的分析、评估中国传统哲学知识的视角变化，亦是新中国的中国哲学史研究与以往相比的最大不同所在。值得注意的是，马克思主义的立场方法对中国哲学史研究范式与学科地位的影响，绝不应被窄化为备受争议的"日丹诺夫范式"所带来的种种理论后果，在教条化的对于两条路线斗争的极端表达之外，马克思主义在学科范式层面的意义尚需被更为全面、严谨地分析与消化。事实上，在马克思主义被以官方的姿态引入中国哲学史的研究之前，在思想史的研究领域，以郭沫若的早期工作为代表的对于先秦思想状况的复杂社会理由的讨论已经为如何看待传统哲学带来了巨大的启发性，相关研究所揭示出的使哲学史知识成立的那些政治的、经济的、社会生活的非话语因素与特定话语形态之间的关系，终将是任何一种哲学追问都无法回避的学理硬核。由于以上两方面因素的共同作用，在知识积累的意义和研究视野的扩大方面，无疑对中华人民共和国成立后的中国哲学史研究产生了积极的意义。

与此相对，从消极的角度来看，中华人民共和国成立伊始的中国哲学史研究中存在两方面相互关联，且仍然需要我们继续严肃思考的问题。其一是如何处理学术研究与特定现实社会政治目标之间的关系，这关涉学术工作的自身地位，虽历经反复思考但犹悬而未决。此问题的出现，实际上近可回溯到新文化运动时期以"文学革命"的方式教育青年、改良社会的主张，远与中国思想传统中不放弃"明经致用"的古代士人的抱负亦有内在联系。在特定时期，学术研究更因被完全视为现实社会政治斗争的直接组成部分而走向自主地位的整体消解。希望并要求学术工作具有回应某种现实社会要求的能力，包含着以知识创造服务社会生活的潜在意图，而这种意图的极端化，就会将学术研究完全置于满足特定政治目的的要求之下，这在新中国前30年的中国哲学史研究中最终意味着从价值信念的角度否定传统思想的一切意义，并阻碍学界明确建立评估古代思想遗产的客观知识标准。毫无疑问，从学术史研究的角度来看，"纯粹"的哲学思想或者说与权力运作绝缘的话语系统从来都不曾存在，我们总可以将话语形态与各种非话语因素联系起来，揭示出知识与权力、思想与利益、哲学家与压力集团之间或明或暗的种种相互作用，但我们自身的研究工作如不假设某种客观的知识标准作为其前提并据此与现实具体的社会诉求之间做出必要的切割，则以获取知识为目标的学术工作从一开始就无法获得完整独立运作的保证。其二是由以上问题引申出的，是如何建立关于中国哲学史知识的具有可公度性的研究、诠释标准。该问题在冯友兰早年的学科奠基性著作《中国哲学史》当中已经出现，其核心即如何建立哲学史知识的形式系统或金岳霖所谓"思想的架格"，中华人民共和国成立后马克思主义以研究范式的面貌出场，理论焦点亦在于提供更为"科学"的古代思想分析工具。但遗憾的是，随着1957年中国哲学史研究范式反思的黯然退场和之后讨论的发展逐步偏离了知识积累的方向，对于古代文本解释标准的思考在教条主义的笼罩下被搁置起来，以何种态度回顾1978年新一轮的学术范式更新之前"日丹诺夫范式"占主导地位的时代仍是必须正视的问题。

一　科学化的新方向

中华人民共和国成立伊始，以冯友兰为代表的中国哲学史研究界，即表现出主动拥抱马克思主义思想，并以之作为未来研究范式的愿望。如冯友兰1949年10月5日便致信毛泽东，表示"备在五年内用马克思主义的立场、观点、方法重新写一部中国哲学史"[①]。机缘巧合，在哲学史研究领域，所谓"日丹诺夫范式"亦于同时期进入国内的学术视野，并在实际上被视为马克思主义立场的哲学史研究范式典范。"日丹诺夫范式"源于日丹诺夫在亚历山大洛夫所著《西欧哲学史》一书的讨论会上发表的讲话[②]，该范式最强烈的新主张，或在于一方面强调哲学史是唯物主义与唯心主义斗争的历史，另一方面则在要求哲学史研究必须直接联系现实的基础上，将其写作转化为具有政治意义的革命任务。1949年之前，日丹诺夫的哲学史研究范式，已经受到郑昕、金岳霖等学者的主动关注，其在1950年初，更引发了全面的讨论，当时中国哲学界的一线学者基本都参与其中。中国哲学史研究界对"日丹诺夫范式"，或者说对以其为代表的马克思主义哲学观表现出热情，并不能被简单理解为出自向新政权示好的态度或某种政治上的无奈，学者们在随后有组织地开展的思想改造运动中相当真诚地主动尝试将该范式作为自己研究的新指引。究其原因，冯友兰对马克思主义表现出的同情可回溯至20世纪30年代，而这无疑与唯物史观对于影响历史演变的非精神性力量的揭示所展现出的强大解释效力有关，类似的同情，无形中为中国哲学史研究中新范式的引入作出了思想准备。但归根结底，马克思主义的哲学史观之所以具有强大的吸引力，终究与日丹诺夫所宣称的由其视角出发的对待哲学史的"科学性"密不可分，正如艾思奇在总结1950年初北京哲学界讨论日

[①] 冯友兰：《三松堂自序》，生活·读书·新知三联书店1984年版，第156页。
[②] 关于"日丹诺夫范式"和其引入初期的理论状况，本文参考了乔清举著《当代中国哲学史学史》（上海古籍出版社2014年版）的相关论述。

丹诺夫讲话与哲学史研究问题时指出，其所代表的马克思主义，"以全部人类认识发展的历史作基础，以一切人类科学的成就作为基础"，因此"马克思主义本身，就成为一种科学"。① 此种"科学性"，正是现代意义上中国哲学史学科自成立以来，在对古代思想传统加以重新刻画时最核心的追求。中华民国时期的学术相对于晚清的更新，关键在于新文化运动所标举的更高的"科学性"，后者意味着为中国古代思想转型成现代知识体系提供了堪与世界对话的可公度性，而这正是使百年来中国哲学史研究成为一个连续不断的整体的枢纽性追求，亦是学界乐于拥抱马克思主义的内在隐秘逻辑。拥抱以"日丹诺夫范式"为代表的马克思主义，即意味着拥抱具有更高"科学性"的研究范式，在此基础上，中华人民共和国成立初期的诸多学者均意欲通过由此促成的研究范式与学术话语体系的转化来给中国哲学史研究带来新气象。

以"日丹诺夫范式"为代表的马克思主义的"科学性"，同样体现在毛泽东的经典著作《实践论》当中，中国哲学史研究界对后者的学习与接受，进一步促进了新研究范式的全面落地。总体而言，在以冯友兰为代表的研究界看来，新范式在方法论层面上相对于以往最重大的更新，在于两个方面：其一是辩证唯物主义的方法在理论论证上打破了单纯的逻辑演绎；其二是对哲学史的研究应与对特定社会背景的考察结合起来。如冯友兰所言，辩证法对于思想问题的处理，与革命实践相结合，实际上是科学地解决了中国哲学史上重要的传统知行问题，而金岳霖则同样从辩证法的角度出发检讨了自己以往对形式逻辑偏爱和由此发生的形而上学倾向，并指出后者是"反科学的"。此后，将辩证法与形而上学相对立，将理论的实践性格与描述性的概念演绎相对立，将成为中国哲学史研究界重要的方法论资源。至于对思想问题与其社会背景之间关系的考虑，无疑将增加分析知识问题的新角度，而在中国哲学史的亲缘性学科中国思想史研究领域，贯彻上述思路的研究范式早已取得了丰富成果，亦出现了如侯外庐等重要学者，经过"日丹诺夫范式"的洗礼，对古代思想家阶级立场的分析和现代研究者对自身阶级立场的反思，将成为中

---

① 艾思奇：《关于几个哲学问题》，《新建设》1950年第1期。

国哲学史研究中长时期内不可或缺的话语。

伴随上述新范式的全面展开，中国哲学史研究界首先开展了对胡适和梁漱溟的集体批判。毫无疑问，此种批判均带有强烈的政治背景，在进步与落后、革命与反动的大前提下面呈现出单向的片面性。就学理层面而言，批判胡适主要集中在对其"资产阶级唯心论"的揭露，如认为他的《中国哲学史大纲》中存在实用主义、主观主义和庸俗进化论等。如果暂时悬置批判中反复出现的对于胡适反动的阶级性和服务帝国主义等立场性判断，其对胡适出于特定学术视角的中国哲学史解释工作先天缺陷的揭示，仍然是有意义的，其与后来学界反复要求警惕从特定西方哲学观点出发解释中国古代文本的疑虑如出一辙。至于对梁漱溟的批判，则集中在对其以"乡村建设理论"为主调的文化保守主义和带有神秘主义色彩的主观唯心论直觉主义的批判上，如同样暂时悬置对其"反动"属性的宣告，上述批判所体现的，实际上正是在"科学性"的名义下普遍适用的一般理论与本土化的地方性知识、可公度性知识所要求的论证层面的主体间的验证性与强调依赖体悟的心智能力之间的扞格，而梁漱溟所代表的那种强调中国在思想、社会、历史等方面的特殊性，在一定程度上至今仍然是需要通过分析而化解的对象。

与上述批判相呼应的，则典型如冯友兰对于自己以往哲学史研究的"自我批判"。冯友兰先后发表《学习〈实践论〉的收获》（《光明日报》1951年3月24日）、《两种反动思想支配下的文化论——从批判胡适到自我批判》（《哲学研究》1955年第2期）、《过去哲学史工作底自我检讨》[《北京大学学报》（哲学社会科学版）1956年第2期]等文，表示自己20世纪30年代撰著的《中国哲学史》，从新的眼光来看，其立场和观点都是错误的，其方法则局限于资产阶级的历史学方法，因强调所谓"客观性"而使哲学史的写作成为资料的堆积排列，而未能通过阐明哲学史的"内部矛盾"而了解其客观规律。冯友兰还反思了自己对以往哲学家何以具有不同前见的分析，将其归于"哲学家气质底不同"并进而分为"软心"和"硬心"两种，是混淆了唯物主义与唯心主义的斗争。如进一步检讨自己以往所标榜的客观主义的研究态度，冯友兰指出自己真正同情的是客观唯心主义和神秘主义。以上反思，体现了新范式带来的新的后设层次的理论评估标准的提升，在"科学性"的要求下，应当有对哲学史规律更具深度的把握，对文本思想更条理明晰、解释力更强的论证分析，尤其是将哲学家气质作为分析其立场前见的标准，显然不具有足够的说服力，而必将进一步引发哲学家何以会有不同气质的疑问——对此问题的心理学解答，实难以满足严格论证的科学要求。

　　与批判相对，迅速出现了中国哲学史研究新范式下的初步成果。最早的具有通史意义的成果，是冯友兰1950年发表的长文《中国哲学底发展》，其写作特点基本展现了后来相当长时期内新范式下中国哲学史研究的共同之处。该文在整体上将中国哲学史的发展亦视为唯物主义与唯心主义的斗争史，将大量得到积极评价的古代哲学家划归唯物主义思想阵营，强调古人具备的辩证法思想，并指出哲学史发展的方向是辩证唯物主义必将取得胜利。同时，该文还加入了对中国历史上不同时期阶级特点的分析，并将其与特定的思想家或思想流派联系起来。如研究者所言，该文体现了一种哲学史研究领域在新范式下"元语言体系的转换"①，即开始运用奴隶社会、封建社会、阶级、劳动人民、唯物论、唯心论、反动、革命等新的术语对社会历史、个体身份、思想形态进行描述与评价。稍后的20世纪50年代中期，张岱年、任继愈、朱伯崑为北京大学哲学系联合编写了《中国哲学史讲授提纲》，亦运用新范式和新的术语系统，对中国历史上的每个时代都做出了相应的阶级状况分析，对每个涉及的哲学家也做出了阶级定性，并在贯穿唯物主义和唯心主义的斗争线索的架构下，突出说明了哲学与科学的联系，尤其是科学技术和生产力发展与唯物主义的关系。上述这些典型的新范式下的通史性质的成果，虽然因毫无保留地引入了"日丹诺夫范式"的马克思主义术语体系而显示出与以往研究相比的巨大差异，但在对待古代思想的时候仍然保持了较多的温情，还原到历史语境当中对其加以评价的时候，所持欣赏和赞扬的态度亦居多，这与该范式下后期的研究走向相比，在某种程度上体现了更高的客观性。

　　将"日丹诺夫范式"引入中国哲学史研究界所带来的启发性无疑是巨大的，从其"科学性"的底色着眼，正与1956年党中央发出的"向科学

---

① 乔清举：《当代中国哲学史学史》，第80—81页。

进军"的号召形成呼应。但中国哲学史研究领域这种对于更高水平的"科学性"的寻求，作为初步的探索，既包含着一些正常的误解，也潜藏着难以摆脱的缺陷，并均对随后的中国哲学史研究产生了负面影响。首先，来自苏联并带有鲜明政治色彩的"日丹诺夫范式"，是否具备充分反映马克思主义哲学所具备的那种"科学性"的资格，从未得到任何应有的讨论，考虑到当时来自苏联的观点或许被视为具备无须申明的正确性，从此角度要求前贤或有厚诬古人的嫌疑，但此问题在随后的各个时代均未得到反思，则不能不说是学界憾事，这使马克思主义哲学及其解释效力，即使对于当今的中国哲学研究界也仍然是相对有隔膜的，而打破这种隔膜，亦仍是未来必须面对的遗留问题。其次，在对政治与学术之间关系缺乏必要切割的情况下，新范式贯穿的不断涌现的对于古代思想的革命或反动、进步或落后的价值判断，实际上严重冲击着新文化运动以来刚刚获得初步独立的知识的地位，而思想的发展必将走向辩证唯物主义的预定道路，也封闭了继承中国哲学史遗产的其他可能性。政治与学术的关系，在近三四十年来得到广泛的反思，学界普遍同意不能把两者简单地联系起来，使后者完全直接服务于前者的特定目标。但对学术与政治之间附庸关系的反思，却因仍然忽视了知识与价值之间的必要区分，往往走向两种另外的极端：或彻底否认话语的知识化过程必定涉及现实要素，或在对传统思想的评价上完全倒向拒绝论证的复古主义，而这种态度同样无助于哲学史知识的健康积累。最后，新范式的运用在多数情况下显然是较为粗糙的，给人物贴上阶级标签、给概念增补唯物或唯心的前缀、给思想附加起源于生产力和生产关系的因果性说明，在很多情况下并未真正成功地进一步丰富或深化我们对于古代文本的原有理解，反而倾向于掩盖思想关系中的某些复杂性。对于这一点，中国哲学史研究界迅速地有所觉察，并在1957年"百家争鸣"的大环境中适时地加以反思，而其影响甚至一直远及当下。

二 新范式反思：困境与启发

"日丹诺夫范式"及其术语体系被实际运用于中国哲学史研究之后，

无论在教学还是在研究工作中均引发了一系列困惑，随着 1956 年下半年"百花齐放、百家争鸣"政策的实施及更广阔的科学思想领域内相对自由争论的声音的出现，中国哲学史研究界亦在此气氛下开始针对"日丹诺夫范式"及由其展开的对于中国古代文献的具体解释进行了全面而富有创造性的反思。1956 年 10 月，冯友兰、朱伯崑先后于《人民日报》撰文，提出了他们所观察到的中国哲学史研究当中存在的若干问题，诸如何理解哲学史上唯物主义思想与唯心主义思想的斗争、如何确定中国哲学史研究的对象和范围、如何评价历史上的唯心主义哲学和哲学家，等等，冯友兰更在当年 11 月于中国人民大学哲学系所做的讲演中，首次提出了中国哲学史中思想抽象意义的继承性问题，这些声音，无疑可被视为随后开展的有组织的系统反思的先声。

1957 年 1 月 22—26 日由北京大学哲学系中国哲学史、西方哲学史教研室举行的"中国哲学史问题"座谈会，集中展示了中国哲学史研究界对"日丹诺夫范式"及相关哲学史解释加以反思的努力，反思在很大程度上接续了较早时冯、朱二文的问题意识，而当时中国哲学史研究界的主要学者几乎均贡献了自己的智慧。座谈会的未尽之意在 1957 年 5 月 10—14 日由北京大学哲学系中国哲学史教研室、中国科学院哲学研究所和中国人民大学哲学系中国哲学史教研室共同举行的中国哲学史工作会议中得到延续，会议继续讨论了中国哲学史研究的方法论问题，话题更涉及哲学与自然科学的关系、自然观与政治思想的关系等当时中国哲学史研究中出现的重大问题，并提出了如何整理出版中国哲学史资料的问题。[①] 两次会议均以范式或方法论为核心反思方向，充分体现了自新文化运动以来，该层次问题对于中国哲学史研究持续不衰的动力性作用。

以上反思的主要对象，是"日丹诺夫范式"运用于中国哲学史文献解释后产生的实际效果，在多数成熟的中国哲学史研究者看来，其对文献的解释往往过于简单化，阵营分明的划分，时常掩盖了历史上复杂的

---

① 有关 1957 年中国哲学史座谈会的讨论实录及前后出现的相关文献，本文参考了赵修义、张翼星等编《守道 1957：1957 年中国哲学史座谈会实录与反思》（上海人民出版社 2012 年版），后文对座谈会内容与相关文献的引用均出自此书，简便起见，不再另注。

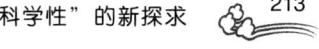

思想互动，也就是说，需要克服1949年以来中国哲学史教学和研究当中因新范式的引入而出现的教条主义倾向。

将教条主义与"日丹诺夫范式"联系起来，几乎是当时众多学者的共识。相关思考，在冯友兰对较早的文章《关于中国哲学史研究的两个问题》的补充意见中表达得甚为明确："这几年，我们讲哲学史，认为既然哲学史是唯物主义的发展史，因此，对于唯物主义的思想就要多讲。有时实在没有材料，就硬凑一些来充数……有些唯心主义体系中，也有其合理的内核。但是我们在这一方面，也没有进行分析。由于这些原因，就把中国哲学史讲得很贫乏、呆板。这不是由于日丹诺夫的定义的错误，这是由于我们对于这个定义理解不够。"贫乏、呆板的原因，则在于"我们过去只看见'两军对垒'……就是把'发展'看得太简单"。出现这种哲学史解释中的"简单"，基本的理由便在于教条化地理解唯物和唯心的界限，如朱伯崑在较早的《我们在中国哲学史研究中所遇到的一些问题》中所言："有的哲学家的思想，既有唯物主义的成分，又有唯心主义的成分，二者很难说哪一方面是基本的……阵营清楚了，但有人又指出，这样做，太简单化了，划到唯心主义阵营的，有人认为有许多唯物主义成分；划到唯物主义阵营的，有人又认为有许多唯心主义的成分。"此种"日丹诺夫范式"教条主义的核心，实际上在于是否可以用唯物主义与唯心主义的斗争来完整表述哲学史的全部发展过程，而亦兼及对历史上唯心主义哲学和哲学家如何评价的问题。冯友兰在《关于中国哲学史研究的两个问题》中对上述问题进行了集中反思："第一，在哲学史里唯物主义思想与唯心主义思想底斗争是在哪些范围内进行的？第二，这样的斗争是怎样进行的？"冯文指出："我们又都承认，哲学史中的唯物主义思想史代表先进阶级利益的思想；唯心主义思想是代表落后的或反动的阶级利益的思想。可是，在与阶级利益直接有关的社会政治思想和历史观中却没有唯物主义与唯心主义的斗争，这是什么道理呢？自然观和认识论方面的唯物主义思想和社会政治、历史观方面的进步思想，自然观和认识论方面的唯心主义思想和社会政治、历史观方面的保守或反动思想，怎样联系起来呢？在逻辑上是否必然都有联系呢？在事实上是否果然都有联系呢？"为了说明哲学史解释的复杂性，冯文还举如下例子：韩非把人口增长和国家统治模式联系起来"跟用'大人物'或'上帝意志'解释历史的唯心主义的理论比较起来,这种企图用社会生活物质条件解释历史的理论,似乎还应该认为是原则上的区别。"《管子·水地》篇"说社会中事情底变化,决定于人民底性格……说水决定人民底性格,这虽然也是错误的,但也是企图用社会生活物质条件解释历史的理论,似乎还不能就说它是唯心主义的。"冯友兰在反思中揭示出的哲学史解释工作的复杂性,无疑对"日丹诺夫范式"以两条路线、两个对子的方式切分思想,并分别将其贴上唯心/唯物、进步/落后的标签,再与特定的阶级属性相关联的方法提出了严肃的挑战。简化的解释无法融贯地回应历史上思想互动的复杂,而这或许正源于"日丹诺夫范式"理解马克思主义时的教条化,现实研究如无法有效突破"两个阵营"的先天局限,将既遮蔽马克思主义哲学的丰富性,也会使中国哲学史的研究与解释陷入困境。在1957年的反思中,教条主义的局限虽被明确提出,但对其并未能有所突破与扬弃。毫无疑问,晚近的反思早已对其缺陷有充分思考,中国哲学史的实际研究与解释也全面超越了"两军对垒"的教条与局限,从这个角度看,1957年的反思无疑具有前瞻性的指向意义。但此批评性的角度绝不能对上述反思做出完整概括,从建设性的角度,并将此次反思置于百年来持续不断的中国哲学史研究方法论反思的整体过程中来看,两次座谈会更提出了若干富于启发性的重要问题,并将对此后的中国哲学史研究产生积极的远期影响。

上述反思中的建设性因素,首先仍然是对中国哲学史作为一门现代学科的"科学性"的确认,"日丹诺夫范式"所具有的"科学性"的潜台词,被中国哲学史工作者敏锐地捕捉到。任继愈在《中国哲学史的对象和范围》一文中,明确从"一门科学"的角度来定义中国哲学史,而这意味着,中国哲学史的解释当中一定包含对一般意义上的哲学问题的发现,以及对相应的普遍的哲学表现形式的重构。上述问题本应延续冯友兰在20世纪30年代中国哲学史工作的基调,但1957年的方法论反思却出现了不同的声音,诸如中国哲学史的特点问题,以及相应的更大尺度的中西哲学之间的差异问题被提出,而由此延伸出的经学与哲学的传统问题也再次出现。任继愈《在中国哲学史的研究中所遇到的几个困难

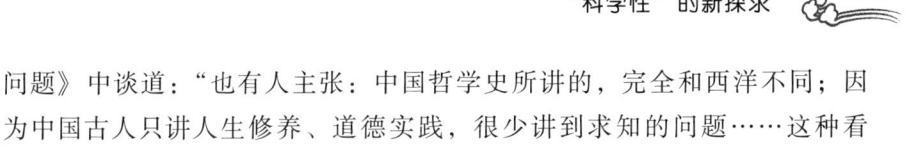

问题》中谈道："也有人主张：中国哲学史所讲的，完全和西洋不同；因为中国古人只讲人生修养、道德实践，很少讲到求知的问题……这种看法，表面似乎认为中国哲学有它特定的范围，但实质上却认为中国哲学有它特定的对象。"这敏锐地观察到，如果我们从内容或对象的角度，而不是从方法和形式的角度来看待某学科，便有可能带来对学科自身地位的模糊认识。当然，从方法和形式来看，哲学是否只能是有关世界观的学问，是否是自然知识和社会知识的概括和总结，是否仅讨论唯心论和唯物论、形而上学观和辩证法观，无疑还可以再进行讨论，但我们不能因此否认现代意义上的哲学史研究的普遍性。似是而非的中国哲学史的特点问题，往往和中西哲学的关系问题捆绑在一起。如朱伯崑在《我们在中国哲学史研究中所遇到的一些问题》中主张："过去，我们讲授中国哲学史时，强调了哲学史的一般规律，因而，看不出中国哲学的特色……不能简单地用西方哲学发展的过程，来比附中国哲学发展的过程……总之，这方面的问题也是很多的，很需要大力开展研究。不然的话，很容易把中国哲学史讲成西方哲学史的翻版。"对依附西方哲学来进行中国哲学史研究的焦虑，是中国哲学史学科的传统担忧，在1957年的反思语境中，这种担忧正确地和对特定西方哲学史研究成果的中国运用联系了起来，如石峻在《论有关"中国哲学史"的对象和范围的讨论及其目前存在的一些问题》中指出，早期中国哲学史的研究者受到"西方资产阶级教育影响"，"参考了西方哲学史研究的成果"，"难免把西方资产阶级学者编排外国哲学史的形式，依主观意图制成套子强加在中国哲学史的研究上，一般只是简单地从字面上摘取可以比附西方哲学术语的片断来加以发挥"。这种批评如抛开其对特定阶级立场的引申无疑是正确的，直到当前的学术反思，仍有学者不断从类似角度反思中国哲学史研究对西方理论的比附，但是，这种反思往往会因将西方哲学史中的一些特定的范畴与概念和哲学史的普遍性问题混为一谈，而在谈论中国哲学史特点的时候走向另外的极端。这在汪毅的《一个问题，一点意见》中表达得最为突出。汪文指出："自新文化运动以来，中国资产阶级的哲学史家开始运用西方哲学史中一些基本的范畴和概念来整理中国哲学史，他们工作的成就，是把浩如烟海的中国哲学史的一部分，弄得眉目分明，在一定程度上能够与西方哲学史相呼应；可是另一方面，却使中国哲学史变成了西方哲学史的极其拙劣的翻版，让人感觉到中国哲学惊人的贫乏，因为，从西方哲学史的角度来看，中国哲学家很少讨论到西方哲学家所津津乐道的问题。""不论是老子或孔子，他们对于哲学的基本的理解是一致的，他们都认为对于哲学真理的循求，只有依靠实践，只有依靠体验。""中国哲学与西方哲学的传统不同：中国哲学是注重实践的，西方哲学是注重求知的。"戴震反对程颐"以理杀人"，"这种反对不合客观实际的谬误的行动指南的斗争，实质上便是唯物主义反对唯心主义的斗争。我们循着这条路线在中国哲学史上去探求，我们才可以真正发掘到中国哲学无限丰富的宝藏"。这种将西方哲学的特定成分与普遍的哲学史问题相混淆的看法，极大窄化了中国哲学史研究的视野——如将其归于"实践"或"体验"，反而更不足以反映中国哲学史发展的真实情况。对此张岱年在《关于中国哲学史的范围问题》中有恰切的评价："汪毅同志看重中国哲学的特殊性，反对硬把西洋哲学的模式套在中国哲学思想上，这是很好的。但是他过分夸大了中国哲学的特殊性，因而就不正确了。"中国古代思想家固然无论在问题意识还是在问题解答方面，均有自身的特殊性，而我们对这些问题意识及其解答的现代解释也不应以对某种特定西方哲学体系的了解为前提，但是，诚如王太庆在《哲学史研究的方法与目的问题》中所言，哲学史作为一门科学，"在于要从具体的东西里面说明其普遍的必然的意义"，"揭示出普遍必然的客观本质规律"。中国哲学史研究界接纳"日丹诺夫范式"时，对马克思主义哲学的中心期待，或许就在于希望后者在超越任何已知的西方哲学体系的意义上，能像为西方哲学史那样为中国哲学史研究提供必要的普遍性规律。以上角度的反思，却因"日丹诺夫范式"教条的遮蔽与干扰，未能对哲学史研究的普遍性做出有效的清晰定位，致使类似的对于中西问题的反思在后来的长时期内以几乎同样的话语方式反复出现在中国哲学史研究领域当中，且未能得到适当的解决。

与中西问题的涌现相关，哲学与经学的老问题，也在反思中受到任继愈的关注，并在他的《中国哲学史的对象和范围》中得以讨论。如果说现代意义上的中国哲学史学科就是在摧毁经学的权威地位的前提下建立起来的，那么时至今日仍然有学者尝试将对经学的盲信带入中国哲学史的研究当中，不能不说是"非常可怪"的，从这个角度看，任继愈的思考带有回答后来者诸多困惑的前瞻性。在任继愈看来，与经学笼罩下的中国古代学术分工不相反，哲学史的写作，应"把古代无所不包的'浑然一体'的'经学'给打散了，使各种科学开始从古代的'经学'中独立出来"，而不能不加分别地把经学所统摄的一切都写进哲学史，这意味，必然不能"照着古人的学术体系写下它的历史"。这种态度对于当今的中国哲学史研究仍然具有警示作用，但由于该问题在1957年的反思大潮中较为边缘，而未能产生应有的影响。

1957年的范式反思留给我们的另一笔重要遗产，则是冯友兰最早提出的中国哲学史遗产的继承问题。这一般被表述为"抽象继承法"，即冯友兰较早在中国人民大学的讲演中所谈到的继承哲学命题的抽象意义。但这种说法本身，存在一些缺陷，很容易被理解为抽空哲学命题的具体意义，即其在特定历史语境的实际运用中所具备的意义，而这会使哲学命题萎缩为空洞的话语。赵俪生在《论哲学遗产的具体意义与抽象意义的区分——对冯友兰先生一些看法的商榷》一文中敏锐意识到了这一点："哲学史上……有着不同的（甚至是敌对的）阶级利益的不同的（甚至是敌对的）阶级对于同一哲学命题之互不相同的解释。……在冯先生看来，这是同一事物的两种不同作用；在我看来，这已不是同一事物，而是在同一或类似的语言文字的形式（外壳）中所包括的两种不同的事物（命题或遗产）了。"哲学命题一旦沦为空洞的话语，则难逃被出于不同立场的人们随意解释的命运，而在这种情况下讨论哲学命题的继承实际上毫无意义。随后冯友兰意识到"抽象"和"具体"的说法可能带来理解上的麻烦，而在《关于中国哲学遗产继承问题的补充意见》一文中将相应表述调整为哲学命题的"一般意义"与"特殊意义"，并指出此两者并非与形式和内容相对应。但这种调整，在当时的理论环境中，对回应批评"抽象继承法"的主要角度，即混淆了哲学的阶级性或进步/落后的性质并无实质性帮助。"抽象继承法"内含的问题意识则是中国哲学史研究始终不能回避的，即我们怎样看待以往思想传统的现代价值，从面向未来的角度看，重述古人的思想对以后的哲学发展是否有意义？对这种问题意识的回应，无论在 1957 年的反思，还是后来延伸出的讨论中，主要的解决问题的方式是将哲学遗产的继承问题，转化为如艾思奇在《对〈中国哲学遗产的继承问题〉的一些意见》中强调的"去其糟粕、取其精华"的思想筛选问题，而筛选的标准可以是理论的，如萧萐父在《关于继承祖国哲学遗产的目的和方法问题》中所言，"研究和继承祖国哲学遗产的目的，就在于运用马克思主义的理论原则来整理和研究历史上的哲学遗产，揭示出中国哲学思想发展的某些特点，摄取其中的优秀思想成果"，或如张岱年在《关于哲学遗产的继承问题》中和朱启贤在《关于中国哲学遗产的继承问题》中所言，以更为宽泛的"科学性"作为标准；而继承的目的或是为了思想的完善，即"进而使马克思主义哲学这一普遍真理与中国人民优秀的思想传统相结合，与中国几千年来哲学发展的历史特点相结合"，或是为了适合社会主义事业的要求，即以"民主性"为诉求。从去粗取精的角度考虑哲学遗产，长时期内成为中国哲学史研究界考虑如何面对以往思想遗产的基调，至今仍然发挥作用，但这种思想筛选实际上未能回应如何使以往的哲学话语摆脱后人的任意语义赋予，相比之下，从思维规律的角度讨论问题或许更有启发性。朱启贤在《关于中国哲学遗产的继承问题》中注意到，"哲学的普遍性表现在思维结构形式上"，但对于继承问题又回到思想筛选的老路上，而关锋在《关于继承哲学遗产的一个问题》中，则在承认前者的意义上，较好摆脱了后者的束缚。他明确反对找寻"好东西"，把它拿来为社会主义建设服务的哲学遗产继承。虽然他的理由，即这些"好东西"不可能比马克思主义达到的水平更好，拿过来对于发展哲学思想没有意义，或可再讨论，但他对哲学史工作任务的理解却是有见地的。"哲学史研究工作，却更像一个成熟的思想家，反省他自己从幼年以来的思想过程本身。这种'反省'不是对过去的懊悔或留恋（或欣赏）？而是以现在达到的思想水平，对这个过程进行科学的分析。进行这种分析的目的，不在于或主要地不在于从幼年的想事方法中找寻现在自己的思想方法中所没有的'好东西'……然而更重要的却是：两种思想、两种思想方法矛盾斗争的发展规律；比较正确的思想、思想方法还有哪些缺陷，这些缺陷是怎样产生的？（受什么条件的限制？这些条件怎样限制了认识？）错误的思想、

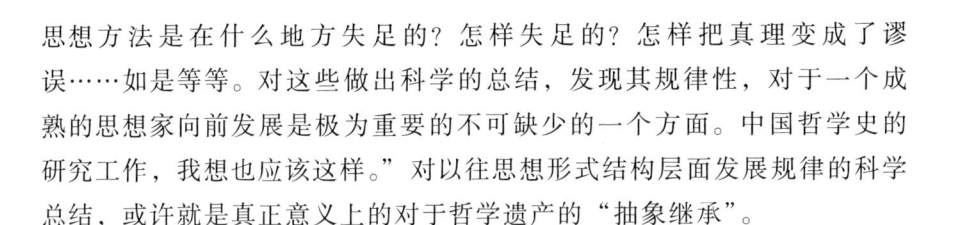

思想方法是在什么地方失足的？怎样失足的？怎样把真理变成了谬误……如是等等。对这些做出科学的总结，发现其规律性，对于一个成熟的思想家向前发展是极为重要的不可缺少的一个方面。中国哲学史的研究工作，我想也应该这样。"对以往思想形式结构层面发展规律的科学总结，或许就是真正意义上的对于哲学遗产的"抽象继承"。

遗憾的是，由于大的社会环境影响，1957年的中国哲学史方法论反思，其大部分思考仍然退回到"两个阵营"的内部，反复纠结于对特定学派、人物、观点的唯物/唯心评价，进而尝试对后者给出存在的合理性说明，反而未能将反思直接对准"日丹诺夫范式"是否足以体现马克思主义哲学史观这一根本问题。被过多局限于教条主义内部问题的反思，其最重要的缺陷实际上在于，在哲学史知识的讨论中，无论部分支持唯心主义哲学的历史价值的学者，还是他们强调唯物主义哲学的进步意义的对立面，均未能提出有效的对"两军对垒"中的双方立场、范围、关系及科学价值等的确切判定标准，朱伯崑提出的对特定学者或思想的评价往往摇摆于两极之间的问题未能得到实质性解决，而这逐步导致对中国哲学史的讨论因偏离知识积累的方向而陷入僵局。更为令人惋惜的是，反思的努力本身也最终在"反右"和反对"修正主义"的声浪中黯然退场。当学术研究成为政治运动的一部分，对哲学史研究中的教条主义的反思无法上升到在更高层次上揭示出其中的"科学性"的层面，反而如杨宪邦在《关于中国哲学史的科学性和党性——对于中国哲学史的对象和范围问题的意见》中，较简单地将后者归结到唯物主义理论，"科学的哲学史必须是科学唯物主义世界观，即辩证唯物主义世界观的胚胎、发生和发展的历史"。如此，对学理的讨论屈从于非学术因素的干扰，针对研究范式的方法论反思虽然揭示了丰富的问题意识，但未能顺利深入，而随后20年的中国哲学史研究也因此未出现实质的突破。

被中止的反思对中国哲学史学科的影响是多方面的，较近形成了"日丹诺夫范式"的教条主义气氛在随后20年研究中的统治地位，而其发展在政治环境的影响下不断走向极端，最终溢出了知识追求的范围之外；较远则使对中国哲学史研究范式的"科学性"的深入探讨被搁置下来,并在20世纪80年代和21世纪反复发酵成对"认识史"与"中国哲学合法性"问题的讨论。

三 通史与话题的更新:新范式的成果

即使在"日丹诺夫范式"教条主义的笼罩之下,引入新的元语言体系的中国哲学史研究,在1958至1965年,仍然产生了一系列具有深远影响的成果,其中最为重要的,就是那些至今仍然产生影响的哲学通史。

首先是张岱年的《中国哲学史大纲》于1958年再版。本书虽然属于张岱年20年前的成果,却已经有预见性地阐发了中国哲学史当中蕴含的唯物主义和辩证法思想,这或许是此书应时而再出版的主要理由。此书再出版的另外的理由,或与其对中国哲学特点的鲜明凸显有关,张岱年以问题意识和哲学范畴为线索,分类而非单纯依据时间线索重建了中国哲学史的整体形象,并有意识地采用了一些与来自西方哲学的翻译术语不同的术语概念来指称中国哲学中的某些基础性问题,如本根论、大化论等术语与由翻译而来的本体论、宇宙论等术语相比,更有力显示了作者对中国哲学自身特色的有意识的寻求。这一点,在一定程度上恰与1957年范式反思当中对中西哲学关系和中国哲学特点的讨论相呼应。《中国哲学史大纲》对于此后的中国哲学史研究的影响是持续的,尤其是作者主张的范畴研究作为一种解析中国哲学概念的重要方法,至今仍发挥不可替代的作用。

随后则有任继愈主编的《中国哲学史》于1963年作为全国文科统编教材问世,该书作为第一部贯彻新的日丹诺夫化的马克思主义哲学史研究范式的高校教材,完全以唯物主义和唯心主义、辩证法与形而上学的斗争史来看待作为人类认识发展史的哲学史,基本的研究立场陷入以中国哲学史的知识论证马克思主义哲学之正确性的局限,更认为研究哲学史的目的不是"为学术而学术",而是为无产阶级政治服务。这部教材的上述立场实际上背离了主编任继愈在1957年范式反思中所达到的思想深度,而作为教条主义的产物放弃了对真实的学术研究的"科学性"的基本追求。与此类似,则是侯外庐同年基于其已经主编完成的《中国思想通史》而主编的《中国哲学简史》,该书延续了前书的思路观点,简化了对思想的社会基础的讨论,但更突出了民族文化中进步与反动的对立、唯物主义和唯心主义的斗争,这种写法,反而降低了以马克思主义哲学史观看待思想演化的非话语力量的应有价值,而退缩到更狭隘的"日丹诺夫范式"的视野当中。

最为重要的则是冯友兰开始实现他重写中国哲学史之宏愿的前期成果——《中国哲学史新编》(以下简称《新编》)第1、2册分别于1962与1964年问世。冯友兰在稍早时为两卷本《中国哲学史》再版所撰写的"序言"中,已经将此作品称为出于资产阶级立场的反面教材,等于完全放弃了以往对中国哲学史的诠释与评价,在《新编》的"自序"中,他则声明自己在马克思主义的指引下,才真正走上科学的研究道路。毫无疑问,唯物主义和唯心主义的关系仍然是冯友兰《新编》的基本话语线索,但他对两者关系的看法并非泾渭分明,转而强调斗争的统一和对立面的相互转化,这与同时期的通史性质著述相比,显然更能体现出哲学史研究的复杂性,亦与1957年的范式反思形成了一定的对照。在此种强调统一与转化的态度下,冯友兰的《新编》虽然无可避免地运用"日丹诺夫范式"的话语系统并将哲学史本身也作为阶级斗争的工具,但他仍然能够给历史上的唯心主义留下更多篇幅,更好地保存了中国哲学史发展的全貌。此外,贯穿在《新编》中的哲学史观,还体现在对"逻辑和历史的统一"和对"观点和资料的统一"的阐释,前者显示了历史过程辩证发展的逻辑规律所揭示出的必然性与历史实际中大量偶然性地堆积的一致性,而历史学正是通过对个别的、生动活泼的东西的分析来表现历史的规律;后者则强调充分占有史料才能认识历史发展的曲折与复杂,而历史唯物主义的原则绝非预先给定的,只需要利用事实加以说明的结论,其资料的统帅性地位恰形成于与史料的相互作用当中。[①] 这两方面内容并未受关注,而其真正在学术界产生广泛影响,甚至成为诸多研究的指导性原则,则有待20世纪80年代之后。冯友兰的《新编》虽然带有明确的时代印记,但作为中国哲学史学科的重要奠基人,他在书中对研

---

① 参见乔清举《当代中国哲学史学史》,上海古籍出版社2014年版。

究本身复杂性的揭示，在某种程度上是对何谓新的、科学的研究道路在其时代给出最恰当的诠释，亦在客观上具有超越教条主义的深远意义。

在通史的写作之外，亦有从新范式出发对中国哲学史上的重要人物与典籍的重新审视。较早时曾有冯友兰的《孔子思想研究》、张岱年的《张横渠的哲学》等文章问世。冯文增加了对于孔子阶级立场的分析，指出了孔子在思想上保守与进步相交织的矛盾态度，这一点恰揭示了孔子身处旧制度崩溃而新制度逐步确立的时代夹缝之中，而此社会变革的意义对于孔子思想的影响无疑是值得正面考虑的因素。至于文中对孔子具体观念的讨论，则更类似对其加上进步的、人民性或辩证法的之类评价式的前后缀，而对如何在逻辑论证的层面运用新范式似乎还未能进行更有效的探索。张文相比之下对如何将唯物论的解释贯穿于对张载思想的研究表现得更为成熟，文章从范畴研究的角度指出张载在历史上首次对唯物论的基本范畴"气"进行了较为详细的论述，而他据此提出的关于事物变化规律的学说，构成了中国古代辩证法发展史的重要环节。与这些独立的研究不同，20世纪50年代末，围绕老子哲学的性质，则在新范式之下出现了多位学者参与其中的争论。争论的核心，在于确定老子哲学是唯物的或唯心的，而最终学者大多接受了老子哲学是唯心主义的观点，但争论对老子所代表的阶级、老子其人其书的时代等问题并未达成一致。争论中的各方，围绕上述问题对老子的主要观念几乎均有详细探讨，尤其对道与万物的生成关系、道与一的同异、老子所谓"冲气"是否即《管子》中所谓"精气"等细节问题的研究，与以往的讨论相比均有较大的深入，很多观点实际上在后来已经在不同程度上成为学界看待老子思想的共识。但争论当中也出现了以黑格尔的"绝对精神"来解释老子之道的特定观点，而这恰体现了1957年范式反思时意图尝试克服的以西方概念来比附中国哲学时可能产生的偏差，实际是相关学者未能清晰分辨特定西方哲学体系与普遍的、"科学性"的哲学史视角之间本质区别的表现。20世纪60年代初，则出现了围绕孔子思想的大规模讨论，其中对于孔子的天命观、孔子所谓仁的内涵等问题的讨论，均具有知识积累的价值，尤其是讨论中出现的仁是否具有超阶级的"普遍性形式"的问题，即冯友兰所说的孔子"爱人"的主张是否意味着抽象地承认人与人之间的平等关系，更与他提出的"抽象继承法"相呼应。该主张的反对者明确认为仁应当被放在特定的历史语境中进行考察，而不能对其抽象的形式做出孤立的分析，这种反对意见更接近马克思主义哲学史观，而历史语境中的特定观念并不具有可继承的普遍形式，其不同条件下的话语实践效果恰是服务于不同话语使用者目标的明证。此外，1960年前后，还出现了关于庄子哲学、王夫之哲学的讨论。关于庄子哲学的视野较狭窄地集中在其唯物/唯心的性质、阶级根源与形而上学等方面，值得关注的是任继愈提出的与传统相颠倒的对《庄子》书内外杂篇地位和时代的看法，虽然他提出的《庄子》内篇晚出且为庄子后学著作的观点或难以获得广泛认同，但其努力无疑丰富了庄子研究的整体图景。关于王夫之哲学的讨论罕见地几乎未发生分歧，所有学者基本都同意其具备反理学启蒙色彩的唯物主义性质，而与此具体评价相比，讨论具有意义的方面大概在于将这位以往受到研究界相对轻视的思想家，重新纳入研究视野，并使之在后来的哲学史研究中逐步占据越来越重要的位置。同时期还出现了围绕《周易》哲学的争论，其焦点在于对《周易》中蕴含的辩证法因素的揭示是否属于将现代思想挂在古人名下的做法，而为了揭示这种辩证法所采用的将《周易》经传一体看待的方式，则显然是违背历史事实、经不起推敲的。将某些古代观念以比附性的方式赋予现代意义的研究方法，与前述所反思的以西方概念来比附中国哲学的方式有相当类似的地方，亦与抽离哲学史上特定观念之历史语境意义后对其抽象形式的随意使用异曲同工，其操作方法的核心均涉及对古代观念的过度诠释，而后者之所以难以获得普遍认可，则与解释者对自己的做法缺乏必要的逻辑与历史层面的前见的有效的证明有关，而类似的科学性解释的规范与标准问题不但困扰着1957年范式反思的参与者，至今也未能在学界达成较一致的共识。

四　走向极端化：偏离知识的追求

1966年之后的中国哲学史研究一度完全被"日丹诺夫范式"所演化

出的教条主义和"文革"气氛中极"左"的政治运动所笼罩,彻底偏离了对"科学性"的追求,丧失了知识积累的意义。"文革"后期,中国哲学史的研究一方面融入了荒诞的"批林批孔"运动,完全服务于政治命令、为特定权力人物的目的罗织批判材料;另一方面枉顾学术史事实,将"日丹诺夫范式"所包含的教条主义在哲学史解释中发挥到前所未有的粗暴程度,发展出在知识意义上根本经不起任何检验的"儒法斗争史观"。中国哲学史研究的这种发展,在逻辑上讲与研究范式反思在1957年后的完全停滞有内在联系,无论"日丹诺夫范式"刚刚在中国哲学史研究界落地后引起的学者们出于对该范式的主动接受而展开的对自己以往学术立场的批判反思,还是1957年以中国哲学史座谈会为标志的针对"日丹诺夫范式"本身教条主义的缺陷所展开的反思,即使在一定程度上未能完全摆脱政治形势的影响,但其反思的基底仍然是学理化的,讨论亦主要围绕中国哲学史解释当中出现的知识安排与论证困境进行,而这使得相关思考在今天的回顾中仍有值得思索的意义。1957年的反思因政治因素的介入而终止后,中国哲学史研究范式方面在随后20年中未再出现任何新的观点,而这也意味着,在知识积累的层面,在教条主义的完全笼罩下大概不会再有新的进步。更为严峻的是,在1966年后的极"左"气氛下现实政治环境不断恶化,并开始将中国哲学史的知识直接作为服务特定政治目标的话语要素,而这在破坏了学术研究应有的独立性的同时,亦葬送了其应有的严肃性而使之成为满足少数人政治目的工具,在此意义上,中国哲学史研究的发展在中华人民共和国成立后的前30年中最终走向自我否定。

这种自我否定,一方面表现为以批判孔子为核心的、立场先行的对于儒家哲学在价值层面上的全面否定;另一方面显示为从特定非学理性前提出发的对于哲学史进程的简单虚构。就前一方面而言,一般来说,对于某些思想在价值层面的否定,本与对其在知识层面表现形态的把握没有必然的关系,我们完全可能对某一理论对象加以知识上的深入的分析,但同时并不认同其所欲传达的价值诉求。但这种知识与价值的适当切分,在"日丹诺夫范式"里却发生了混淆与渗透,其在对"科学性"的承诺中掺入了"进步/落后"这样的鉴别思想之好坏的价值判断,并实际上将后者置于科学的分析性标准之上——只有在好坏鉴别的基础上，哲学史的写作才可能是具有政治意义的革命任务，而相应的，哲学史的研究也只是为价值的鉴别提供资料。当中国哲学史的研究从上述角度服务于特定政治运动的需求，在"批林批孔"运动中表现出对孔子和儒家哲学在价值层面上的彻底批判和全面否定，而无须再去追究其知识结构的细节，是十分自然的。当上述思路进一步向极端推演，即意味着可以完全以价值判断覆盖、取代知识分析，或者说为了服务于特定的预设价值目标可以据此任意调用、裁剪哲学史知识。在批判孔子与儒家的基础上，在中国哲学史研究领域内发展起来的"儒法斗争"史观，可谓"日丹诺夫范式"指导下的研究与极"左"的政治要求结合后最典型的后果，即以伪科学的方式在价值优先的前提下达成了一种潜在地满足特定政治目标的哲学史虚构。集中反映该史观的著作，20世纪70年代中期面世的杨荣国的《简明中国哲学史》，尝试以儒法斗争的线索贯穿整个中国哲学史的写作，大体将法家定位为进步的唯物主义，而儒家为反动的唯心主义，而其他先秦诸子与历史上的其他思想家，均被分别依附于以上两条对立斗争的思想线索，这种虚构中国哲学史而服务现实的方式，已经丧失了知识的意义，并与中国哲学史研究对于"科学性"的追求背道而驰。由此可见，"日丹诺夫范式"最核心的缺陷，在于其教条主义的立场中天然地包含着的对于知识与价值的混淆，而这最终破坏了其所宣称的"科学性"，但无论在较早还是晚近的反思中，对于上述混淆似乎均着力不足。

自1949年后"日丹诺夫范式"在中国哲学史研究界逐步落地以来，无论该范式还是对其的反思，均着力于塑造哲学史知识的面貌，在实际上扩大了中华人民共和国成立后中国哲学史研究的视野。当学术界于1978年正常的研究秩序得以渐次恢复之后开始真正部分地有效摆脱其教条主义的负面影响，此前30年中国哲学史研究中出现的如中国哲学范畴问题、儒家是否是宗教问题、哲学遗产继承问题、中西哲学关系问题等，将在新一轮的范式更新中重新发挥其学术作用。这些问题对今天的哲学史思考仍然继续产生形塑作用，而这意味着范式更新推动下的知识积累的连续性，把握住这种连续性进而由此清晰定位未来研究工作的努力方向，正是我们仍然需要回到那个较早的思想现场的根本理由。

中国哲学"自我"觉醒的历程

——四十年来中国哲学研究之反思

任蜜林

（中国社会科学院哲学研究所）

摘要： 四十年来的中国哲学研究是一个中国哲学"自我"逐渐觉醒的过程。改革开放以后，中国哲学研究受到马克思主义意识形态的影响。随后，人们开始对这种研究范式进行反思，认为仅仅在马克思主义框架内是不能认识中国哲学的。于是又通过西方哲学来研究中国哲学。不管是马克思主义指导下的中国哲学研究，还是西方哲学影响下的中国哲学研究，都是通过外在的"他者"来认识中国哲学这个"自我"的。毫无疑问，这种情况下的中国哲学是没有自主性的，于是就出现了中国哲学的"合法性"危机。在解决这一危机的过程中，中国哲学的自主性逐渐凸显出来，这也是中国哲学未来研究的发展方向。

关键词： 中国哲学 四十年 合法性 自主性

中国古代本无"哲学"一词，作为现代学术意义上的中国哲学是在西方文化影响下建立起来的。因此，在中国哲学这门学科创立之初就不可避免地要以西方哲学为参照。对于这点，胡适、冯友兰等人都有着清醒的认识。中华人民共和国成立之后，马克思主义成为国家意识形态。在这种情形下，中国哲学研究又受到马克思主义的严重影响，而且还是苏联教条主义影响下的马克思主义。改革开放以后，人们开始对马克思主义意识形态指导下的中国哲学研究进行反思，这样中国哲学研究又自然地回到了创建之初的范式。无论是马克思主义，还是西方哲学，对于中国哲学来说都是依附"他者"而认识"自我"的。但这种认识究竟是不是中国哲学"自我"本身，是值得怀疑的，于是就出现了中国哲学"合法性"问题的讨论。在对中国哲学研究反思的过程中，中国哲学逐渐回归"自我"，建立自主性。从这个意义来说，四十年来的中国哲学研究就是一个中国哲学"自我"不断觉醒的过程。

一 在意识形态话语反思中认识"自我"
——马克思主义指导下的中国哲学研究

中华人民共和国成立以后，马克思主义成为官方意识形态，其不但在政治上指导一切，而且对于学术研究也有着全面指导的"话语权"。当时各个学科的研究都要以马克思主义的观点、立场和方法为指导来进行研究，中国哲学的研究也不例外。但当时对于马克思主义的理解存在着简单化、片面化和教条化的倾向，而且受到苏联学者对于马克思主义理解的影响甚重。因此，在运用马克思主义的过程中，"左"的教条主义倾向越来越明显，严重地脱离了科学研究的轨道。这一点到了"文化大革命"时达到了顶峰。"文革"期间，唯心主义盛行，形而上学猖獗，片面夸大主观意志和阶级斗争，宣扬"上层建筑决定论"，大搞影射史学。在中国哲学史领域，主要表现为把"批孔"与"批林"放在一起，把中国哲学史歪曲、篡改为一部"儒法斗争史"。①

1978年5月的"真理标准"大讨论，冲破了长期以来马克思主义"左"倾教条主义的束缚，推动了全国范围内的思想解放。在中国哲学研究方面，这种思想解放首先表现在对孔子的评价方面。"文革"期间，孔子被同林彪绑定在一起，遭到了极大的批判和诬蔑。1978年8月，庞朴在《历史研究》上发表了《孔子思想的再评价》一文，最先在对马克思主义的反思中重新认识和评价孔子。在他看来，从历史唯物主义的角度来看，社会存在决定社会意识，不同时代的思想产生的历史条件不同。

---

① 杨春贵主编：《中国哲学四十年》，中共中央党校出版社1989年版，第235—237页。

因此，不能把一个人物在后世产生的影响和后人对他的利用同他本人的思想混同起来。对于孔子也是如此。批判孔子首先要真正弄清孔子，分辨孔子本来的东西和后世发生的东西，这样才"不致无的放矢，李代桃僵"。他指出："作为一个意识形态方面的历史人物，孔子创建了一个学派，提出了一些错误见解，也认识到了一些真理，从而留下了许多为后人由以出发并得以利用的思想材料。后人对孔子思想做过种种解释，并由之发挥出成套的新见解。"对于这些，我们必须从历史发展的过程中寻找说明，不能不分青红皂白而胡乱加以评价。在这一思想指导下，他认为批判孔子不是完全否定孔子，而是用"扬弃"的办法，批判其错误的、不符合时代发展的内容，继承其合理部分。只有这样，才能否定一切旧的思想和文化，建设社会主义的新文化。① 庞朴的这些论述虽然还夹杂着时代烙印，但毕竟从"文革"否定孔子的氛围中迈出了一大步，为后来的孔子和儒学研究奠定了基础。现在看来，这些说法似乎很平常，但在当时却冒着很大的风险。随后，对于孔子的评价基本走出了"文革"中完全否定的立场，大多都从一分为二的角度对其进行研究和评价。较为重要的文章有李泽厚的《孔子再评价》、金景芳的《关于孔子研究的方法论问题》、严北溟的《要正确评价孔子》等。② 如李泽厚从"文化—心理"结构出发，分析了孔子的"礼""仁"思想，认为孔子思想已经构成了我们这个民族的某种共同的心理状态和性格特征，"不管你喜欢或不喜欢，这已经是一种历史的和现实的存在"。他还指出，历史主义固然不能脱离阶级分析，但阶级分析等并不能取代整个历史主义。在文化继承问题上，阶级性并不是唯一的甚至有时也不是主要的决定因素。只有这样，才能具体分析研究各个民族的文化传统和民族性格，才能看清每个民族文化的精华和糟粕。对于孔子的思想也是如此。只有站在广阔的历史视野和中国文明和世界文明的交融会合的前景上才能对孔子有真正的认识。

---

① 庞朴：《孔子思想的再评价》，《历史研究》1978 年第 8 期。
② 分别见《中国社会科学》1980 年第 2 期，《哲学研究》1979 年第 11 期，《齐鲁学刊》1980 年第 6 期。

如果说对于孔子评价只是对用马克思主义意识形态来研究中国哲学这个"自我"反思的一个序曲的话，那么1979年的"中国哲学史方法论问题讨论会"则标志着在方法论上对用马克思主义意识形态来研究中国哲学反思的全面展开。这次会议由中国社会科学院哲学研究所、北京大学哲学系、中国人民大学哲学系联合主办，于1979年10月在太原召开。会上主要讨论了中国哲学史的特点、对象、任务、哲学遗产的批判与继承、如何评价唯心主义、哲学与阶级斗争的关系等问题，其中哲学史研究中的方法论问题是这次会议讨论的重点。① 这次会议的一个重要参照就是1957年1月在北京大学哲学系召开的"中国哲学史座谈会"，其讨论的正是哲学史方法论问题。②

1957年会议召开的背景主要针对当时中国哲学史教学研究中存在着的教条主义倾向，其主要涉及中国哲学史的对象和范围、对历史唯心主义哲学的评价、关于中国哲学的特点和中国哲学遗产的继承等问题，其根本问题则是唯物主义与唯心主义的关系。③ 而其实质是对以日丹诺夫为代表的苏联学者所理解的马克思主义关于哲学史基本问题的反思。日丹诺夫对于哲学史的一个基本观点就是："科学的哲学史，是科学的唯物主义世界观及其规律的胚胎、发生与发展的历史。唯物主义既然是从与唯心主义派别斗争中生长和发展起来的，那么，哲学史也就是唯物主义与唯心主义斗争的历史。"④ 对于日丹诺夫的这种观点，当时有两派不同的看法：一派对日丹诺夫的观点提出了一定程度的质疑，当时参加会议的大部分学者都持这种看法，在中国哲学史方面以冯友兰、任继愈等人为代表；一派则维护日丹诺夫的观点，以关锋为代表。冯友兰认为，哲学史是唯物主义与唯心主义的斗争历史，是哲学史的一般性。其在各时代

---

① 参见中国社会科学院哲学研究所中国哲学史研究室编《中国哲学史方法论讨论集》，中国社会科学出版社1980年版，"前言"。

② 参见张志强《时代·传统·中国哲学——时代课题与中国哲学史研究三十年来的演进逻辑》，《中国哲学史》2008年第3期。

③ 参见赵修义等编《守道1957——1957年中国哲学史座谈会实录与反思》，上海人民出版社2012年版。

④ ［苏］日丹诺夫：《在关于亚历山大洛夫著"西欧哲学史"一书讨论会上的发言》，李立三译，人民出版社1954年版，第4—5页。

和各民族哲学史中围绕着不同的问题进行,这是各民族哲学的特殊性。研究哲学史,应该在特殊中显示一般,这样的一般才是有血有肉的具体真理。中国哲学史的研究也必须如此,才能显示它的丰富内容和特点。而在中国哲学史研究中划分唯物主义和唯心主义"两军对垒"的做法,只看到问题的一面,没有看到唯物主义与唯心主义相互影响、相互渗透的一面,是有片面性的。因此,冯友兰特别指出唯心主义也有"合理的内核","它的合理的部分,应该说是唯物主义的,因为它是与客观事物相符合的"。① 按照日丹诺夫的观点研究中国哲学史,任继愈认为会出现三方面的缺点:一是会在社会历史观方面留下空白,使人偏重自然观和认识论;二是忽略辩证法战胜形而上学的斗争;三是没有给唯心主义哲学流派以应有的历史地位。② 冯友兰、任继愈的看法虽然不同,但都看到了以日丹诺夫观点来硬套中国哲学史研究的不足。关锋则与冯友兰等人针锋相对,认为"唯物主义和唯心主义是敌对的;其界限是分明的,斗争是尖锐的、没有妥协余地的。我们研究它们的相互渗透时必须坚持这个原则,否则就会混淆唯物主义和唯心主义的界限"③。

1979年会议讨论的重点也是中国哲学史方法论问题,其一个核心内容就是对日丹诺夫观点的检讨。在这一点上自觉地回到1957年会议讨论的问题。在这次会议上,很多学者对日丹诺夫的观点提出了质疑,认为日丹诺夫的定义在哲学史研究工作中起到了很多不好的作用,不以原则服从实际,却让实际服从定义,出现了教条主义、公式化、简单化等情况,使哲学史的研究工作一直受到极"左"思潮的影响。④ 因此,这次会议就是从马克思主义的观点和方法重新反思日丹诺夫的观点,即哲学史绝不是唯物主义与唯心主义斗争那么简单的事情,而是有着锻炼我们

---

① 冯友兰:《关于中国哲学史研究的两个问题》,载赵修义等编《守道1957——1957年中国哲学史座谈会实录与反思》,上海人民出版社2012年版,第67—70页。
② 参见任继愈《中国哲学史的对象和范围》,载赵修义等编《守道1957——1957年中国哲学史座谈会实录与反思》,上海人民出版社2012年版。
③ 关锋:《关于哲学史上的唯物主义和唯心主义的斗争问题》,载赵修义等编《守道1957——1957年中国哲学史座谈会实录与反思》,第211页。
④ 参见汪子嵩《谈怎样研究哲学史》,载中国社会科学院哲学研究所中国哲学史研究室编《中国哲学史方法论讨论集》,中国社会科学出版社1980年版。

理论思维能力的作用。因此，对于唯心主义思想家，不能仅仅判断其是唯心论为止，而要"仔细研究他的著作，分析他的论证，才能判断他是在那一方面失足的。只有这样做，才能提高我们的理论思维能力"①。"我们就要为建立科学的'中国哲学史'提供理论和方法的指导。这个指导思想是什么，就是要完整和准确地掌握马列主义、毛泽东思想体系。……只有从客观历史事实出发……理论联系实际，总结中国过去认识史的发展，特别是哲学思想战线上两条路线斗争的规律，但决不能将二者断然对立起来，用以提高我们理论思维的能力。"②

可以看出，不论 1957 年会议，还是 1979 年会议，都是站在马克思主义立场上对马克思主义意识形态固有研究模式的一种反思，反对马克思主义指导中国哲学史研究中的教条化、简单化和形式化的做法。在 1979 年会议中，很多学者都从马列主义经典中寻找依据，如重视恩格斯"学习哲学是为了锻炼理论思维"的看法、用列宁关于哲学史"就是整个认识的历史"的论述来反对日丹诺夫的观点，等等。其实，当时对于马克思主义教条化的反思是中国哲学界比较普遍的现象。可以说，已经成为一种必然的时代趋势。在冯友兰、任继愈、冯契、肖萐父等人的著作中，我们都能看到类似的反思。

冯友兰是中国哲学史学科的奠基者。中华人民共和国成立以后，冯友兰接受了马克思主义，并试图用马克思主义的立场、观点和方法重写一部《中国哲学史》。但在运用马克思主义的过程中走了很多弯路：先是向苏联"学术权威"学习，但学到的却是寻找一些马克思主义的词句作为条条框框，生搬硬套。后来又按照"评法批儒"的种种说法，致使工作走入歧途。经过这两次折腾，冯友兰自己开始对马克思主义进行反思。在他看来，"路是要自己走的；道理是要自己认识的。学术上的结论是要

---

① 汪子嵩：《谈怎样研究哲学史》，载中国社会科学院哲学研究所中国哲学史研究室编《中国哲学史方法论讨论集》，第 3—4 页。
② 石峻：《有关中国哲学史研究方法论的几个问题》，载中国社会科学院哲学研究所中国哲学史研究室编《中国哲学史方法论讨论集》，第 59 页。

靠自己的研究得来的"①。因此，他要按照自己理解的马克思主义来撰写《中国哲学史新编》（以下简称《新编》）。冯友兰在1980年为此书写的"自序"中说："吸取了过去的经验教训，我决定再继续写《新编》的时候，只写我自己在现有的马克思主义水平上所能见到的东西，直接写我自己在现有的马克思主义水平上对于中国哲学和文化的理解和体会，不依傍别人。……用马克思主义的立场、观点和方法，并不等于依傍马克思主义，更不是抄写马克思主义。"②那么冯友兰所说的"现有的马克思主义水平"指的是什么呢？从《新编》的"全书绪论"中可以知道其指的主要是他对列宁关于哲学史相关理论的理解。因此，他对于哲学史的描述不是日丹诺夫式的而是列宁式的，即"哲学史还有它自己的一般规律，那就是唯物主义和唯心主义、辩证法和形而上学这些对立面的斗争和转化，以至于唯物主义和辩证法的不断胜利。但是，在不同民族的哲学史中，在同一民族的哲学史的不同阶段中，这个斗争和转化各具有不同的内容和形式。……必须对这些丰富的内容和变化多端的形式有充分的认识，才可以更好地了解这个规律的意义，更好地认识马克思主义哲学史的方法和原则的正确性"③。除此之外，冯友兰还接受了列宁用辩证法方法研究哲学史的思想，其说："哲学史是哲学的发展史。它是无限地近似一圈圆圈，近似螺旋的曲线。每一个圆圈都是这一发展的一个环节。"④但在写作上，冯友兰采取的主要还是唯物主义与唯心主义的分析模式。从形式来看，尽管冯友兰还没有完全走出唯物主义与唯心主义二元对立的思维模式，但在内容上其却表现出了从马克思主义教条主义的束缚中解放出来的趋势。这种解放首先表现在他对哲学概念的理解上。冯友兰认为，哲学就是人类精神的反思。不但康德的"三大批判"、黑格尔的《精神现象学》如此，马克思的《关于费尔巴哈的提纲》、恩格斯的《自然辩证法》也都分别是人类精神对认识及政治生活、自然科学研究的

---

① 冯友兰：《中国哲学史新编（1980年修订本）》，人民出版社1982年版，第1册，"自序"第1—2页。
② 冯友兰：《中国哲学史新编（1980年修订本）》，第1册，"自序"第2页。
③ 冯友兰：《中国哲学史新编（1980年修订本）》，第1册，第6—7页。
④ 冯友兰：《中国哲学史新编（1980年修订本）》，第1册，第34页。

反思。在中国哲学史中，每个哲学家的哲学也都是这种人类精神的反思，如孔子的哲学就是他对于古代精神生活的反思。正因如此，冯友兰在《新编》中特别强调中国哲学家对于精神境界的描述，如专门讨论孟子对于人类精神生活的理解和体会，从"越名教而任自然""心不违乎道"两个层次来论述嵇康的精神境界，对于二程"气象"和"孔颜乐处"的论述及从人的精神境界来讨论张载的《西铭》，等等。

1979年会议反对日丹诺夫观点的一个主要理论根据就是列宁的"哲学史就是整个认识的历史"。与日丹诺夫的唯物主义与唯心主义斗争的观点不同，列宁更强调"认识论和辩证法"，即更加重视辩证法和形而上学的对立统一。冯契就是在接受了列宁的这种哲学史观情况下研究中国哲学史的。他的《中国古代哲学的逻辑发展》是20世纪80年代较有代表性的中国哲学史著作。从书名就可以看出其注重辩证法的特点。在"绪论"的一开始，冯契就表明了他自己的研究方法，"本书试图用马克思主义的辩证方法来研究中国古代哲学史"①。在他看来，只有用马克思主义的立场、观点和方法来研究中国哲学的逻辑发展，才能建立科学的中国哲学史。对于在中国哲学史领域如何具体运用马克思主义的辩证方法，冯契提出了四点要求：把握哲学历史发展的根据、历史的方法与逻辑的方法相结合、运用科学的比较法、站在发展的高级阶段回顾历史。其一个主要看法就是在运用马克思主义研究中国哲学史时，既要看到马克思主义的一般规律，又要注意马克思主义在中国哲学方面的具体表现。与冯友兰不同，冯契的中国哲学史依据的主要是列宁所说"哲学上的'圆圈'"理论。在他看来，与黑格尔、列宁所说的西方哲学史近似一串"圆圈"和螺旋式曲线的过程一样，中国哲学史也是一个否定之否定的过程，也可以比喻为一个由许多小圆圈构成的大圆圈。冯契认为，中国哲学史总体上可以分为两个"圆圈"：第一个"圆圈"开始于原始的阴阳说，经过先秦时期的"天人""名实"关系问题的争论，最后由荀子做了比较正确、比较全面的总结，达到了朴素唯物论和朴素辩证法的统一，仿佛回到了起点；第二个"圆圈"则是秦汉以后哲学上关于"有无""理气"

---

① 冯契：《中国古代哲学的逻辑发展（上）》，上海人民出版社1983年版，第1页。

"形神""心物"等问题的争论,由王夫之做了比较正确、比较全面的总结,在更高阶段达到了朴素唯物论和朴素辩证法的统一。然后各个大"圆圈"又包含若干小"圆圈",中国哲学史就是在这种看似不断被否定的历史中螺旋式上升的过程。

其实在冯契此书之前,肖萐父、李锦全主编的《中国哲学史》教材中就已经开始用列宁"哲学史是认识论和辩证法的历史"的理论来编写中国哲学史了。此书是由教育部组织编写的,当时参与的有武汉大学、中山大学、南开大学、南京大学等九所院校的老师,后来长期被作为中国哲学史的教学教材。因此,此书在当时无疑有着某种示范作用。此书的一个主导思想就是以马克思主义的哲学史观为指导来科学地研究中国哲学史。其所说的马克思哲学史观主要指列宁所说的认识论和辩证法的"圆圈"理论。因此,在研究方法上,他们特别强调历史与逻辑的统一。在这种理论和方法指导下,他们认为中国哲学史就是"中华民族的哲学智慧在艰苦曲折中发展的合规律的必然历程"[①]。与冯契不同,他们认为早期稷下道家的"精气说"的宇宙观和"静因之道"的反映论是先秦时期哲学运动的逻辑起点,经过孟子、庄子、公孙龙、惠施等环节,最后由荀子加以批判总结,在更高思维水平上扬弃了孟子、庄子、公孙龙、惠施而向稷下道家"静因之道"复归,逻辑地标志着这一哲学发展"圆圈"的终结。第二阶段哲学发展的"圆圈"则始于张载,中间经过朱熹、王阳明,最后由王夫之通过扬弃朱熹、王阳明而复归到张载,完成了宋明时期哲学矛盾运动的大螺旋。

可以看出,尽管冯契、肖萐父等人对中国哲学史的逻辑发展过程有着不同的认识,但都是在接受了列宁"哲学史就是整个认识的历史"的理论情况下研究中国哲学史的。这种研究现在看来似乎有些牵强,但却反映了当时学者对于突破日丹诺夫教条主义的某种努力。

任继愈也是在接受了列宁哲学史观点的基础上编写中国哲学史的。在1983年出版的《中国哲学发展史(先秦)》的"导言"中,任继愈说:"哲学史是整个认识的历史,这是列宁给哲学史下的定义。同时列宁

[①] 肖萐父、李锦全主编《中国哲学史》,人民出版社1982年版,第11页。

也指出，在两千年的哲学发展过程中，唯心主义和唯物主义的斗争、柏拉图的和德谟克利特的倾向或路线的斗争不会陈腐。苏联日丹诺夫根据列宁的后一种说法否定了苏联亚历山大洛夫的哲学史定义，其实亚历山大洛夫把哲学史看作认识史也是根据列宁的说法而来的。哲学史是认识史，哲学史是唯物主义和唯心主义的斗争史，这两个说法本来是互相补充、并不排斥的。"① 在他看来，无论是日丹诺夫，还是亚历山大洛夫的观点都是片面的。日丹诺夫只看到哲学史上的"两军对垒"，没有注意人类认识螺旋上升的曲折复杂的发展过程；亚历山大洛夫则忽视了哲学史上唯物主义和唯心主义的斗争，从而把认识的发展看成一种和平的量的渐进过程。因此，只有列宁的观点才是最全面完整的。在这种思想指导下，他认为哲学史就是哲学发展的历史，其研究对象就是整个人类认识的历史。因此，任继愈特别强调哲学家对于人类认识发展的贡献，"先进的哲学家所以称为先进，就在于他们站在当时人类认识的尖端，给后来人提供了精神财富"②。

从上面的论述可以看出，在20世纪80年代初期，对于马克思主义意识形态"话语"教条主义的反思是中国哲学史研究中较为普遍的现象。这种反思体现了当时中国哲学史研究者在马克思主义固有"话语"体系下认识中国哲学这个"自我"的某些尝试和努力。虽然他们一再强调马克思主义普遍性与中国哲学特殊性之间的关系，但毕竟不能超出从马克思主义相关理论思考的框架。因此，随着研究的不断深入，势必要突破这个框架，寻找新的角度来认识中国哲学。

二 通过"他者"认识"自我"
——西方哲学参照下的中国哲学研究

在对马克思主义意识形态"话语"反思的过程中，研究者逐渐觉得

---

① 任继愈主编：《中国哲学发展史（先秦）》，人民出版社1983年版，第9页。
② 任继愈主编：《中国哲学发展史（先秦）》，第11页。

仅仅在马克思主义框架内来研究中国哲学是不能完全认识中国哲学这个"自我"的,因此要寻找新的角度来认识中国哲学。中国哲学这门学科一开始就是在参照西方哲学的标准下建立起来的,因此,在马克思主义研究范式不能完全认识中国哲学的情形下,西方哲学就自然而然地进入中国哲学研究的视域,成为认识中国哲学这个"自我"的"他者"。大致来看,当时西方哲学对中国哲学研究的影响主要有两种方式:一种是以马克思主义为中介的西方哲学影响下的中国哲学研究;另一种是西方哲学大量翻译与传入影响下的中国哲学研究。

我们在前面曾指出,"文革"之后的中国哲学研究是在对马克思主义教条主义反思中展开的。这种反思的一个重要成果就是以列宁关于"哲学史就是整个认识的历史"的理论取代了日丹诺夫唯物主义与唯心主义二元对立的模式。除了认识论外,列宁对于哲学史还有一个重要的观点,即特别重视概念和范畴。他在《黑格尔〈逻辑学〉一书摘要》中说:"从逻辑的一般概念和范畴的发展和运用的观点出发的思想史——这才是需要的东西!"[1] 在西方哲学史上,范畴一直受到重视。早在古希腊时期,亚里士多德《范畴篇》就提出"十范畴说",后来著名的有康德的"十二范畴说"。黑格尔对于哲学中的范畴也特别重视:"每一个哲学系统是一个范畴","既然文化上的区别一般地基于思想范畴的区别,则哲学上的区别更是基于思想范畴的区别"[2]。列宁的上述对于概念范畴思想的重视就直接源于黑格尔。受到列宁重视西方哲学史中概念范畴的影响,中国哲学史界在20世纪80年代兴起了概念、范畴研究的浪潮。这种研究在当时是由张岱年首先发起的。

张岱年在1935年撰写《中国哲学大纲》时就对中国哲学的概念范畴作了一定的探索。1978年党的十一届三中全会之后,他就打算写一本专门论述中国哲学概念范畴的书。1981年撰写了天、道、气、理等范畴。[3] 1983年,张岱年出版的《中国哲学史方法论发凡》一书中也有专门讨论

---

[1] 《列宁全集》第55卷,人民出版社2017年版,第148页。
[2] [德]黑格尔:《哲学史讲演录》第1卷,贺麟、王太庆译,商务印书馆1959年版,第38、47页。
[3] 张岱年:《中国古典哲学概念范畴要论》自序,《张岱年全集》第4卷,第449页。

"如何分析哲学的概念范畴"的内容。该书实际根据1979年的"中国哲学史方法论"课程讲义整理而成。① 1982年，张岱年还发表了《开展中国哲学固有概念范畴的研究》一文，说明概念范畴在中国哲学史研究中的重要作用。② 张岱年虽然在1978年就有撰写中国哲学概念范畴一书的想法，但由于种种原因，其在1987年底才完成此书。这就是1989年出版的《中国古典哲学概念范畴要论》一书。该书是20世纪80年代用概念范畴研究中国哲学的代表作，全书不但对中国古代哲学概念范畴的名称做了辨析，论述了中国古代哲学范畴体系的层次和演变，而且对中国古代哲学的概念范畴的总体系及其分类也做了深入的探讨。作者认为，中国古代虽无概念范畴的名称，但中国古代哲学却有一套自己的范畴。对于中国古代哲学概念范畴的总体系，作者认为既要看到范畴从普遍到特殊的逻辑顺序，又要照顾历史上范畴出现的先后顺序。这样中国古代哲学范畴总体系可以分为单一范畴和对偶范畴两大类。单一范畴可以分为最高范畴（如天、道、气等）、虚位范畴（如德、善、美等）和定名范畴（如命、五行、阴阳等）。对偶范畴则可以分为天道范畴（如天人、本末、有无等）、人道范畴（如道德、仁义、美善等）和知言范畴（如名实、知行、是非等）。对于中国古代哲学概念范畴的分类，作者划分了自然哲学、人生哲学、知识论三大部分。每部分下又包含若干概念范畴，如自然哲学概念范畴包含天、道、气、理、太极等35类，人生哲学概念范畴包含德、仁、兼、公等15类，知识论概念范畴包含知、名、思等10类。

1981年，汤一介发表了《论中国传统哲学范畴体系的诸问题》一文，也指出研究中国哲学的范畴体系是中国哲学史的重要任务，是揭示中国传统哲学发展规律及其特点和发展水平的根本途径。除了指出研究中国传统哲学范畴体系的意义外，汤一介还指出应该从分析概念范畴的含义及其发展、分析哲学家的概念范畴体系、分析中外哲学概念范畴的异同等几个方面来研究中国传统哲学的概念范畴，并在此基础上提出了以天

---

① 张岱年：《中国哲学史方法论发凡》，《张岱年全集》第4卷，第103页。
② 参见张岱年《开展中国哲学固有概念范畴的研究》，《中国哲学史研究》1982年第1期。

道、人道为核心的中国传统哲学范畴体系的构想。① 随后，汤一介还把这种概念范畴研究运用到郭象和魏晋玄学的研究中，从概念范畴的角度对郭象的哲学体系做了深入的分析②，这代表了当时郭象和魏晋玄学研究的最高水平。

此后中国哲学的概念范畴研究便开始流行起来，较有代表性的著作有葛荣晋的《中国哲学范畴史》、张立文的《中国哲学范畴发展史》和蒙培元的《理学范畴系统》。葛荣晋的《中国哲学范畴史》出版于1987年，其把中国哲学的范畴体系分为天道、人道、天人关系三大部分，然后分别加以论述。此书后来又先后修订增补为《中国哲学范畴导论》《中国哲学范畴通论》二书。张立文的《中国哲学范畴发展史》分为"天道篇"和"人道篇"两部，分别出版于1988年和1995年。该书全面地探讨了中国哲学范畴的产生、形成和发展的文化背景、中间环节和演变规律，阐述了中国哲学范畴研究的对象、范围和特点，勾勒了天道、人道的范畴体系。全书包括"绪论""天道篇"和"人道篇"。"绪论"对于中国哲学范畴系统的构想、解释、中国哲学范畴史的考察及特点等问题做了深入的论述。"天道篇"包含"天论""五行论""常变论""气论""聚散论""物论""阴阳论""动静论""无极太极论""道器论""变化论""无有论""一二论""理气论""心物论""体用论"和"形神论"十七个部分；"人道篇"则包含"人论""心性论""中和论""义利论""公私论""消长论""理欲论""仁义论""健顺论""善恶论""未发已发论""性情论""名实论""格致论""知行论""相须互发论""能所论""王霸论""经权论""理势论"二十个部分。除此之外，张立文还主编了"中国哲学范畴精粹丛书"，如《道》《气》《理》《性》《心》等，大大地推动了当时中国哲学的范畴研究。蒙培元于1989年出版的《理学范畴系统》则是一部断代研究中国哲学范畴的著作，该书从"理气""心性""知行""天人"四个部分探讨了宋元明清时期理学的范畴系统。

可以看出，20世纪80年代中国哲学概念范畴的研究虽然很流行，但

---

① 参见汤一介《论中国传统哲学范畴体系的诸问题》，《中国社会科学》1981年第5期。
② 参见汤一介《郭象与魏晋玄学》，湖北人民出版社1983年版。

在整体上并未超出张岱年20世纪30年代《中国哲学大纲》"宇宙论""人生论""致知论"的基本架构。随着改革开放的不断深入、西方哲学的不断传入,西方哲学对于中国哲学的影响也变得丰富起来。

在西方哲学大量翻译与传入影响下的中国哲学研究主要表现在两个方面,一个方面是随着西方哲学的不断传入,中国哲学研究者开始借助西方哲学的视角来认识中国哲学,其在20世纪90年代最具代表性的成果是陈来和杨国荣关于王阳明的研究著作。陈来的《有无之境——王阳明哲学的精神》以"有与无"为基本线索引入西方的存在主义观点来分析王阳明的心学思想。在作者看来,从理学到心学的转向,类似西方哲学从理性主义到存在主义的转向,认为黑格尔之后强调主体性的存在主义哲学为我们理解王阳明哲学提供了一个新的视野。作者指出:"在存在哲学中,主体性原则取代了客体性原则,心物的对立被消解,情感的本体压倒了知识的本体。虽然,存在主义哲学家之间差别甚大,但这一思潮的一般特点在阳明心学中都有不同程度的表现。"[1] 尽管作者一再强调王阳明哲学与西方存在主义哲学不能完全画等号,存在着较大的差异,但其在方法上毫无疑问借助了西方存在主义哲学。杨国荣的《心学之思:王阳明哲学的阐释》一书也是在受到康德和海德格尔思想的影响下从心体重建的角度对王阳明哲学做了新的探讨。作者认为,程朱一系的正统理学挺立性体,以性说心,在某种意义上从形而上的层面展开了本质与存在之辩,其基本立场则是本质压倒存在。王阳明心学则除了对普遍本质关注外,对于存在的感性之维及多重样式亦多有注意。因此,王阳明以心体转换性体,蕴含着从形而上的本质向个体存在的某种回归。[2] 可以看出,这显然也受到了存在主义哲学的影响。

西方哲学对于中国哲学研究的影响还表现在一些西方哲学研究者从西方哲学角度出发对中国哲学的研究,其代表人物有张世英、张祥龙等人。张世英是我国著名的德国古典哲学研究专家,其在1989年就开始把老庄与尼采放在一起进行比较研究,从尼采的"利己"与《老子》的

---

[1] 陈来:《有无之境——王阳明哲学的精神》,人民出版社1991年版,第15页。
[2] 参见杨国荣《心学之思:王阳明哲学的阐释》,生活・读书・新知三联书店1997年版。

"贵身"、尼采的"善于无知"与《老子》的"绝圣弃智"、尼采的"醉境"与老庄的"道"、老庄的"玄览""坐忘"与尼采的"远观"四个方面来比较二者的异同。① 1992 年,张世英又发表了《程朱陆王哲学与西方近现代哲学》一文,从存在论角度对中国古代哲学的天人合一论与西方主客统一论及存在论做了比较,认为中国古代哲学的天人合一论既不同于西方近代哲学中的主客统一论,前者侧重存在论上的"合一",后者则注重认识论上的"统一";也不同于存在论哲学家如海德格尔说的"原始的统一",因为后者受过西方哲学主客关系思想的影响。② 西方哲学研究者中对中国哲学研究最为着力的当属张祥龙。1996 年他出版《海德格尔思想与中国天道》一书,把海德格尔思想与中国天道观做了比较研究,认为"源于人生的原初体验视野的、纯境域构成的思维方式"是二者的相通之处,而二者所处的文化、时代不同又造成了它们之间的差别,这种差别反而"成了引发新鲜对话的解释学的'距离'"③。而 2001 年出版的《从现象学到孔夫子》一书则运用现象学方法对中国古代哲学中的"构成"思想、天时观及《论语》"学而时习之"章等做了深入的分析。

可以看出,无论是马克思主义指导下的中国哲学研究,还是西方哲学影响下的中国哲学研究,都是通过外在的"他者"来认识中国哲学这个"自我"的。毫无疑问,这种情况下的中国哲学是缺乏很强的自主性的,于是就出现了 21 世纪初的中国哲学"合法性"问题的大讨论。

三 "自我"的危机
——中国哲学的"合法性"问题

1999 年,陈来在《中国哲学史》上发表了《世纪末"中国哲学"研究的挑战》一文,对中国哲学撰述的内容、范围及中国哲学史与其他研

---

① 参见张世英《尼采与老庄》,《学术月刊》1989 年第 1 期。
② 参见张世英《程朱陆王哲学与西方近现代哲学》,《文史哲》1992 年第 5 期。
③ 张祥龙:《海德格尔思想与中国天道:终极视域的开启与交融》,生活·读书·新知三联书店 1996 年版,第 13—16 页。

究中国思想进路之间的同异等问题做了深入的检讨。在作者看来，到了20世纪将要结束的时候，中国哲学研究本身在某些方面和某种程度上面临着世界范围的冲击。在此情况下，中国哲学研究发生了重新定位和自我辩护的需要。作者认为，与受到西方学术分类标准建立起来的其他学科相比，中国哲学显得有些尴尬，即在中国古代学术体系的分类中，并没有一独立的系统与西方所谓的哲学完全相当。中国哲学研究的另外一个挑战就是受到中国思想史和其他历史学研究的影响而研究范围有着越来越模糊的倾向，以致中国哲学史研究者面临着"同行迷失"的困难。[①]陈来虽然没有明确提出中国哲学的"合法性"问题，但其实已经触及这一问题。2001年，有学者发表了《"中国哲学"的"合法性"问题》一文，明确提出中国哲学的"合法性"问题。在他看来，中国哲学是引进西方哲学的概念系统诠释中国思想的结果。那么中国哲学究竟是中国历史上本来存在的，还是通过西方"哲学的方式"解读中国历史上非哲学的文本创造出来的。如果是后者，那么中国哲学就存在"合法性"的问题。其说："'中国哲学之合法性'问题的真实含义在于：中国历史上存在着某种独立于欧洲传统之外的'中国哲学'吗？或者说，'哲学'是我们诠释中国传统思想之一种恰当的方式吗……'中国哲学之合法性'问题的出现，是以'哲学'观念的引进和'西方哲学'作为某种参照和尺度的存在为前提的。"[②] 此文发表之后，一石激起千层浪，在学界产生了广泛的影响，不但中国哲学学界内部的很多学者卷入其中，而且引起了中国哲学学界以外学者的极大关注。

其实，中国哲学的"合法性"问题并非20世纪末才出现的问题，而是在中国哲学这门学科建立之初就已经存在的问题。中国古代并无"哲学"这一名称，其是通过日本传入我国的。在日本，最先把"Philosophy"译成"哲学"的是西周的《百一新论》（1874年）。而"哲学"传入中国则最早见于黄遵宪的《日本国志》（1895年）。在此书的"学术志"中，黄遵宪介绍了日本明治四年（1871）的教育制度。当时日本有

[①] 参见陈来《世纪末"中国哲学"研究的挑战》，《中国哲学史》1999年第4期。
[②] 《中国哲学年鉴（2001）》，哲学研究杂志社2001年版，第1—2页。

外国语学校、小学校、中学校、师范学校、专门学校、东京大学校等设置。在东京大学校中设有法学、理学、文学三学部,其中"文学分为二科:一哲学、政治学及理财学科;二和汉文学科。"① 黄遵宪把"哲学"引进中国以后,对中国的学术产生了重要的影响,当时一些著名的思想家都纷纷开始研究"哲学",如梁启超1899年就曾在日本介绍康有为的哲学,蔡元培说自己"丁戊(1897—1898年)之间,乃治哲学"②,王国维也说"研究哲学,始于辛壬(1901—1902年)之间"③,等等。正是这些著名思想家的推动,使得"哲学"在当时成为一门"显学"。不过当时清政府的一些保守派对哲学则持排斥态度,如1902年颁布的由张百熙拟定的《钦定京师大学堂章程》和1904年颁布的由张百熙、荣庆、张之洞拟定的《奏定大学堂章程》中均未设立"哲学"一科。王国维于1906年写了《奏定经学科大学文学科大学章程书后》一文,对张之洞等人的分科大学章程进行了批评,认为其最大缺点即没有设立"哲学"一科。

  清政府的学堂章程虽然遭到批评,但出于"尊经卫道"的立场,"哲学"并没有进入当时的大学学堂。直到辛亥革命以后,"哲学"才作为一门独立学科进入中国的教育体制。1912年,北京大学成立"哲学门"。1913年中华民国教育部公布《大学规程令》中把"哲学"单独立科,并在"哲学门"下分中国哲学和西洋哲学两大类。"中国哲学类"下包括"中国哲学""中国哲学史""宗教学""心理学""伦理学""论理学""认识论""西洋哲学概论""印度哲学概论"等科目,其中"中国哲学"包括《周易》、《毛诗》、《仪礼》、《礼记》、《论语》、《孟子》、周秦诸子、宋理学等。④ 这里"中国哲学"与"中国哲学史"的区分应该相当于现在所说的"论"与"史"的区别,而"西洋哲学类"中亦有"西洋哲学"与"西洋哲学史"的区分。在这一《规程》中,"经学"的大部

---

① 黄遵宪:《日本国志》,《续修四库全书》,上海古籍出版社2000年版,第745册,第332页。
② 蔡元培:《蔡元培全集》第1卷,中华书局1984年版,第126页。
③ 王国维:《王国维文集》第3卷,中国文史出版社1997年版,第469页。
④ 参见璩鑫圭、唐良炎编《中国近代教育史资料汇编·学制演变》,上海教育出版社1991年版。

分划入"哲学门",其余部分则划入"文学门"和"历史学门",如《尔雅》划入"文学门",《尚书》《左传》《周礼》等划入"历史学门"。这说明"经学"在新的教育体制下已经解体了,而被分化到各个新兴学科中。

虽然在制度上"中国哲学"的身份已经确定,但在学科上,"中国哲学"并没有被真正建立起来。因为当时北京大学讲中国哲学史的陈黻宸、陈汉章都是按照传统学术(如《宋元学案》《明儒学案》)的方式讲的,除了名称外,其余与传统学术并没有太大区别。1916年,谢无量出版了中国第一部《中国哲学史》,谢氏虽然认为"哲学"一词源于西方,但认为西方所说的"哲学"大致不出我国的"六艺""九流"范围。在研究方法上,谢氏也并没有采取西方哲学的标准,而采用我国古代传统的学术研究方法,如朱熹的《伊洛渊源录》、黄宗羲的《宋元学案》《明儒学案》等。在他看来,这些研究体例"皆近于今之所谓哲学史者也"。[①] 可以看出,谢氏只是借用了"哲学"之名,但实际上并未采用"哲学"的方式来书写中国哲学史。因此,这部著作实际上并非一部真正哲学意义上的中国哲学史。

中国哲学史的真正奠基之作是于1919年出版的胡适的《中国哲学史大纲》。蔡元培在序中指出该书有四大长处,即证明的方法、扼要的手段、平等的眼光和系统的研究。并认为编写中国哲学史有两层困难:一是材料问题,二是形式问题。所谓形式问题,就是中国古代学术没有形成系统的记载。因此,"我们要编成系统,古人的著作没有可依傍的,不能不依傍西洋人的哲学史"[②]。在蔡元培看来,编写中国哲学史必须兼备"汉学"和"西学"两方面的才能,《中国哲学史大纲》的成功之处就在于胡适二者兼备。胡适在此书中对哲学的定义、哲学史、中国哲学在世界哲学史上的地位、中国哲学史的区分及哲学史的史料等问题做了比较详细的论述。他认为,"凡研究人生切要的问题,从根本着想,要寻一个

---

① 谢无量:《中国哲学史》,中国人民大学出版社2011年版,第4—5页。
② 胡适:《中国哲学史大纲(卷上)》,《胡适学术文集·中国哲学史》,中华书局1991年版,第1页。

根本的解决：这种学问叫作哲学"①。胡适还认为，研究人生切要的问题不止一个，因此，哲学也有宇宙论、知识论、伦理学、教育哲学、政治哲学、宗教哲学等不同种类。胡适明确指出要以西方哲学为参照来撰写中国哲学史，"我做这部哲学史的最大奢望，在于把各家的哲学融会贯通，要使他们各成有头绪条理的学说。我所用的比较参证的材料，便是西洋的哲学"②。这就是说，中国哲学并无条理系统，需要以西方哲学的标准来把这种条理系统地揭示出来。

胡适的《中国哲学史大纲》只出版了上卷，并不是一部完整的中国哲学史，但在方法上却有开创之功。冯友兰于1931至1934年出版的《中国哲学史》上、下册就是沿着这一道路继续前进的。冯友兰也认为中国哲学史的写作要参照西方哲学，其说："哲学本一西洋名词。今欲讲中国哲学史，其主要工作之一，即就中国历史上各种学问中，将其可以西洋所谓哲学名之者，选出而叙述之。"③ 那么西方哲学是什么呢？在他看来，西方哲学主要包含宇宙论、人生论、知识论三大部分。这样西方哲学就与中国的魏晋玄学、宋明理学及清代的义理之学研究对象大略相当。既然如此，那么为什么不写一部中国义理学史呢？冯友兰认为，这一做法在原则上本无不可，但从近代学问发展来看，中国义理学史则不能与近代的学问相联系，"若指中国或西洋历史上各种学问之某部分，而谓为义理之学，则其在近代学问中之地位，与其与各种近代学问之关系，未易知也。若指而谓为哲学，则无此困难。此所以近来只有中国哲学史之作，而无西洋义理之学史之作也"④。在这种情况下，中国哲学完全是以西方哲学为标准而创造出来的哲学，"所谓中国哲学者，即中国之某种学问或某种学问之某部分之可以西洋所谓哲学名之者也"⑤。

可以看出，中国哲学本来就是中西交流下的产物，其在创建之初就

---

① 胡适：《中国哲学史大纲（卷上）》，《胡适学术文集·中国哲学史》，第8页。
② 胡适：《中国哲学史大纲（卷上）》，《胡适学术文集·中国哲学史》，第28页。
③ 冯友兰：《中国哲学史（上）》，《三松堂全集》第2卷，河南人民出版社2012年版，第245页。
④ 冯友兰：《中国哲学史（上）》，《三松堂全集》第2卷，第249页。
⑤ 冯友兰：《中国哲学史（上）》，《三松堂全集》第2卷，第249页。

参照了西方哲学的标准。这样就会产生"中国哲学"是否成立的问题。金岳霖在1930年给冯友兰《中国哲学史》写审查报告的时候就已经意识到这一问题。他说:"哲学有实质也有形式,有问题也有方法。如果一种思想的实质与形式均与普遍哲学的实质与形式相同,那种思想当然是哲学。如果一种思想的实质与形式都异于普遍哲学,那种思想是否是一种哲学颇是一问题。有哲学的实质而无哲学的形式,或有哲学的形式而无哲学的实质的思想,都给哲学史家一种困难。'中国哲学',这名称就有这个困难问题。所谓'中国哲学史'是中国哲学的史呢?还是在中国的哲学史呢?"[①] 所谓"中国哲学的史"也就是关于"中国哲学"的历史,"在中国的哲学史"则是在中国发现的"哲学史"。金岳霖认为,在这种情况下,写中国哲学史至少有两种根本态度:一种是把中国哲学当作中国国学中一种特别学问,与普遍哲学不必发生异同关系;另一种则是把中国哲学当作在中国发现的哲学。在他看来,前一种态度不易办到,因为中国当时已经不可避免要受到西学的影响,而且按照这一态度写出来的也不是哲学史。因此,只能按照在中国发现的哲学来写中国哲学史,即按照"普遍哲学"的方式来写中国哲学史。其所说的"普遍哲学"无疑指的是西方哲学。这样写出来的中国哲学史实际上并非一部"中国哲学的史",而是一部"在中国的哲学史"。这无异是否定了中国哲学的存在。

当时与中国哲学"合法性"问题讨论相关的还有中国哲学研究方法上的"以西释中"问题。2006年,刘笑敢先后发表了两篇关于中国哲学研究中"反向格义"问题的文章。所谓"反向格义"就是指自觉地以西方哲学的概念体系、理论方法及思维框架来研究中国本土的经典和思想。在他看来,"用西方哲学作理论框架来分析中国哲学本质上都是反向格义,都会面临凿枘不合的问题。事实上,只要是透过西方的哲学概念,特别是透过笛卡尔以来的西方的对立二分的概念体系来透视中国哲学的思想观念,即使没有政治压力或意识形态干扰,也会造成不必要的困扰

[①] 金岳霖:《冯友兰〈中国哲学史〉审查报告》,《金岳霖全集》第2卷,人民出版社2013年版,第408页。

或尴尬"①。"用西方近代的哲学概念来'格'中国古代思想之'义'总是不能契合。"② 在刘笑敢的基础上,张汝伦进一步指出,按照西方哲学的门类划分来"反向格义"中国哲学,对中国哲学有着极为重大的影响。它甚至是中国哲学研究中一切"反向格义"和"汉话胡说"的根本原因。③ 如果说刘笑敢讲的"反向格义"是狭义上的,即以西方哲学的某些具体概念来分析中国哲学,那么张汝伦说的"反向格义"则是广义上的,即按照西方哲学的本体论、认识论等门类来研究中国哲学。这种对中国哲学研究中"以西释中"方法的反思,实质上也涉及中国哲学的"合法性"问题。

综上可知,中国哲学的"合法性"问题在其诞生之初就已存在,但当时的大多数学者认为以西方哲学为参照书写中国哲学史是理所当然的,势所必至,并不存在什么问题。与诞生之初中国哲学是否成立的问题不同,20世纪末以来的关于中国哲学"合法性"问题的讨论一方面说明中国哲学这门学科在面对西方哲学时存在的某种尴尬性,另一方面则说明随着研究的深入,学者对于中国哲学研究现状产生不满,开始对中国哲学研究本身进行深入反思。

四 危机的解决与"自我"的觉醒
——中国哲学自觉的方式

对于中国哲学的"合法性"问题,不同的学者提出了不同的解决方式。有的学者认为应该讲述中国哲学自己,自我定义,自立标准,采取"以中解中"的和合诠释方法,以中国哲学的核心灵魂解释中国哲学。如张立文说:"中国哲学决不能照猫画虎式地'照着'西方所谓哲

---

① 刘笑敢:《"反向格义"与中国哲学研究的困境》,《南京大学学报》(哲学·人文科学·社会科学版)2006年第2期。
② 刘笑敢:《反向格义与中国哲学方法论反思》,《哲学研究》2006年第4期。
③ 参见张汝伦《邯郸学步,失其故步——也谈中国哲学研究中的"反向格义"问题》,《南京大学学报》(哲学·人文科学·社会科学版)2007年第4期。

学讲，也不能秉承衣钵式地'接着'西方所谓哲学讲，而应该是智能创新式地'自己讲'。'自己讲'讲的主体无疑是'自己'，'自己讲'也很可能是'自己照着讲'或'自己接着讲'。"① 关键是如果没有一个参照，这种"自己讲"是不是中国哲学。何况在现代学术话语体系下不可能有纯粹的"自己"。因为现在的"自己"已经是吸收了外来文化之后的"自己"。与此相似的还有一种观点，即认为解决中国哲学的"合法性"危机应该回到经学和子学中去。如郭晓东说："中国哲学要解决其'合法性'危机，要摆脱其'反向格义'的宿命，今天看来似乎只能回到其本应的问题意识中去，即回到中国思想传统本身的问题中去。既然我们所用的'中国哲学'之名，指的是过去经学与子学曾经思考的那个东西，那么，我们不妨就让它'名'符其'实'，在'中国哲学'之'名'下，回归到经学与子学中去。"② 我们知道，现代学术的建立是以哲学、历史学、文学、社会学等学术分科代替我国古代的经、史、子、集四部分类为基础的。在现代学术建立过程中，从经学到哲学的转型是其重要内容。在古代社会，经学是国家的意识形态，背后有着封建皇权制度的保障。随着封建皇权制度的解体，经学的瓦解也是必然过程。因此，在现代社会回到古代的经学研究既不可能，也无必要。因为现代的经学、子学研究不可能回到纯粹的古代研究方法中去，其不可避免地要受到现代学术方法的影响。从内容来看，经学、子学与中国哲学并不完全相同，它们之间有交叉、有重合，但也有区别。因此，二者的研究内容和方法并不能完全等同。正如任继愈所说："古人没有今天我们所理解的哲学的观念。我们不应该勉强古人屈从今人；如照着古人的学术体系写下它的历史，那就势必把'哲学史'写成'经学史'不可。从科学的要求出发，我们不赞同把中国哲学史的对象和中国古代学术思想、政治思想浑然不分的'经学史'等同起来。不然，

---

① 张立文：《中国哲学的"自己讲"、"讲自己"——论走出中国哲学的危机和超越合法性问题》，《中国人民大学学报》2003年第2期。
② 郭晓东：《也谈中国哲学的研究方法——对"中国哲学的合法性问题"及"反向格义"说的回应》，载朱刚、刘宁主编《欧阳修与宋代士大夫》，上海人民出版社2007年版，第327—328页。

就不是中国哲学史。"① 还有的学者认为中国哲学必须以西方哲学为参照，因为其本来就是某种"比较哲学"。如彭国翔说："作为一门现代意义上的学科建立以来，'中国哲学'就一直处在与西方哲学的关系之中。进一步来说，现代意义上的'中国哲学'之不同于传统的以'经学'和'子学'为主要表现形式的'中国哲学'，正在于其诠释和建构的一个不可或缺的重要资源和参照是'西方哲学'。……自从创制以来，现代学科意义上的'中国哲学'可以说是某种'比较哲学'。"② 这种看法名义上是把中国哲学当成一种"比较哲学"，实际上弱化了中国哲学存在的自主性。可见以上的几种看法都有一定的局限，或仅看到中国哲学的"中国"方面，或仅看到中国哲学的"哲学"方面，从而都不能真正解决中国哲学的"合法性"问题。

这样看来，解决中国哲学的"合法性"问题既要看到其普遍性（"哲学"），又要看到其特殊性（"中国"）。张岱年在《中国哲学大纲》中就已经从此角度说明中国哲学的正当性。在他看来，如果哲学专指西方哲学，与西方哲学的态度方法不同者即是另一种学问而非哲学，那么中国思想当然不能称作"哲学"。但如果把"哲学"看作一个类称，而非指西方哲学，那么中国哲学的名称便不成问题了。其说："有一类学问，其一特例是西洋哲学，这一类学问之总名是哲学。如此，凡与西洋哲学有相似点，而可归入此类者，都可叫作哲学。以此意义看哲学，则中国旧日关于宇宙人生的那些思想理论，便非不可名为哲学。中国哲学与西洋哲学在根本态度上未必同；然而在问题及对象上及其在诸学术中的位置上，则与西洋哲学颇为相当。"③ 既然哲学是一个"类称"，西方哲学和中国哲学都是其"特例"，那么中国哲学的成立也就不存在问题了。但关键是张岱年是通过西方哲学来认识哲学这个"类称"的。这就涉及如何看待哲学的"普遍性"问题。

---

① 任继愈：《中国哲学史的对象和范围》，载赵修义等编《守道1957——1957年中国哲学史座谈会实录与反思》，第90页。
② 彭国翔：《中国哲学研究方法论的再反思——"援西入中"及其两种模式》，《南京大学学报》（哲学·人文科学·社会科学版）2007年第4期。
③ 张岱年：《中国哲学大纲》，《张岱年全集》第2卷，第2—3页。

那么如何看待哲学的"普遍性"呢？很多学者从西方哲学对于哲学的考察入手，最后得出一个结论，即认为在西方对于哲学也是言人人殊，并没有统一的规定。因此，有学者从维特根斯坦"家族相似"的观点出发来说明中国哲学的"合法性"。比利时鲁汶大学的戴卡琳就是这样认识的。在她看来，"我们课程中讲到的哲学思想相互之间似乎并没有共同的本质，而是各种不同的、特殊的东西，就像家庭成员之间大量重合的一致性与相似性。由此，哲学似乎是一个遍及全部话语并且不断相互联系的整体，有着文化的弹性和多样性"①。既然哲学是一个"家族相似"的观点，那么中国关于宇宙、人生的理论思考，当然可以被称作中国哲学。正如陈来所说："我们应当立基于全部人类化，把'哲学'看作一共相，一个'家族相似'的概念。是西方关于宇宙、人生的理论思考（西方哲学），印度关于宇宙、人生的理论思考（印度哲学），中国关于宇宙、人生的理论思考（中国哲学），是世界各民族对超越、自然、社会与人之理论思考之总名。在此意义上，西方哲学只是哲学的一个殊相，一个例子，从而西方哲学的问题和讨论方式并不是哲学所以为哲学的标准。因此，'哲学'一名不应当是西方传统的特殊意义上的东西，而应当是世界多元文化的一个富于包容性的普遍概念。因此中国的义理之学即中国哲学，虽然其范围与西方哲学有所不同，其问题亦与西方哲学有所不同，这不仅不妨碍其为中国的哲学，恰恰体现了哲学是共相和殊相的统一。"②李存山也指出："中国哲学与西方哲学不仅有'异'，而且有'相似点'。因为有'相似点'，所以才有'哲学'这个类名。'哲学'之名本身就与西方的 philosophy 有一种'连类'的关系，如果中国之'哲'与西方之'智'完全不搭界，那么就只有 philosophy，而没有'哲学'。我们现在讨论中国哲学的'合法性'问题，带有反对西方文化的'话语霸权'的意味。有此意味，就不应把西方哲学当作'唯一的哲学范型'。更何况从事实来说，西方哲学在 20 世纪 20 年代以后的发展（如怀特海的过程哲学、

---

① ［比］戴卡琳：《究竟有无"中国哲学"？》，杨民、季薇译，《中国哲学史》2006 年第 2 期。
② 陈来：《关于"中国哲学"的若干问题浅议》，《江汉论坛》2003 年第 7 期。

胡塞尔的现象学及由此衍生出的海德格尔和莱维纳斯的哲学等),为中西哲学提供了更多的'相似点',甚至'在根本态度上'也有向东方靠近的倾向,中国古代有'哲学'当是无疑义的。"① 既然哲学是一个"类称",一个"家族相似"的概念,那么就没有理由以西方哲学的标准来衡量中国哲学的"合法性"问题。

从哲学的普遍性和特殊性的关系来认识中国哲学,中国哲学的成立已不成问题。那么中国哲学的"自我"觉醒如何展开呢?也就是说,中国哲学如何展现其特殊性呢?对于这点,不同的学者表现出了不同的方式。有的学者从中国哲学的起源来说明中国哲学的特殊性。余敦康从夏、商、周三代宗教的角度探讨了中国哲学的形成。他说:"唯独中国的宗教可以由三代一直往上追溯到五帝,再往上追溯到三皇,从而构成了一个自然生成的连续性的发展系列。这种连续性的宗教文化发展到周代趋于成熟,自成体系,其所凝结的中坚思想和核心主题,通过宗教的形式对宇宙的本质及人类处境本身所做的认识和解释,为后来的哲学的突破做了层次历然、脉络清晰的重要铺垫。"② 在他看来,中国、希腊和印度的哲学虽然都是围绕着对天人问题的研究而展开的,但处理天人关系问题的不同导致它们选择了不同的逻辑理路。印度宗教取消天人界限规定了其后来哲学的选择方向。希腊宗教则是一种天人截然二分的传统,对其后来的哲学也产生了决定性的影响。中国宗教则选择了一种天人不离不杂的道路,这也决定了其后来哲学的选择。有的学者从中国哲学的内涵来认识中国哲学的特殊性。李存山认为,"中国哲学的'实质上的系统'可以说主要就是讲明'天道'与'人道',中国哲学的主题就是'究天人之际',中国哲学的一个主要特点就是'天人合一'。……中国哲学是'天人之学',而其中心和宗旨则是'知人'和'爱人'"③。杨国荣也指出:"中国哲学既包含哲学之为哲学的普遍性品格,也有自身的独特形态。从实质的方面,不管以智慧之思为形态,还是表现为性道之学,哲

---

① 李存山:《中国哲学的系统及其特点》,《北京行政学院学报》2008 年第 2 期。
② 余敦康:《宗教·哲学·伦理》,中国社会科学出版社 2005 年版,第 4—5 页。
③ 李存山:《中国哲学的系统及其特点》,《北京行政学院学报》2008 年第 2 期。

学都关乎天道和人道。但比较而言，中国哲学更多地关注人道这一层面，往往由人道而把握天道，即使考察天道，也每每为了给人道提供某种形上的根据。"[1] 这都指明了中国哲学关乎"天人之道"而重在人道的特点。有的学者从方法论角度探讨中国哲学的特殊性。陈少明认为，中国哲学研究不能局限于传统的注疏之学，也不能偏向西方的格义之学，"而是要直接面对经典世界的生活经验，把观念置于具体的背景中去理解；或者更进一步，从古典的生活经验中，发掘未经明言而隐含其中的思想观念，进行有深度的哲学反思"[2]。郭齐勇也提出中国哲学研究的方法论是"不以西方范型为框架的中国人文的方法论，破除将西方社会科学与哲学方法作为普遍方法的迷信，理解中国哲学范畴、价值、意境的特殊性及其普式化"[3]。有的学者则从"原创性叙事"的角度来谈中国哲学的特殊性。王中江认为在中国哲学思考中必须克服只看到普遍性或差异性的"单向度"思维方式，指出"中国哲学绝不只是'普遍性'的注脚，也绝不只是一系列偶然特殊事件的相加。哲学家及其所处的时代，他们的思考和行动，他们的生活都是一次性的，正像天下没有完全相同的'事体'一样，我们也没有完全相同的哲学家。每一个哲学家的生平和文本都是惟一的，正是这种'惟一性'，构成了哲学事件和文本的众多性，也构成了哲学的多样性和差异性"[4]。

以上几种认识中国哲学的方式，都从不同角度反映了中国哲学研究过程中对于认识中国哲学这个"自我"的某种自觉。毫无疑问，这些方式对于认识中国哲学本身都起到了某种深化作用。但这些方式都是对于中国哲学研究状况的反思，其都着眼于中国哲学的特殊性。除了认识中国哲学的特殊性外，我们还需要探讨这种特殊性对于世界哲学普遍性的贡献。

---

[1] 杨国荣：《再思中国哲学》，《船山学刊》2017年第6期。
[2] 陈少明：《做中国哲学：一些方法论的思考》，生活·读书·新知三联书店2015年版，第112—113页。
[3] 郭齐勇：《中国哲学：问题、特质与方法论》，《中国哲学史》2018年第1期。
[4] 王中江：《中国哲学的"原创性叙事"如何可能》，《中国社会科学》2004年第4期。

五 "自我"觉醒的理论形态
——中国哲学的当代建构

对于中国哲学的认识,仅仅从哲学史的角度来研究还是不够的,因为中国哲学的生命力不仅在于"返本",还在于"开新"。也就是说,研究中国哲学的目的,不仅是为了了解过去哲学家的思想,而且也是为了给我们现代的社会生活提供借鉴。正如黑格尔所说:"哲学工作的产物并不是寄存在记忆的庙宇里,作为过去年代的古董,而它们现在仍同样地新鲜、同样地生动,如它们初产生时一样。哲学的著作和效果是不会为后继者所推翻和摧毁的,因为其中的原则不是业已过去了的;我们自己也是出现在其中的。……哲学史所研究的是不老的、现在活生生的东西。"[1] 因此,除了哲学史方面的研究外,还需要对中国哲学进行当代的建构。

其实在中国哲学创建之初,很多哲学家已经开始从事中国哲学方面的建构,较为著名的如冯友兰、金岳霖、马一浮等人的"新理学",熊十力、梁漱溟、贺麟等人的"新心学"等。改革开放以后,李泽厚、冯契、张立文等人也都先后提出了自己的哲学学说。与这些哲学建构相比,中国哲学"合法性"问题讨论之后的中国哲学建构则标志着中国哲学在理论形态上的自主与自觉。在当代中国哲学建构的过程中,牟钟鉴、陈来、杨国荣等人的学说最具代表性。

2013 年,牟钟鉴出版了《新仁学构想——爱的追寻》一书,提出新仁学的哲学学说。在他看来,提出此学说的背景有两个:一是经济全球化情形下普遍伦理的呼声;二是一神教原教旨主义、物质功利主义和社会达尔文主义的横行,导致族群冲突空前加剧,社会危机、道德危机、生态危机空前严重,人类处在方向迷失和困境之中。牟氏认为在这种情况下呼唤新人文主义出来推动文明对话,而孔子仁学最具博爱精神和协

---

[1] [德]黑格尔:《哲学史讲演录》第 1 卷,第 42—43 页。

调智慧，经过创造性阐释充实新人文主义内涵，可以起到引导世界潮流的重要作用。他说："当此传统断裂、德性缺失、物欲泛滥、人心混乱之际，自己不揣浅陋，本着'至诚无息''和而不流'的精神……上承孔学之源，探讨仁学，创新仁学，赋予它当代理论形态，针对重大现实问题，发出仁和的呼声，应当于世有所裨益。"[1] 新仁学构想的基本思路是"以仁爱为核心理念，突出生命哲学的主线"，"以孔子儒家为主，吸收诸子百家之长而加以综合创新"，"以孔子儒家为主，吸收西方文化之长，使新仁学具有鲜明的当代精神"；新仁学的基本理论框架是"以仁为体，以和为用"，"以生为本，以诚为魂"，"以道为归，以通为路"；新仁学的义理分疏则包含"仁性论""仁修论""仁德论""仁志论""仁智论""仁礼论""仁事论""仁群论""仁力论""仁艺论"十大部分。最后作者还针对当今世界存在的问题，从新仁学的角度提出了解决方案，指出新仁学在当代人生困境的出路、民主政治的进步、市场经济的健全、公民道德的重建、国民教育的改革、文明对话的开展及生态文明的建设等方面都能作出重要贡献。如针对当代人生困境，新仁学能够给人们提供一种情理兼具的人生信仰，以养德为主，兼养情欲、才智和勇力，从而使人摆脱人生困境，发展文明人性；针对当代市场经济，新仁学能够为建设新型企业文化、努力实现达则兼善天下的社会主义市场经济的目标发挥积极作用；针对当代公民道德，新仁学以仁爱为核心的儒家伦理能够为新道德的建设提供主要资源；等等。

与牟钟鉴的新仁学构想相似，陈来于 2014 年也提出了"仁学本体论"的新仁学哲学体系。作者在此书的一开始就说："本书之宗旨，是欲将儒家的仁论演为一仁学的本体论，或仁学的宇宙论。在此意义上，本书的目的亦可谓将古往今来之儒家仁说发展为一新仁学的哲学体系。此新仁学哲学之要义在'仁体'之肯定与发扬，从而成为一仁学本体论，或仁体论哲学。"[2] 那么如何建构仁学本体呢？在作者看来，仁学本体论的建构必须要从仁学建构发展的历史上才能实现。仁学在儒学发展史上

---

[1] 牟钟鉴：《新仁学构想——爱的追寻》，人民出版社 2013 年版，序第 4 页。
[2] 陈来：《仁学本体论》，生活·读书·新知三联书店 2014 年版，第 1 页。

不断被论说,本身就表明了仁体是不断显现的。如果不依据原有的仁学的基础和传统,那么新仁学的建构是不可能的。因此,作者通过对儒学仁说历史的叙述来展现仁体发展的阶段和地位。这样历史上各个时段的仁说就不是儒学思想史的论述,而是仁学本体论展开的不同时期的论证,仁学本体论则是这一过程的完成。对于仁说历史的回溯是为了当代仁学建构提供理论基础和根据,"没有对原仁的显现,就没有当代仁学建构的伦理基础;没有以生为仁的宇宙论意义,没有朱子以仁为流行统体的思想,也就没有仁体的当代建构的来源和根据"①。那么仁学本体论如何对待现代社会所需要的其他社会价值和道德价值呢?如何处理仁与这些价值之间的关系呢?作者在传统仁、义、礼、智、信五德的基础上提出了仁爱、自由、平等、公正、和谐"新五德",并指出仁爱在"新五德"中具有统摄地位。作者认为,在轴心时代儒家文化形成的基本价值成为中国文明后来的核心价值,其主要内容有:仁爱高于一切、责任先于权利、义务先于自由、社群高于个人、和谐高于冲突和天人合一高于主客二分。对于仁爱与和谐的关系,作者也主张"以仁为体,以和为用",这无疑与牟钟鉴的观点不谋而合。作者最后指出,面对当今世界存在的种种问题,仅仅依靠西方现代性价值(如自由、民主、法律等)去解决是不可能的,"我们必须开放各种探求,包括重新发掘中国文明的价值观和世界观,发挥仁的原理、关联性、交互性伦理,发挥道德和礼教意识,使当今这个令人不满意的世界得以改善"②。

与牟钟鉴、陈来从仁学的角度建构中国哲学学说不同,杨国荣则从"具体的形上学"的角度建构中国哲学学说。2011年,北京大学出版社出版了杨国荣"具体的形上学"三书,即《道论》《伦理与存在——道德哲学研究》和《成己与成物——意义世界的生成》。这三部书构成了"具体的形上学"的哲学体系,"《道论》着重从本体论方面阐释具体的形上学,《伦理与存在——道德哲学研究》以道德形上学为侧重点,《成己与成物——意义世界的生成》则主要关注意义领域的形上之维,三者既相

---

① 陈来:《仁学本体论》,第26—27页。
② 陈来:《仁学本体论》,第499页。

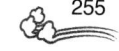

互关联，又各有侧重，其共同的旨趣，则是走向真实的存在"。按照杨国荣的说法，"具体的形上学"既基于中国哲学的历史发展，又吸收了世界哲学背景下的多重哲学的智慧，其内在的旨趣在于从本体论、道德哲学、意义理论等方面阐释人与人的世界。与西方抽象的形而上学和"后形而上学"不同，"'具体的形上学'以存在问题的本源性、道德的形上向度、成己与成物的历史过程为指向，通过考察存在之维在真、善、美及认识、价值、道德、自由等诸种哲学问题中的多样体现，以敞开与澄明人的存在与世界之在"。[①]

以上几种当代的中国哲学建构虽然角度不同，但都以中国哲学为基础来推动中国哲学在当代的自主发展，同时也为中国哲学对于世界哲学的普遍性、多样性发展贡献了力量。

六 "自我"的未来
——中国哲学研究的展望

综上可知，四十年来中国哲学研究的过程就是一个中国哲学"自我"不断觉醒的过程。这个过程现在还在进行中，还没有完成。未来的中国哲学研究也要沿着这一方向继续前进，这就需要我们进一步加强中国哲学的自主性。经过近些年的讨论，大家在中国哲学的自主性方面基本上取得了共识，关键在于如何建立中国哲学的自主性。

习近平总书记在2016年5月17日《在哲学社会科学工作座谈会上的讲话》中为我们指明了方向，他说："绵延几千年的中华文化，是中国特色哲学社会科学成长发展的深厚基础。我说过，站立在960万平方公里的广袤土地上，吸吮着中华民族漫长奋斗积累的文化养分，拥有13亿中国人民聚合的磅礴之力，我们走自己的路，具有无比广阔的舞台，具有无比深厚的历史底蕴，具有无比强大的前进定力，中国人民应该有这个信心，每一个中国人都应该有这个信心。我们说要坚定中国特色社会主义

[①] 杨国荣：《具体的形上学》，《哲学分析》2011年第4期。

道路自信、理论自信、制度自信,说到底是要坚定文化自信。文化自信是更基本、更深沉、更持久的力量。"① 这就是说,中国特色哲学社会科学的成长发展离不开中国优秀传统文化。我们对于自己的优秀传统文化要有自信。如果说文化自信在中国特色社会主义"四个自信"中处于核心地位的话,那么哲学自信则又是文化自信中的重中之重。就中国哲学来讲,哲学自信就是要充分建立中国哲学的自主性,体现中国哲学的民族性,深入挖掘中国传统中的优秀哲学思想,积极参与到世界哲学的多元对话中,发出中国哲学自己的声音。

强调中国哲学的自主性、民族性,并不是回到文化保守主义立场,排斥其他外来文化。相反,我们要在中国哲学自主性的基础上,以开放的心态,充分吸收一切适合我们自己的优秀外来文化。当今世界已经是一个全球化、信息化的世界,各国在政治、经济、文化等方面都高度联系,你中有我,我中有你,任何国家都不可能在封闭孤立的状态下生存发展。文化方面也是如此。正如习近平总书记所说:"强调民族性并不是要排斥其他国家的学术研究成果,而是要在比较、对照、批判、吸收、升华的基础上,使民族性更加符合当代中国和当今世界的发展要求,越是民族的越是世界的。解决好民族性问题,就有更强能力去解决世界性问题;把中国实践总结好,就有更强能力为解决世界性问题提供思路和办法。这是由特殊性到普遍性的发展规律。"②

强调中国哲学的自主性、民族性,不仅要对过去的中国哲学思想在同情理解的基础上深入研究,而且要推动其"创造性转化、创新性发展",使其更加符合我们当前的社会发展,能够在解决当前社会重大问题的过程中起到重要作用。习近平总书记说:"要推动中华文明创造性转化、创新性发展,激活其生命力,让中华文明同各国人民创造的多彩文明一道,为人类提供正确精神指引。要围绕我国和世界发展面临的重大问题,着力提出能够体现中国立场、中国智慧、中国价值的理念、主张、方案。我们不仅要让世界知道'舌尖上的中国',还要让世界知道'学术

---

① 习近平:《在哲学社会科学工作座谈会上的讲话》,人民出版社 2016 年版,第 16—17 页。
② 习近平:《在哲学社会科学工作座谈会上的讲话》,第 18 页。

中的中国'、'理论中的中国'、'哲学社会科学中的中国',让世界知道'发展中的中国'、'开放中的中国'、'为人类文明作贡献的中国'。"①"要按照立足中国、借鉴国外,挖掘历史、把握当代,关怀人类、面向未来的思路,着力构建中国特色哲学社会科学,在指导思想、学科体系、学术体系、话语体系等方面充分体现中国特色、中国风格、中国气派。"②习近平总书记的讲话同样适合中国哲学的未来发展。

---

① 习近平:《在哲学社会科学工作座谈会上的讲话》,第17页。
② 习近平:《在哲学社会科学工作座谈会上的讲话》,第15页。

儒家伦理

儒学的信仰建构及其"类宗教性"*

董 平

(浙江大学哲学系)

摘要： 儒学是否为"宗教"的问题，曾引起学术界的广泛讨论。本文基于先秦儒家文本的系统考察与解读，基本上阐明了作者本人的观点，提出了儒学的"类宗教性"问题，并对其做了相当完整的阐释。按照作者的观点，人的现实生存首先是个体的，但个体生存的意义必须以"主体性"的自我建立为前提性基础，完成了"主体性"之自觉建立的个体，事实上才成为"主体"。而"主体性"的建立，在先秦儒学的基本语境中，实质上就是将作为绝对的最高实在之道的自在内向转化为个体自身的本原性实在，这一本原性实在经由个体的自觉认同而被确立为个体的"主体性"，同时也是对最高实在之外在的绝对性的内向消解，故"主体性"与最高实在本身的存在性相同一。"主体性"的自觉建立与生存意义或价值的"内在输入"具有过程上的同一性。依作者之见，正是这一"主体性"建立与意义输入的内在"程序"，构成了儒学之所以具有"类宗教性"的根由。以此为依据，作者对同样引起学术界广泛讨论的儒学的"内在超越"问题进行了辩护。

关键词： 儒学 类宗教性 天道 主体性 意义的"内在输入"

---

* 本文是一篇十年前的旧作，撰写于2009年5月，为参加台湾"中央研究院中国文哲研究所"主办的"跨文化视野下的东亚宗教传统"学术研讨会而作。后收入台湾"中央研究院中国文哲研究所"编《跨文化视野下的东亚宗教传统：理论反思篇》，2012年，第111—152页。

一 关于"宗教"与"类宗教性"的个人观点

如何来理解或定义"宗教",是我们首先会遇到的一个棘手问题。众所周知,关于"宗教"的定义非常多样,至今大概也没有任何一种关于"宗教"的"定义"是可以被毫无疑问地普遍接受的。这一关于"定义"的复杂性或"不确定性",实际上并不表明"宗教"本身必定具有不可定义的性质,而只是表明,对于"宗教"这一几乎与人类生活的全部历史相伴随的"精神—文化"现象,当人们从不同的维度对它在生活世界中的呈现状态及这种呈现的性质进行观审与思考的时候,它是可以显现出不同的"面相"的。正是这些不同的"面相"导致了人们关于"宗教"本身的不同理解与领会。当然,多样性如果仅仅是多样性而缺乏其内在的统一性,那么这种多样性就定然是杂乱无章的碎片;多样性中如果有统一性存在,则这种统一性在必然消解多样性之杂多的同时,呈现为多样性的共性。就此而言,共性即多样性的统一性。虽然关于"宗教"的定义或理解是多样的,但我们似乎仍然有可能穿越其多样性之表象的丛棘,而拣择出作为"宗教"的一般共性而存在的统一性,并将这种统一性视为"宗教"之基本的共相特征。

就一般而论,"宗教"主要涉及信仰及信仰的表达。如果我们将信仰理解为关于某种对象的实在性及其意义与价值之绝对性的确信,那么当这种对象的实在性及其价值之绝对性被系统化而给予论述的时候,这种信仰的表达便体现为充分的理性;而当这种确信在生活过程中被转化为一种内在的情感的时候,信仰的表达便转向情态的感性。这样看来,信仰本身是具有理性与情感两个维度的,并且其表达也完全可以既是理性的又是情感的。如果前者主要体现为"神学",则后者便主要体现为"崇拜"。事实上,信仰本身具有涵摄理性与情感的双重维度,正是信仰在表达的外部形式上不能完全避免"激情"的根本原因。

毫无疑问,信仰系统的"神学"或关于信仰的理性论证是"宗教"中最为核心的内容,它是能够使人产生确信的前提,也是使这种确信能够向情感转化的基础。信仰的对象（且不论其"外在"抑或"内在"、"全能"抑或"偏能"）一经确立，对信仰者而言，它同时即成为其生活意义与价值的本原，成为其全部的行为与精神活动之所以有意义的根据；这样也就是说，对于信仰对象的确信，实际上就是个体内在地实现了对于信仰对象的自觉认同，并且将这种对象确认为自身之现实生活的根据与意义本原。在这一意义上，信仰的对象即成为信仰者个体的一切有意义的活动（精神的与行为的）的整合者，同时也是意义的赋予者。

我们在这里所表述的这一观点有可能遭到这样一种反驳，即认为这一观点抹杀了人具有赋予其自身活动意义的能力，因而面临着堕入"神权"之窠臼的危险。但在接受这一批评之前，笔者仍然须阐明自己的观点。信仰的对象物之所以会以某种独立的形态出现于人们的现实生活中，成为生活的需要，原因实仅在于人们为了实现自己更为良好的生存。而所谓"更为良好的生存"，这一观念本身便已然蕴含着对于当前的生存状态与生命过程为不合理想、存在缺陷的体认，已然包含着要超越生命之现实过程中所有缺陷而使之臻于完善的期盼。宗教性的信仰观念的发生，在这一意义上，是只有当人本身在其现实的生命过程中发现了自身所不可克服的缺陷的时候才显现其必要性的，而信仰对象的呈现，则在一般意义上消解了生命的自身缺陷，也正因此故，它总是集中成了人在特定的生活状态之下所能期盼与想象的全部美好是完美无缺。信仰对象的完善性，在消解了人的现实生命之固有缺陷的同时，又集中体现了生命所应当有的全部意义与价值，是当然性之法则与原理的最终体现者。就此而言，信仰的对象便总是"超越的"与"崇高的"，因为它自身的存在状态是超出任何个体生命的生存现状及其所能达成的全部成就的。对象之无缺的完善性与崇高的超越性，当它经由理性的转换与"投射"而获得其存在的独立性与客观性的时候，对象即超离了人间而获得了"非人间的形式"，但是，这一"非人间的形式"所具有的全部意义却仍然是"人间的"，并且只能是在"人间"才能确证其存在并显现其意义的。因此之故，信仰对象的建立，实质上正因为人基于其本身之生存缺陷的体认，经由理性的统合而实现了其本质力量的对象化的结果；它超越了有限而成为无限，超越了暂时而成为永恒，超越了低俗而成为崇高，超越了缺陷而成为完美。这一对象是人生的圆满之镜与生命的意义之源，是超出凡俗与平庸而优入圣域的根据。正是在这一意义上，个体的现实生存意义与价值是需要从最高对象那里"输入"的。意义的"输入"作为一种过程，则体现为内在精神与最高对象本身的同一，而这种"同一性"的完成，则体现为对于最高对象的信仰或确信。

如果信仰的确信主要体现为某种内在的精神活动过程，并且它是以某种精神方式而存在的，那么不论在个体还是在群体那里，这种信仰的存在之所以是存在的唯一证明即在于表达，在于个体通过其身口意的经验状态将其内在所认同的信仰体现于经验的生活世界之中。换言之，在信仰的确信者那里，他的身口意的各种活动所构成的行为系统即其信仰的外观。这样看来，在"宗教"的语境之下，信仰的存在性本身实际上只是信仰者个体所内在的觉知，而这种觉知，作为一种结果，实质上则又是信仰对象之外在性的主观消解，并经由这种消解而将它转化为"主体性"本身。在这一意义上，信仰的确立便是信仰对象的内在化。这种内在化一经完成，便产生两方面的基本结果：第一，它改变了信仰对象自身的存在方式，客观性被转化为主观性，纯粹存在被转化为价值存在；第二，它使"主体性"作为独立的存在而呈现出来，因为个体的"主体性"或个体作为主体存在的本质，实质上是信仰对象的内在，正由于这种内在的实现，个体才摆脱了其存在的蒙昧状态而转换为意义与价值的主体。按照这一考虑，那么就个体的生存经验而言，未曾实现这种对于信仰对象之内在认同并完成其意义转换的个体，便是缺乏"主体性"的。显而易见的是，正是信仰对象的多样性决定了信仰形式的多样性（甚至不信"宗教"也同样为一种信仰），正是信仰形式的多样性决定了其表达方式的多样性，正是其表达方式的多样性决定了个体之意义世界与生活世界的多样性。然而，在这些多样性的杂多表象之中，信仰的存在及其表达则是作为一种普遍共性而呈现出来的。

在这一相当宽泛的关于信仰的普遍理解之中，我们实际上获得了关于"宗教"的最普遍意义的理解：它是基于对某种信仰对象的确信而使生命存在富有意义的方式。值得重视的是，以身口意为主要手段的信仰表达的行为系统，在现实的客观性上，则又体现为能动的文化创造活动；

这差不多也就是说，文化作为文明成果，乃是主体表达其自身之存在意义的物化形态，而文化的历史则成为共同体富有意义的历史传统。共同体之公共信仰的确立，使共同体进入其共相意义的表达成为可能，使文化历史传统的形成成为可能。共同体的一般公共生活，只有当它们自觉地形成某种共相意义并进入这一意义的公共表达的时候，它才真正进入历史，进入自觉的富有意义的文化历史的创造过程。换言之，民族的文化历史，就其本质而言，是民族共同体之公共信仰在时间的连续性之中被不断表达于现实世界的过程。就宽泛意义的信仰之为"宗教"与文化的这种关系而言，"宗教"成为精神与行为活动之所以富有意义的本原性根据，是精神与行为活动之意义与价值的总和。

信仰的特殊性，无疑决定了其表达方式的特殊性。信仰表达所构成的"行为—实践"系统，既是信仰的外观，也是一般意义上的"宗教"的外观。"行为—实践"系统对于信仰本身而言，在当然性上，乃是作为"宗教"之内核的信仰的直接表呈；但与此同时，独特的行为外观也反过来强化了信仰者本身对其内在信仰的确信。也就是说，信仰与信仰的外观或其外在形式，是处于相互促进的互动关系之中的。正因此故，"宗教"作为信仰，在其表达的必然性与现实性上，就不可避免地会与独特的制度、仪式、戒律、组织等相互联结。而在一般意义上，不同"宗教"之间的特殊性正是通过这些独特的外观形式来体现，甚至来相互区分的。因此，相对狭义的关于"宗教"的理解，就必须将这些独特的外观形式考虑在内。在这一意义上，"宗教"便是一个信仰与行为实践的完整系统，是独特的信仰诉诸独特的行为方式以表达其存在之独特意义与价值的完整系统。涂尔干（E. Durkheim）曾充分强调了宗教信仰的群体性特征，认为"真正的宗教信仰总是某个特定集体的共同信仰，这个集体不仅宣称效忠于这些信仰，而且还要奉行与这些信仰有关的各种仪式。这些仪式不仅为所有集体成员逐一接受，而且完全属于该群体本身，从而使这个集体成为一个统一体"[1]。显而易见，涂尔干充分关注并强调了宗

---

[1] ［法］涂尔干：《宗教生活的基本形式》，渠东、汲喆译，上海人民出版社1999年版，第50页。

教信仰对于信仰者群体的道德整合功能,他所说的"统一体",也就是"道德的共同体",也就是作为信仰者之组织的"教会",所以他关于"宗教"的最终定义便是:"宗教是一种与既与众不同又不可冒犯的神圣事物有关的信仰与仪轨所组成的统一体系,这些信仰与仪轨将所有信奉它们的人结合在一个被称为'教会'的道德共同体之内。"① 在宗教社会学的意义上,涂尔干关于"宗教"的这一定义显然具有明显的优点,"信仰与仪轨的统一体系",是某种意义上关于"宗教"之本质的揭示;而"道德共同体"作为"教会"的性质,则揭示了作为"宗教"之外观的社会组织形态在现实性上的社会功能。在相对狭义并且完整的意义上,笔者对涂尔干关于"宗教"的描述性定义表示相当程度的首肯,虽然这一定义并没有体现信仰对象作为意义本原的意义;实际上,正由于对象本身即意义与价值本体,它才可能在信仰者那里显现出强大的道德整合功能;正由于信仰者从对象那里所"输入"的意义之本质的同一性,信仰者群体才可能在现实性上结成"道德共同体"。

现在我们来考虑儒学的"类宗教性"问题。笔者使用"类宗教性"这一概念,是想表明儒学本身并不是,至少不是如涂尔干所定义的那种"宗教",但它却具有类似于"宗教"的性质与功能。儒学本身并不缺乏信仰系统,也并不缺乏基于其信仰系统而引导出来的行为实践系统,但在信仰表达的外观上,它却缺乏一个相对完善的独特的"仪轨"体系与作为信仰者之组织的"教会"。而在涂尔干看来,这一点却是至关重要的,"在所有历史中,我们还没有发现过一个没有教会的宗教"②。正是基于这一"历史的"考察,他才将"教会"作为"宗教"之定义的一个必要条件。参照涂尔干关于"宗教"的基本定义,如果在某种相对完善的意义上来使用"宗教"一词,那么"宗教"大抵须符合三方面的基本特征:(1)有一个完整的信仰系统(崇拜对象);(2)有一个作为该信仰系统之现实表达的实践系统(崇拜仪式、戒律规条);(3)有一种确保其"信仰—实践"系统之有效贯彻的制度系统或组织形式(教会组织)。

---

① [法]涂尔干:《宗教生活的基本形式》,渠东、汲喆译,第54页。
② [法]涂尔干:《宗教生活的基本形式》,渠东、汲喆译,第50—51页。

儒学的信仰建构及其"类宗教性"

按照这一理解，笔者就并不赞同学术界关于"儒教"的严肃提法，而确认儒学并不是一种严格意义上的"宗教"，但是，就作为一种"信仰—实践"系统而言，儒学却具备我们所理解的"宗教"的最基本内涵：基于对某种信仰对象的确信而使生命存在富有意义的方式。在这一意义上，儒学即是具有"类宗教性"的，它在事实上表现出"宗教"的类似功能，并在实践上显现出对他种"宗教"的强大的同化功能。

按照通常的观点，孔子是儒家的创始人，这一点当然是不错的，但与此同时，我们仍需要充分关注这样一个基本事实，即孔子本人曾自称其"述而不作，信而好古"（《论语·述而》），从历史文化传统的绵延角度来看，他更是一个文化传统的"叙述者"与"传递者"，而不是一个新思想系统的"造作者"或"创造者"。这一关于孔子之"文化角色"的定位，毫无贬抑孔子之意，恰恰相反，我们是在一个更高的历史维度来充分肯定孔子的历史地位及其文化贡献的。正因孔子之"述而不作"，才使三代以来的文化传统得以保持，正因他充分承继了三代以来作为民族文化之共同遗产的天道观念，并在更为深刻的层面上将它转化为仁的内在，才使文化传统中的信仰系统呈现了一种全新的面貌，才使儒学作为一种独特的思想系统获得其神圣价值之维度的充分显扬，并因此启迪了中国文化的精神世界。从孔子继承三代文明精华并结合其个人的生命体验与生活经验而重建传统文化的内在精神系统这一维度来说，称孔子为儒学的创始人，则无疑又是恰当的。

从现有文献追溯三代的文明传统，虽然"文献不足"，但我们仍然可以看到一个非常清晰的天或天命作为神圣存在的维度。作为信仰的普遍对象，天的自身存在是独立而外在的，它既通过现象的全体来显现其存在性，也通过特殊的局部现象来表达其特定状态之下的特殊意志。因此，在天的存在与人的现实生活之间，便存在着一种特殊的张力，人们总是试图领会天意，并根据这种领会来规范生活的秩序与法则，以此来消解这种特殊的张力，从而使人的生活与天命保持协和。在观念上，外在于人的现实生活的天成为人的生活之合理性的终极规定者，人道的价值是附着于天道的；但也正因如此，天的存在及其"意""命"被对象化为人道价值的终极来源及其合理性的最终根据，人的生活也正因此而获得了其内涵与价值的神圣性。

随着"武王克商"的革命行动，周代初期也发生了一场观念上的革命性变革。在继续保持天作为最高存在及生活之合理性的终极规定者的观念的同时，其存在的纯粹外在性却被消释了，而开始向内在转化；这一内在化的结果，使人本身的存在获得了天道的神圣性，使人在现实的生活世界中展现其本身存在的神圣性成为可能，因为内在化了的神圣性是人的自身存在本质的神圣性，现实的生活秩序是合乎人道的最终理想的。

孔子说"吾从周"，表明他是直接继承周代的文明传统与人道价值传统的，他进一步消解了天的外在性，进一步将其内在化为人道的本质。信仰的对象完成了内在的"迁移"，仁即天命之在，是存在与价值的统一体，是生命意义的终极本原。人道的实践活动在持循天道的意义上获得其崇高的神圣价值，平凡的生活世界转化为显现个体之生命实在性的神圣境域。正由于这种对象的内在转化，实际上孔子同时也转化了信仰的表达方式，它不再必须诉诸某种独特的外在仪式，而将它转化为人伦关系之中的普遍道德实践。在这一意义上，人们似乎也可以说，孔子的儒学在某种程度上解构了三代以来的宗教传统。但我们充分强调的是，在孔子那里，信仰的神圣维度不仅是被充分保留的，而且还更为强烈地被凸现为生命的存在与意义的最高本原，生活世界全然与神圣境域融为一体，价值世界全然与经验世界融为一体，优入圣域的可能性全然存在于生活过程之中对于生活伦理的切实践履。

二 天命之客观性的消解与天道的本原性抽象

孔子对三代的文明传统及其文化特征曾做过切实考察，尝谓"夏礼吾能言之，杞不足征也；殷礼吾能言之，宋不足征也。文献不足故也。

足,则吾能征之矣"①(《论语·八佾》)。《礼记·表记》载孔子概言三代之礼,谓:"夏道尊命事鬼,敬神而远之,近人而忠焉。先禄而后威,先赏而后罚,亲而不尊。其民之敝,蠢而愚,乔而野,朴而不文。殷人尊神,率民以事神。先鬼而后礼,先罚而后赏,尊而不亲。其民之敝,荡而不静,胜而无耻。周人尊礼尚施,事鬼敬神而远之,近人而忠焉。其赏罚用爵列,亲而不尊。其民之敝,利而巧,文而不惭,贼而蔽。"虽三代礼制,其文质各有不同,互有因革损益,但其文化共性仍然清晰。② 夏之"尊命""敬神",殷之"尊神""事神",周之"尊礼""敬神",正可见体现于社会制度之中的"敬神""尊神"观念,是作为一种共同的文化特征而得到延续与保留的。"神"的显现形式虽然多样,但其根源不异,是以天为其共同本原的,故"敬神"的最高表达即在于敬天。"神"之可敬与"命"之可尊,则根本在于天的存在及其所实现的功能,哪怕仅仅是在现象上,也是人所不可企及的、无法超越的,人是必须在顺应、服从于天的前提之下才可能实现其本身的良好生存的。

---

① 此所谓"文献",非义仅指"文本"为言。郑玄曰:"献,犹贤也",则指人而言。"征"之义,包咸谓"征,成也。杞、宋,二国名,夏殷之后。夏殷之礼,吾则能说之,杞、宋之君不足以成也"(十三经注疏本《论语注疏》)。按此说失之穿凿。朱熹谓"征,证也;文,典籍也;献,贤也。言二代之礼我能言之,而二国不足取以为证也"(《四书章句集注·论语集注》)。朱子之说,最为妥帖。夫子之意,谓夏殷之礼,吾虽能言之,然在现实生活之中,其礼已然中绝,无实践之者,故不得以行而证其言也。何以故?典籍虽有不足,而知礼且能践行之贤者亦鲜矣,故不足证也。文化传统之现实载体为人,而非仅为典籍。子贡曰:"文武之道,未坠于地,在人。贤者识其大者,不贤者识其小者,莫不有文武之道焉。"(《论语·子张》)此则所以周礼为"未坠于地"而尚可证之根本缘由。夫子谓"文武之政,布在方策,其人存则其政举,其人亡则其政息。"(《礼记·中庸》)故"人能弘道,非道弘人"(《论语·卫灵公》)者,其此之谓乎!

② "质文"之说,在孔子那里,盖主要指制度的实质内涵(质)与表达此种内涵的外在形式(文),前者似与"生活观念"有更多的联系,后者则似与表现此种观念的行为方式、礼仪外观、仪容服饰、器物用具、装饰形式等有更多的联系。虞夏之时,非必其"生活观念"不如后代,然其可资利用的物质条件及其器具品物、形貌仪态等,则不如后代之繁复多样,故孔子谓"虞夏之质,殷周之文,至矣。虞夏之文不胜其质,殷周之质不胜其文"(《礼记·表记》)。"质"须"文"才得表现,表现过度,则"质不胜其文";表现不足,则"文不胜其质"。故就"质文"以论不同时代之制度与生活情态,其实包含着生活观念的内涵及其外观之间须保持平衡的思想,孔子是洞察到物质的进步与生活理念之间所存在的某种内在张力。仪容形式必须为其内在之质的恰当表达,则为孔子所充分强调,所以说:"君子服其服,则文以君子之容;有其容,则文以君子之辞;遂其辞,则实以君子之德。是故君子耻服其服而无其容,耻有其容而无其辞,耻有其辞而无其德,耻有其德而无其行。"(《礼记·表记》)"质胜文则野,文胜质则史。文质彬彬,然后君子。"(《论语·雍也》)

意识到人本身之存在的不足与生命的缺陷,并要求在此种"缺乏"的现实境况之下实现良好生存,是在"宗教"意义上的"崇拜"观念之所以发生的基本前提,是哲学意义上的形上本体观念之所以被抽象出来的前提,也是科学意义上的知识之所以可能的前提。基于不清晰的意识而通过理性与实践来消解其不足,实际体现为生命的智慧。就中国古代的实际情况而言,农耕的定居生活是所有这一切的宏观背景。农耕的生产方式将人的现实生命与自然世界的实存状态在本质上融为一体,人的生活数据直接来源于自然世界,只能依赖于自然界的供给才可能实现其本身的生存,因此在观念上,人的生命便被领会为自然世界之共相生命的一部分;农事的耕作与种植是人力与自然力的一种互动过程,必须不违天时,人们才可能实现预期的结果,这就在实践上将人的自身生命活动与自然世界结为一体。在这一过程中,天被领会为能够实施其"命令"、表达其意志的另一"主体",是既独立于人们的意志之外,又对人们的现实生活产生切实干预的对象,并因此而获得人们的敬畏与崇拜,便是一种再"自然"不过的事情了。人们在通过祭祀的方式试图与天进行沟通、领会其意志与命令的同时,也诉诸理性的"解读",仰则观象于天,俯则观法于地,观鸟兽草木虫鱼之迹,观四时霜露物候之变,便成为领会天命、天意的必要手段。历法的制定,则无疑是对天进行理性"解读"的直接结果。[1]

天的存在既然崇高而不可逾越,天时之变既然是人的生命活动之所以可能达成其目的的前提,天意、天命既然是人事之合理性的最高根据,

---

[1] 中国古代历法发达,实与农耕生活方式有本质联系。《尧典》有言:"乃命羲和,钦若昊天,历象日月星辰,敬授民时。""昊天"是"钦若"的对象,"历象日月星辰"则是"昊天"的表象,表明历法的制定是在"昊天"已然成为崇拜对象的前提之下才发生的,目的在于了解天意,所以是在某种意义上的宗教活动;但与此同时,历法也是对"昊天"的理性解读,体现为某种意义上的知识活动。"敬授民时",是颁布历法,然不说"天时"而说"民时",正在于"民时"即"天时",民顺天而动,才是最终合理的,既合乎"昊天"的目的,也合乎人本身的目的。《夏小正》对四时物候之变的观察与记载最为清晰。《诗·豳风·七月》则是人事合乎天时而动的范例。历法之制定,既在于显扬天意以规约民事,则天意与民事合一。天行而不出历法,即"化而裁之","先天而天弗违",是理性为自然立法;"敬授民时",顺天而动,即"推而行之","后天而奉天时",是人事以天为合理性的最终根据。天子玄端听朔于南门之外,诸侯皮弁听朔于太庙(见《玉藻》),以及后代帝王之颁赐历法,则实为具有"宗教"意义的一种仪式。

则"肆类于上帝,禋于六宗,望于山川,遍于群神"(《尚书·尧典》),祭祀作为对天的崇拜仪式的发生,就同样是再"自然"不过的事情了。以天为"上帝"观念的出现,表明天之人格意义的确立,代表了"天的宗教"的完成。值得一提的是,古代对天地山川日月星辰的祭祀,虽然似乎体现了"多神"甚至"泛神"的观念,但实际上,对一切自然物的崇拜,其实质仍是对天的崇拜,自然世界之"群神"不过是天的不同面相的表现而已。我们所重视的是,在中国文化本身,天的人格意义之确立,在导向一种特殊"宗教"的同时,也为人道的生活建立了意义本原。在天被对象化为具有客观独立性的存在实体之同时,它作为最高原理的意义便被不断强化与凸现,终究成了人的现实活动之所以正义、合理、神圣的最高根据。故夏启伐有扈氏,就说:"有扈氏威侮五行,怠弃三正,天用剿绝其命。今予惟恭行天之罚。"(《尚书·甘誓》)商汤伐夏桀,同样说:"有夏多罪,天命殛之。""予畏上帝,不敢不正。"(《尚书·汤誓》)天作为最高意志的体现者,"天子"作为"天之元子"而为天意的人间代表,正在"天的宗教"的意义上而使天人结成一个完整的互动系统,人从天那里"输入"全部活动的终极意义,并在这一意义上建立起既富有意义而又合乎最高存在本身之目的的政治与生活秩序。基于观察与悟解而体认到的"天序""天则",因此也就成为人间制度与生活伦理的最高典范。《尚书·皋陶谟》所谓"天叙有典""天秩有礼""天命有德""天讨有罪",即天子法天立极而确立政治制度的本原性根据。从政治的意义而言,将"天叙""天秩"转化为人间的生活秩序,便成为政治的根本任务;或者说,政治的最高任务是在人的生活世界之中实现"天叙""天秩",人间秩序(包括政治制度与生活伦理)正是在作为天道秩序之直接映像的意义上而获得其神圣性的。基于这一观念,民众生活的实际状态便成为衡量天意是否获得充分贯彻的证验,所以《尚书·皋陶谟》有言:"天聪明,自我民聪明;天明畏,自我民明威。达于上下。敬哉有土!""有土"的天子,是必须对天保持足够的敬畏的。我们可以清楚地看到,天的自然性的消退及其作为某种客观实在性被独立出来而成为信仰的对象,其实是生活本身的一种教导,因为人们只能在服从顺应于天的前提之下才可能完成其本身的生产活动而实现其自身的良好生存。而"天的宗教"一旦完成，它随即成为人事活动之合理性及其意义的终极规定者，成为意义与价值的本原；也就是说，人的生活只有从天那里"输入"了意义才转变为有价值的，也正因此故，人的现实生活的本质意义既由天所启导，也归属于天的神圣领域。

如果我们相信《尚书》等典籍的记载，那么直到周代之前，尽管如《皋陶谟》及《高宗肜日》等已将天与德相互联结，但在一般的流行观念上，天作为外在的、具有客观必然性的独立实体意义仍是主流。① 武王伐纣，是一次革命（变革天命）的行动，而新政权的建立，则必须论证其合理性的终极根据。事实上，正是基于这一重大问题的深入思考，直接导致了西周时期关于天命问题在观念上的重大变革。西周所建立的礼乐制度，则直接为孔子所继承而成为儒家思想的核心。

周公是中国历史上第一位真正伟大的政治家与思想家。新政权的建立，使西周的统治者在感到无限喜悦的同时，也真切地体会到了无限的忧虑，故谓"肆其监于兹，我受命无疆惟休，亦大惟艰"（《尚书·君奭》）。"惟王受命，无疆惟休，亦无疆惟恤。"（《尚书·召诰》）天命不可变的固有观念已被武王伐纣这一行动本身所否定，周代殷兴，即意味着天命的变革与更易，故谓"皇天上帝，改厥元子兹大国殷之命"（《尚书·召诰》）。"皇天上帝"既改殷之命，而赋其新命于周，则周的代兴，便是天命之意志的显现，故谓"天休于宁王，兴我小邦周。宁王惟卜，用克绥受兹命"（《尚书·大诰》）。天意是通过龟卜之兆而明显地表现出来的。换言之，武王克商，本质上并不是凭借武力征服的，而只是对天之新命的秉承，是恪谨于天命而不得不然的行动，所以武王伐纣时就说：

---

① 《皋陶谟》中已充分强调了"天命有德"的观念，并要求"慎厥身，修思永"，以行"九德"："宽而栗，柔而立，愿而恭，乱而敬，扰而毅，直而温，简而廉，刚而塞，强而义。"《盘庚》则要求"施实德于民"，"用罪伐厥死，用德彰厥善"，"式敷民德"。《高宗肜日》中有言："惟天监下民，典厥义。降年有永有不永，非天夭民，民中绝命。民有不若德，不听罪，天既孚命正厥德。"这些论述，已显然将天命与内在道德相联系，正可以表明人在观念上是从绝对的最高对象那里"输入"意义的，绝对者即为意义本体；但应当指出，天命仍然是外在的客观性对象，西伯既戡黎，祖伊于纣王曰："天子，天既讫我殷命。……非先王不相我后人，惟王淫戏，用自绝。故天弃我，不有康食。"而纣王仍然自信地说："呜呼，我生不有命在天！"自觉地实现天命向人的内在道德转化，其实是周代的主题。

"今予发，惟恭行天之罚。"（《尚书·牧誓》）天命属意于"小邦周"，则周的兴起，便同样为天意的显扬而有不得不然，故谓"文王在上，于昭于天。周虽旧邦，其命惟新"（《诗·大雅·文王》）。

显而易见的是，天命的客观实在性在关于周之新政的合理性论证之中仍然是得到充分体现的。由于这种客观实在性是必然性，同时也是行为之当然性的最高法则，所以周承天之新命而兴，便即是天命之客观必然性的实现，是天命与天意的胜利，而不是武力的胜利。但是，周公等人在接过殷商以来的天命观念来完成其新政权之合理性与合法性之终极论证的同时，又严肃地思考了天命转移的必然性根据，正是这一思考，才终于导致了对于天命的观念重构，完成了周代思想的革命性变革。

殷商的统治覆亡的根源何在？"在昔殷先哲王迪畏天显，小民经德秉哲。自成汤咸至于帝乙，成王畏相，惟御事厥棐有恭，不敢自暇自逸。"（《尚书·酒诰》）"自成汤至于帝乙，罔不明德恤祀，亦惟天丕建，保乂有殷。殷王亦罔敢失帝，罔不配天其泽。"（《尚书·多士》）敬畏天命，导民畏天，尽省察之功而章明厥德，恭谨政事而不敢自暇自逸，是自成汤而至于帝乙天命之所以不易的根据。殷纣沉湎于酒，不显其德，荒其政事，陷民水火，"天乃大命文王殪戎殷，诞受厥命越厥邦厥民"（《尚书·康诰》）。则天命改易，纣乃不得不早坠厥命。"今惟殷坠厥命，我其可不大监，抚于时？"（《尚书·酒诰》）殷纣覆亡的教训近在眼前，岂可不引为借鉴？"我不可不监于有夏，亦不可不监于有殷。我不敢知曰，有夏服天命，惟有历年；我不敢知曰，不其延。惟不敬厥德，乃早坠厥命。我不敢知曰，有殷受天命，惟有历年；我不敢知曰，不其延。惟不敬厥德，乃早坠厥命。"（《尚书·召诰》）"惟不敬厥德"，正是桀纣之所以"早坠厥命"的根本原因，故"惟天不畀不明厥德"（《尚书·多士》）成为一个必然的结论。天之所畀仅在于"明德"，故唯"敬德"方能维系天命，正因此故，"敬德"遂成为"周诰"的"关键词"，如说，"其眷命用懋，王其疾敬德"，"王敬作所，不可不敬德"，"肆惟王其疾敬德，王其德之用，祈天永命"（《尚书·召诰》），"皇自敬德"（《尚书·无逸》），"汝克敬德，明我俊民"（《尚书·君奭》）。"敬德"何以可能维系天命？"古人有言曰：人无于水监，当于民监。"（《尚书·酒诰》）天命的善良意志实质上是通过民的实际生活状态而显现出来的，所以"于民监"即能明天意；民的当前生活状态是现实政治的结果，所以是否将天命之德借政令施设而展布于民生之现实，便成为天子是否实现了天意的根本尺度。简言之，"天命有德"，德即天命之内在，是天子之所以受命的根据，而政治则是还原天命之德的手段，是在民生之实际情状之中获得其明确的对象化，因此，"用康乂民""保民""新民"，也就必然成为天命之价值转换的现实尺度。按照这一观点，则政治是表达"明德"的方式，其目的则是"明德"的实现；而由于"明德"即天命，"敬德"即对于天命本身的敬畏，故政治的目的、道德的目的、天命的目的，在本质上便是完全同一的。如果政治的目的在于天命目的的普遍实现，那么"用康乂民"或"用康保民"，便成为是否能"祈天永命"的现实根据。相当清楚的是，这一"敬德保民"的观点，实质上完成了关于天命之存在方式的重新思考，在将政治的目的确认为天命目的之充分的普遍实现的同时，又充分强调了"用康乂民"或"用康保民"是这一共同目的的现实表达，从而将道德与政治联结为一个完整的统一体，实现了政治"民本"理念的完整建构，并由此奠定了中国古代全部政治的基础理念。

但是，我们所要给予特别强调的是，"明德"的凸现似乎悬置了天命，"天不可信"的怀疑则似乎消解了天命权威的绝对性，但是实际上，这些观念本身远未消解天命本身的存在性，而只不过是转换了天命的存在方式而已。① 天命的存在仍然是确定无疑的，仍然是人世生活之全部合

---

① 学术界一种较为普遍的意见，是认为周代出现了浓厚的对天命表示怀疑的情绪或态度，天命存在的绝对性消退了。《诗》《书》之中，的确有许多对天命表示怀疑的话语，如说"浩浩昊天，不骏其德"（《小雅·雨无正》），"昊天不忒，回遹其德"（《大雅·抑》），"天命靡常"（《大雅·文王》），《书·君奭》则载周公语曰："天难谌，乃其坠命，弗克经历，嗣前人恭明德。""天不可信，我道惟宁王德延，天不庸释于文王受命。"此类对天命表示怀疑的语句，甚至明确的"天难谌""天命靡常""天不可信"的表述，是否就表明天命存在之绝对性的消解，笔者认为是非常值得重新考虑的。从周公的角度来看，随着周之代殷，"天命靡常"已然成为一个基本事实，但这并不意味着天命本身存在之绝对性的消退甚或去除，否则周之代殷便失去其合理性与合法性的最高根据；正是基于"天命靡常"的体认，他才转向"明德"即对天命的认同，从而以"嗣前人恭明德"为维系天命的根本手段。因此从本质来看，天命根本未曾退出，而只不过是转换了其存在的方式：外在的客观性被转换成了内在的"主体性"。正是随着这一转换，主体才作为主体而得以挺立出来，并且因其本质之等同于天命的绝对性与神圣性，"明德"的现实表达才可能成为天命的直接展布，人道的生活才可能获得其终极之神圣意义与价值。

儒学的信仰建构及其"类宗教性"

理性的最高根据,仍然是神圣性与绝对性的终极本原。但是,天命转换为"明德"的意义却是重大的。随着天命之外在的客观性的消解而内化为"明德",人的存在性获得了其来源之本质的阐明,神圣存在的超越性即被同一于内在本质的存在性,从而使人的存在获得了既内在而又超越的双重维度。天命对象化为"明德",则天命的客观性即转化为道德的"主体性";"明德"的实质即天命,道德的表达便是天命的显扬。因此,由天命存在之客观性的消解所导致的,乃人的本质存在作为道德主体的清晰凸现,而道德的全部意义则纯粹是由天命的内在化本身"输入"的,也就是说,"明德"正是作为天命的内在形式才获得其绝对的神圣意义与价值的。① 因此之故,我们也就可以说,人的"主体性"是伴随着天命存在之客观性的消解才得以建立的,而所谓"主体性"就是天命这一最高存在的内在维度。正是这一"主体性"的建立,才使人的存在超越于凡俗成为可能,又使凡俗的生命体现其本质的神圣性成为可能。

天命之客观性的消解而向"主体性"转换,我们虽然充分强调了它的意义,但同时还必须指出,这一转换只是凸现了天命存在之本质的

---

① "明德"一词,的确是到了"周书"中才大量出现的。"明"是天的属性,也是天本身的存在状态。天因其"明"而能鉴照万物之情状而不遗,所谓"明明上天,照临下土"(《诗·小雅·小明》),"皇矣上帝,临下有赫,监观四方,求民之莫"(《诗·大雅·皇矣》),受命之王(天子)代天而照察人事之情伪,"王来绍上帝"(《尚书·召诰》),则必"绍天明"(《尚书·大诰》,"绍"皆读如字,继也),然则天子从天命那里所获得("德"的),原本就是天本身的"明"而已,所以王之"明"即天之"明",故谓"帝谓文王:予怀明德,不大声以色,不长夏以革。不识不知,顺帝之则"(《诗·大雅·皇矣》)。"明明在下,赫赫在上"(《诗·大雅·大明》)。"明"的同一性联结了天的超越性与"德"的内在性,则"德"之"明"便是必然性的当然体现,是作为"德"的本来状态而得到肯定的。只有明了"明德"的这一意义,方能真正解悟圣人"德配天地""与日月合其明""与四时合其序"之类语句的意义。正因为"明德"是纯粹合乎天命的自身本质的,所以也惟"明德"才能欣悦上帝,商纣"弗惟德馨香祀,登闻于天,诞惟民怨,庶群自酒,腥闻在上,故天降丧于殷"(《尚书·酒诰》),"上帝监民,罔有馨香德,刑发闻惟腥",所以蚩尤时"遏绝苗民"(《尚书·吕刑》)。正因"穆穆在上,明明在下,灼于四方,罔不惟德之勤"(《尚书·吕刑》),所以也惟"明德"方为欣悦上帝的最好"供品",才表达了"祭祀"的真实含义。宫之奇谏虞君曰:"臣闻之,鬼神非人实亲,惟德是依。故《周书》曰:'皇天无亲,惟德是辅',又曰:'黍稷非馨,明德惟馨',又曰:'民不易物,惟德繄物。'如是则非德民不和、神不享矣。神所冯依,将在德矣。"(《左传·僖公五年》)是知春秋时期犹存古义甚多,正是在宫之奇所引《周书》的意义上,"明德"即"祭祀",故"明明德"的现实道德践履是具有"宗教性"意义的。

主体维度，而不可能全然消解天在现象上的外在性，同时也仍然充分保留了天命作为终极实在之最高意志的内涵，否则不仅"明德"会因其神圣来源的缺失而丧失其绝对性，并且"祭天"作为一种宗教仪式也就全然没有意义了。因此，天命之"主体性"维度的凸显，并未解构其神圣性与必然性本身，也并未消解其作为最高实在与意义本原的本质内涵，反而是进一步扩充了天命的意义限阈，从而使它在不同语境之中呈现其不同的本质维度奠定了宽阔的基础。在这一意义上，我们就可以说，周代对天命之客观性的消解是不彻底的，因为它仍在某些语境之中保留了这种"客观性"，并仍在"宗教"的意义上来崇拜这种"客观性"。但与此同时，正是由于天命在实现其内在化的同时又充分保留了其原有的"自然""主宰"等诸方面的意义，天的存在才获得其"一元而多维"的面相，它才作为一个具有整合性的信仰对象而呈现于中国古代文化的全部过程。① 周代关于天的观念革命的不彻底性，恰好体现了文化传统本身的统一性。

但不管如何，这一观念革命的成效仍然是显著的。作为一种时代的新思潮，天命向"明德"的转化对儒家思想的充分发育与成熟有着最为重大而又直接的启导之功，它是作为周代思想文化遗产的根本精神而被孔子所充分继承的。孔子的卓越之处，正在于他在讲述与阐述周代之

---

① 先秦文献中天的内涵，向来是学术界一个聚讼纷纭的问题。冯友兰先生大概最早区分出了天的五种含义，谓有"物质之天""主宰之天""命运之天""自然之天""义理之天"（见《中国哲学史》，中华书局1961年版，上册，第55页），其影响极为广泛，学者往往依其自己的理解而将某一文本中的"天"字纳入于"某某之天"之中。在分析的意义上，冯先生的观点显然是一种卓有贡献的发明，但我们所最为关注的，却是何以一天竟会衍生出如此众多之义？笔者个人的陋见以为，天只是唯一，所有这些含义只不过为其存在的不同面相而已，原本是相互浑融地交织在一起的，本质上是不可相互批离的。《诗·王风·黍离》有言："苍天，以体言之。尊而君之，则称皇天；元气广大，则称昊天；仁覆闵下，则称旻天；自上降鉴，则称上天；据远视之苍苍然，则称苍天。"此说甚有意味。天之"体"唯一，"皇""昊""旻""上""苍"，均为一体之显相，并无本质之异，故"苍天"即是"皇天"，即是"昊天"，即是"旻天"，"自然之天"即是"主宰之天"，也即是"义理之天"，略无本质之异。唯天为一如此之义理广大精微而又浑沦圆具之"体"，它才可能在既经成为信仰的核心之后，而获得其无限的绝对性，仰观"苍苍"，才可能激发出神圣律令的崇高之感。这一点大概也可以较好地解释为什么古代文本中并不缺乏天作为自然之物的解释，也并不缺乏天作为道德理性的解释，但同时却仍然一直保留"祭天"的传统这一颇为"独特"的现象。

儒学的信仰建构及其"类宗教性"

礼乐文明传统的同时，又充分继承周代将天命转化为"明德"的理性精神，进一步挺立了人作为道德主体的存在性，仁只能是在道德主体的意义上才体现其全部意义与价值的。正因此故，天命的人格性表述在孔子及此后的儒家那里已淡然隐去，"皇矣上帝"作为终极实在的主宰性、意志性、绝对性重新被还原为以"天叙""天秩"为特征的天道，天道在根本上取代了"上帝"而成为本原性的最高实在。① 然而，天道概念所消解的仅是天命的人格性意义，而不曾消解其存在的绝对性与作为最高实在之价值的本原性。在儒家思想的整体之中，被去除了人格意义的道或天道成为"第一原理"。道是世界一切万物之所以获得其存在的

---

① 就后代的儒家而言，天的人格性表述是稀少的，但董仲舒是个例外，在某种意义上，仲舒之说可以说是某种古义的发明。《诗》《书》中有相当多的"帝""上帝"之类的人格性语词，也有关于天的人格性描述，正表明即使在周代，天的人格意义也仍然是相当普遍地存在的，但此类语词在孔子之后的先秦儒家典籍中几乎消失，这是一个值得重视的语文现象。《诗》及今文《尚书》中均未见"天道"一词，至少表明这一语词甚至在周代也不是一个流行用语。"道"字的单独出现，《诗》中所见，不出三义。（1）道路，此义最为普遍。（2）言说，如："中冓之言，不可道也；所可道也，言之丑也。"（《墉·墙有茨》）（3）方法，如："诞后稷之穑，有相之道。"（《大雅·生民》），此义为仅见。今本今文《尚书》中所见"道"字，《禹贡》之"道"，全为"导"义。除《洪范》之外，唯《顾命》（合《康王之诰》）"道"字二见："道扬末命"，则"言说"义；"皇天用训厥道，付畀四方"，此"道"似近于天道之义。《洪范》"遵王之道""王道荡荡""王道平平""王道正直"，则"道"显有抽象之义。考虑到《顾命》的写作年代（通常认为成于东周时期）及《洪范》年代的问题（学界意见大不一致，私意以为或最后完成于西周末至春秋前期），则大致地说，道的抽象意义或许为两周之际的产物，而"天道"一词，大概在春秋时期才逐渐流行起来，《左传·襄公九年》中载："晋侯问于士弱曰：'吾闻之，宋灾，于是乎知有天道。何故？'"《昭公十八年》中载："子产曰：'天道远，人道迩，非所及也。'"《昭公二十六年》晏子曰："天道不慆。"这些是"天道"一词在文本中出现较早的例子，但其意义与孔子及其后儒家的"天道"之义仍相去较远，所以笔者大胆地认为，先秦儒家文本中的"天道"一词及作为终极本原之义的"道"，是在孔子之后才大量出现的。从"道"这一语词的原初意义而言，"道路"是其本义，故《说文》谓"所行道也""一达谓之道"。"一达"之道，即"大道""大路"，是荡荡平平而没有分歧的。道路将人导向某一目的地，故"道"通为"导"，乃当然之义。要到达某一目的地，则必由此道路，故道路本身即"方法""手段"；既由此道路，则不可躐等，必循序渐进，方能到达目的地，故道路又为"法则""秩序"；必由此道路方能到达目的地，不由此道路则不能到达目的地，故唯此道路为"真实""不妄"；由此道路而通达目的地的过程，即人的生命活动过程，此即"生命"。所以"道"的全部含义，即是道路、真理、生命，"天道"一词是涵盖此全部意义的。

本原①，但值得关注的是，道产生万物的方式在领会上发生了变化，"气化"观念开始引入，并成为描述现象之生成毁亡的主要方式。但此同时，"气化"作为自然现象或关于自然现象的价值领悟，则被确认为天道本身之终极存在性的必然的表达方式，也是天道作为意义本原而开显其意义的必然方式。② 正由于一切万物均为道本身之存在性的共相显现，所以现象全体虽在表象上呈现为千差万别，却不过为道之一元的有序展开，它们的本质是同一的，而在现象上则是和谐的。③ 道统摄了一切现象之全

---

① 关于道的直接而又系统的论述，《老子》无疑是更为清晰的。不管仲尼问礼于老子之说是否可信，笔者坚持道为积古流传之共同的思想遗产的观点，先秦诸子无不论道，无不最终归结于道，但关于道本身之存在品格的观念却各不相同，这一点既表明了文化传统的统一性，又表明了共有传统之中思想现象的丰富性。道实为天地之秩序的抽象，所谓"有天地然后有万物，有万物然后有男女"（《易·说卦》），而作为一种抽象性的实体，道先天地生而为世界万物之本原，便理所当然，成为儒道诸家所共同持有的观念。但儒道两家关于道本身之存在的价值领悟却颇为不同。参见拙文《儒道互补原论》，《浙江大学学报》（人文社会科学版）2007年第5期。

② 道或天道的存在性通过日月递照、四时代序、阴阳晦明、风雨霜露及与之伴随的一切万物的生成、繁盛、凋零、衰亡来显现其本身。然四时风露之类，则为天地之气相摩相荡的现象化表呈，故谓"地气上齐，天气下降，阴阳相摩，天地相荡，鼓之以雷霆，奋之以风雨，动之以四时，暖之以日月，而百化兴焉。"（《礼记·乐记》）这似乎表明"百化之兴"是纯粹的自然过程，但要晓得此"自然"本身是天道的表达是最富有意义的形式，所以"天道至教"（《礼记·礼器》），即是最高教导。《孔子闲居》引孔子说："天有四时，春秋冬夏，风雨霜露，无非教也；地载神气，神气风霆，风霆流形，庶物露生，无非教也。"明乎此，则于《论语》子曰"天何言哉？四时行焉，百物生焉，天何言哉？"便当得一恰当的理解与领会。

③ 儒家文本中虽往往"天地之道"并举，但不能认为是二元论，因为在阴阳的观念之下，阴阳是永远不能相互分离的，永远是共在而为一体的，在本原性意义上，此即《易传》之所谓"太和"。"和谐"的确是中国文化自古以来的一种强烈的价值取向，尧之所以为圣，因其"克明峻德，以亲九族；九族既睦，平章百姓，百姓昭明，协和万邦，黎民于变时雍"。舜则以乐而使"神人以和"（《尚书·尧典》）。《尚书·多方》有言："自作不和，尔惟和哉；尔室不睦，尔惟和哉。"若"不克敬于和，则无我怨"，即当受天之罚。自然世界之现象的个体性差异是显而易见的，但其各自的存在并不相互排斥，差异的丰富性反而为整全之平衡的协和造成了前提。儒家对此有最为真切的体认，故《中庸》有言："辟如天地之无不持载、无不覆帱，辟如四时之错行，如日月之代明；万物并育而不相害，道并行而不相悖，小德川流，大德敦化。此天地之所以为大也。"《礼记·礼运》有言："事大积焉而不苑，并行而不缪，细行而不失，深而通，茂而有间，连而不相及也，动而不相害也，此顺之至也。"故所谓"和谐"者，是必以差异性为前提的，是差异性中的统一性，多样性中的一致性，此为"和而不同"之正解。宇宙生命之全体在现象上的和谐，原本于其生命本质的统一性，道的唯一性恰好是借现象的多样性与差别性来共相呈现的。

儒学的信仰建构及其"类宗教性"

体,故道本身为无限者。由道所化导的全部世界现象,在个体性上是通过生命的形式来呈现的,所以现象之全体即生命的宏观显相,道则为生命的本原,一切现象是凭借着道的"生生"之能才显现其活泼的生命及其生命过程的完整性。① 这样看来,道的本原性抽象虽然再一次改变了天命的存在方式,但作为世界全体之生成并主导一切现象之变化的"第一原理",其存在的绝对性并未因其人格意义的消解而有任何的削弱,反而得到了显著的强化。它是一切自然物之所以获得其当前的生命状态的本质根据,并且是作为一种人力所不可逾越的强大必然性而呈现出来的;它是生命的赋予者,同时也规定了并主导着全部世界现象的生命秩序;它本身的存在普遍显现于一切万物,从而成为无限者本身;它是整全的"一",处于生成与变化之中的一切万物都以其各自的现存方式来共相地表呈这一无限的"一",它是最高实在本身,是绝对者。

按照上文的叙述,我们的观点是,在中国文化本身,由于农耕的生产与生活方式是将人的生命活动在现实性上与天时联结为一体的,为了实现生命活动本身的目的,人事必须服从于天时之运,而凡人事活动所预期的目的不能实现或在实现过程中遭受挫折,其原因则往往来于天时,是人力所不可企及,也是不可本质地予以干预的。在这一生活背景之下,天遂被抽离出来而成为一个独立于人的世界之外、又与人的现实世界具有密切的本质联系的实体,并成为信仰的最高对象,完成了"天的宗教"。天作为信仰对象的建立,理性地说,是以人自身的生命存在方式及其能力等缺陷与不足的体认为基础的,因此在信仰的对象那里,就凝聚了人本身作为一种集体意识而呈现的全部理想与美好期盼,是对人自身之缺陷与不足的主观消解与补偿,因此是以人格形态而呈现

---

① "有天地然后有万物","天地"的这种"先在性"被领会为万物所从产生的本原,而所谓"产生",则被领会为生命活动,所以道即为生命的本原。宇宙间自然现象的嬗变,万物的生成毁亡,毁亡而又再生,则被领会为生命现象的阶段性赓续,所以《中庸》有言:"天地之道,可壹言而尽也,其为物不贰,则其生物不测。天地之道,博也,厚也,高也,明也,悠也,久也。"《易传》有言:"生生之谓易。""生生"是古语,《尚书·盘庚》中曰:"汝万民乃不生生","往哉,生生","生生自庸"。所有个体的生命均无例外地是道之"生生"的结果,但道本身是"自成"而"自道"(导)(见《中庸》),老子也说"道法自然",它只以自身的本然状态为"效法"的对象,它是它自己存在的原因。

出来的。天具有高高在上的超越性与意志表达的自由，是自然世界与人事世界全部活动之终极合理性的最高立法者，因此之故，作为信仰对象的天成为意义与价值的本原性实体，它赋予人的现实生存及其生命活动以意义，因为只有符合天的自身目的的活动才可能获得其意义在经验中的实现。西周时期基于新政权之建立的合法性思考，将天命与"明德"同一化，从而实现了天命之存在的内向迁移，在一定程度上消解了天命的外在客观性，但这一消解是不彻底的，天的人格性与天命的客观性仍然存在，但正因此故，最高存在才成为既是超越的，又是内在的。虽然孔子以"吾从周"的态度接过了周代的文明传统，但充分消解了天的人格性，天道在作为一种本原性存在而获得充分显化的同时，人格性的实体则被消解而转换为终极原理。但不论是周代对于"明德"的强调还是孔子及其后儒家对于天道的显扬，其为最高实在及为意义与价值之本原的本质内涵却始终一贯，其作为信仰的核心对象也始终一贯。我们将会看到，孔子及其最伟大的追随者孟子，实际上是循沿着周代天命内在化的理性精神，直接将天道"内置于"人的本质之中，从而实现了人的本质存在之神圣化的理性跃迁，并进一步将信仰的经验表达方式转化为人道世界的伦理实践。经过孔子，"天的宗教"实质上转向于"道德的宗教"，这也成为我们讨论儒学之"类宗教性"的基本语境。

三 必然性向当然性的迁移与意义的"内在输入"

孔子言仁，如学术界所普遍认可的那样，仁是孔子思想的核心。虽仁之义或为言人人殊，但笔者则十分赞同朱熹之说："仁虽专主于爱，而实为心体之全德；礼则专主于敬，而心之所以为规矩者也。"[①] 仁即"明德"，作为"心体之全德"，也是现实性上的德性本体，它原于天命之

---

① （宋）朱熹：《四书或问》卷一七《论语·颜渊第十二》。

赐降是无可怀疑的。① 仁的竭力倡导，正表明孔子对周代文明传统的继承。天命或天道既已被确认为在个体那里所普遍存有的德性本体，那么在实际生活之中，仁的普遍表达便是对天道的实践，因此在德性的经验实践这一意义上，仁概念的揭示实际上又是对天道的悬置。但所谓悬置，却并不是取消，而只是暂时将它搁置起来而已。正因为它的实质与仁是同一的，所以言仁即是言天道，此盖为孔子平时之所以罕言天道的缘由。②

天道之内在化为仁，实现了诸方面意义的重大转换。从天的方面而言，天道的客观实在性被同一于人的本质存在性，而由于实在者之本身的法则被转换为人伦理法的根本原理，普遍的必然性遂实现了向当然性的内在迁移，天道不仅是一个可以被人领会而敬畏的对象，而且成为一个可以为人在生活过程之中切实加以实践的对象。从人的方面而言，随着天道的这种"异己性"的充分消解，"主体性"遂在一个更为阔大的宇宙背景之中有力地挺立出来，人成为"天地之心"，是天道之存在及其意义的唯一能动的体现者与实践者。这一"主体性"意义的显化，使人本身的存在突破了其有限自体的局限而与天地万物融为一体，有限者因融入无限者本身而成为无限。这样看来，天道与仁的同一，或者说天道将其自身表达为人道的本质，在改变了其本身之存在状态的同时，实质上

---

① 《诗·大雅·烝民》中载："天生烝民，有物有则；民之秉彝，好是懿德。"则"懿德"原于天生之"秉彝"，显然无疑。孔子谓"天生德于予，桓魋其如予何？"（《论语·述而》），盖不可将它理解为情急之下的某种"大话"，而应当切实地将它理解为当生命受到威胁之时对其信仰的一种宣说。类似的情况，则当夫子"畏于匡"时，子曰："文王既没，文不在兹乎？天之将丧斯文也，后死者不得与于斯文也；天之未丧斯文也，匡人其如予何？"（《论语·子罕》）孔子是以圣人传统的承前启后为己任的，故谓文王既没，而文王之传统在兹（孔子自谓），文王之道即是天之道，故谓若天将丧斯文（使我死于今日），则文明传统将自此中绝，后代之人（后死者）将不再能得与于圣人之道；若天未丧斯文，则匡人岂奈我何？此语大义凛然，若非心有确信，断不能作斯语。然古来对"后死者"之解释，自孔安国后，皆以为孔子自谓（见何晏《论语集解》），予则深以为不然。朱熹亦取孔说，但错谓"马氏（融）"，见《四书集注》本条。

② 子贡曰："夫子之文章可得而闻也，夫子之言性与天道不可得而闻也。"（《论语·公冶长》）学界主孔子不信天命者多举此证。然此条之注解，以朱熹为最精："性者，人所受之天理；天道者，天理自然之本体，其实一理也。言夫子之文章，日见乎外，固学者所共闻；至于性与天道，则夫子罕言之，而学者有不得闻者。盖圣门教不躐等，子贡至是始得闻之，而叹其美也。"（《四书集注·论语集注》本条）然则夫子非不言"性与天道"，不常言之而已也；不常言之者，以其常言仁也，言仁即是言性、言天道也。

也改变了人的存在状态。人不再仅仅是一个天道的被动服从者或天命的接收者,而已然成为天道的积极领悟者与能动的实践者,甚至是可以介入、干预天道的现实表达方式及其存在状态的,是可以"赞天地之化育"的。生命因源于最高实在而获得其存在的神圣性,仁之德性的经验表达或道德行为本身则因原本于天道的必然性而获得其当然性的神圣性,因为存在的本体完全是道德的本体,道德的践履完全是个体表达其生命实在性的唯一方式。

若是如此,则我们也就完全可以说,当孔子显化出人以仁的本质而存在的时候,他已经完成了从天道那里的意义输入,从而使仁本身成为集中体现"主体性"的意义本体。人们只有从无限者那里完成意义输入,人作为个体才真实地实现了向主体的转变,才获得了其存在之意义的超越性转向。这一转变,绝不是凭借任何外力能奏效的,而必须凭借个体自己的内在精神努力。意义不由作为无限者的天道来"嵌入",而由个体意识的自觉认同来"输入"。孔子曾对曾子说"吾道一以贯之",对此"一贯之道",曾子则将它领悟为"夫子之道,忠恕而已矣"(《论语·里仁》)。虽古来对曾子之说不乏疑虑①,窃以为曾子之说实得孔子精髓,因为"忠"作为内省的意识活动,正是以天道之诚与自体本质之仁的同一性的建立为目的的,这是一个自我"建中立极"的过程,也是人作为主体而实现其自觉的意义输入的过程。②而"恕"则是将已

---

① 如叶适尝曰:"孔子既以一贯语曾子,直唯而止,无所问质,若素知之者。以其告孟敬子者考之,乃有粗细之异、贵贱之别,未知于一贯之旨果合否。曾子又自转为忠恕,忠以尽己,恕以尽人,虽曰内外合一,而自古圣人经纬天地之妙用,固不止于是。疑此语未经孔子是正,恐亦不可便以为准也。"(《习学记言》卷一三)

② "忠恕"一词,最易为今人所错认误读。实则"忠"者,"中心"之谓;而"恕"者,"如心"之谓。在孔孟的一般语境之中,"忠"并不是任何意义上的个体对他人的"忠心"或"忠诚",而是个体经由内省意识而对其自我本质与天道之同一性的确认,唯此方能将天道"内置于"己心,而使仁纯粹显现出来。仁的呈现即"主体性"的建立,故"忠"即是自我以"建中立极"、确立天道与己性之同一性信仰的过程,也是日常生活之中使仁能时时呈现于道德实践的基础性前提,是所谓"造次必于是、颠沛必于是"之"是"者,也就是宋儒之所谓"常惺惺"者。"忠"者,"中心"之谓,而"中"者,正也,故"忠"即"正心"。朱子谓"尽己之谓忠",实不甚确,当谓"诚己之谓忠"。心之正否,非他人可得而知,而惟己心自体能知。契合于天道之本然实在状态而合乎内心之仁,即"正"而谓之"诚",否则为邪僻虚谬。此心之正否,唯在内省的反思之中显现出来,故曾子"一日三省",夫子则"内自讼","求诸己",(转下页)

儒学的信仰建构及其"类宗教性"

然充分涵摄了天道之固有意义的仁展布于生活实践之中的方法,故谓"能近取譬,可谓仁之方也矣"(《论语·雍也》)。设若个体凭借其"忠"之内省意识的自觉活动而主动地完成从最高实在那里的意义输入,从而使仁之德性充沛而常醒常觉,并能凭借其"恕"的实践而将仁之德性(也即人本身的存在性)展布于生活世界之中,则人之道尽于是,故谓"夫子之道忠恕而已",信矣。

诚如子贡所说的那样,孔子平日少言"性与天道",但在他关于仁的论述之中,"性与天道"是已然作为仁之必然的意义而内含的,或者更直接地说,仁是"性与天道"本身。正因如此,仁的实践才展现为人道之意义与价值的全部。或许正由于孔子的启迪,儒家思想在孔子之后的发展过程之中,"性与天道"问题逐渐成为一个关涉最为重大的核心问题,至孟子则完成其理论的系统建设。孟子与告子的论辩表明,人之性的讨论在当时已是一个学术界普遍关注的问题,而意见却并不一致。孟子坚持"性善"之说,将仁义礼智作为性之实在的必然内容,表明他确乎是"学孔子"者,对孔子以仁为天道之内在的对象化存在是有深刻领会的。孟子确立了性的当然性内容,而其当然性本质上又原本于天道的必然性,是天道作为实在者而在人的存在。① 正是在性是天道本身这一

(接上页)"见贤思齐,见不贤而内自省",内省而己心合乎天德之仁,则得天地之大义,虽白刃可蹈,虽千万人可往,故谓"君子不忧不惧","内省不疚,夫何忧何惧!"(《论语·颜渊》)故知天道之诚,如日月之贞明,而人心之诚,则必须以贞明者为法而自为建立。孟子谓"诚者,天之道也;思诚者,人之道也"(《孟子·离娄上》)。《中庸》谓"诚者,天之道也;诚之者,人之道也。""思诚",即是己心对天道之思,唯"思"使天道之诚纯然显耀于己心,故谓"反身而诚,乐莫大焉"。"诚之",是由人心之常态的"非诚"而去"非"而至于"诚",是人道之当然法则。在"忠"的内省意识之中,天道是毫无保留地将其自身的本然实在状态开显于反思的心灵的,而心灵也是坦然地将其自身全然开放给天道的,是所谓"上下与天地同流"。正是在此"同流"的过程之中,仁之全德才获得其饱满而充沛的显发,天道的"诚"与"明"才转成为仁之体的本相。因天道之体本明而有人心之体明,因天道之崇高而有人道之崇高,所以谓人道的全部意义必须是经由个体自身的内省意识而从无限者那里自觉地输入的。

① "民秉天道而为性",这一观念在先秦时代是普遍的,老庄之说也同于是,唯关于天道本身是否为本质上的德性存在,则儒道解悟不同。儒家确认天道本质之为善,盖确承周之"明德"的主流传统而来,所谓"民之秉彝,好是懿德"(《诗·大雅·烝民》)。《中庸》谓"天命之谓性",即谓性是原本于天之赋予而存有的,《左传·成公十三年》中载"民受天地之中以生,所谓命也",可为"天命之谓性"之义的恰当解释,郭店楚简则尤为明确地断言"性自命出,命自天降"(《性自命出》)。凡此皆表明儒学传统中确实是存在着一个将天道与人性在本质上相同一的取向的,而孟子则将这一意义清晰地显化出来而已。

意义上，才可以说"尽其心者，知其性也；知其性，则知天矣。存其心，养其性，所以事天也。夭寿不贰，修身以俟之，所以立命也"（《孟子·尽心上》）。显而易见的是，仁义礼智作为人性的本然存在，是"天之所予我者"，而一切关于仁义礼智的实践意义，同样是"天之所予我者"；天道对象化为人道的本质，而人道的实践则显扬天道的意义；必然性完成其内在迁移而体现为当然性，当然性的经验贯彻与实践则被领会为必然性的律令。

这样我们就可以清晰地看到，在儒家的思想当中，天道作为最高实在的绝对性被表达为信仰的核心。孔子消解了天的人格性意义，而将它内在化为"心体之全德"的仁，孟子则将以仁义礼智为实质内涵的性充分显化出来，在思路上是完全继承孔子的。无论仁还是性，其作为天道在人的内化，并被领会为人的本质实在性，则是无可置疑的。这一内在化的过程，是个体从最高实在那里输入其生命意义的过程，是自我建立其"主体性"的过程，是"建中立极"以确立其根本信仰的过程。正由于性是根源于天道并且在本质上同一于天道本身的人的内在生命实性，它才成为个体全部精神与实践活动之所以是有意义与价值的本原，也才成为人的现实生命活动之所以可能体现其神圣性的最终根据。缘于此故，性作为人的本质，就其自身的实在状态而言，是具有"一元二维"的性质的。一方面，它本身是天道，是最高实在本身；另一方面，它又体现为人本身的存在实性，它是作为一个内在的既联结天道又显现人道的完整"单元"而存在的。这一内在的完整"单元"，是宇宙、人生之关捩处，是实在者本身，是意义与价值的渊数。孟子曰："仁，人心也；义，人路也。"（《孟子·告子上》）"夫义，路也；礼，门也。惟君子能由是路出入是门也。"（《孟子·万章下》）现实生活过程中的道德实践，是生命本身存在的当然性要求，是实现生命的意义与价值的必然性法则。这一实践的过程是我们完整的生命历程。在生活的多样性中体现其本质的同一性，在平凡的日常生活之中表达其存在的神圣性，便成为人的使命。唯当"天道即性"作为一种信仰在个体那里内在地建立起来，生命才得显现其固有质量的崇高，而在现实生活的实践维度上，当然性的表达遂又成为上达于天道而优入圣域的必然途径。

四 作为道德实践的意义表达与生活的神圣性

孔子对西周的礼乐制度表现出莫大的期盼与向往，谓"周监于二代，郁郁乎文哉！吾从周"（《论语·八佾》）。"吾从周"的理由，实并不仅仅在于周代礼乐在外观上的文章华采，而更在于礼乐的本于"天之文"而达于"人之文"，故此所谓"郁郁乎文"，即"文质彬彬"，在孔子看来，是体现了人道价值的终极理想的。但在他所处的时代，作为现实生活制度的礼乐文明已然处于实际的解体过程之中，"吾从周"在现实性上的可能性已然丧失，虽然如此，礼乐制度所代表的人道价值理想，及其作为在现实的日常生活之中还原生命本身之神圣意义的普遍法则，却仍然是值得追寻的。《中庸》中曰："非天子，不议礼，不制度，不考文。……虽有其位，苟无其德，不敢作礼乐焉；虽有其德，苟无其位，亦不敢作礼乐焉。"孔子实际上是无法"作礼乐"的，但礼乐却又为"反人道之正"的必要方式，是不可抛弃的，这固然是孔子之人道价值理想与其现实处境之间的一种矛盾，但这一矛盾，却并未妨碍孔子对周代礼乐制度的重新诠释。实际上，正是基于孔子的重新诠释，礼乐的意义发生了重要改变，从外在的具有强制性规范意义的制度形式，转为个体须当自觉奉行的生活伦理；从原于天命之制而不得不如此的规范，转为仁之心体的自有条理。礼乐之内涵的这一转变，实质上即使礼成了仁的外观，同时亦为天道在人道之世界的外观，是在现实的生活世界之中表达作为主体而存在的个体之性的本然实在的基本方式。①

---

① 礼必与天道本身之无限的崇高相联系、与人本身之内在的仁质相联系，它才可能是有意义的。孔子曰："礼云礼云，玉帛云乎哉？乐云乐云，钟鼓云乎哉？"（《论语·阳货》）即谓礼非仅为形式的铺陈而已，而必以内在之仁为其意义本原，故朱熹曰："敬而将之以玉帛则为礼，和而发之以钟鼓则为乐。遗其本而专事其末，则岂礼乐之谓哉？"礼乐之原质及其之所以为人道之意义的本原必在乎仁与天道，唯当礼乐表达出这种内在之原质的时候，礼乐才成其为礼乐，才落实于人道的意义世界与价值世界，故孔子又曰："人而不仁，如礼何？人而不仁，如乐何？"（《论语·八佾》）若礼乐仅是一种"不关心"的形式，则礼乐无意义。但另一方面，形式或仪式之作为外观仍然是重要的，"觚不觚，觚哉？觚哉？"（《论语·雍也》）觚而失其形（转下页）

西周之天命的客观性内在化为"明德",就其观念的转变而言,"明德"即为天命的"主体性"显现,"明德"的贯彻则为天命的遵奉与持守;天命规范了宇宙间一切现象之存在及其运动的合理性,"明德"规范了全部人事活动的终极合理性。政治的根本目的在于"明德"的实现,则其全部制度施设便必以"明德"为其价值所归趣的核心原点。天命与"明德"之存在性的同一性本身既为一切价值产生的本原,也是一切人事活动之意义的会归之处,故政治的实质即天命的人间化手段,是天命自身目的在人间世的现实生活之中的显扬,简言之,人道的价值目的与天命目的在本质上是同一的。① 为实现这一普遍目的,社会共同体的公共生活秩序就必以"天序""天秩"为其蓝本;这既是现实政治之权威性的根据,也是日常生活之所以具有当然性的神圣意义的根据。《礼运》引孔子说:"夫礼,先王以承天之道,以治人之情,故失之者死,得之者生。……是故夫礼,必本于天,殽于地,列于鬼神,达于丧、祭、射、御、冠、昏、朝、聘,故圣人以礼示之,故天下国家可得而正也。"礼之"本天殽地",即谓礼之本原在天;"列于鬼神",谓质诸鬼神而不谬;"达于丧、祭、射、御、冠、昏、朝、聘",则表明现实制度之中的人伦理法与生活秩序在本质上即为"天序""天秩"的"映像",是一种纯粹的对象化,所以《乐记》说:"乐者,天地之和也;礼者,天地之序也。和故百物皆化,序故群物皆别。乐由天作,礼以地制,过制则乱,

---

(接上页)制,则非觚也;礼乐而不出之以玉帛钟鼓,则非礼乐也;人而不以人道行之,则非人之谓也。故孔子又曰:"恭而无礼则劳,慎而无礼则葸,勇而无礼则乱,直而无礼则绞。"曾子谓君子所贵乎道者三:"动容貌,斯远暴慢矣;正颜色,斯近信矣;出辞气,斯远鄙倍矣。"(《论语·泰伯》)"容貌""颜色""辞气",皆形式也,内在之仁质必出以恰当的形式方可能获得其本身之存在的恰当表达;但形式若仅流于形式,则无关乎内在之仁,亦无关乎礼乐,是为"乡原"而已矣。可与"质文"之说相参。

① 《洪范》"皇极"之说,最堪寻味。"皇建其有极",极者,大中至正之道。皇所建之"极",即为人间的政治制度,故其目的在于"敛时五福,用敷锡厥庶民";但此制度的根据却是天命本身,故"皇极之敷言,是彝是训,于帝其训"(《增修东莱书说》谓自此至"以为天下王"为"箕子再言皇极之道,谓此彝此训,非我所自作,乃帝之训也"。窃以为吕说得之)。正因为"皇极"是"帝训",故遵"皇极"即谨天命,即同时实现了天命与"明德"的共同目的,是为"会其有极,归其有极"。"会其有极"言由仰观俯察所领悟到的天命之极则,"归其有极"言全部人事活动之意义与价值的最终归宿,是二者不相离异。

过作则暴。明于天地，然后能兴礼乐也。"在这一表述之中，"天地"无疑是礼乐的本体，天地本身的秩序与和谐即本质地对象化为礼乐的秩序与和谐，因此，礼乐作为社会生活的制度，是有其本身神圣性的最高根据的。如果人事活动的终极合理性必在于以天道为本，且其根本价值在于天道在人间的终极显扬，那么对于礼乐制度的奉行与持守便成为当然的义务，并且是唯一可能还原出天道本身之绝对价值的人道法则。简言之，礼乐作为人间的制度，虽其形式本身是人世的，但却是以天道为其存在的本原性根据、为其价值的会归之极的。正因此故，礼乐既是人道的法则，也是天道的法则。对礼乐的遵循，即体现为"人文"，它使日常生活超越庸俗，使平凡显现为神圣。

这样，在儒家思想的整体结构之中，我们就看到了作为最高实在的天道向人的世界开展其自身的双重维度。（1）天道将其本身的存在实性"自然地"赋予或"嵌入"人的存在本身，因此天道便内在地体现为人的个体之性；作为个体生命存在的本质，性之存在具有真实的客观性，不论个体是否完成"性即天道"的内在认同与自觉，其实在性终究不变。（2）天道将其自身之存在的秩序与和谐"映现"为社会共同体的生活秩序与和谐，导向这一秩序与和谐的制度形式与生活规范（礼乐），则被纯然领会为天道之秩序与和谐的对象化。前者是天道的实在性向人的个体之流注而转为存在者本身的存在实性，后者则是天道的秩序性显化为共同体之公共生活的公共秩序与生活法则。我们要特别强调的是，天道开展其自身的这两个维度，将个体的本质实在性与其存在的社会性联结到一起，而且其联结的交汇之处，恰在于个体的性。正是这一独特观念构成了儒家的一种根本思想：在生活的现实性上，个体的本质实在性要获得恰当表达，就必要求他以某种社会角色的特定身份出现于社会的公共生活场域并切实地履行其身份所给定的职责与义务；换言之，个体的存在性必须凭借他对生活共同体之公共秩序与规范的遵循，即对于礼的奉持才可能获得切实展现。礼是个体的存在性被开显出来的经验途径与现实方式，也是主体表达其存在意义的唯一有效的经验途径与现实方式。正因此故，个体的性作为一个存在的完整"单元"，便必然具有"彻上""彻下"的二维向度，它既是"内在的"，同时也是"超越的"。① "超越的"是性本身之在的最高的原始性根据;"内在的"则是性本身之在的真实状态;"超越的内在性"或"内在的超越性"则为性本身之在的固有性质。正是性的这一独特性质使它与作为信仰本体的天道相互统一。基于这种同一性而普遍领会到的人本身之存在实性的"一元二维"之结构,实际上成为儒家信仰体系的核心。正是在这一意义上,我们才可以说"率性之谓道",即按照性的自身存在状态去如实地表达它本身,在现实性上是天道的显扬与实现;正因此故,礼的持循便不可争辩地获得了信仰之外观的意义与价值。存在之本质实在性的显扬与信仰的表达,按照儒家的观点,在个体的生活世界之中也就同样是同一而不异的。唯有这种不异的同一才真实地显现了个体存在的完整性。

唯当我们真切地了解到儒家思想中这一信仰系统的核心建构,我们才可以真切地领会到儒家之所以对礼特别予以重视的根本缘由。因为礼是"天地之序"所成就的公共生活秩序,它在本质上体现为天道的外观,因而是具有神圣性的;性是天道之实在,是天道与人道的交汇处、天心与人心的关键点,同样是具有神圣性的,此即《中庸》所谓"性之德也,合外内之道也"。仅仅是相对于性之在的"内"来说,我们可以将作为天道之外观的礼说为"外",但若就本原而论,则礼无内外,性也无内外。人们对于以外在的形式而显现出来的礼的持循,必然导向其内在之性的终究开明而达于天道;因明觉于性即道之内在而按照其存在的实际状态去如实表达,则在其行为的外观上也必然契合于礼的外在规范,因为礼

---

① 儒家的"内在"与"超越"问题,已经引起学术界的热情关注与讨论。这一问题似乎是自牟宗三先生提出儒家的"道德形上学"之后才变得普遍起来的。而西方的部分中国哲学专家不认同"内在而超越"之说,认为儒学依然是缺乏"超越性"的(如安乐哲)。就孤陋所见,最早提出"内在而超越"的似乎是拉达克里希南(S. Radhakrishnan),在他著名的关于奥义书的翻译与诠释中,断言"内在之自我既是内在的又是超越的",并将这一点视为《羯陀奥义书》第二分第九节的主旨(S. Radhakrishnan, *The Principal Upanishads*, London: George Allen & Unwin Ltd., 1953, p. 639)。"自我"无疑是"内在"于每一个体的,因其"内在",它才可能是个体之精神性存在的本原,但就其实在、永恒、不变之"性质"而言,则同一于"梵",是"超越的"。正是这种同一性才成为个体生命之所以可能获得解脱的根据。这样看来,"内在而超越"其实是某种具有普遍性的东方智慧,尽管中、印之间关于"超越性"本身的领会是不同的。

原本就是道的展开，是性中的自有条理。依《中庸》之说，前者可谓"自明诚"的"修道之教"，后者则是"自诚明"的"率性之道"，然"诚则明矣，明则诚矣"，其终极境界，则教道无异，诚明合一，毕竟皆至于尽性以达道而参赞天地之化育的博厚高明之境。

这样看来，孔子真正伟大的功绩，正在于他在"礼崩乐坏"的社会现状当中，深怀因社会失序而导致的人心无伦、人道堕落的忧虑，基于他对西周礼乐文明制度之内在实质的深切洞达，从而重建了文化传统中的信仰系统，重建了价值的人道世界与生活的神圣世界。如前文所述，这一信仰系统的重建，是在充分继承天道作为最高实在而本然具有的崇高与神圣的观念前提之下，又以天道的内在化为核心的。仁是天德的价值抽象，性则是仁的本然实在。孔子少谈性而多谈仁，正因仁即性，性必具仁，"依于仁"即"据于德"，"据于德"即"志于道"，故践仁之道，即是践天之道。而由于天之道之普遍贯彻的"一元二维"特性，天道在一切个体的终极实现便呈现为两种可能的基本方式：一是通过礼即通过对社会公共生活的公共秩序与法则的遵循而上达于天道，因为循礼即通过遵道，是为"下学而上达"；一是个体完成其内在的、自觉的意义输入而"建中立极"以确立自我的"主体性"，并在生活世界之中直接表达其作为主体之意义，这也不妨将它叫作"上学而下达"。① 前者是经由

---

① 在这里，笔者想顺便就儒家思想的主旨问题稍作一些补充说明。现学术界通常的观点，是将"内圣外王"作为儒家最重要的思想主旨，但笔者对这一观点一直持有某种疑惑。不是说儒学当中不包含这一思想，而是说这一思想在儒学当中所占的重要性究竟有多大？"内圣外王"原用来指称庄子之学，用这一术语来谈论儒家是在宋以后才渐渐出现的，但在主流思想家的文本中的出现频度并不高。儒家是强调"自天子以至于庶民，壹是皆以修身为本"的，而所谓"内圣外王"，顾名思义，原是"王者"之事，不足以充分概括儒家之学为平民之学的普遍性质，对平民而讲"内圣外王"总觉得似乎遥远一些，尽管它对"王者"之修身而言是应当达到的一种崇高境界。孔子自谓"好学"，"不怨天，不尤人，下学而上达。知我者，其天乎！"（《论语·宪问》）就孔子学说的全部内容来看，"下学而上达"毋宁是较"内圣外王"更为重要的，也是更具有普遍意义的，所以笔者觉得是更能体现儒学思想的根本主旨的。"上达"者，即"达"于天道之谓，是为人道之正途，正表明其"下学"的背后是一更为强大的信仰系统。对普通平民而言，"天道即性"作为最高实在本身的存在性（作为一种知识）是可以暂时悬置的，只要他走上"下学"之途，循礼而行，非礼勿视听言动，即已经在不知不觉中表达其存在的实在性与意义了，故"循礼"即修身，即"上达"。但对于君子而言，则须有关于仁即性即天的内在体认为之前导，以先行完成从最高实在那里的意义输入而建立其"主体性"，唯此方能（转下页）

生活世界之中的道德实践以凸现主体存在而臻于"主体性"的终究明觉，后者是基于"主体性"的先行建立并经由身体力行而将它展布于生活世界，所以不仅在行为的外观上这两者是同一的，而且在其行为外观的背后是具有同一个强大的信仰系统为之支撑的。正是在这一意义上，我们就可以说，儒学本身是一个完整的信仰系统，它本身是具有宗教性的。缘于对最高实在本身的独特领悟，儒家以"正心""诚意"为根本内涵的修身倡导，实质上是要求个体原其内省意识的自觉活动而从最高实在那里完成意义输入而内在地建立起信仰主体，同时将这一"主体性"切实地表达于共同体的公共生活之中。个体的"主体性"只能在社会共同体的公共生活场域、在同处于这一场域之中的主体之间的交往当中才获得真实的充分展现。由于这一缘故，儒家之信仰系统的外观形式便与道德行为及对于作为公共生活之秩序规范的礼的遵循有了相当程度上的重合。或许也由于这一原因，儒家容易被误认为仅仅是一种关于道德伦理的说教，而忽视其关于道德之所以可能的本原性根据的深层阐述。在儒家思想的完整结构之中，也并没有体现出以集体来压抑个体的整体取向，那种以儒家为"整体主义"（holism）从而取消了"个体性"的观点，在很大程度上是有重新商榷之必要的。

但是，道德的表达与实践的确是儒家思想的独特外观。只不过我们不应忘记，道德表达的前提是个体作为道德主体的自为建立，道德的经验践履既是"主体性"的自然流出，是主体自身之意义的外向流溢，同时

（接上页）"导民"于正途。"上学而下达"，是笔者的杜撰之说，无非用来说明这样一种自觉意识的先行建立以见诸实践的方法而已。但不能将普通民众那里的"下学而上达"误解为孔子有"愚民"思想。孔子是平民教育的开创者，他完全没有"愚民"的思想，但却有很强的"精英"意识。民众是需要君子去引导的，故《论语·泰伯》说"民可使由之，不可使知之"。然近代以来不少学者将它解为"愚民"思想，实在不过是学者自作聪明的误解而已；而不少学者更在标点上做文章，意欲否定"愚民"之说，虽其心可谅，实也不过自作聪明而已。实则孔子此话原对君子而言，其意也甚为清晰：民可使他们跟随君子去做，却未必定要给他们讲明何以如此的缘由，因为关于最高实在的知识在实践的世界之中原是可以先行悬置起来的。君子之行明著，民众皆以为楷模，故孔子对季康子曰："子欲善，而民善矣。君子之德风，小人之德草，草上之风必偃。"（《论语·颜渊》）与其说此类话是"愚民"，则毋宁说是体现了一种强烈的精英意识，是本质上对君子的更高要求。

也是其信仰表达的行为系统。唯其如此，道德的生活才成为神圣的生活，由个体的道德行为所联结起来的全部生活世界，才成为个体自身的意义世界。作为意义的主体，他才享有此全部世界的崇高，直至于上契天心，与无声无臭、博厚高明的最高实在浑然一体。

家庭和家庭价值观[*]

[美] 亨利·罗斯文（Henry Rosemonp）著

（美国马里兰大学圣玛丽学院）

安继民译

（河南省社会科学院哲学研究所）

摘要：本文作为《反对个人主义：儒家对道德、政治、家庭和宗教根基的反思》的第七章，认为古老的中国儒家的家庭价值观，可以是反对从古希腊、古罗马到欧洲中世纪、欧美近现代，作为世俗生活理论基础的个人主义观念的重要参照。只有且必须以某种方式生活于家庭中的人，既非功利性亦非道义论的，却可以同时既是功利性的又是道义论的；既非孤立个人亦非仅是关系性角色，却既是个体人又是关系人，二者兼而有之。既此且彼，难分彼此，才是人的真相。只有通过家庭生活，人作为不同人生阶段扮演的不同角色，才能让男女老少所有人，通过协商协调，以应对微妙的生活事务。家庭作为社会基底性的社会单元和机构，它将自然而然地在父子互动中，使人类文明世代相传，保持文化的基本稳定。这种家庭中人际关系的稳定性，是人类现代化过程走到今天，在突破个人主义价值偏颇后面对的重要价值选项。译者认为，这种东西方

---

[*] 本文系根据[美]罗思文《反对个人主义：儒家对道德、政治、家庭和宗教根基的反思》一书（2015年英文版）的第七章的翻译；翻译文字严格以自然段落为单位，逐段进行，文字是借助"百度翻译"的人机共译；因能力和时间不足，30个注释全删19个，所余11个的出版信息也基本悉数删除；在原著中大量引用的《论语》意译文字的后面，译者附上了中文原文，并标明译者注；文中部分引用文献，依据原文未添加注释信息。

互补诠释的思想进路，作为作者晚年的封笔之论，对构建人类命运共同体并创新历史，造福子孙后代，将产生久远的影响。

关键词： 儒家　家庭价值　角色伦理　父子互动　世代传承

> 幸福的家庭都是一样的，不幸的家庭各有各的不幸。
> ——利奥·托尔斯泰

毋庸置疑，今天家庭制度处于危机状态，家庭角色表面上稳定的社会已经是例外情况，因为他们的发展平庸，通常由一个独裁家长强制完成角色。且按照儒家和当代美国的标准，家庭中几乎没有快乐和满足、力量和创造。美国还有许多情况削弱了家庭制度，大部分婚姻都以离婚告终；仍然有很多人反对同性婚姻和领养；一些少数民族中，几乎75%的儿童由未婚母亲单身养育；1/4的儿童家庭总收入低于贫困线。中国政府已采取法律措施，迫使成年子女定期探望父母，这表明对老年人的尊敬正在急剧下降。

正如上章所言，家庭是创造角色承担者的主要场所。我们必须考虑如何才能将角色承担者视为权利持有人的一种可行替代品，以界定究竟什么是繁荣兴旺的人类。笔者相信角色伦理确实是一个可行的选择，通过莱布尼茨三百多年前所描述的中国社会的早期意义，笔者的这种信念得到了加强：

> 如果我们在思维科学上领先于［中国人］，那么在实践哲学上，也就是说，在与现实生活和普通人相适应的伦理和政治戒律上，他们肯定超过了我们（尽管承认这一点几乎让人羞耻）。……对上级、长辈的顺从和尊敬如此伟大，孩子们对父母的关系也是如此虔诚，以至于对于孩子来说，即使对父母在口头上的暴力行为，也几乎闻所未闻，即使我们把他的行为打个折扣，也必须为他的行为赎罪。……平等的或者彼此之间没有义务的人，有一种令人惊奇的尊重和既定的职责秩序。……中国的农民和仆人，在告别朋友时，或

者在长期分离,第一次看到对方时,表现得非常亲切和尊重,以至于挑战了所有欧洲贵族们的礼貌。

对希望保留"自主个体"概念的人,笔者仍想指出,构建和改革体制,以期解决我们今天所面临的巨大的经济、社会、政治和环境方面的压力,将家庭置于中心地位仍具有重要意义。当然,很多家庭的特点是性别歧视和压迫,这些是制造新闻的家庭。然而更多的家庭运作得相当好,或只是一般的功能有所失调。家庭成员之间的互动相当愉快,其中许多互动反映在每天无数的媒体娱乐中,表明它有广泛的吸引力。无论有人怎么做,家庭都不会消失,因为似乎没有任何选择:除非发生核屠杀或赫胥黎那莽撞的新世界到来,否则孩子们将继续出生,别说繁荣昌盛,如果他们要生存下去,就需要别人养育多年。再说一遍:社会要培养年轻人以世代相传,没有任何替代家庭制度的方法,放弃家庭制度是不可能的。相反,我们应该寻找方法改革它,增强家庭既培养人又创造好社会的能力。

当然,家庭价值观无疑让许多人感到害怕,因为这个短语在概念上经常服务于保守的社会和政治倾向:加强父权制、性别歧视。这通常出于对宗教信仰的特殊解释,以否认合理的信仰。笔者对读者尤其是女性读者非常同情,她们或许会嘲笑笔者的论点,认为笔者染上了她们的祖母、少数民族、同性恋等人长期以来所患的疾病。[①] 但根据基本个人主义的道德理论,对于虐待性的丈夫和情人、校园性侵犯者、反对同性恋的暴徒和其他不人道者,还有什么其他的治疗方法可以用来解除虐待?对被定罪者的惩罚,很少带来态度上的改变,无论是犯罪者,还是在更大的社会中,只有在最好的情况下才具有威慑的意义。当然,除了对受害者进行报复性的追讨之外,对社会并无更大意义。

笔者相信这样做的方式不仅对少数人有吸引力,因为,自由派和保守派之间的二分法标准大错特错,在这里不适用,而且它所需要的改革,

---

[①] 关于这个主题有许多讨论,有最近希望中止母乳喂养的伊丽莎白·巴迪特的《母乳喂养的暴政》,另外有珍妮弗·萨莱的《母亲的天性》,黛安·约翰逊的《母亲当心》。

符合所有世界主要宗教的基本原则，所以，笔者将继续主张推进以家庭为基础的角色伦理。① 在家庭关系中建立和发展伦理关系，也可能比目前的道德和政治理论，具有更丰富的跨文化超越效力。

家庭应该成为当代哲学、政治和社会分析评价的对象，还有另一个原因。中国普遍存在的腐败问题，可以追溯到家庭关系，因此，要求减少家庭关系的呼声，在国内外越来越多。但是笔者认为，即使最道德、最聪明、最有能力的中国政府，也不能为15亿人提供足够的社会和经济服务，如果还需要社会保障、救护服务等，尽管其他机构也发挥作用，如教育、交通等，但笔者并不希望轻视家庭和当地社区的机构，而应该把它们作为提供这些服务的可行选项。否则，则必须先清除它们也潜在具有的腐败和压迫因素。如果能资助那些把长者留在家里的家庭，肯定比将老人安置在机构性环境中支付监禁性费用，既人道又便宜，没有理由认为每个孩子都不能照顾老人。中国并不是担心这个问题的唯一国家。当今世界上的大多数国家和美国一样，正面对同类压力，这些国家人口众多、老龄化、多样化，自然资源在不断减少，在气候变化的影响下挣扎。

从另一个角度看，虽然我们正在考虑的几个观点，是在大约2500年前提出的，但有点自相矛盾的是，当代科技和医学的发展使我们更多、而不是更少地依赖于他人，因此，儒家的见解应该被视为具有重要的潜在有效性。在我们为未来做准备的当前情况下，无论在个人方面还是在国家提供的社会服务方面。正如生物伦理学委员会2011年的报告中所说的那样，我们这个时代的决定性特征是"我们都更加年轻、更加长寿"。更年轻很大程度上是由于经济压力，更长寿是由于医学和技术的进步。换言之，年轻时我们要花更多时间照顾别人；年老时，大部分时间却要被别人照顾。于是乎，人的一生从儿童到老病之年就被界

---

① 1/4的单身母亲投票给共和党人，她们大一部分道德高尚，是有多个家庭的非洲裔美国人。笔者希望自己的观点能吸引女权主义者，但同样希望它能吸引那些单亲母亲，她们轻视女权主义，"把她们视为一种自爱的崇拜，自爱崇拜否定女性的渴望不是自由，而是安全"。有家庭价值观的单身母亲认为："女权主义说'我们是如此独立，我们不需要任何人'。我不想这样，因为我不能凭自己的意愿生活。"

定为"从尿布到尿布"。因此,我们也必须以未来的眼光看待"生命黄金期"。①

一 家庭比较:中国和古希腊、古罗马

尽管在西方,就像在中国一样,家庭已经成为一个普遍存在的社会机构,但家庭和家庭关系的发展脉络却截然不同。除了少数值得注意的例外,家庭及家庭成员之间的关系,并没有受到西方哲学家和神学家的太多关注。更为重要的是,这些机构所从事的大部分工作,都是消极的,而不是积极的,因为它对增强人类全面发展的能力做出了错误的调整。例如,柏拉图严令禁止保卫他的共和国的家庭生活的所有形式,他认为家庭会腐蚀他们管理和保护公民的能力。②对婚姻制度和家庭生活,大多数基督教学者的评论不可容忍,他们禁止世俗生活的欲望和追求,对他们来说,婚姻生活是亵渎的,因为婚姻和家庭中的人的生活,显然不如僧侣或修女的生活高尚或者说更接近神。正如保罗所说:"与所许配的人结婚是好的;如果不结婚,则更好。"(哥林多前书7:38)

现代西方的道德哲学,尤其是在一个多世纪以来,主导伦理学领域的两个普世主义理论:康德的义务论和边沁、密尔的功利主义中,家庭都不曾受到足够的重视。

然而最近,家庭已经成为一些道德哲学家的一个考虑因素,家庭可能被视为既与道义论,又与功利主义道德理论的要求相冲突,在这些理论看来,家庭生活是无法解释的。家庭一直是生物伦理学和法律哲学的关注点,由于关怀伦理学、女性主义哲学的特殊形式的有益影响,也使

---

① 长寿揭示了束缚我们的纽带。另见第九章孟子和荀子的引用。
② 我们同意,那么,格劳孔,要达到好政府高度的国家,必须有妻子和孩子的社区及所有教育(柏拉图)。亚里士多德批评了柏拉图的"妻子和孩子的共同体",却没有评论柏拉图理想中的妇女平等。他对家庭本质的看法虽然更接近我们的现代观点,但最终还是被宗教所证明合理,并且是在理性的基础上进行的,如果不是相对于我们,他的性厌恶、沙文主义和奴隶制,何以会变得合理?

得家庭问题引起了一些关注。①

直到 20 世纪末，现代西方哲学由于多种原因，仍对家庭视而不见。首先是因为家庭事务一直被认为是私人事务，而道德关系到一个人的公众形象。其次是因为对政教分离越来越同情，但教会只有在接受特定信条的人士那里，才对强制性职责和义务予以谴责。也就是说，道德的责任义务止步于个人或私人领域，只有对背弃信条的人才具有约束力。公共领域中的道德责任和义务，对一个生活于其中的人来说，社会具有强制性，只有在流放的情况下，才完全失去约束力。

笔者认为，人们不去审视家庭中潜在的道德问题的一个更为重要的原因是当今西方主要的道德理论都基于义务论、功利主义和美德，这些理论都建立在人作为基本个体的思想基础上。他们当然应该是理性的、自由的、自主的（通常是自利的）；他客观地观察并对待所有其他人，就好像他们是自由的、理性的和自主的个体（通常是自私自利的）。但是我们不能用这种方式观察和对待我们的父母、祖父母和孩子，并以此来解释家庭成员相互间的互动，也不能用这种方式解释我们对家庭生活的感受。家庭关系，尤其是最基本的核心或主干家庭即父母与子女（和祖父母）之间的关系，不能用自由、理性的自主个体相互作用来加以描述、分析或评价。因为，父母与子女的生活及子女与父母的生活，都是息息相关的事情，父母和孩子都是用特殊而美妙的感觉，来看待并感受自己是谁。威廉·鲁迪克（William Ruddick）在一个类似的分析环境中说，"由理性、自利、协商效用最大化者组成的家庭，似乎是临时的室友，而不是终身共享生活的人"。

我们注意到，许多西方著名哲学家，如笛卡尔、莱布尼茨和斯宾诺莎、洛克、休谟和贝克莱、康德、尼采、叔本华等，都是单身汉，他们没有家庭生活的经验，童年的他只是观望地看待自己。黑格尔结了婚并在著作中简单提到了家庭，但仅仅因为那个家庭曾促进了他个人自我的

---

① 内尔诺丁斯于 2010 年出版的《物质因素：道德的两条道路》。

发展。① 这种单身现象，虽然可能出于非常不同的原因，甚至可能是不敬的，但并非完全无关宏旨。

现在转向中国，早期儒家并不认为家庭制度是什么长期艰难的事，没有写什么家庭制度的文字，他们与西方同行不同，认为家庭作为人类繁荣昌盛的基础，是不言而喻的，因此，家庭制度不需要详细说明、分析论证。郝大维和安乐哲在预言中国时认为，不仅儒家，家庭是所有中国思想的基础隐喻，没有家庭，我们就不是人（安乐哲在最近的《儒家角色伦理学：词汇》中继续发展这个主题）。因此对我们自己来说的问题是，儒家并不考虑家庭是否有利于人类的繁荣发展，因为很明显，家庭就是这样的。但为了使家庭能够繁荣发展，我们需要考察，哪种行为模式最适合家庭，然后可以在更大的社会政治环境中应用。

这种对家庭的独特关注可以追溯到中国的蛮荒时代，根据罗尔夫·特拉泽特尔的说法，这与自由和自主个体自我的概念没有在中国获得认同的事实相联系。

> 在中国历史上，在更大的社会和政治单位的背景下，亲属群体的地位保持稳定。可以说，它长出了年轮。相反，在罗马，亲属关系和政治单位却是彻底地相互矛盾的。在任何时候，社会中的角色都比家庭中的角色更重要，这是完全可以理解的。在国家范围的结盟框架中（与亲属团体相比），个人如何解脱家庭关系的束缚，将成为其人格的基础：自由的权利。自由意味着个人身份；相反但同样地，自由和负罪能力是相互关联的，只有自由的人才能有罪。如果像中国模式一样，社会关系被定义为自然需要而不是内疚，那么，一个人可能会变得可耻。

另一方面，对于孔子来说，社会（公共）角色永远不会优先于家庭（私人）。叶公对孔子说："我们这里有一个'直'人，他父亲偷了一只羊时，

---

① 在这种情况下，伦理因素似乎注定要被放在个人的关系中，把整个家庭当作物质性的。家庭成员之间的伦理关系不是感情或爱情。

他就向当局报告。"孔子回答说:"我们乡村的正直的人的行为与此不同。父亲为儿子做掩护,儿子为父亲做掩护。这就是正直。"(译者注:《论语·子路》篇原文:"叶公语孔子曰:'吾党有直躬者,其父攘羊而子证之。'孔子曰:'吾党之直者异于是:父为子隐,子为父隐,直在其中矣。'")

大卫·凯特利(David Keightley)对中西方家庭取向及道德和政治间的鲜明不同说明道:

> 我认为环境可能会让这个问题变得明朗起来:为什么早期的中国人如此孝顺,如此尊重老年人,相比之下,比如说,古希腊人,他们的传奇人物如此准备挑战权威。为什么在国家崛起的同时,亲属集团的权威在中国依然如此强大?当然,环境在这里起着一定的作用:海员和商人、四处走动的人、不被束缚的人、接触其他文化的人、留给他们自己资源的人,和那些不受权力监督的人,和束缚在土地上的农民不一样,更有可能质疑或忽视他们的父母和那些对他们有好感的人。

凯特利作品的一个恰当结尾是古典主义者摩西·芬利的作品:在亲属关系社会中"行为主要是以亲属关系为基础进行调节的,这是由于对每一种公认的亲属关系形成固定的行为模式所导致的"。这不是对奥德修斯世界的描述,在奥德修斯的世界中,家庭关系虽然很强,但被狭隘地界定,在奥德修斯的世界中,其他的关系也很强,而且往往更具约束力。"婚姻是在亲属团体之外建立的。"

鉴于西方的现代史,尤其是美国现代史,中国和西方文明之间的这种短暂的对比可能看起来令人不快:水手和商人探索未知的事物,是世俗的、大胆的、冒险的,寻找他们的财富,最重要的是自由的、自主的个体。相比之下,讽刺中国人并不难:几乎所有的农民都不道德,不道德的农民加上少数为专制皇帝服务并同时负责维持习俗和传统的奉献者。但笔者更愿意认为,如果世界欠希腊人太多,它同样欠中国的工程师、天文学家、政府官员、工匠、发明家,诗歌、绘画、音乐和医学太多。

在人类历史上，中国文明可能比任何别的文明，都更多地看到了人类的饮食和住宿即家庭生活和成员结构的问题。

这是本书的主要内容之一，虽然我们不能放弃希腊文化遗产中的价值观，但如果人类的未来不是黑暗的，而是确定的，就需要在其中重新安排一些价值观，以向中国思想界开放。在笔者看来，儒家的人类观可以极大地帮助我们实现价值的重新排序。

二 儒家特色的当代家庭生活

儒家最初的家庭生活观中的许多特征，当然不再适用于今天的后现代、高度技术化和相互联系的多元文化世界。虽然我们总是需要仪式和传统，但孔子看到和考察治理的行为，比今天所能接受的要多得多；他坚信他所协调的家庭角色关系，可能并非基于性别和历史；他肯定认为相当单一地由家庭安排的婚姻是异性恋的。所以笔者认为还有更多家庭因素，没有或不可能经得起当代社会的重新审视。

但是，这仍然可以指导我们重新思考家庭，这个我们不能没有的机构，我们是一个天生的角色承担者、相互关联的合作者，而不是权利承担者、自主的竞争者。第一，也是最基本的特征，从儒家的角度来看，家庭是动态的，而不是静态的。笔者和妻子在与她母亲及其他人的角色关系上经历了重大变化，当母亲仍然独自生活时，当她搬来和我们一起生活并成为照顾者和保姆时，当她后来变得虚弱需要我们照顾时，都是自然变化却很不相同的。我们对孩子在二年级与高中时的角色表现是不同的，他们当然也会做出相对应的反应。死亡可以显著地改变家庭的状态，而生育孩子也同样会改变家庭状态。家庭在为延续、稳定和成长而努力时，必须始终被视为暂时的和不断变化的。①

第二，儒家家庭的基本特征是代际性。不仅有母亲和孩子们，也包括爷爷和奶奶、外婆和外公，也许还有其他人，无论如何，除了经济和

---

① 家庭在中国人的生活中的重要性比西方大。

社会功能外，家庭具有多代性、服务伦理、审美和精神功能。这种代际性是理解儒家关于人是什么，以及是什么使人在伦理上、政治上和精神上自成一格的观点的关键。当被问到他最想做什么时，孔子回答说："我愿为老年人带来和平与满足，与朋友分享信任与信心，关爱和保护年轻人。"（译者注：《论语·公冶长》原文："老者安之，朋友信之，少者怀之。"）

儒家家庭的第三个特征是祖先崇拜（不同于"崇拜"）。祖先崇拜在古典中国的地位，比我们今天的想象更为突出，但要知道我们的祖先是谁，有时还要记住他们，还有很多话要说。这一想法对于任何人来说都不应该是陌生的，他们参观过墓地或骨灰龛场来向已故的亲属（或朋友）表示敬意。这种崇敬可以起到重要的心理作用，同时也是一种有效的家庭黏合剂。它有助于我们了解我们是谁，并且具有宗教意义，这是我们在第九章要论述的。

与此相关的是，家庭通过遵循仪式和传统而得到加强，这些仪式和传统不必局限于婚礼、成人礼、斋祭或葬礼等重大活动。仪式和传统也不必过于复杂：例如在北欧国家，传统婚姻只不过使家庭关系比其他仪式和传统发展得更牢固，这些国家已经成为强大的以家庭为中心的复杂福利国家。谦虚但有意义的家庭传统和仪式，也可以包括每年在母亲的生日上所做的事情；我们一起吃饭时遵循的特殊规则；使用我们的孩子在他们停止吃饭后，很久前用过的同样的发音错误的词（"pasketti" "breakstifle"）；我们一起玩的游戏，或其他一百种可能的活动。因为以前分享过，所以现在分享起来便更热烈了。仪式和传统可以在任何时候被创造出来："即时传统"可以被看作一种更好的代际启发式的联系，而不是一种矛盾思维。

这里的要点应该是清楚的：类似这些简单活动，都是我们很容易识别的。孔子帮助我们做的，是看到他们的人类意义，以及他们在我们生命的各个阶段，继续把我们联系在一起所作出的贡献。同时，由于两个非常重要但却不同的原因，这些解释乍看起来貌似很简单。

这些解释可能根本不是很哲学的解释，因为我没有努力去回应那些讨论了成年子女对父母义务（或缺乏义务）的哲学家，或者那些在分析孝道时，写了特殊观点的其他哲学家。是的，还有些人已经开始讨论孝道的问题了。但这些作品都基于基本个人主义，似是而非的社会契约论，所以我不能直接回应他们，要么重复笔者已经说过的一切，要么不企求他们支持。笔者能做的是重申："我拒绝基本个人主义，就像一个有效的答案是：'你停止打你的妻子了吗？'回答'我没有结婚。'我也可以像现在这样，即像儒家所做的重新适应那样，通过描述我们的日常经历，作为更不抽象的替代品来看待人类的生活。"这一点在玛莎·米诺和玛丽·香利关于家庭和女权主义者的理论讨论中，得到了很好的体现，他们说："家庭生活有一个矛盾的特征（尽管我认为是统一的）……人必须同时既被视为独立的个体，又在根本上参与依赖、关心和责任的关系。"但我们不能同时以两种方式看到一个人，就像第二章中提到的那样，我们不能同时看到年轻和老年的同一个妇女，或者同时看鸭子和看兔子；真正的情况有时是：我们能"看到"什么，是预先确定的。

笔者对家庭生活的描述过于简单，它甚至可能有伪善性，原因是，描述者为了他们自己，为了发展和尽可能接近、甚至完全实现自己的人性；我们同时参与了这些不得不去描述的家庭活动诸多面相，会使我们的描述更加难以理解。描述家庭互动不仅是进入工作的准备，由于其他实际的原因，有时却使相关社会契约的理想得以实现。所以，早期儒家往往以自己为终点，即《论语》中提升道德境界的"为己之学"。

我们这里的根本关注点是对比两个强有力的人类形象：自主的个体自我和承担角色的人。儒家不想成为资本家，不做职业导向，甚至不认为最好的人生是追求成功。孔子说："君子救穷人之急，而不会让富人更富"（译者注：《论语·雍也》："君子周急不济富"）。孔子的精神传人孟子更加强烈地认为："要想成为君子，就不能追求财富；要想追求财富，就难以成为君子。"儒家的人生宗旨是，通过与伙伴和谐地履行角色责任，充分实现我们的人性，并让越来越多的人实现这一目标：优雅、美丽，在人际交往中自发地自律。要实现这一目标，需要增强伙伴关系的合作而非竞争，它发源于扩展了的家庭角色，随着人格的成熟而从内向外延伸。孔子说："除了射箭仪式，模范人物不竞争。弓箭手们互相问候、互相礼让，射后回来喝杯礼酒。即便是竞赛，也是君子风范。"（译者注:《论语·八佾》:"子曰:'君子无所争。必也射乎!揖让而升,下而饮。其争也君子。'")

王大卫让人信服地认为,儒家根据文化对人类繁荣的鼓励程度来评价文化,李约瑟新书的中心观点即书名"儒家完美主义"。面对不断变化的生活,通过不断努力,让我们自己和我们的伙伴——年轻的、年老的和同龄人——在男女老少的联合生活中最大化地成人。

三 家庭构成

人类的全面繁荣可以在各种各样的家族配置中实现。因此,我们强调的是启发性,而非对不同的人采用任何可能选择的确定性。此外,整个讨论都假设所有家庭都有真正的民主程序,"真正的"意味着每个人都应该在家庭关系中直接影响他们的所有事情上发言。在社会层面(合作确定家庭之间及与国家之间的具体关系)和具体角色上也一样。

仪式和民主这两个要素,可以通过其成员协商和一些决定方式结合起来。在爷爷七十五岁生日那天该怎么办?今年我们去哪里度假?这个周末看什么电影?星期天吃什么晚饭?在这类问题上举行协商仪式,可以加强家庭关系,特别是在仪式进行中的游说和演讲。在这些问题上让孩子们像成年人一样认真对待,可以明显地增强他们的愿望,即随着他们的成熟,通过投票来解除他们作为公民的角色责任。他们的教育将通过观察长辈认真对待投票,以及可能有两票制的进一步发展:在这个事情上你最想做什么?你认为整个家庭最应该做什么?①

这些家庭可以用多种方式组成。孩子可能是血缘的、被收养的,或者以其他方式被安排。父母通常是异性恋和一夫一妻制的,同性婚姻应该是公开的。应该至少有两个父母,但可能不止于此,他们的性别可能

---

① 在美国的一些(主要是亚洲)社区,所谓"包办"婚姻的回归,到目前为止似乎取得了相当积极的结果。王大卫也发表了赞许的评论,在他有趣的爱情分析中引用了关于这种做法的统计数据。在道德修养和儒家品格中,我们可以看到《美好生活中爱的不同面貌》。

相同或不同。老年人可能是父母的父母，或是早年丧偶的邻居，或是父母的兄弟姐妹，或是这对夫妇熟悉的另一位老人。彼此承诺之后，他们从养家糊口的人和主要照顾者之间的分工，到最擅长沟通的年轻父母或其他长辈，以及他们中间有多少孩子等问题进行细致的讨论。在所有这些讨论中，这对年轻夫妇的父母和祖父母可能会参与其中。

然而，讨论的基础不是由自主个体协商的社会契约理论指导的利己主义，而是希望承担起父母、照护者和配偶的新角色，以新的方式促进生活的兴旺，从而在协作中更充分地发展自己，实现将他们的人性穿越时空，这是自主个体难以做到的。

如果我们坚持以基本个人主义为基础，在概念普遍主义的伦理框架内，这会特别困难，因为时间和变化在那里几乎不被认同。笔者和妻子应该把年迈的母亲安置在疗养院，还是把她留在我们的家里养老？当然，这在一定程度上取决于母亲的个人形象感和她的需要。但这也取决于当我们问这个问题时，笔者和妻子多大了：在三十岁出头的时候，我们会准确计算出，把她转移到养老院效用最大化，因为我们对彼此、对孩子、对家庭和工作的责任占了120%的时间，没时间和精力承担责任，无法照顾年迈的父母。我们很容易为此约定一个普遍性格言，坚信我们以后不想成为孩子们的负担，希望我们变得虚弱时，孩子们照章办理。我们可以通过引用边沁、密尔和康德的伦理观证明决定的正确性。然而在六十岁时，我们更倾向用另外的方式来处理，现在我们认识到，即使是最好的机构，也会因为失去个人纽带和缺乏情感，削弱人的生活感受，并选择让母亲留在家里，作为老年人，我们的活力在下降，也能够寻找到照顾父母制度化的新说法，希望自己的孩子们能遵守。

这一例证不能理解为在暗示拥有自主个体权利的人，不能重新获得有承担的角色；当然，他们可以，而且许多人会这样做。[①] 例证的要点是

---

① 教育研究者金莉整理了大量的资料和论证，认为本段的观点更普遍地适用于教育。东亚的学生以他们的勤奋和在学校的成就而闻名，她在很大程度上将这归因于不同的动机模式和对教育的导向。她对比了西方的"心智模式"和东亚的道德和社会学习模式，前者培养心智了解世界，后者在社会和道德上完善自己。她的书将向所有种族的父母推荐。《学习的文化基础》，剑桥大学出版社2012年版。

人在思考时，必须面对更多的心理和形而上学的噪音。人们会有一种强烈的倾向，以不同的前景和理由，寻求一个所有情况都能适用的道德原则，剥离所有的独特情景，但家庭生活中，这是不可能的。衡量母亲的偏好时，重点不在于女性、母亲甚或老年公民身份，必须准确体谅母亲的偏好，而非自己和孩子的偏好。欲将所有偏好都简化为光秃秃的个体，是一种人人具备的强烈的哲学冲动，但很可惜，我们任何人都不是那个样子。

读者可以通过另一个家庭生活的例子，来测试人们往往是以不同的方式描述、分析和评价个体自我的，并发现特定角色的道德直觉的重要性。你想象一个致力于和平主义的人，他的职业是为和平组织工作：游说、组织争吵、集会和示威，偶尔还会因对政府军事灾难的非暴力公民不服而被捕。尽管屡遭挫折，他还是为自己的工作感到自豪，且确实从整体上享受到了这份工作。他的事业并没有使他致富，但能为儿子上大学提供资金。现在儿子毕业后宣布，他刚刚报名加入海军陆战队的军官候选学校，并在完成基本军官训练后，通过考试进入正规部队。读者们可能并不这样想，但在笔者看来，父亲在这一转折点上，可能感到某种骄傲和高兴，因为尽管孩子会立即离开他，但这毕竟是儿子自己选择的职业生涯。但接下来他可能会很抑郁，因为这不仅是儿子的选择，也因为父亲的生活方式。心理医生现在不得不以一种非常不同且更加消极的方式，来看待他作为父亲的角色，也就是说，这是他作为父亲的失败。不仅因为父亲暗地里希望儿子上法学院，成为和平、劳动、环境，或其他社会正义的倡导者；如果儿子选择学习 MBA 以便在金融领域工作，父亲最多有点失望，但不会如此失望。从儿子方面说，从事与父亲所追求的和平主义价值观（即非暴力和社会正义）对立的职业，并实际进行对立，这作为证据，证明他父亲在某些方面存在根本的缺陷。

人们可能会认为，父亲只是简单地以自我为中心，希望通过儿子的工作体现自己的价值，或者作为一个教条主义者，推行自己的社会政治主张，根本不考虑儿子因了解自己的独立性和能力而感到自豪，从而弥补自己的不足。记住，儿子可能被接纳进精英组织。但是当儿子开始致力于毁掉父亲一生的工作和事业梦想时，把意志力简单专注到自己身上，我们会怎么看待他？注意，只要不仅仅把儿子看作做出了理性选择的个人，我们很可能只是耸耸肩说："什么？"或者说"这是私事，父亲的问题，不是道德问题"。然而，笔者强烈感觉到，如果我们把注意力集中到儿子身上，作为这个父亲的儿子，我们不会看重他，尽管他行为的私人性质，我们也不会把他当作道德上的失败；我们会认为这个儿子相当无情，并且肯定认为这儿子太以自我为中心，对父亲的重要性如此漠不关心，会使父亲变成一个异乎寻常的人，而不仅仅是悲伤。儿子显然不仅忘恩负义，且对家庭极为不敬，对与他生活息息相关的人造成不良的后果，如果是你的儿子，请相信我们不会尊重他。笔者认为，这对那些不追求和平主义的其他人也同样适用。

当然，每一位家长都必须一方面掂量他们对孩子的行为指导，另一方面欣赏他们每个人的特性；期望的目标是让他们接受价值排序，不仅因为这是家长的排序，而是相信这是一个好的排序，并且期盼他们也相应地选择它。在笔者看来，这样的目标只有在父母对子女的爱和养育子女的模范行为的基础上才能实现，而不是抽象的道德准绳和原则。回到和平主义者的父亲身上，他怎么可能在他的价值排序中，赋予绝对命令或效用原则比自己的生命意义，即满足人生追求的整体排序更高的位置呢？此外，父亲对工作的热爱也应该成为儿子的榜样，但在目前情况下会导致更大的沮丧，但是，如果儿子并不真正关心成为一名海军军官，而是他找不到其他工作，那父亲或许陷入默默的沉思，至多无动于衷。但这并不像与父亲对着干的情况令人沮丧：儿子好像真的很喜欢与今天指定的邪恶势力作战吧！

四　父子互动

到目前为止，这个故事的寓意应该是清楚的：在处理父母和孩子之间的关系时，不能把任何一个参与者看作自由、自主的个体，因为，不仅在他们的互动中，而且在他们对自己是谁、曾经是谁和将会是谁的意义上，彼此之间的联系太紧密了；无论在任何情况下，亲子之间的亲情和共同历史总是联系在一起的。在很大程度上,作为父亲或母亲的意义,就是时刻对孩子的个性、能力和情感有所了解,在照顾孩子的时候,要考虑到这些因素,要关心和培养孩子的未来。做儿子或女儿意味着,在选择任何重要人生目标之前,要对父母的信仰和感情有所了解。当然,正如《论语》和《孝经》所说,这也并不排除对父母(或其他权威人士)的劝告。

父母设法灌输给孩子的每一种行为及其伴随的态度,或多或少地取决于他们自己的价值取向,但更取决于孩子的具体个性。对儒家来说,人的德行一定要出自一种适当的内在性向外自然呈现;权威不可轻视,内在的忠顺更重要。这些品质是相互的,每位家长和老师都必须知道,什么时候、怎么样把最好的灌输和适当的情感相配合,这才是最重要的。

这种互惠的概念值得进一步评论。所有的角色都是相互的,但马上就在第二天以恩人自居"斤斤计较",却是不可取的。无论在互动中还是在情感态度方面,在角色伦理学中,受益角色必须与施惠角色相互作用。记住,对于儒家来说,履行你责任是不够的,你还必须去满足对方并且满足对方的乐趣,并通过这样做为对方的生活作出贡献,你在与对方相同的互惠关系中,也进一步增强了你的幸福感。例如,在《论语》中,我们发现"对于有榜样意识的人来说,这是一件罕见的事情,对于有家庭和兄弟责任感的人来说,有反抗的嗜好是一件罕见的事情"。(译者注:《论语·学而》有言:"有子曰:'其为人也孝悌,而好犯上者鲜矣;不好犯上而好作乱者,未之有也。君子务本,本立而道生。孝悌也者,其为人之本与!'")但是同时,"对年轻人而言,当有工作要做时,他们会贡献精力,当有酒和食物要餐饮时,他们会顺从长辈,仅仅做这些事情,怎么就能被认为是孝顺呢?"(译者注:《论语》原文强调"色难"即给父母好脸色难)人能洞察真正的家庭尊重,有时候权威可能被蔑视。孔子指出,"看到什么该做而不做,是懦弱"。(译者注:《论语》原文:"见义不为,无勇也"。)

很明显,在正确的时间学习"做正确的事情",并获得对互动的适当情感,这需要经验、实践和投入生活。实际上在许多方面,这种努力类似于一种精神上的纪律,只有在有效仿的榜样时才能成功,而且一个人永远不会变得太老,以至于不能模仿别人,也不能成为年轻人的榜样。大多数的榜样都是父母,他们深思熟虑而不滔滔不绝,顺从而非卑躬屈膝;尊重而保留异议,温柔而充满力量,对孩子充满爱和关注。很难做到始终如一地完美,但却很值得努力,因为它是有效的。艾米·奥尔伯丁在这方面注意到:

人类的大部分学习,特别是童年早期的学习,大都是通过观察他人来进行的。每个孩子都生活在一个他能看到很多却理解很少的世界里。……在孩子理解或能够运用道德戒律之前的很久,她就已经通过观察和模仿他人,对成为一个人和一个好人有了感觉,哪怕那感觉总会有偏差。①

在《论语》中,这种父母和对教育的敏感性,在任何地方都比不上前面部分引用的证据。子路问:"学了点什么就行动吗?"孔子说:"你父兄还在,怎么能学了就干呢?"然后冉有问了同样的问题,孔子回答说:"学习了就去做吧。"公西华说:"子路问这个问题时,你说他父兄还活着,先别急,但冉有问了同样的问题,你让他学习了就去做。我很困惑,您能解释一下吗?"孔子回答说:"冉有不自信,所以我催促鼓励;子路好胜而有力,所以我想阻遏他。"(译者注:《论语·先进》原文:"子路问:'闻斯行诸?'子曰:'有父兄在,如之何其闻斯行之?'冉有问:'闻斯行诸?'子曰:'闻斯行之。'公西华曰:'由也问闻斯行诸,子曰有父兄在;求也问闻斯行诸,子曰闻斯行之。赤也惑,敢问。'子曰:'求也退,故进之;由也兼人,故退之。'")

不能把《论语》直接当作指南的书来阅读并指导孩子的行为,因为他的学生都是成年人,有些人几乎和老师一样年老。但它确实强烈地表明,作为儿子或女儿,你在某种程度上是父母一生的信仰和灵魂深处的意义,人生无论作为一件事还是一次感恩,作为忠诚于生命的人,这一课最好由父母为了做好父母而学习。不能把《论语》简单当作育儿手册

---

① 纽约 2012 年出版的《〈论语〉中的道德典范》。

阅读，但它可以也应该部分成为育儿手册，读《论语》这本书，需要善解人意，细心而敏感，因为直到今天，它仍然有很多东西可以启发父母（和老师），应该如何着眼于未来养育好眼前的孩子。

五　世代相传的家

　　隐隐的担忧会渗透到所有成功的家庭生活，我们作为父母在履行对孩子的责任时的所有考虑都潜入其中。这不受我们的年龄限制，我们自然会考虑孩子的过去、现在和未来。作为父亲，要教会妻子和家人，教他们如何做好相关的事情。

　　必须首先像笔者之前所说的那样，作为监护人的父亲角色，必须不声不响地考虑到当下，考虑到孩子们对食物、住所、衣服、书籍的需要，以及更为基本的安全和爱的需要。另一个重要的意义是，父母不仅要为他们的孩子扛起责任，而且要在这个过程中感到骄傲和满足，这是在所有社会中维护人类尊严的一个必要条件。人除非能成为他人的恩人，否则很难获得尊严，并在生活中获得不少于受益人的价值（这就是为什么真正正派的政府会为每个人创造充分补偿的就业机会，而不仅仅是支付福利金，或者更糟地忽视不幸）。孩子们作为人类爱戴和养育的人，任何时候都会给予父母很多回报，这看起来似乎很不寻常，却确实如此。孩子是父母表达爱和关怀的出口，对父母的情感依赖有强烈的感觉，会通过顺从积极地表达对父母的爱和关心。当然不能鼓励盲目服从，但是孩子表达尊重、爱和关心父母的一个重要方式，就是服从父母（例如，他们很清楚随着回家时间的流逝，父母会变得越来越苦恼）。因此，亲子间家庭关系应该总是被视为相互的（当然不能被分析为契约关系）。

　　我们有责任抚养孩子长大成人，现在就必须对孩子们的未来和现在深思熟虑。不管他们的生活和情感需要如何，作为家长，除了当下要照顾他们，还必须按照我们的认识考虑他们的未来，将来使他们成为最好的人。当孩子长大后，会有一些我们希望他们长大成人的方式，也难免有些我们不希望的。这些细节很大程度上取决于我们的孩子天生的心理、生理和人格构成，也取决于我们的社会经济环境。然而这些细节也将取决于父亲（和母亲）的家庭历史、种族、身份和其他社会因素，这些因素在任何意义上都密切相关，很大程度上也决定我们自己的状况；这自然也规定了我们的孩子们，他们能够拥有的希望、恐惧、梦想和目标；没有这些因素，世界就不是我们现在的样子，我们也不在任何意义上是个自由人。

笔者当然能够意识到，任何致力于自主自由中心道德观的个人主义者，都可能不接受这种养育子女的分析，因为在抚养孩子时，我们关注的主要是寻求他们在今后最大化自主自由的可能性，由个人理性地选择自己的生活方式。道德以此为基础并根植于基本的个人主义，因此在儿童中鼓励服从，通常也招致怀疑的目光。

但是，笔者试图按照一系列影响自己做什么的价值观来界定"我是谁"。笔者坚信，这样的价值取向是一个非常好的生活安排，并努力在自己和后代的行为中证明这一点，笔者的妻子也是这样。作为父母，我们的主要职责是让孩子们成为价值导向型的，并努力向我们的孩子灌输我们的生活安排，如果不让他们按我们自己的价值导向形成生活秩序，我们还能用哪些其他的呢？我们当然不会刻意让孩子们和我们作对，孩子们和我们是不同的人，我们夫妻必须时刻考虑到这些差异。例如，休闲消遣应该是愉快的，笔者对体育活动毫无兴趣，读的是神秘小说。但儿子在高中玩棒球，也参加田径队；他从未向笔者借过那些老作品，而是更喜欢在业余时间看娱乐与体育节目，我们当然不应该对他失望。

道德和政治、宗教问题，就业偏好，都与品位或人的个性倾向有所不同。在这个领域，笔者接受道德即价值性的世界观，因为笔者相信，帮他选择比其他可能的选择更好。笔者和妻子都相信多元主义，我们的主要职责是向孩子表明，有非常正派、聪明的人的价值观排序与众不同，并努力使我们的后代学习各种最优秀的人。这在任何方面都肯定不会失职于我们作为父母的职责，试想，如果我们不试图让孩子们学习我们自己，或是我们帮助他们选择的价值取向，那又该让他们学习什么和向哪些人学习呢？

当然，父母必须平衡他们对孩子的指导行为，并欣赏他们每个人的独特之处。我们期望他们接受更高的价值偏好，而不仅因为他们是父母的命令，孩子们相信这样的命令体现良好的偏好，并希望自己致力于类似的"命令"。这一目标只能在父母的爱的基础上实现，他们是最高生活价值观的秩序典范，而非因为任何所谓的普遍道德原则（或努力向儿童灌输它的精神）。回到和平主义者的父亲身上，他怎么可能在他的价值观中，为绝对命令或效用原则的含意赋予更高的地位，而不是优先赋予他的生命以意义、目的和满足感呢？

父母在履行照顾和抚养子女的责任时，必须考虑到时间因素。除了现在和未来之外，儒家还坚持父母和孩子也必须关注过去，以便当下意义重大而更能洞察未来，故他们今天对每个人都有很多的话要说。儒家的家庭生活有宗教性，所以对仪式，特别是祖先崇拜仪式的关注最为细密。孝，作为家庭成员间尊重而不是孝顺的概念最为生动、最为虔诚，因为这里涉及我们已故的先辈们。同时，为了加强对活着的先辈们的尊重，战略上必须强化角色间的纽带，最重要的是，这增强了对实际生活的意义。儒家的后继者生活在21世纪，但在宗教的功能上，却并不低于它在基督时代之前。所以，在从宗教仪式的角度看待家庭之前，我们必须认真考察这两个概念的含义，以便回答，为什么尽管它们存在历史缺陷，但对人类的繁荣兴旺太重要了！所以，绝不能把儒家扔进"历史的垃圾桶"①。特别是作为儒家的家庭生活的伦理道德内涵，它必将对现代化的世界历史进程具有重大的意义。

---

① "我"是否透过玫瑰色眼镜看家庭？当"我"诉诸家庭情感时，"我"是否只是在回应现代西方的现象？阿利埃斯和他的合作者肯定会说"是的"，但许多其他和最近的学者都说一个相当明确的"否"。这在阿利埃斯的《私人生活史》中证据充分。参见［法］菲利浦·阿利埃斯《私人生活史》，北方文艺出版社2008年版。史蒂文·奥森特于2002年出版的《祖先：旧欧洲的爱之恋》，尼古拉斯·奥尔姆于2002年出版的《中世纪的孩子》，杰希·古迪于1996年的《东方在西方》第六章，都能说明"我"的眼镜的玫瑰色并不深浓。

儒家道德情感与主体超越

李春颖

（中国政法大学哲学系）

摘要：道德情感是解读孟子性善论的一个面向，从儒学史角度看，目前从伦理学角度深入挖掘情感的内涵，可承接清代以来对宋明心性儒学的反思和近代以来对儒学现代化的探索。以道德情感解读性善论，必须面对经验层面的私人情感如何实现普遍化和客观化的问题。前辈学者从情感的理性化、情感的超越性角度提供了有益探索。本文通过对这两种探索的分析，指出道德情感的普遍性和客观性应从人作为"类"来理解，道德情感才能真正作为德性的基础、本源和开端。儒家的道德情感理论建立在独特的个体观念基础上，主体超越指向的是天人境界和万物一体。

关键词：性善论　四端之心　道德情感　主体超越

如何理解孟子性善论，一直是儒学讨论的重点问题。从汉到唐，这一讨论主要集中在如何理解天人关系、性情关系、才性关系等。宋明两代致力于从形而上层面对先秦儒学概念进行突破和重构，以天理为性善提供本体论支撑。明晚期到清，则开始反思宋明儒学带来的理论与实践问题，从现实实践与返归传统两个路向，由实学、经学等方面探索儒家德性思想。近代以来，性善论的解读不可避免受到西学的影响，对此影响的积极与消极意义已有旷日持久的讨论，在此不需赘述。但不可否认，中国传统哲学问题逐渐被纳入世界哲学话语中，一方面有助于中西对话与理解，另一方面有助于挖掘经典文本中的深刻思想，使其核心内容以现代思维和话语方式呈现出来。

孟子性善论无疑是这种尝试中的一个重点问题。近代以来，国内外学者对孟子性善论的解读极为丰富和深入，方朝晖教授在《如何理解性善论》一文中，将其总结为十种观点和五组类型。① 从中我们既可以看到丰富的性善论解读，也可以看到借鉴康德哲学、现象学等学派中的伦理思想，拓展和深化了对性善论的研究。

近年来，中西方伦理学对道德情感颇为重视，西方道德情感主义者（moral sentimentalists）主张人类天生的情感或情感反应能力是理解、解释和辩护道德（道德规范、道德语义、道德知识）的最终根据。② 中国学者如蒙培元先生提出"情感儒学"、李景林先生提出"情感实存"等都是从情感出发，以情感作为德性的基础、本源和开端。陈来先生认为从"性"到"心"到"情"，这一研究路径体现了中国哲学的主体性转向。③ 这不仅是个人研究方法的转向，从儒学史来看，目前从伦理学角度深入挖掘情感的内涵，可承接清代以来对宋明心性儒学的反思和近代以来对儒学现代化的探索。

以情感作为道德的本源，德性的根据从"外在"转向"内在"，从"天理"转向"人情"，这其中包含了很多尚未解决和厘清的伦理问题。本文从情感的理性化、情感的超越性、个体与个体超越三个方面分析孟子思想中"四端之心"作为情感如何具有道德价值。

一 情感的理性化

道德情感主义面对的重要问题之一，是私人领域的情感如何能够为公共领域的道德提供根据。这个看似清楚的问题，实际上可以分化出很多分支：如何界定道德情感？此情感能否具有普遍性和客观性？情感与道德是何种关系？在20世纪30年代，以艾耶尔为代表的逻辑实证主义者

---

① 参见方朝晖《如何理解性善论》，《国学学刊》2018年第1期。
② 参见陈真《何为情感理性》，《道德与文明》2018年第2期。
③ 参见陈来、李存山、张再林等《"情感儒学"评析——蒙培元八十寿辰学术座谈会发言选登》，《东岳论丛》2018年第6期。

主张对道德话语进行语义分析,认为道德陈述既不是分析命题也不完全是综合命题,道德陈述实际上是主体的情感表达。艾耶尔举例说:"恰如我对某人说'你偷钱是做错了',比起我只说'你偷钱'来,我并没有多陈述任何东西。我附加说到'这样做是错了',并不对'你偷钱'做出任何进一步的陈述……正如我用一种特别的憎恶声调说'你偷钱',或者加上一些特别的惊叹号写出这个句子。"① 依照艾耶尔的语义分析,道德判断不具有认知价值,善、恶只是主体的情感表达。他甚至进一步指出,道德词项完全可以用情感感叹语加以代替,陈述句"帮助他人是善的"的真正意义等同于句子"帮助他人——爽!";"偷钱是恶的"的真正意义等同于"偷钱——呸!"② 这个有趣的说法被戏称为"爽呸理论"(the hurrah/boo theory)。艾耶尔所代表的情感主义(emotivism)作为元伦理学的重要学说之一,一方面将道德判断完全引入主体情感领域,否认道德绝对主义对善的任何预设;另一方面将情感与道德的关系置于一个极其危险的境地,对经验情感的回归实际上消解了道德存在的可能,只有情感的好恶,没有道德的善恶。这一问题不仅仅是情感主义者需要面对的,所有主张道德情感的学说都需要面对情感如何推出道德,情感如何为道德辩护的问题。

基于儒家思想,蒙培元先生对情感与道德问题进行了归类:"情感或者被看成道德理性的心理基础(如孔、孟),或者被看成道德理性(即本体)的表现和作用(如新儒学中的理学派),或者情感本身被看成理性的(如新儒学中的心学派)。"③ 蒙先生认为陆王心学将情感本身看成理性的,此情感显然不是指人所具有的自然情感,而是指以"良知""四端"为代表的道德情感。道德情感的理性化就是道德。

这一思想在《情感与理性》一书中被详细论述,"情感的理性化"概念被着重阐发,并以此来解决情感与道德关系问题。仁作为儒家最重要

---

① [英]A. J. 艾耶尔:《语言、真理与逻辑》,尹大贻译,上海译文出版社1983年版,第121—122页。

② 参见亓学太《道德的情感本质何以可能——道德情感表达主义的语义路线求证》,《道德与文明》2013年第2期。

③ 蒙培元:《心灵超越与境界》,人民出版社1998年版,第45页。

的德性，就是"理性化的道德情感"。"仁从根本来说是情感，是情感的理性化，'仁者爱人'是仁的本质规定；知是仁德的一种自觉。"① 虽然朱熹也讲"以爱言仁"，但爱作为情感，在程朱理学中是德性的已发和具体实践；蒙先生讲"仁者爱人"是仁的本质规定，爱作为情感，它的理性化就是仁。

那么接下来的问题就是，何谓"情感的理性化"？一般来说，自然情感有具体性、私人性、自发性、原初性等特征。具体性是指情感的发生依赖于具体情境，在具体的时间、地点、人物、事件中情感被激发出来，情感因依赖具体情境而有偶然性和不稳定性，即在时空上不具有超越性。即使是某种情感（如悲伤）的延续，也仍然依附于具体事件，不过是主体情感作用时间的延长或延迟。私人性是指情感属于特定主体，是主体的主观感受，这也是道德情感学说在伦理学上被称为主体性转向的原因。自发性是指情感是主体内心自然生发的，并且主体可以直接、强烈地感受到。原初性是指不经过任何理性思索、利益考量或价值判断，情感直接生发。以上特征可以看出情感缺乏普遍性和客观性，而普遍性和客观性正是理性的基本要求。

情感的理性化，就是为主体依赖于具体情境的自然情感寻找普遍性和客观性。蒙先生认为："道德理性本是情感的'扩充'和提升，是情感的理性化，其中包含着理性的原则……是情感与理性的真正统一。"②结合"仁从根本来说是情感，是情感的理性化"③。可见，在蒙先生看来德性（仁）就是情感的理性化，那么此处引文中的"道德理性"就是情感的理性化，它是通过情感的扩充和提升实现的。依赖于具体情境的主观情感，通过横向的扩充与纵向的提升来实现"理性化"。

扩充指向情感的普遍性，指"良知"、"恻隐"、"羞恶"、"辞让"（恭敬）、"是非"④ 等情感在主体的道德实践中，不断生发、培养和扩大，克服自然情感因过于依赖具体情境而造成的偶然性和不稳定性，使

---

① 蒙培元：《情感与理性》，中国社会科学出版社2002年版，第288页。
② 蒙培元：《心灵超越与境界》，第35页。
③ 蒙培元：《情感与理性》，第288页。
④ "四端"之中的"是非"是否属于情感，属于何种情感，将在后文中讨论。

道德情感获得普遍性，能够在相似情境中被激发出来。

提升指向情感的客观性，即通过对自然情感的反思，将其上提至超越的层面，从具体的、经验的情感提升为客观的道德理性或道德法则。在这一点上，牟宗三先生讨论颇多，他通过对康德道德情感的批评，提出儒家哲学中道德情感的独特之处。"这种落于实然层面的道德感、道德情感……因而亦当然是经验的，后天的，而且亦无定准。但道德感、道德情感可以'上下其讲'。下讲，则落于实然层面，自不能由之建立道德法则，但亦可以上提而至超越的层面，使之成为道德法则、道德理性之表现上最为本质的一环。"[①] 道德情感可以"上下其讲"，是指道德情感既是具体的、经验的，同时又可以提升至超越具体经验的、客观的道德理性。

二　情感的超越性

道德情感可以"上下其讲"，简单来说即情感具有超越性，可以上提至超越的层面。在这方面牟宗三先生所言情感"上提而至超越的层面"，蒙培元先生所言情感的"扩充和提升"，都是在为落实于经验层面的具体的、私人的、自发的、原初的情感寻求超越的可能。但情感如何实现超越呢？两位学者对此问题采取了不同的路径和方法，为我们提供了两条思路。牟宗三采取的是通过工夫论实现超越和证成，是一种逆向体证；蒙培元采取的是将私人情感扩充至普遍情感，是一种顺向的培养。

牟宗三用"本体论的觉情"（ontological feeling）来指称这种既是主体经验的又是超越的情感。"本体论的觉情"这一名称就已经体现出在道德哲学上，牟宗三虽然批评康德对于道德情感的论说，但本质上他和康德同属于道德形而上学。[②] 因而他认为的情感"上提而至超越的层面"，

[①] 牟宗三：《心体与性体》，上海古籍出版社1999年版，上册，第108—109页。

[②] 此处"道德形而上学"采用康德哲学的用法，不是牟宗三提出的"道德形而上学"与"道德底形而上学"的区分。

实际上是就实践领域和工夫论而言的：

> 然则在什么关节上，它始可以提至超越的层面，而为最本质的一环呢？依正宗儒家说，即在做实践的工夫以体现性体这关节上，依康德的词语说，即在做实践的工夫以体现、表现道德法则、无上命令这关节上；但这一层是康德的道德哲学所未曾注意的，而却为正宗儒家讲说义理的主要课题。在此关节上，道德感、道德情感不是落在实然层面上，乃上提至超越层面转而为具体的，而又是普遍的道德之情与道德之心，此所以宋、明儒上继先秦儒家既大讲性体，而又大讲心体，最后又必是性体心体合一之故。①

从上述引文可见，道德情感在本质上是宋明儒学中的"性体"、康德哲学中的道德法则的发见和实践，究其根本，仍然在宋明儒学"性体情用"框架中。在"体用"框架中，情感的超越性实际上是主体在具体生活中，通过不断的修养、做具体的实践工夫，上达至心体性体。"怵惕恻隐之心就是道德的实践之心。"② 如果脱去其工夫论外衣，情感的超越性就是来自本体的超越性，或者说，只有本体具有超越性。情感的"上提而至超越的层面"是在工夫论中讲的，情感在本质上不能为德性提供根据，它来源于德性。

蒙培元先生通过对儒学史的梳理，主要依据孟子和陆王心学讲情感的"扩充和提升"，即情感如何理性化。"仁作为德性，是理性化的范畴，但从心理机能而言，便是人人具有的普遍的同情心和生命关怀。是人与人、人与自然相处的基本情感需要和态度，因而也能成为一个基本原则。"③ 仁是情感的理性化，此理性化不是由形而上本体开显出来的，而是从人类的心理机能而言，是由人具体的经验的情感通过扩充提升而达至"人人具有的普遍的同情心和生命关怀"。由情感达至德性，不是

---

① 牟宗三：《心体与性体》，上册，第108—109页。
② 牟宗三：《道德的理想主义》，《牟宗三文集》，吉林出版集团有限责任公司2012年版，第19页。
③ 蒙培元：《情感与理性》，第311页。

修养工夫上对本体的返归，也不是实践层面上对本体或道德法则的遵循，而是由具体的私人的情感，达至人类普遍拥有的情感。它的超越性来自于群体对该情感的普遍拥有，即由个体的偶发情感达至人类的普遍情感。

从宋明儒学来看，程朱理学主张"性体情用"，情感的道德价值来自于对性与天理的实践。陆王心学对情感则更为积极，本心不超离于经验层面，即存有即活动，但也预设了天理作为个体本心人人相同的保证。也就是从个体的偶发情感达至人类的普遍情感，天理是关键环节，天理保证了人类具有普遍情感，且个体的情感与普遍情感相同。陆九渊言："东海有圣人出焉，此心同也，此理同也。西海有圣人出焉，此心同也，此理同也。……千百世之上有圣人出焉，此心同也，此理同也。千百年之下有圣人出焉，此心同也，此理同也。"[①] 陆九渊所言此心同、此理同，心与理是同一的，且是超越时空、超越个体的同一。此种超越性不是由情感推至德性，而是预先设置了人类的普遍道德标准（理、天理）。

陆王的情理合一，是道德情感与天理的同一。蒙先生在陆王的基础上推进一步。王阳明有言："良知只是个是非之心。是非只是个好恶。只好恶，就尽了是非。只是非，就尽了万事万变。"（《传习录下》）蒙培元有言："在儒家看来，是非正是由好恶决定的，好恶是有善恶标准的，善恶标准是普遍的、客观的，亦即普遍认同的。"[②]

将道德标准与主体的情感体验联系起来，孔孟就已有之。阳明将孟子的"良知"置于心学的核心位置，认为"良知"在念虑发生时当下知是知非，"是非之心"与人的好恶情感一致，好善恶恶就是情与理的合一。蒙培元进一步讲，好恶的情感决定"是非"，情感是"是非"的基础。人之所好即"是"，人之所恶即"非"。虽然肯定了好恶情感是"是非"的基础，但蒙先生此处对情感的基础地位有所保留，并没有将情感的基础地位贯彻到底。他指出"好恶是有善恶标准的"，善恶的标准"来

[①] （宋）陆九渊：《陆九渊集》卷三六《年谱》，中华书局1980年版，第483页。
[②] 蒙培元：《情感与理性》，第314页。

源于天地生生之德。生的目的性就是善，反之则是恶"。① 有天地生生之德作为善恶的最终标准，这仍然是宋明的德性预设。天地生生作为德性的最终标准，情感的好恶实际上来自于对天地大德（天理）的遵循或违背，情感的超越性由天理的普遍性和客观性来提供保证。在道德的形而上学构建方面，蒙先生的情感儒学与宋明儒学相似，道德价值与道德标准的主体转向只部分地实现了。

三　个体与主体超越性

从上文可以看出，无论是牟宗三的情感超越，还是蒙培元提出的情感理性，都在不同程度上依赖于形而上本体，善恶的最终标准不是来源于情感，而是来源于本心本性、天地生生之德。这使儒家情感主义难以真正突破宋明"性体情用"的架构，情感就其基础而言不具备真正的德性价值。在儒学中，道德情感是否必须依靠本体论构建才能获得伦理价值？笔者认为这是情感儒学②需要直面的问题。

上文"好恶与是非"的话题，如果不言天地之德作为善恶最终标准，好恶情感是否还能支撑是非判断。人的好恶情感从主体角度看确实是具体的、私人的，但从人类群体角度看，又是人类所共同的，因而是普遍认同的。如孟子所言："口之于味也，有同嗜焉；耳之于声也，有同听焉；目之于色也，有同美焉；至于心，独无所同然乎？"（《孟子·告子上》）人作为"类"，口有同嗜、耳有同听、目有同美、心有同好。人类的心之所同好同恶，就使具体的、私人的道德情感在群体中获得了普遍性，在群体中被普遍认同的好恶可以称为客观的是非标准。道德情感正是通过人类群体的普遍认同而获得普遍性，实现具体经验层面的超越。

孟子由"恻隐之心"论证性善，也是基于人作为"类"的普遍情感

---

① 蒙培元：《情感与理性》，第314页。
② 此处"情感儒学"泛指在儒学中倡导道德情感价值的思想。

实存。"恻隐之心"作为道德情感，具有自发性、原初性和主体超越性[1]，它虽然是主体的情感体验，但指向的是外在于主体的他者，这种主体超越性使其可能具有道德价值；自发性和原初性则说明它是人的基本情感，不由其他价值决定，可作为德性基础。"恻隐"是主体面对他者苦难而有的伤痛之情，经过主体的培养和实践，就扩充为"不忍人之心"。这种扩充不是牟宗三所言的情感"上讲"，不需将经验层面的情感上升至本体层面，或者逆向返归至心体性体。"恻隐之情"的顺向培养和发展，就是"不忍人之心"，就是仁。"恻隐之情"是仁德的内在基础，也是德性的本源和开端。同样，"四端"中的"是非之心"即是好恶情感，对好恶之情的培养和发展，就会达至人类群体普遍的好恶，这种普遍化的好恶情感就是"是非"，群体共同所好推出"是"，群体共同所恶推出"非"。此"是非"来源于情感，本质上就是情感，但它又超越了个体的情感。

戴震在《孟子字义疏证》里反思宋明"天理本性"的形而上学建构，言"理"就是"情之不爽失也"。由情推理展现出清代儒者向先秦儒学回归的努力，但概念系统和问题意识仍在先秦的框架之中，尚未意识到个体的"情之不爽失"至多推出主体内部的行为特点、喜恶和原则，无法推出普遍的道德标准（理）。德性或者说情感的超越性是从人作为"类"的情感实存上来把握的。李景林先生也指出："我们要特别注意的是，孔子把'仁'理解为人的类性内容，并非出于一种单纯的理论推断，所谓'欲仁仁至''求仁得仁'，表示出'仁'作为人的类性，乃以一种志意和情感的方式，为人所实有或真实地拥有。"[2] 人对情感的真实拥有，不仅指个体的具体经验，同时也必须指向人的"类"属性，人类群体的"心所同好"。由此，道德情感才能作为德性的基础和本源。

此处需要特别指出，"四端之心"作为情感之所以能推出仁义礼智的普遍德性，成为德性的基础、本源和开端，与儒家的个体观念密不可分。

---

[1] 参见拙作《孟子恻隐之心中的情感与德性》，《中国哲学史》2018年第3期。

[2] 李景林：《浩然之气与人性本善——孟子"养气"说的本体意义》，《文史知识》2014年第8期。

情感的超越性来自儒家的主体超越性。

儒学中的道德情感问题与西方有着显著差异：在儒家思想中证成道德情感的普遍性，对个体之间的相互理解没有高度依赖；而个体间在情感上能否、如何相互理解，是西方道德情感主义面对的重大难题。以"同情"为例，现象学区分同感（empathy）与同情（sympathy），粗略而言，同感着重于主体对他人情感的了解和感受，同情则更进一步，不仅了解他人的情感、境遇，还对他人予以关心。情感对于主体而言是真实而强烈的，但主体如何达到对他人情感的了解呢？西方伦理学中有极为丰富的讨论，如"设身处地"，主体假想自己处于他者境遇；"以己度人"，主体以自身的经验去设想他者的感想；"动作模仿"，主体采取与他者姿态、表情相匹配的方式；主体的情感，是对他者情感状态的反映，而不是对他者情感本身的了解；主体采用的道德赞同与责备机制；等等。所有这些探讨都在揭示个体之间在情感理解和沟通上存在巨大的鸿沟。如果不能解释或跨越这一鸿沟，同感和同情在理论上就难以获得可靠的基础。巴特森（D. Batson）认为同感现象在西方思想中牵涉两个根本问题：一是认知问题，即"我"如何知道他人的心；二是"我"为何会对他人的受苦有所感并有所关心，这两个问题的背后都预设了个体主义的自我观。[1] 主体面对的是千千万万的他者，主体的情感超越，指向的是同样作为主体的他者，即另一个主体。西方哲学中普遍存在这种个体主义预设，那么道德情感的困境就是个体之间如何达成理解和一致。

儒家思想在理解个体问题上独具特色。个体的对立面不是其他个体，个体的对立面是整体。自我突破不是指向对另外一个个体的同情理解，而突破狭小自我指向的是融入整体，达至天人合一或者万物一体。因而在儒家思想中，主体的情感超越，不是如何达成个体间的相互理解，而是达至人作为"类"的普遍性，甚至达至天人合一。天人合一不是人与天二者达成一致，而是小我经由个体超越融入天地一体的境界中。儒家这种独特的个体观念，可以为西方的道德情感主义带来颇具价值的参考和借鉴。叔本华在《伦理学的两个基本问题》一书中明确指出了同情作

---

[1] 陈立胜：《恻隐之心："同感""同情"与"在世基调"》，《哲学研究》2011年第12期。

为伦理学的基础,在个体超越性问题上,理性不能给予直接解释,因而他通过对东方文化的借鉴,提出万物一体(all things are one)来为同情提供根本保证。①

东西方对于个体观念的差异,在道德情感的个体超越方面导致了极大不同,西方追求个体之间的相互理解,而儒学追求突破小我而融入万物一体的境界。陈立胜教授指出在当今阐发孟子性善论,"仅仅将'恻隐之心'作为一种普通的道德情感加以论述是不够的。在'同感''同情'这些心理词汇的背后,有着强烈的个体主义的信念背景"②。个体观念在研究情感儒学中,是一个非常重要的问题,对发掘儒家道德情感价值具有重要意义。但我们仍需留意,儒家特色的个体观念内含很多问题,"万物一体"在气化宇宙论意义上解读,还是在道德形而上学层面上解读,抑或在现象学"在世基调"上解读,会带来不同的德性内涵和道德标准。

从儒学史角度看,儒家情感主义上承明清至近现代以来对宋明儒学的反思,体现出一种返归先秦儒学,重新解读传统儒家德性思想的理路;从中西哲学对话角度看,儒家情感主义在如何实现情感超越方面独具特色,以儒家思想中固有的独特个体观念为基础,儒学体现出与西方道德情感主义非常不同的问题面向。儒家情感主义虽然内含很多尚未解决的问题,但前辈学者已经进行了积极的探索和尝试,并提供了不同的思考路径,为儒学情感问题的深入研究提供了宝贵经验。

---

① 参见 [德] 叔本华《伦理学的两个基本问题》,商务印书馆1996年版。
② 陈立胜:《恻隐之心:"同感""同情"与"在世基调"》,《哲学研究》2011年第12期。

当代儒家伦理研究的方法论省思

王 楷

(北京师范大学哲学院)

摘要：本文逐次考察和分析了后果论、义务论及德性论与儒家伦理在理论形态上的异同，并对这三种规范伦理学理论进路下的儒家伦理研究之得失进行了自觉的检视和省思。整体而言，儒家伦理自成系统，非任何一种西方伦理学理论所能够范围。当然，这并不就意味着西方伦理学理论进入当代儒家伦理研究领域必然是不合法的。在方法论的意义上，后果论、义务论、德性论，三种伦理学进路下的儒家伦理阐释各有所当，亦各有所偏。相对而言，儒家伦理与德性论在理论旨趣上表现出更为深刻的契合性。有鉴于此，当代学者做儒家伦理研究，在方法论上有必要保持自觉的反省意识，对西方伦理学理论的意义和限度应有足够的警醒，从而得以在两种不同的伦理学传统的哲学会通中把握一种恰当的分寸感。

关键词：儒家伦理 方法论 后果论 义务论 德性论

一 问题的提出

作为一种以"明明德"为基本价值关切的思想文化传统，儒学在漫长的演进历程中发展出了丰富而深刻的伦理思想。然而，自现代伦理学的视角观之，传统儒家却一直未能在伦理学形态上达到理论自觉，此亦

---

* 本文已发表于《道德与文明》2019年第2期，被《社会科学文摘》2019年第4期全文转载。

无可讳言也。当然，其中的原因是多方面的。须知儒学固然关注伦理道德，但并不是一种纯粹形态的伦理学。儒学自身有着一套独特的话语模式，道德与政治、宗教、文学、艺术等融合共生，形成了一种具有独特形态的思想有机体，每一种思想在有机体内部都得到了充分的滋养，但也因此无以走上独立发展的道路。此其一。不止儒学，整个传统中国思想自来即以整体性、系统性的思维方式为特色，重体悟而不重分析，哲学说理始终处于启示性话语的笼罩之下。在这个意义上，用一种西方式的学术标准来评判传统儒学，这本身就是一种观念上的错位。此其二。然而，从现代学术的眼光来看，这又未尝不是一个有道理的"错位"，请尝试论之。

委实，对伦理学形态问题的自觉反省原初只是发生在现代伦理学的语境之下。① 然而，这一问题本身具有理论上的普遍性，甚至是任何一种哲学形态的伦理学（philosophical ethics）的逻辑基点。在这个意义上，如果儒学在现代社会仍然是一种有生命力的伦理思想，而不止是一种历史的陈迹的话，就得直面这一理论问题，做出儒家式的省思和回应。唯有如此，儒学朝着现代学术形态的转化方不失为一种真实的开新。这里所说的伦理学形态问题，不是运用伦理学的概念、命题或理论对某一特定事物进行论证，即不是评判某一特定事物在道德上的性质和意义，而是对道德本身的论证（the argument for morality itself），亦即"终极的道德论证"（letzte Moralbegrundung）。② 诸如人为什么应该是道德的？道德之于存在的终极意义是什么？人类社会为什么需要道德？甚至，道德是否

---

① 在前现代性社会，作为传统的价值的重要体现者，道德往往与天命"神的意志"等神秘性的概念联系在一起，其权威及有效性很少受到质疑，而更多地被视为当然。启蒙运动以降，人们的精神世界经过了马克斯·韦伯（Max Weber，1864—1920）所说的"祛魅"（Disenchantment），任何价值，无论看起来多么神圣，都需要接受彻底的理性的质疑、批判，乃至解构，进而寻求在理性化的基础之上重新证成自己的合法性，道德亦不例外。正是在这一历程中，哲学家开始对道德的终极基础做出理性的反思，进而推动了伦理学形态的自觉。有必要指出的是，这一伦理学形态的自觉包括但不限于20世纪以来英美学界分析哲学背景下的元伦理（meta-ethics）流派。

② 特别地，这里所说的终极的道德论证与伦理规范论证（Moralbegrundung oder Normenbegrundung）意义上的道德论证亦复不同。就后者而言，伦理规范的有效性是可以接受的，而关注点只在于对这一有效性的理由和根据做出批判性的反思。

具有（宗教或形上意义上的）超越性根据？所有这些发问又进而聚焦在道德的终极标准之上？对这一问题的不同回答正体现出对道德不同的运思方式，进而也就意味着不同的伦理学建构进路。于是，以此为基点，西方规范伦理学就有了三大流派的分别：以边沁（Jeremy Bentham）、密尔（John Stuart Mill）的功利主义（utilitarianism）为典范的后果论（consequentialism），以康德伦理学（Kantian ethics）为典范的义务论（deontology），以及以亚里士多德伦理学（Aristotelian ethics）为典范的德性论，即德性伦理学（virtue ethics）[1]。

　　反观儒家伦理，初看之下，类似终极道德论证的话头正是儒家反复致意的关切点，何以笔者反以之为儒家的缺憾呢？在此，吾人须得留意的是，正所谓有为之言不足为通论，儒家伦理多是情境语、指点语，在不同的语境之下具有不同的针对性，其意涵随感而应而无一定之说。这样的言说方式所造成的一个结果就是：儒家于此致思良多，却始终未能上升到理论上的自觉。或许，在传统的思想形态下，这还不是太大的问题。然而，在与现代西方学术遭遇之后，这种习焉而不察的平静也就无可避免地被打破了。倘若在终极道德论证的视角之下审视儒学，则无论后果论、义务论，还是德性论，似乎都不难在其中找到相应的论述来印证自己的理论。[2] 也因此，不少学者聪明地选择了便宜行事，视其所需而对儒家伦理思想随手裁剪、一时雌黄。于是，现代伦理学话语中的儒学镜像一如雾里花、水中月，忽而后果论，忽而义务论，又忽而德性论，似乎什么都是，又似乎什么都不是，翩翩然成了一个十四五岁任人打扮的小姑娘，直教人情何以堪？然而，吾人如欲在现代伦理学的意义上讨论儒家文化，就得直面这一难题，其间已无腾挪、迂回的余地，容不得寄望于所谓高明的滑转，再用些个不着两边的恍惚之言来搪塞。职是之

---

[1] Virtue ethics 中文的对译是德性伦理学（亦有德行伦理学、美德伦理学的译法）。笔者在行文中又将德性伦理学径称为德性论，乃是为了适应中文语境下表述的一致性，以方便与后果论、义务论文法一例。

[2] 事实上，儒学具有自身独特的脉络、结构和问题意识，在整体上不是任何一种西方伦理学类型所能够范围的。然而，这居然丝毫影响不到一拨又一拨的现代学者运用西方伦理学理论阐释儒家伦理的热情，这也着实令人应接不暇，惊诧莫名！

故，笔者不揣浅陋，窃以夫子正名精神自勉，尝试透过终极道德论证的视角探讨儒家伦理在伦理学形态上的理论自觉，省思当代儒家伦理研究的方法论取径，进而检讨西方伦理学理论在当代儒家伦理之哲学重构中的意义和限度，以就教于方家，幸留意焉！

二　后果论与儒家伦理

在道德终极标准问题上，后果论的核心理念在于：一个行为是否道德取决于行为的后果，而不是动机。譬如，在社会生活中，人们仅仅出于直觉就会毫不犹豫地判定近亲结合是一种不道德（immoral）的行为。至于为什么是不道德的，大多数人并不去深究，只是说："呸！当然是不道德的，一听见就让人觉得恶心。"但后果论者对此则另有解释：先民们在长期的生活经验中逐渐发现，近亲结合不利于后代的繁衍（"同姓之婚，其生不蕃"《左传·僖公二十二年》）。因此，近亲结合就逐渐受到排斥、限制，乃至上升为道德禁忌。准此观之，禁止近亲结合这一道德规范原是为优生这一非道德意义上（nonmoral）的目的而来。同理，禁止通奸这一似乎自明的道德规范——照后果论者的理解——亦不过是源于父权社会防止财富在代际转移中旁落于外人的目的而已。又譬如，在竞技体育领域，服用兴奋剂被认为是不道德的，因为它伤害了公平这一道德原则。然而，如果公平真的是终极的道德理由，那么，解禁服用兴奋剂也就自然地实现了公平（只是在部分人违禁的前提之下，才会出现公平与否的问题），而我们没有这样做，可见在公平这一道德理由的背后还存在着更深层的价值诉求，这就是保护运动员的生命健康（兴奋剂会对运动员的健康造成不可逆转的伤害）。准此，作为一种道德规范，反对服用兴奋剂以维护公平的价值基础其实在于保护运动员的生命健康这样一个非道德意义的目的。① 推论开来，不仅仅是特定的德目，就连道德本身亦

---

① 委实，如果将保护生命健康也视为一种道德价值的话，则情形将更趋复杂。在此，笔者追求文字上的简洁，能够说明问题即可，不做过多无谓的推衍。

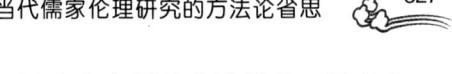

是如此。说到底，作为道德判断的终极标准本身则是非道德的，易言之，道德原是为了实现非道德意义上的目的。① 在这个意义上，后果论又称为目的论（teleology），其最典型的形态是以边沁、密尔为代表的功利主义。按照功利主义的理念，道德的最终标准在于"最大多数人的最大幸福"（the greatest happiness of the most majority people）。

功利主义可以是个体层面的，也可以是社会层面的，就后者而言，则转而有国家功利主义（state utilitarianism）。作为一种社会本位的道德观，国家功利主义与一向强调民生福祉的儒家伦理精神颇有契合之处。众所周知，儒家之所以为儒家，一个基本的特色就在于其强烈的入世情怀，时时以天下苍生为念。《论语·雍也》载孔门问答：

> 子贡问曰："如有博施于民而能济众，何如？可谓仁乎？"子曰："何事于仁，必也圣乎！尧舜其犹病诸。夫仁者，己欲立而立人，己欲达而达人。能近取譬，可谓仁之方也已。"

遍观《论语》，孔子从不轻易以仁许人，仁在儒家德目中的位阶之高自不待言。然而，一说到博施济众者，孔子不特许之以仁，复又推之为圣，可见孔子对于造福社会这一层是何等的看重。在儒家，"壹是皆以修身为本"（《礼记·大学》），须"修身"进而"齐家""治国""平天下"始得。② 在这个意义上，儒家的修身理念正在于通过完善世界而完善自我（improving oneself through improving the world），那种避世取向的隐士式修身"欲洁其身，而忘大伦"（《论语·微子》），实不足多慕也。质言之，在儒家，增进民众福祉原本就是一个人道德成长的题中应有之义。明乎此，则不难理解孔门品评古今人物道德优劣何以特别肯定事功的意义。《论语·宪问》中载：

---

① 后果论对道德根源的解释无疑意味着道德的祛魅化，虽非全无道理，但确实表现出了立意不高的先天缺陷。就此而言，后果论无道德形上学的意蕴，而更接近于富于实证色彩的人类学。

② 其实儒家的身体观原本就内在地包含着社会向度，参见杨儒宾《儒家的身体观》，台北："中央研究院中国文哲研究所"1999年版。

子路曰："桓公杀公子纠，召忽死之，管仲不死。"曰："未仁乎？"子曰："桓公九合诸侯，不以兵车，管仲之力也。如其仁！如其仁！"

子贡曰："管仲非仁者与？桓公杀公子纠，不能死，又相之。"子曰："管仲相桓公，霸诸侯，民到于今受其赐。微管仲，吾其披发左衽矣。岂若匹夫匹妇之为谅也，自经于沟渎，而莫之知也。"

在孔子，不受异族侵扰，社会的和平、安定与秩序，是民众福祉之本，若有为此者，自当谓仁之大者。在这里，孔子显然是以民众福祉作为对为政者道德评价的基本考量。孟子发挥夫子之义，论仁政每以民生为衡准，以此评价政治治理的优劣，"故明君制民之产，必使仰足以事父母，俯足以畜妻子。乐岁终身饱，凶岁免于死亡"（《孟子·梁惠王上》）①。在孟子看来，如果为政者不能保证民众的基本福祉，就不具有道德上的合法性，这在政治伦理的层面显然是一种后果论的道德观。②

---

① 观乎"大同"观念（《礼记·礼运》），当知对民生福祉的关切乃儒家的通义，亦是儒家伦理的基本精神。

② 这也显示了孟子的"民本"（minben）观念与西方启蒙运动之后的"民主"（democracy）观念在道德基础上的根本性的分别。儒家政治以民生论政之善否，混淆了必要性与正当性这两个不同的概念。退一步说，至少儒家的注意力主要集中在必要性问题上，而忽视了对正当性问题的深入探究。委实，儒家亦有透过"民心"探讨政治的正当性基础［"天视自我民视，天听自我民听。"（《尚书·泰誓中》）"近者悦，远者来。"（《论语·子路》）"得乎丘民而为天子。"（《孟子·尽心下》）"天之生民，非为君也。天之立君，以为民也。"（《荀子·大略》）］然而，主观化的"民心"必须经过客观化才能落实为政治正当性基础的建构，而儒家语境下的"民心"似乎又是由民生所决定的，正所谓"皇天无亲，惟德是辅。民心无常，惟惠之怀"（《尚书·蔡仲之命》），在民生之外，吾人看不到另外还有决定"民心"的价值选项。［委实，儒家语境中的人亦非仅仅关注外在性的福祉，而内在地具有更深刻的精神成长的需要，否则，即如孟子所言："饱食、暖衣、逸居而无教，则近于禽兽"（《孟子·滕文公上》）。只是，在儒家那里，这一"精神成长"更多的是通过道德主体而非政治主体/权利主体来实证成的（"然后驱而之善，民之从之也轻"）。］不消说，民生福祉固然是优良政治的一个基本的效用体现，但我们并不能因此而反过来将民生本身作为政治的正当性基础。打一个比方，当我们说自由恋爱相对于包办婚姻而言是一种更为进步的婚姻观的时候，我们显然不是在自由恋爱一定会产生比包办婚姻更为幸福的结果的意义上证成这一观念的。［尽管从"结构→性质→功能→效用"连续传导的视角看，我们确乎有充分的理由对基于自由恋爱（而不是包办婚姻）的幸福抱以合理的期望，然而反例在某种意义上又总是存在的。］而是说，作为基于彼此自由选择的两性结合，自由恋爱体现了每一个体的意愿自由，蕴含着对独立的、完整的主体人格的尊重，因而是一种更为人道的两性观/婚姻观，这才是自由恋爱的正当性基础。同理，契约论意义上的民主乃是以其对自由、平等、天（转下页）

及至荀子，儒家关于政治的伦理沉思开始表现出了更自觉的理论意识，并且问题焦点也发生了转移，从对为政者的道德评价转移到了对道德本身的社会功能的正面探讨。职是之故，荀子特别强调作为"群居和一之道"（《荀子·荣辱》）的礼对良序社会的基础性意义，如其所云：

> 礼起于何也？曰：人生而有欲，欲而不得，则不能无求，求而无度量分界，则不能不争。争则乱，乱则穷。先王恶其乱也，故制礼义以分之，以养人之欲，给人之求。使欲必不穷于物，物必不屈于欲。两者相持而长，是礼之所起也。（《荀子·礼论》）

在荀子看来，人是一种社会存在，一旦"离居不相待则穷，群而无分则争。穷者，患也；争者，祸也。救患除祸则莫若明分使群矣"（《荀子·富国》）。所谓"明分使群"，即根据礼来确定每个人在社会中的名分，进而按照相应的名分来分配社会资源，从而通过合理的差别实现社会共同体的秩序与和谐，荀子将此一层意思解释为"维齐非齐"。显见，在荀子这里，作为一套基于道德的社会/政治规范系统，礼乃道德价值的客观化体现。准此，道德的功能就在于维持合理的社会规范和秩序，使人类在群体生活中不致相互伤害，从而维护社会公众的基本福祉（"养人之欲""给人之求"）。在这个意义上，道德实为"养天下之本也"（《荀子·王制》）。约言之，在道德与社会的视角之下，儒家以民众福祉为基点解释了一个社会为什么需要道德，表现出一种与（国家功利主义形态的）后果论相近的理论进路。

（接上页）赋人权等价值的肯定——而非对民生福祉的承诺——作为正当性基础的。在这里，民生只是民主的效用，而非民主的正当性基础。二者不容混淆，更不容倒置。就此而言，显见中国哲学传统体用观在特定问题上是具有局限性的。我们太过于迷恋所谓的"即用见体"，以功能/效用层面的表现（"用"）来证成价值基础（"体"），而这无疑会导致正当性基础上的机会主义，而经不起彻底的道德质疑。一言以蔽之，除非经过道德基础的哲学重构，传统儒家的民本思想向民主的现代转化很难有光明的前景。唯高明君子三复斯言！

然而，如果转换到道德与存在的视角，我们所看到的将会是另一种迥然不同的情形。其在功利主义，主体的自由被设定为首要的价值，道德之于主体则仅仅限于外在的工具性价值，而无关乎存在自身的实现和完满。不特如此，道德甚至因其是对主体自由的一种限制而被视为一种恶。而作为一种恶的道德的存在之所以是必要的，仅仅在于它能够防止更大的恶，比如社会的无序或恶序，人与人之间无限制的相互伤害，凡此等等。准此观之，在典型的后果论那里，道德并无任何内在的价值可言。其在儒家，一则曰："人之异于禽兽者，几希，庶民去之，君子存之"；再则曰："人之所以为人者何已也？以其有辨也！"（《荀子·非相》）。人（格）的内在价值与尊严正在于道德，舍此则无别于禽兽。委实，如前文所述，在道德与社会关系的层面，儒家的确包含着后果论的价值关切，一个罔顾民众基本生存的政权也就当然地失去了正当性基础。[1] 然而，儒家之重视社会治理的客观效果，并不仅仅停留在纯粹物质性的民生福祉，更进而寻求精神性的道德成长，此即孔子"先富后教"之义。[2] 孟子申述夫子之义，将此一层意思讲得极分明："是故明君制民之产，必使仰足以事父母，俯足以畜妻子，乐岁终身饱，凶岁免于死亡然后驱而之善，则民从之也轻。"（《孟子·梁惠王上》）否则，"饱食、暖衣、逸居而无教，则近于禽兽"（《孟子·滕文公上》）。因此，整体而言，后果论对道德与社会关系的解释只是儒家政治伦理中的一个有限的环节，并不足以概括整个儒家伦理的理论形态。[3]

---

[1] 至于能够保证民生的政治是否就是理想的儒家政治形态则是另外一个问题。

[2] 《论语·子路》中载："子适卫，冉有仆。子曰：'庶矣哉！'冉有曰：'既庶矣。又何加焉？'曰：'富之。'曰：'既富矣，又何加焉？'曰：'教之。'"

[3] 事实上，转换到（为政者）个体的视角，儒家政治伦理也就相应地呈现出了不同于社会视角之下的理论侧面。照儒家"修己以安人"（《论语·宪问》）的理路，"安人"只是用，"修己"方是体。儒家很难相信一个自身缺失仁德修养的为政者会有良好的政治治理。明乎此，则不难理解孟子何以有"先王有不忍人之心，斯有不忍人之政"（《孟子·公孙丑上》）的讲法。准此观之，儒家政治伦理又毋宁说是基于"动机"求"效果"。当然，这里对"不忍人之心"的强调，与伦理学意义上的动机论尚不可一例观之。当然，这已经是另外一个问题了。本文在此不做进一步的展开，以免行文过于枝蔓。幸留意焉！

三　义务论与儒家伦理

　　在道德的终极标准问题上，后果论认为"好"（good）独立并优先于正当，是一种典型的目的论理论（teleological theory）。所谓"好"独立于正当，是说"好"本身无所谓正当或不正当，是一种非道德（non-moral）意义上的物件。① 所谓"好"优先于正当，是说一切道德行为的价值应视其与"好"的关联而定，凡是能够增进"好"的就是正当的，反之，凡是背离"好"的就是不正当的。简言之，赖以判断行为之道德价值（对/错、正当/不正当）的终极标准本身则是非道德的。与这种目的论立场相反，以康德伦理学为典型的义务论则认为正当是独立并优先于"好"的概念。正当不依赖于"好"，并非达到某种"好"的手段，它本身即自在的目的、自在的标准。在康德看来，一个行为在道德上的对/错取决于行为本身，而不理会后果因素。质言之，正是行为本身具有的特征（certain features in the act itself）或行为所体现的规则的特征（certain features in the rule of which the act is an example）使其在道德上是对的，或者是错的。也因此，康德特别强调道德规则的神圣性。②

　　20世纪以来，中文世界的学者，特别是牟宗三一系的当代新儒家，对于会通儒家与康德多所致意，成绩斐然，蔚为当代儒家伦理研究中一种极具影响力的理论进路。的确，与康德伦理学的对话，对于传统儒家伦理的理论重构有着深刻的意义。然而，这并不意味着康德伦理学的义

---

　　① 中文世界的学者习惯于将这里的"good"对译为"善"，从而造成了理解上的歧义和迷惑。目的论伦理学语境下的"good"是独立于道德的，而中文理解脉络下的"善"这一语词本身就已经具有了道德色彩。于是，尴尬就出现了，这种翻译事实上用"善"去对译一个恰恰无所谓"善"或"不善"的物件。有鉴于此，笔者倾向用"好"而非"善"对译目的论伦理学所谓的"good"，幸留意焉！

　　② 譬如，按照康德的义务论立场，诚实是一种义务，说谎在道德上是错的。因此，即使我们清楚地知道一个无辜的人正在遭受坏人的追杀，我们也不能说谎，哪怕是为了保护这个无辜的人的目的，因为这会伤害到"不说谎"这一道德法则的绝对性。

务论特色也完全适用于儒家。自其同者视之，被康德作为道德至高原则的可普遍化性原则（principle of universalizability）实与儒家"己所不欲，勿施于人"（《论语·卫灵公》）的恕道精神息息相通。其在儒家，人的觉醒不仅仅停留在自我主体性的觉醒，更意味着在生命的感通中体认到他者的存在，故当"审吾所以适人，人之所以来我也"（《荀子·王霸》）。吾人只需观"从人从二"的"仁"字而玩味之，自当知此言非虚。因而，"仁者爱人"在本体论的层面首先就意味着将他者视为与自我对等的价值存在。推而言之，康德的可普遍化原则和目的／手段（工具）之分自然无悖于儒家仁道精神矣！不特如此，康德在道德的意义上对人的尊严（human dignity）的肯定更足可为儒家引以为知音。其在康德，不同于本能支配之下的动物，作为理性存在者，人服从的是道德律，能够克服感性欲望的支配而超脱于动物。道德出自主体的自我立法，人服从道德乃是服从自我的自由意志。在这个意义上，人是自由的。正是道德自主（moral autonomy）使作为理性存在者的人超越作为自然物的动物之上，拥有了作为人的尊严。同样的情形也发生在儒家这里，孔子就特别强调行动者的道德自主性，于此反复致意，不以辞费为嫌。一则曰："为仁由己，而由人乎哉？"（《论语·述而》）再则曰："吾欲仁，斯仁至矣！"（《论语·里仁》）再则曰："有能一日用其力于仁矣乎？吾未见力不足者。"（《论语·里仁》）不特如此，儒家更进而透过"人禽之辨"的观念肯定人之作为道德存在的尊严。[1] 这显示出，在伦理学的意义上，儒家同样以自律道德（autonomous morality）作为中心的价值关切，与康德并无二致。准此观之，治儒学以康德为它山之石者，良有以也！委实，康德与儒家之间的会通亦不以笔者所言为限。然言其要者，亦当近是矣！

自其异者视之，则康德与儒家之间根本性的分别亦非寻常。基于反

---

[1] 《孟子·离娄下》中载："人之异于禽兽者，几希，庶民去之，君子存之。"《荀子·王制》中载："水火有气而无生，草木有生而无知，禽兽有知而无义。人有气，有生，有知，亦且有义，故最为天下贵也"。其在儒家，道德意味着人与人的相与之道不能停留在动物对待自己同类的层次上。质言之，正是道德将人与动物区别开来，使人成为人，成为一种优越于动物的存在，正所谓"仁者，人也"（《礼记·中庸》）。

功利主义的义务论立场，康德强调道德法则的绝对性，既不考虑特定情形下的经验性因素，亦不理会行为所（可能）造成的后果。儒家虽然也同样重视道德的超功利性，但并非不考虑行为对他人或社会（可能）造成的后果，而是另有不同的理据在。在儒家，"礼之所尊，尊其义也"（《礼记·郊特牲》）。儒家对道德法则的理解重在其内在的意涵和精神，而非一味地拘泥于形式化的僵死教条。否则，"言必信，行必果，硁硁然小人也"（《论语·子路》），只能是得其形而遗其神，而一个通达的人则"言不必信，行不必果，惟义所在"（《孟子·离娄下》），能够根据特定的情形做合理的"通变"，从而使法则的意义以恰当的方式及分寸得以实现。譬如，"男女授受不亲，礼也；嫂溺，援之以手者，权也"（《孟子·离娄下》）。当然，儒家的经权观亦非寻找某一个固定的点，否则，将如"子莫执中"（《孟子·尽心上》）一般枉费精神，而是基于对道德法则的意涵和精神有深刻、准确的理解和把握，在特定的情形下做出合理的反应、判断和选择，能够做到"以义变应"（《荀子·不苟》），"体常而尽变"（《荀子·解蔽》）。无疑，这意味着一种高度成熟的实践智慧。孟子将这种境遇性的伦理原则概括为"时"①，明乎此，则不难体认孟子对孔子何以有"圣之时者也"（《孟子·万章下》）的赞叹。不特如此，同样是对道德庄严性的守望，相对于义务论以法则为基点的视角（the rule-based perspective），儒家则表现出一种以主体为基点的视角（the agent-based perspective）。其在儒家，道德意味着存在的品质，由不得用外在的功利来衡量和交换。诚如孟子所言："行一不义，杀一不辜而得天下，皆不为也。"（《孟子·公孙丑上》）② 在这里，儒家道德的超功利性所凸显的是道德主体的人格尊严，要求行动者独立而不迁，不以外在的境遇为转移，自觉超越一己之私

---

① 关于儒家伦理的境遇性原则，可参见彭国翔《时：儒家的境遇性原则》，《台湾东亚文明研究学刊》2010年第1期。

② 甚而至于，相对于行动者的（自然）生命，道德亦表现出价值上的优先性："志士仁人，无求生以害仁，有杀身以成仁"（《论语·卫灵公》）；"生，我所欲也。义，我所欲也。二者不可得兼，舍生而取义者也"（《孟子·告子上》）；"君子易知而难狎，易惧而难胁，畏患而不避义死，欲利而不为所非，交亲而不比，言辨而不辞"（《荀子·不苟》）。

（名利、穷达、毁誉、安危、生死，等等）的考量。① 质言之，相对于外在的道德法则，对儒家而言，真正具有根本性意义的是主体内在的道德品格。② 在这个意义上，与儒家伦理旨趣相合的是德性论，而非康德的义务论。

四　德性论与儒家伦理

较之强调行为后果的目的论和关注行为本身（包括动机）的义务论，以亚里士多德伦理学为古典形态的德性论的思路又自不同。德性论聚焦在道德主体，将道德主体的品格特征作为道德判断的根本标准，实现了从外到内的视角转变，即从外在的行为到内在的精神性品格的转变。目的论和义务论关切的核心在于"什么是要做的道德上正当的事？"而德性论伦理关切的核心则在于"什么品格使得一个人成为道德上的好人？"前者的焦点在于"我应当做什么"（What I ought to do），而后者的焦点在于"我应当成为什么"（What I ought to be），借用亚里士多德的语言来说，在目的论和义务论所重视的"doing well"之外，德性论更关注"being well"。从而，做一个道德上的好人成了道德判断的根本标准。

其在儒家，夫子所言"古之学者为己，今之学者为人"（《论语·宪问》）正表现出以主体自我人格成长为中心的价值取向。③ 在伦理学的意义上，儒家的"为己之学"实为一种德性论的运思进路。夫子有

---

① 《孟子·公孙丑上》中载："自反而缩，虽千万人吾往矣。自反而不缩，虽衣褐宽博，吾不惴焉。"《孟子·滕文公下》中载："富贵不能淫，威武不能屈，贫贱不能移，此之谓大丈夫。"《荀子·劝学》中载："是故权利不能倾也，群众不能移也，天下不能荡也。生乎由是，死乎由是，夫是之谓德操。"

② 故而，儒家判定一个人在道德上的优劣，多在"存心"上着眼，正所谓"君子所以异于人也，以其存心也。君子以仁存心，以礼存心"（《孟子·离娄下》）。

③ 夫子之言辞约而义丰，非得后儒述之，不能焕然大明。在这个意义上，荀子为"为己"观念做了绝好的注脚："古之学者为己，今之学者为人。君子之学，以美其身。小人之学也，以为禽犊。"（《荀子·劝学》）

云:"不仁者不可以久处约,不可以长处乐。仁者安仁,知者利仁。"(《论语·里仁》)观此可知,不同的主体践履同样的道德法则,或出于"安",或出于"利",其内在的心志状态是不同的。在儒家,这种不同的心志状态具有根本性的意义。须知真正的道德行为并非仅仅是在外在的形式上符合特定的客观标准即可,还得出自特定的心志状态(作为精神性定势的道德品格)如此行为方是。当然,这并非说"利"而"仁"在道德上就全无意义。儒家肯定善,既欲求理想道德的愿景,同时又不失对现实道德的层次性的体认,故而有"或安而行之,或利而行之,或勉强而行之,及其成功,一也"(《礼记·中庸》)的讲法。然而,这里的"一也"只是就行为及其客观的社会性效果而言的,如果说到主体自身内在品格的状态,则其间的层次性的分别实无从"一也":

> 仁形于内谓之德之行,不形于内谓之行;义形于内谓之德之行,不形于内谓之行。礼形于内谓之德之行,不形于内谓之行。智形于内谓之德之行,不形于内谓之行。圣形于内谓之德之行,不形于内谓之德之行。(《郭店楚简·五行》)

在这里,就行为之符合特定的道德规范而言,"德之行"与"行"若不异也。然而,二者在道德上的价值实不可等量齐观。"德之行"不仅符合特定的客观的道德规范,更在于由内而发,以特定的精神性的心志状态为基础,在道德动力的意义上是出自主体"不容已"的精神品格,而所谓的"行"则只是符合特定的客观的道德规范的行为。玩味此二者的分别,"行"只是客观道德上(不错意义上的)正当的行为,而"德之行"不仅在客观道德意义上是正当的,更呈现出道德主体德性人格的魅力和光辉。在此意义上,只有"德之行"才是真正的"德行"。[①] 明乎此,则不难理解孟子何以在"由仁义行"和"行仁义"之

---

① (东汉)郑玄《周礼注》中载:"德行,内外之称,在心为德,施之为行。"

间做刻意的分别。① 在伦理学的意义上，这正表现出一种德性论的理论旨趣。

五　意义与限度

如前所述，在当代儒家伦理思想研究中，研究者的方法论一直处在不断的调适和转换之中。从后果论（目的论）、义务论到德性论，在不同语境之下，都被不同的学者用作解读、阐释传统儒家伦理的理论参照和工具。如此，方便之门一旦开启，人人各取所需，儒家伦理研究在方法论上更难免陷入困惑和迷茫。本文逐次考察和分析了规范伦理学的三种形态后果论（目的论）、义务论与德性论与儒家伦理在基本理论形态上的异同，并对三种理论进路下的儒家伦理研究的得失进行了自觉的检视和省思。

笔者浅见，在会通儒家伦理的语境之下，三种规范伦理学理论各有所当，亦各有所偏。后果论——特别是国家功利主义形态的后果论——有助于理解儒家伦理的社会（民生福祉）关切。然而，儒家伦理对于存在价值的关切就不是后果论所能够解释的了。儒家与义务论都肯定道德的非功利性，强调道德的庄严。然而，与义务论的反功利主义的立场不同，儒家道德的非功利性并非不理会行为对他人或社会所（可能）造成的后果，而是重在强调主体做道德选择时应将一己之私置之度外。同时，与义务论一味固守乃至僵化道德法则不同，儒家更关注道德法则所蕴含的精神实质，表现出一种实践智慧意义上的境遇性原则（"时"）。儒家与德性论都认为，较之外在的行为或规则，主体的内在品格具有价值上的优先性。二者都强调真正的道德行为须以主体内在的品格状态为基础，寻求主体在道德上的完善，成为道德上的"好人"。然而，儒家语境下的人的完善，并不满足于单纯的道德完善（moral

---

① 《孟子·离娄下》中载："人之所以异于禽兽者几希；庶民去之，君子存之。舜明于庶物，察于人伦，由仁义行，非行仁义也。"

perfection），进而寻求在宇宙论的层面安顿生命和价值。并且，儒家主体内在蕴含着社会的向度，致力于在完善世界的过程中完善自我。这就不是德性论所能范围的了。概言之，后果论、义务论、德性论，三种伦理学进路之于儒家伦理的会通各有所得，亦各有所失。① 当然，本文的写作并非为了得出这样一种破坏性的结论——西方伦理学理论进入当代儒家伦理研究是不合法的，只不过是要对西方伦理学理论的意义和限度进行自觉的省察，从而把握一种哲学会通中必要的分寸感。唯此而已，岂有他哉！

最后，无可讳言，本文只是在"极简"的意义上使用诸如后果论、义务论、德性论这些西方伦理学概念的。不消说，每一种理论内部，不同的发展阶段，不同个体性的思想家之间都存在着明显的差别。不过，笔者无意于纠缠于这些细节，而是力图简明地勾勒出每一理论最基本的通约性的观点和理论特色，以之为探讨儒家伦理研究方法论问题的理论参照。窃以为，这对于本文的主题而言就已经足够了。就主观立意而言，本文既不是对西方规范伦理学演进历程的梳理，也不是在中西伦理学之间做比较研究，而只是一种儒家本位的伦理学方法论讨论。质言之，行文中所以谈到诸如后果论、义务论、德性论这些概念，不过是为儒家伦理方法论的省思提供特定的理论参照而已，真正的关切点并不在这些西方的伦理学理论本身。职是之故，本文并不纠缠于每一种理论内部纷繁的细枝末节，以免行文过于枝蔓。特别的是，烦琐、冗长的引文更是笔者所要竭力避免的。不消说，本文的探讨还只是初步的。唯此一视域下的纵深研究，则俟诸高明君子云尔！幸留意焉！

---

① 相对而言，笔者浅见，儒家伦理在理论旨趣上与德性论之间有着更深刻的精神上的契合性。

孔子义利之辨的误说纠谬与其义利关系新说
——兼论"义利兼顾说"的谬误

田 探

(重庆大学人文社会科学高等研究院哲学中心)

摘要：对以孔子为代表的儒家义利之辨，近数十年的研究形成了"重义轻利""义利对立"和"义利统一""义利兼顾"两种对立观点。这两种观点均是对孔子义利观的偏解和误解。在孔子直接谈到的义利话语中，义与利既不对立，也不是对立基础上的统一。从孔子伦理思想的主体结构看，不同的问题领域有不同的义利关系。在追求人的本质的实现的最高价值层面，功利即道义，义利合一；在以维护社会秩序为重心的个体行为方面，是"以义制利"；在如何处理政经关系即治国之道方面，是"义以生利"。澄清孔子伦理思想中的这些内涵，对当下中国的社会治理具有重要的借鉴意义。

关键词：义利之辨　误说纠谬　义利关系新说

在对以孔子为代表的儒家义利之辨的近几十年的讨论中，学界形成了两种相互对立的观点：一种观点认为儒家重义轻利、义利对立甚至否定利益追求；另一种观点则批评前一种观点，认为儒家并非否定利益追求，而是义利统一或义利兼顾。① 同样是针对以孔子为代表的儒家义利观，为什么会形成如此对立的评判？是孔子的义利观本来就自相矛盾？还是学界的认识有误？这不仅关涉对儒学的认识问题，还关涉怎样重新确立义利关系的问题。在笔者看来，这两种对立的观点本身都是对孔子义利观的误解，而这些误解的相互对立又由于研究方法的失当。产生所有这些问题的原因是复杂的，均需澄清。

一 "君子喻于义，小人喻于利" 误说纠谬

在当代学界的讨论中，孔子"君子喻于义，小人喻于利"一语，是被用来证明儒家"重义轻利""义利对立"的主要论据；这种"轻重、对立说"又与君子、小人的"人格划分说"连在一起。有学者引申宋代陆象山"此章以义利判君子小人"之语，说这句话"是孔子提出的一个臧否人物、判定道德与不道德的一个道德评价的标准"②。还有学者说，"就义利观而

---

① 例如，张岱年在《中国哲学大纲》中将古代的义利观分为三派："孔子、孟子、朱子等尚义，别义与利为二……"陈国庆在引述了张岱年上述观点之后说："孔子崇尚义，这是肯定无疑的。但是不是像有些学者所说的那样，孔子把义与利对立起来……恐怕还不能这样判定……孔子说'见利思义'，这是说……孔子主张义与利的统一。"参见陈国庆《儒家义利观论纲》，《西北大学学报》（哲学社会科学版）1998年第1期。又如，吕明灼说："孔子并不否认利……他主张'见利思义''见得思义'……这一认识虽仍没有脱出重义轻利思想的窠臼，但具有义利兼行之意。"参见吕明灼《义利之辨：一个纵贯古今的永恒主题》，《齐鲁学刊》2000年第6期。再如，张汝伦说："儒家在义利问题上大致可分为三种立场，即：（1）别义、利为二，义、利截然对立；（2）尚义但不排斥利；（3）兼重义利。"除去中间派外，亦是对立两派。参见张汝伦《义利之辨的若干问题》，《复旦学报》（社会科学版）2010年第3期。最近，李翔海又说："儒家'义利之辨'大概是近代以来受到中国思想文化界误解最多亦最为集中的问题之一……将儒家的相关主张归结为义利对立、重义轻利甚至取义舍利，是一种长期以来一直存在着的对于儒家'义利之辨'的基本评断……但这并不意味着儒家是以'义利对立'作为理解义利关系之基本前提的。以孔子、孟子及荀子为代表的先秦儒家，不仅均肯定了合理之利的正当性，而且在客观效果上接受'因义得利'，这表明，在儒家对于义利关系的整体理解中，是包含了'义利统一'之向度的。"参见李翔海《儒家"义利之辨"的基本内涵及其当代意义》，《学术月刊》2015年第8期。总之，在最近三十多年的讨论中，这两种对立的说法不胜枚举。

② 罗国杰：《关于孔子义利观的一点思考——兼析"君子喻于义，小人喻于利"》，《学术研究》1994年第3期。

言，孔子认为君子是以义为上、有行为准则、有社会责任和理想追求，在伦理道德上值得肯定的人。而小人是一种只讲个人私利，缺乏社会责任，在伦理道德和政治行为上为负面价值取向的世俗之人"①。分析前人仅凭此句以判定孔子"重义轻利"的逻辑可知，他们的结论是建立在君子、小人的人格对比基础上的；但是，以君子"喻义"为道德，以小人"喻利"为不道德，甚至是"负面价值取向的世俗之人"，是后人的推衍，并非孔子本意。考察孔子此语的本意可知，"君子喻于义"是个价值判断，而"小人喻于利"则是个事实判断。作为价值判断，是要求君子明悟自己的社会责任和伦理义务之所在，唯"喻于义"才是自己的当然。作为事实判断，是承认小人即普通民众的谋利是其生命存在之本然和社会生活之实然，因而也是道德上的当然。孔子把君子、小人并说，本意是要委婉地警戒君子不能去做自己不该做的事情。对于孔子此语的本意，唯汉儒的解释较为近之。郑玄《笺》云："贾物而有三倍之利者，小人所宜知也。君子知之，非其宜也。孔子曰：君子喻于义，小人喻于利。"②刘宝楠进一步阐明郑玄之意说："如郑氏说，则《论语》此章，盖为卿大夫之专利者而发。君子小人以位言。……董子对策曰：'古之所予禄者，不食于力，不动于末。……公仪子相鲁，见其家织帛，怒而出其妻。食于舍而茹葵，愠而拔其葵。曰：吾已食禄，又夺园夫女红利乎？古之贤人君子在列位者皆如是。……天子大夫，下民之所视效，岂可居贤人之位，而为庶人行哉！夫皇皇求利，惟恐匮乏者，庶人之意也。皇皇成仁义，常恐不能化民者，卿大夫之意也。'观董子此言，可知郑说之约而该矣。……惟小人喻于利，则治小人者，必因民之所利而利之。……孔子此言，正欲君子之治小人者，知小人喻于利。"③刘宝楠的解释提示我们，所谓"君子小人以位言"，乃指基于社会分工基础上的地位区别，这种地位区别意味着所操之业的不同和义务的不同，这就是孟子所说的"有大人之事，有小人之事"（《孟子·滕文公上》）。"大人之事"就是以礼义

---

① 皮伟兵：《先秦儒家义利观新探》，《伦理学研究》2011年第6期。
② （清）刘宝楠：《论语正义》，《诸子集成》，中华书局1954年影印版，第1册，第82—83页。
③ （清）刘宝楠：《论语正义》，《诸子集成》，第83页。

治国的君子之事。《国语·晋语一》中载："民之有君，以治义也。"① 荀子也说："故君子也者，治礼义者也。"（《荀子·不苟》）所谓"小人之事"，也就是孟子所说的自食其力的"劳力者"之事。既然君子与小人所处地位不同，所操之业不同，就应各事其业、各尽其责、各喻（晓）其道。因而，所谓"君子喻于义"，就是要求君子知晓自己的社会责任，承担起以礼义治国的政治使命和伦理义务，"因民之所利而利之"，而决不能去操小人之业，与民争利。这里确有对君子而从事小人之业的鄙薄，却无对小人求利的鄙薄，这就是"盖为卿大夫之专利者而发"之意。笔者认为汉儒和清儒比较准确地抓住了孔子此语的问题意识。笔者之所以认为他们的说法近于孔子本意，有《论语》中的记载为证。《论语·子路》篇载："樊迟请学稼，子曰：'吾不如老农。'请学为圃，曰：'吾不如老圃。'樊迟出。子曰：'小人哉，樊须也！上好礼，则民莫敢不敬；上好义，则民莫敢不服；上好信，则民莫敢不用情。夫如是，则四方之民襁负其子而至矣，焉用稼？'"邢昺《疏》曰："此章言礼义忠信为治民之要，樊迟请学稼者……孔子怒其不学礼义而学稼种，故拒之曰稼种之事吾不如久老之农夫也。……夫子与诸弟子言曰小人哉此樊须也，谓其不学礼义而学农圃，故曰小人也。"② 由此可见，樊迟之所以被斥为小人，并非是因为他品德低下，而是因为他放弃作为士君子应该怀有的"士志于道"的人生理想，换言之，是因为他放弃以礼义治国的政治义务和治国之道。由此证明，所谓"君子喻于义，小人喻于利"的本意，是在训诫君子"义以为上"的义务意识、责任意识和使命意识，警戒其不能堕入"皇皇求利"的小人之列。这里，孔子既无意于讲义利关系，也无意于鄙薄小人求利。孔子此语貌似义利之辨，其实质应是君子与小人的义利之辨。后儒尤其是宋儒在孔子的义利之辨的基础上衍生出君子有德、小人无德的人格判断，又以此人格判断来判定孔子"重义轻利""义利对立"，是没有体悟到孔子此语的问题意识和言说主旨，是站不住脚

---

① 《国语·晋语一》，载鲍思陶点校《国语》，齐鲁书社2005年标点本，第128页。
② 《论语注疏》，载（清）阮元校刻：《十三经注疏》，中华书局2009年影印版，第5册，第5446页。

的。然而，后儒衍生出来的"以义利判君子小人"的误说，在暗移孔子本意的同时，还掩盖了孔子承认小人求利的正当性的意蕴，遂使普通民众维护自己正当权利的要求难以得到后世儒者的应有关怀。

孔子、孟子均无鄙薄小人求利之意，反而要求君子"因民之所利而利之"，这是先秦儒家民本思想的必然逻辑。那么，要求"君子喻于义"，鄙视君子谋利，是否就是主张君子应该"无利"，从而证明孔子主张"义利对立"？凡是认为孔子是"义利对立"的观点，又一个原因，是未能理解孔子义利观的形成以礼文化为背景。君子之利，礼自有规定，只要守礼从义，焉用求之？周礼是对周代各级贵族的权利与义务关系的全面规定，义是由礼所决定的观念形态的道德意识（当然，礼也可以是意识，故可"礼义"合称）。但作为道德意识的义有一个与礼的意识不同之处，就是它重在强调义务而不是强调权利，这在儒家是很清楚的。《礼记》中说："何谓人义？父慈、子孝、兄良、弟弟、夫义、妇听、长惠、幼顺、君仁、臣忠，十者谓之人义。"（《礼记·礼运》）这"十义"已大致可以对应于后来孟子所概括的君臣、父子、夫妇、兄弟、朋友五伦关系的各自义务，它表明儒家之义首先是一种两两相对的伦理义务，在这两两相对的关系中，当一方恪尽义务之时，就是另一方的权利得以实现之时。笔者曾著文说："五伦中各自应享的权利实际上是隐含在对方的义务中的，比如，子所应享的权利就隐含在父应该对子的慈爱中。"[1] 因此，君子只需自觉地恪尽自己的义务责任，而无须强调自己的权利。荀子明确强调了士君子在各种人伦关系中的义务要求："遇君则修臣下之义，遇乡则修长幼之义，遇长则修子弟之义，遇友则修礼节辞让之义，遇贱而少者则修告导宽容之义。"（《荀子·非十二子》）强调义务的另一面，就是对权利的辞让。荀子也有明白的表达："故天子不言多少，诸侯不言利害，大夫不言得丧，士不通货财……从士以上皆羞利而不与民争业。"（《荀子·大略》）这是继承了周文化精神的儒家伦理义务观的一个重要特点，我们在讨论儒家义利之辨时，就应把它们放在这样的思想文化背景中来理解。例如，孟子见梁惠王时，之所以开口就说"王何必曰利，亦

---

[1] 田探：《儒家之义的理论进路与王夫之对义的推极》，《船山学刊》2012年第3期。

有仁义而已矣"(《孟子·梁惠王上》),就因只要臣子恪尽义务职守,君父之利就自然得到实现了。

二 "成人""见利思义"与君子"义以为上"误说纠谬

学界常引孔子"见利思义,见危授命……亦可以为成人矣"(《论语·宪问》),以及"富与贵,是人之所欲也,不以其道得之,不处也;贫与贱,是人之所恶也,不以其道得之,不去也"(《论语·里仁》)等章,来证明"孔子主张义与利的统一"。① 而所谓"统一",实际上是指义与利的"并重""双行""兼顾",有学者就说儒家主张"义与利的协调发展、彼此兼顾"。② 这些说法均似是而非。"见利思义""义而后取",是义对利的把关、裁断:义只放行正当利益,不允许非法利益的谋取,这怎么能说是"义利统一""义利兼顾"呢?儒家从未视义、利为"对立基础上的统一"关系,也从未提倡过"义利兼顾"。如荀子就说:"义与利者,人之所两有也。……义胜利者为治世,利克义者为乱世。上重义则义克利,上重利则利克义。故天子不言多少,诸侯不言利害……从士以上皆羞利而不与民争业。"(《荀子·大略》)所谓"两有",指道德心与求利之心皆人性所有,但人之所以为人,社会之所以成为有秩序的社会(治世),就在于人的求利之心能服从于义(道德秩序),而不是破坏义。这里,强调的是利对义的服从(克)。"服从"可说是利统一于义,而不是利与义的"对立统一",更不是二者的"兼顾"。利统一于义,是要把人们的社会生活秩序化,把人们的求利活动纳入社会规范体系中,不允许义外求利,这是最能体现伦理学的规范意义的义利之辨,可谓义利之辨的典型形态,或基本形态。认为孔子义利观是"义利统一"或"义利兼顾"的说法,不符合孔子思想的实际。

---

① 陈国庆:《儒家义利观论纲》,《西北大学学报》(哲学社会科学版)1998年第1期。
② 张奇伟:《儒家"义利之辨"的实质和现实意义》,《求索》1996年第3期。

孔子不讲"义利统一"或"义利兼顾"是有理由的。义与利是性质不同的两个概念：利表征着人类的生存需求和生存所需求的一切实际利益；这些利益既可以是物质的，也可以是精神的（如"名"）；既可以是个人的，也可以是团体的和社会整体的。义则表征着对人类生存活动合理、适宜的组织、调节和对人类共同活动中的权利与义务及其所产生的共同利益的正当分配。如果说求利就是人类生存活动的自然内容，那么求义就是赋予人类的生存活动以合理正当的社会形式；求利犹如人类社会发展的动力系统，求义则是制动系统。简单说来，义与利就是一种规范与被规范的关系。也有学者指出："义与利分别属于判断标准与被判断者的不同层面……孔子就有很多类似的表述……基本上是把义与利分别放在判断与被判断、定性与被定性的位置上。"[①] 义与利的"判断与被判断""规范与被规范"的关系表明，这两个概念在内涵上既不相反对立，在外延上也不对等对称，在关系上亦不同层同位，怎么能是"对立统一"关系呢？常识告诉我们，利是个"二价性"概念，它可以指正当利益，也可以指不正当利益。义作为对利的规范和标准，它肯定正当利益，也代表正当利益。如果提倡义与利"统一"与"兼顾"，岂不等于提倡正当利益（义）可以与利中的一部分不正当利益相"统一""兼顾"，甚至是合法利益（义）可以与利中的非法利益相"统一""兼顾"吗？辨析此理非常重要，因为在学界论及当前的义利观时，常有人提出"义利统一"或"义利兼顾"的主张。这一主张的主旨，其实是个如何处理个人利益与集体利益及国家利益的关系问题。如果我们提倡的是个人利益与集体利益或国家利益的"统一""兼顾"，那也只能是正当的个人利益与正当的集体利益及国家利益的"统一""兼顾"，而不允许不正当的各方利益相兼顾；如果我们"统一""兼顾"的话语中所指的个人利益与集体利益、国家利益都是正当利益，那么，它们应该是义与义之间的关系问题；换言之，它们是道义体系内部的各种关系处理问题，亦即如何做到正义的问题，而不能说是义与利的关系问题。把义与义之间的内部关系说成

[①] 王朋琦：《走出"义利之辨"主流话语的三大误区——让义与利回归各自准确的定位、定义和定性》，《齐鲁学刊》2010年第3期。

是义与利之间的"统一""兼顾"关系,转移了问题意识,是明显的逻辑混乱。理论上的逻辑混乱会在社会生活实践中造成危害,有人就会以"兼顾"为名索求不正当的个人利益,从而破坏社会规范。所以,"义利统一""义利兼顾"的提法是有弊病的。

在孔子的语境中,"见利思义"是"成人"之德,亦即做人的底线道德。"义以为上"则是对君子的道德要求。君子不仅应"义以为上",而且应"义以为质,礼以行之,孙以出之,信以成之"(《论语·卫灵公》)。这就是说,要把外在的道德规范化为自己的内在品性,成为一个有德性的人。这样的君子不仅应自觉地承担起应负的社会责任与伦理义务,而且,应把仁确立为自己最高的人生理想,乃至在必要时可以"杀身成仁",从而具有了超功利性质。这里必须强调的是,这种超功利的人格要求主要是对君子而言的,并非对普通民众的道德要求,因而,不能把孔子的"杀身成仁"和孟子的"舍生取义"纳入一般的义利之辨中。"杀身成仁"与"舍生取义"属于道德与生命的关系,应属于生命观,它与义利之辨的典型形态是有区别的。典型的义利之辨所涉及的是人对其基本义务和社会普遍规范的遵从问题,是人面对利益之时所必须考虑的做人原则问题,亦即孔子所谓的"成人"问题。"杀身成仁""舍生取义"则是一个生命意义的选择问题——成就生命的道德意义,超越生命存在的物质意义,旨在成就圣贤人格。成就于圣贤人格,不在于能否辨析义利,而在于是否"尊德乐义",亦可谓一种德性伦理。正是在德性论意义上,显示出儒家伦理"正其谊不谋其利,明其道不计其功"[1] 的超功利主义的价值倾向。我们不能把这种德性论意义上的超功利主义价值倾向与规范论意义上的典型义利之辨不加区别地拉在一起来说,得出一个相互矛盾的结论:孔子既"别义、利为二",又主张"义利统一"。

通过以上辨析可知,在孔子的义利之辨中,至少涉及了君子、小人义务区分论、行为规范论、君子德性论三种类型。如果把这三类言说不加区别地叠压在一起以评断儒家义利观,就容易得出相互矛盾的结论。

---

[1] 《汉书·董仲舒传》,载(汉)班固《汉书》,中华书局1962年标点本,第8册,第2524页。

三　从孔子伦理思想的主体结构看其义利关系

笔者认为，我们不能只抓住孔子直接讲到义利问题的一些散碎话语，就来判定孔子的义利观。对孔子义利关系的理解，应该从其伦理思想的主体结构出发。所谓主体结构，就是孔子最关注的那些问题，或者说，就是最能决定孔子伦理思想的根本性质的几个方面。拙意认为，人的普遍本质和自我价值的实现问题，个体的行为规范和社会秩序的建构问题，以及经济与政治的关系亦即治国之道的问题，就是孔子最关注的问题。就在他最关注的这些问题中，表现出来了义利之间的三种关系。

（一）从人的本质与自我价值的实现方面看其义利关系

对人的关注，是孔子伦理思想的最高价值追求。《论语·乡党》中载："厩焚。子退朝，曰：'伤人乎？'不问马。"对人的关怀，首先关注的是人的精神价值，即人格的崇高与人性的向善。"义以为上"是人格要求，"里仁为美"是人性的要求。孔子也并非不关注人的物质需求，《论语·学而》中载："子贡曰：'贫而无谄，富而无骄，何如？'子曰：'可也。未若贫而乐，富而好礼者也。'"更重要的是，对人的关怀，不仅仅只在人的现世生存方面，在这些指示人的现世生活幸福的"仁、义、礼、智、信"等道德原则、精神价值中，也蕴含着对人的本质的实现的强烈追求。这需要首先探求一下义的性质问题。《论语·季氏》中载："隐居以求其志，行义以达其道。"朱熹注曰："行其所求之志也。"[①] "所求之志"为何？《论语》中只有"志于仁""志于道"的说法，可知，仁即道；由此更可知，"行义"就是要实现仁道。这一蕴意在《孟子》中被明确地揭示出来。《孟子·告子上》中载："仁，人心也。义，人路也。"以仁为心，就是以仁为人面对世界的出发点；那么，义就是由仁出发的当行之路。《孟子·离娄上》中又说："仁，人之安宅也。义，人之正路也。""安宅"就是归宿，这也就是说，义以仁为归宿。由此可证，义的

[①] （宋）朱熹：《四书章句集注》，中华书局 1983 年版，第 174 页。

功能就在于对仁的实现。仁是什么？《孟子·尽心下》中说，"仁者，人也"，这与《礼记·中庸》的讲法相一致，表明仁就是人之为人的本质。由此又可证，孔子讲的"行义以达其道"（《论语·季氏》），包括"君子喻于义"，就是要求对人的仁学本质的实现。在这一意义上，也可以说，孔子的伦理思想是以人为目的的。

对人的仁学本质的实现，其实就是对人的自我价值的实现，亦即对人的使命的承担。《论语·泰伯》中载："士不可以不弘毅，任重而道远。仁以为己任，不亦重乎？死而后已，不亦远乎？"顺着士"仁以为己任"的价值方向推上去，就是要由士而成为君子、仁人、圣人。仁、圣何为？《论语》中载："子贡曰：'如有博施于民而能济众，何如？可谓仁乎？'子曰：'何事于仁，必也圣乎！尧舜其犹病诸！夫仁者，己欲立而立人，己欲达而达人。'"（《论语·雍也》）"仁者"是从自我实现走向他人实现，从利己走向利他，亦即从功利走向道义。圣人"博施于民而能济众"，则是对纯粹的民众功利的追求。对纯粹的民众功利的追求就是纯粹的道义，而且是最高的道义，因为圣人就是最高人格。最高的道义所追求的也必然是最高的价值，也就是说，"博施济众"的"民众之利"就是最高的功利。这绝不只是抽象的推理结论，而是有其确实的内涵的。"民为贵，社稷次之，君为轻"（《孟子·尽心章句下》），"得民心者得天下，失民心者失天下"（《孟子·离娄上》），从这种民本思想出发，"民利"必然就是天下的最高功利。孔子讲的"因民之所利而利之"（《论语·尧曰》）是指向"民利"的；孟子讲的"保民而王"（《孟子·梁惠王上》），"使民……养生丧死无憾，王道之始也"（《孟子·梁惠王上》）也是指向"民利"的。张载则直截了当地说："利于民则可谓利，利于身、利于国皆非利也。"① 由此可见，在最高价值追求的意义上，儒家所追求的最高的功利，同时也就是儒家所提倡的最高的道义。在这里，"义利合一"，但也不是对立统一。在儒家这里，不存在西方近现代伦理学中因争论"善与正当何者优先"的问题而产生的道义论与功利论的分离。

---

① （宋）张载：《张载集·语录中》，中华书局1978年标点本，第323页。

（二）从个体行为规范与社会秩序的建构方面看其义利关系

义作为"人之正路"，既是个体所行之路，也是社会所行之路。所以，"义"既涉及个体行为规范问题，也涉及社会秩序问题。孔子用比喻的方式说出了他对人伦规范和社会秩序的重视："谁能出不由户？何莫由斯道也？"（《论语·雍也》）因而，反对"放于利而行"，建构"天下有道""克己复礼"的人伦秩序，就成为孔子的不懈追求和其伦理思想的重心。作为义利之辨的典型形态，"见利思义""义而后取"，就是要把人们的求利活动纳入义的规范之中，以维护社会秩序。孟子讲："无礼义，则上下乱。"（《孟子·尽心下》）荀子从人性论的角度对此作了充分论证："礼起于何也？曰：人生而有欲，欲而不得，则不能无求。求而无度量分界，则不能不争。争则乱，乱则穷。先王恶其乱也，故制礼义以分之，以养人之欲，给人之求，使欲必不穷乎物，物必不屈于欲，两者相持而长，是礼之所起也。"（《荀子·礼论》）因此，在秩序中求利，就不能不成为义利之辨的重心所在。在这一意义上说，"见利思义""义而后取"的实质就是"以义制利"。这种"制"的关系也仍然是"服从"关系。任何时代都不会允许社会的无序化，这正是义利之辨在今天仍须认真对待的原因所在。但是，"以义制利"的思想倘若被极端化，像宋儒那样被升华为"存天理，灭人欲"，就有了弊端。杨国荣先生说："以义制利的要求与以义为上的观念相融合，往往又导致了对功利意识的过度压抑……功利意识的过分抑制，则往往容易弱化社会的激活力量。"[1] 可以说，有利于维护社会秩序的优点与抑制社会发展活力的缺点往往同在，确实是儒家伦理思想的自身性质；但是，真正的问题却在于：我们所面对的主要问题到底是什么？具体的历史条件所决定的现实问题究竟需要怎样解决？

（三）从孔子的治国之道方面看其义利关系

孔子所讲的"志于道""行义以达其道"，都是指向"治国平天下之道"的。此"道"一方面是个人规范与社会秩序的建构问题，另一方面是以何种方式发展经济，满足人们生活需要的问题。这后一方面的问题，

---

[1] 杨国荣：《义利与理欲：传统价值的多重性》，《学术界》1994年第2期。

《左传》中就有了一种很深刻的思考:"义,利之本也。"(《左传·昭公十年》)孔子承此思路说:"有国有家者,不患寡而患不均,不患贫而患不安。"(《论语·季氏》)孟子更明确地说:"未有仁而遗其亲者也,未有义而后其君者也。"(《孟子·梁惠王上》)《大学》进一步发挥这一思想,提出"国不以利为利,以义为利"的主张。朱熹解释说:"此章之义,务在与民同好恶而不专其利,皆推广絜矩之意也。能如是,则亲贤乐利各得其所,而天下平矣。"①"与民同好恶而不专其利"就可以得民心。得民心,民就有从事生产的积极性;"各得其所"就是在各从其事、各尽其责的基础上各得其应得。这其中蕴含着只要合于义,就必然有利的思想。实际上,这是春秋时代就有的一种传统思想。《国语·周语中》说:"夫义所以生利也……仁所以保民也。"②《国语·晋语一》中说:"民之有君,以治义也。义以生利,利以丰民。"③ 所谓"义以生利",就是在合乎礼义的秩序中,使社会每个成员各安其位、各事其业、各尽其责、各获其利。用《中庸》的话说,就是"天地位焉,万物育焉"。用今日的语言说,就是调整社会关系,在合理的利益格局和秩序中,激励社会活力,推动经济发展。"义以生利"是生成论,仍然不是义与利的"兼顾"。这种生成论是有其合理性的,我们可以用今日的语言把它翻译为:道义生功利。

---

① (宋)朱熹:《四书章句集注》,第13页。
② 《国语·周语中》,鲍思陶点校:《国语》,第22页。
③ 《国语·晋语一》,鲍思陶点校:《国语》,第128页。

儒学纵横

国学应该往何处去?[*]

——黄保罗与郭齐勇教授对谈[**]

黄保罗（简称"黄"）：今天是 2018 年 4 月 28 号，我们在千年学府湖南大学岳麓书院，非常荣幸能和武汉大学国学院院长，著名的儒家学者郭先生对话。

郭老师，您好！可不可以请您介绍一下，您是怎么走上学术道路的，特别是儒学的道路。今天正好也有您的学生在场，年轻的学者杨柳岸博士，杨树达先生的后人。

郭齐勇（简称"郭"）：我们是多年的老朋友了，很多学术场合都在一起研究问题，也是因缘和合吧。

一 从小商之家走入学术道路

（一）小商家庭与少年际遇

黄：请郭教授介绍一下您的家庭背景和少年生活，对您的思想和学

---

[*] 对话稿经过了黄和郭二人的修订，特别感谢现在任职于湖南大学岳麓书院的郭齐勇先生之弟子杨柳青博士帮助校对，但全文由黄保罗负责，特此致谢。2018 年 6 月 5 日定稿，2019 年 5 月 1 日再修。

[**] 黄保罗（Paulos Huang），东亚哲学与西方思想史双博士，上海大学特聘教授，International Journal of Sino-Western Studies（www.SinowesternStudies.com）和 Brill Yearbook of Chinese Theology（www.brill.com/yct）主编。电子邮箱：paulos.z.huang@gmail.com。

郭齐勇，哲学博士，国际儒学联合会理事暨学术委员，曾任武汉大学人文学院院长、哲学学院院长、武汉大学国学院院长，现任武汉大学哲学学院教授，博士生导师。电子信箱：qyguo@whu.edu.cn。

本对谈在 2018 年 4 月 28 日于岳麓书院进行。

术之影响。

郭：湖北武汉人，老家住在武昌城南边的新桥街。我出生在一个小商人的家庭，祖父也算是过去的乡绅，一方贤达。他有一点文化，读过四书五经和《古文观止》，传统教育、家传之学做得还不错。除了做一点木板生意，曾任当地慈善机构至善堂的负责人，接济一些贫民。

我的家庭是小商之家，我小时候，是祖父、父亲教我们，发蒙。他们不是科班的、专门的学者，是商人。过去的商人都有一点文化修养。家里长辈总是教育我们要做好人、有志气、有道德。我小时候读过一点蒙学方面的书，后来上中学了就自学《中华活页文选》，基本是古文名篇的原文与注释。

黄：尊祖父很独特，虽非耕读，可谓工商读呀。

郭：中国的商人都是这样的，其实也就是从农村过来的，我们家过去是从江西过来的。他们做生意和种田是一样的，有一种对传统文化的敬意。他们没有别的可学，就学这些，都是做人做事的道理。近代以来，这些人如我祖父，思想趋新，学习新学，关心时事。我祖父订几份报纸，坚持读报。

（二）知青下乡、工厂劳动的经历

郭：1968年下乡以后。虽然是下到湖北天门的农村，条件还是比较好，比起到北方的、到东北兵团的朋友，我们算好得多。我们到农村去以后，当知青，虽然老百姓很关爱我们，但我们脱离家庭以后还是有种孤独的感觉。但老百姓总是来化解我们的仇恨心理，我觉得老百姓是很淳朴的，他们很关心我们。那时候一般家里鸡生的蛋都是舍不得吃的，去换一点油盐、针线，换一点煤油。但是农民把鸡蛋送给我们吃，说我们是城里来的学生，怕我们不习惯农村生活。那时候都没有什么吃的，他们种的菜也送给我们吃。农民说，我们这里都是好人，他们都不是地主，他们是地主的后代。对有些从城市被迫回乡的工商业者，他们也给予保护。这样我就联想到我自己的家庭，开始反思。真正的贫下中农，真正的老百姓其实是很善良的，他们化解了我们的仇恨心理。我觉得他们没有什么言教，但是他们通过他们的行为，给我们一种人性人情的教育。

黄：因此，在您的经历中，您看到了人性的善良淳朴而完全没有功利心。

郭：乡下也保留一些文学的东西，另外，《百家姓》《三字经》他们也会背一些，他们都能够背一点古书，还有一点传统文化的内容。

黄：我再穿插一下。我到上本科时才第一次真正地通读或者说长篇地阅读《论语》，中学时的阅读是支离破碎的。我读《论语》时，第一感觉是：孔子说的话好像都是抄袭我爷爷的，因为我爷爷早就给我讲过。而我爷爷是个文盲，他并没有读过《论语》，但他是通过口耳相传而习得的。我听他说过关于孝顺的一个故事：有个儿媳妇对她的婆婆不好，弄一个破碗，让孙子给奶奶送饭吃。结果有一次不小心破碗摔坏了，孙子就大哭。妈妈说："那个破碗没关系，不要哭了。"儿子说："我不是因为碗破而哭，我哭的是，这个破碗摔碎之后，我将来娶了媳妇之后怎么送饭给你吃？"我爷爷就说，你这么对你自己的婆婆，你儿媳妇将来也这样对你。像这种类型以讲故事、讲笑话的形式来讲道理，给我留下了深刻的印象。

郭：老百姓会读一点《增广贤文》《了凡四训》。所谓民间的一种善书，有一点因果报应的思想。你刚刚讲的这个故事，老百姓就爱传这些东西，有一点因果的，有一点佛教的，主要是民间文化的内容。

我下乡下了一年半，后来被抽到湖北省化工厂当了8年工人，厂址就在天门和武汉之间的应城。我1970年就到工厂了，我只下乡了一年半，是很幸运的，我妹妹下了三四年。我们到了工厂以后，特别是头两年，到湖南株洲、浙江衢州、湖北沙市的一些大型的工厂培训，做学徒。当时我们厂还在搞土建，我们是第一批工人，来自四个县的800名知青。因为是第一批骨干的工人，我们被派到全国各地大工厂去学习。这些工厂的工人其实都是出身农民的工人，也比较淳朴。工人师傅教我们，跟我们关系非常好，也非常关爱我们，和在农村受到的那种关爱是一样的，老百姓的这种关爱。我遇到很多好人，其实都来自下层，包括农民、工人。这就使我们有了一种温情，我们在外地也感到温暖。他们很关心我们的生活起居。特别是下乡的一年半和刚刚到工厂的那一两年，和基层的老百姓联系的比较多，得到社会的关爱。我们觉得爱这个东西，过去我妈妈、爸爸、祖父、祖母虽然讲的不多,实际上对我们是真爱。我们联想到老百姓对我们的爱,感到爱与爱人这些情感还是做人最基础的东西。

黄:对于《论语》,在作农民时及一开始您当工人时,都没有学过吗?

郭:没有系统地学过,虽然都知道,也学了一点,但没有那么系统。后来一个偶然的机会我能够上大学了。恢复高考才使我有了机会,那个时候我年纪比较大。我是1978年上的大学。当时也没有多大的志向,因为那时人不在武汉市,而我的父母和我的岳父母年龄越来越大了,特别是我的岳父母年龄大一点,身体有时候不好。虽然我们离武汉市不太远,其实只有几十公里,但那个时候要折腾一天,坐火车才能回去。父母生病了,岳父母生病了,想要照料都很困难。当时考大学就是为了考个武汉市的户口,考回家去。我们那时候不能进武汉市,因为从农村到了工厂,户口就在工厂,工厂在应城。

黄:您是哪一年出生的?

郭:我是1947年,到1978年就31岁了。1977年我也考了,年龄限制得严一点,把我与我爱人都录取到孝感师范专科学校,我们不愿意去,觉得条件不好,连校舍都没有。1978年又考,就考到武汉大学哲学系,我的爱人考到了武汉水利电力大学的动力系。我想说的是,如果那个时候有小孩,可能就不能考了。我们结婚几年都没有小孩,于是两个人就读书考试。还是我爱人给我报的名,我都不想考了,但她说:"你就考考吧,我们回武汉吧。"她也是工人,经历相同,也是原来的高中同学,下乡知青在一个队,然后又在一个工厂,就自然走到一起。

黄:这也是上天眷顾。

郭:是,我们夫妇感情很深。我后来就去读大学,分到了哲学系。我从高中的时候就喜欢文科,对文科比较有兴趣。因为家里几个哥哥都是教语文的,所以他们也给我一些这方面的书,家里的书也多是这方面的,所以业余读书,在乡下和当工人时读书都是这方面的。学文科是耳濡目染的,后来考到哲学系就很好。

（三）大学生活——回忆导师萧萐父先生

黄：您本科就是在哲学系就读吗？

郭：哲学系，1978 年 10 月份，31 岁，刚好我也是 10 月份出生的，刚刚好整整 31 岁，进入大学读书。我怎么也想象不到，高中毕业 12 年以后我能够读大学，当时还是很惶恐。后来有人说你怎么不考研究生，很多人没有读大学就直接考研究生。当时我不敢，觉得连个大学都没有读，怎么考研究生，读个大学本科就觉得了不起了。那个时候班上的同学比我大 3 岁的都有，我还不是最大的。我们这些所谓高分高龄的大哥哥们，跟小弟弟们相差十五六岁。那个时候到武汉大学，就是到了书的海洋，都在拼命地读书，如饥似渴。我们天天到图书馆看书，所有的课都去听，一有讲座就去听。

黄：那时，武汉大学是刘道玉担任校长吗？

郭：是。

黄：那是位著名的校长啊。

郭：是。就是在我们读书的时代，刚进校时刘校长可能还在教育部，后来就回武汉了。在武汉大学，我们的老师请了很多专家来演讲，发出振聋发聩的一些声音。我记得一位叫郭罗基的先生，我们老师把他请来，后来说是上面还批评了。他给我们讲什么呢，讲思想解放。

黄：那个年代就有人指出这一点吗？

郭：做报告啊！

黄：那我太孤陋寡闻了，我都不知道那个年代就有人如此深刻地看出问题。

郭：那就是思想解放运动，我们主要还是受到西方哲学的影响和西方文化的影响，人的觉醒。我们学的西方哲学非常有系统性，非常有意思。对于民主自由的诉求，基本上就是那个时候形成的。所以其实我们上大学以后，当时整个的潮流很长一段时间还是以西化、启蒙为主。

黄：我 1983 年上大学。在我的记忆中，20 世纪 80 年代是最有活力的、欣欣向荣的。大家拼命地学习，如饥似渴，没有那么强的功利色彩，探索在知识的海洋中，其乐无穷。

郭：但是后来，因为要选择方向，做学位论文，我还是古文的基础好一点，就选择了中国哲学。我选择的导师就是萧萐父老师和唐明邦老师。萧萐父老师是改革开放时的积极分子，他是老共产党员，20世纪40年代末50年代初他的思想就非常解放。

黄：我1999年在广东罗浮山参加世界道家学术会议时见过他，我那时在日本东京大学做博士后。他这个名字怎么读？

郭：萧萐（jie）父。他自己家里是这样读的。地名和人名，还是尊重本地、本人的读音。实际上，我们从《康熙字典》里面查到多种读音，我的老师、师母都读萐（jie）父，他出国护照的汉语拼音，就是jie。他有家学渊源，他父亲是四川大学文学院的教授，是老同盟会员。

黄：从事学术，主要是什么时候开始？

郭：萧萐父老师是我的恩师，他也是充满着矛盾、充满着激情，带有半悲剧色彩的这么一个人物。他在学生时代积极向往民主自由，所以，参加了共产党的外围组织，20世纪40年代末参加了共产党。

黄：就是武汉大学吗？

郭：他是乐山时期的武汉大学的学生，胜利复原后，来到武昌珞珈山读书，后来快毕业了，因参加学生运动被国民党通缉，又回到四川。1957年以后，李达前校长把先在中央党校后在北京大学学习的他请回武汉大学。他这个人是一心希望国家民族好，希望这个党往健康的方向发展。但他毕竟是知识分子，而且很早就是一个高级知识分子，所以，民主自由的诉求也是深入骨髓的。

萧老师是哲学家与哲学史家，在中国哲学方面造诣很深，尤其精通汉代与明末清初的哲学思想史。他对明清之际的学术思潮，特别是三位大师——王夫之、黄宗羲、顾炎武等，都有深入的研究。萧先生最主要的一个看法，就是呼唤启蒙。他觉得中国还没有启蒙。他虽然是位中国哲学的专家，但他很强调西方的启蒙价值，而且他要从他所研究的对象中，从明末清初的思想家那里挖掘出这些价值的中国根芽。所以，他挖掘的是王夫之的民主、自由思想，再一个是王夫之知识论当中的一些积极因素。

黄：这都是我们讲的所谓的现代性或者西学的一些值得我们反思的东西。

郭：在我的人生中，萧老师恩重如山，我能够读大学，留在武汉大学教书，能够成为博士、教授，都是拜时代与老师之赐，得到老师的栽培，所以，我们跟老师的感情很深。而且，那个时候我们读书、写作等很多方面，都得到老师的支持、指导，萧老师与唐明邦老师全心全意地指导学生。所以，老师的影响是很大的。

黄：我觉得，萧老师身上的三点特别值得关注：一是他的求学背景和政治立场，二是他个人生命中的坎坷遭遇，三是他对明末三大家的学术研究。萧老师也在北大上过学吗？

郭：他在北京大学进修过，汤一介是北京大学的老师。所以，这是很曲折复杂的一个过程。由于萧老师跟北京很多学者的密切联系，所以，我跟北京这些学者也很熟，像汤老师、庞朴老师，我们关系都很密切。所以，我们也是积极地去参与思想启蒙的一些工作的。

黄：我现在再把话题拉回来。您上大学，读中国哲学，萧老师成了您的指导老师。

郭：我后来就攻读硕士学位了，本科我提前一年毕业，我是1978级的。1978级和1977级只相差半年时间，1977级的同学是1978年3月份入学的，1978级的同学是1978年的10月份入学的，我跟他们相差半年。后来，我就把这半年补上来了。

黄：您是1981年考取的硕士学位？

郭：我是1981级的硕士研究生，其实是1982年春上的学。我的本科算是就这么带过去了，三年多的时间学习完了本科阶段的内容，然后攻读硕士研究生。我是1984年年底毕业留校当老师的。

黄：当老师就是留在中国哲学教研室吗？

郭：对。其实就是给萧老师他们做助手，做助教、跑腿、校对这些事情。萧老师有很多信件，有时候让我们回信，做一些事，也从中学习做人做事的道理，也讲一点课，开始备课、讲课。

黄：我来总结一下第一个话题，大约是这么几个状况吧。第一是您出生在乡绅小工商家庭，爷爷有点文化，这是基因密码。第二是高中毕业之后，您身处人性扭曲的时代。第三是您到农村经历到了农民的朴实之爱，然后作为工人又感受到工人的朴实之爱，这二者其实是同一类型的经验。第四是您有机会认真学习《论语》。第五是考大学，也是在大潮流中，同时有世俗主义的因素影响。第六是上大学之后，在大学里，如饥似渴地读书、学习。校长刘道玉营造自由开放的气氛，在你们身上有当时时代的普遍性也有特殊性的烙印，普遍性就是那时候都拼命地、认真地读大学；独特性就是你们有刘道玉校长给你们带来的开放的气氛。再一个最重要的就是，萧萐父先生成为您的老师，你们之间建立这样一种关系，他的学问、人生，甚至他生命中的不幸遭遇及其他的自我反思，再加上他作为老党员的背景，到最后，他老年时代的这一系列事件对您产生了很大的影响。

郭：我1978年31岁，1984年37岁了。

黄：就比较成熟了。

郭：其实也不成熟，37岁还不成熟，我家里人总是说我爱冲动，容易激动。

二　思想转型与学术贡献

（一）从思想到学术的转向——自由主义与保守主义

黄：我们刚回顾了第一个问题，即您是怎么走向学术的。现在我们进入第二个话题：您主要从事什么学术研究？

郭：很抱歉，其实也没有做什么。我想从我的思想的转型说起。特别有意思的是在20世纪90年代初以前，我基本上还是一个自由主义倾向比较浓厚的知识青年。

黄：因为20世纪80年代的主流似乎是西方的月亮比中国的圆。那个时候，您也觉得西方的月亮比中国圆吗？

郭：金观涛的这些书我都看过，都买过，也参与过一些青年知识分子的活动，各种沙龙。我的思想转型发生在20世纪90年代以后。慢慢读书、思考，慢慢就都向保守主义靠拢。这个保守主义不是政治上的保守主义，它跟西方的保守主义有一点相似。我们的政治诉求还是自由主义的，强调平等、自由、民主、人权的价值。但是，学术的思想就慢慢地回归传统。特别是我的硕士学位论文、博士学位论文就研究熊十力、研究新儒家。最有意思的是，硕士学位论文，萧老师本来是要我研究司马迁的历史哲学。因为我对熊十力比较感兴趣，萧老师很开明，他说，"你现在看这个书受到影响，那你就去做吧"。

黄：您获得硕士学位后留校，然后您还攻读博士学位了？

郭：是在职读的，我已经是青年教师了，导师还是萧老师。我在1987 至 1990 年攻读博士学位，萧老师给我请了最著名的 12 位名家，包括张岱年、任继愈、冯契、石峻等先生做评审专家，答辩委员会也请了一些很重要的专家。我 1990 年已经答辩毕业了，没给学位，两年之后，1992 年我才获得博士学位。

黄：如此说来，您在政治思想上还是属于现代自由主义倾向的，但是，学术思想上有一点走向保守主义。有人讲，在中国 20 世纪 90 年代发生这样一种大的潮流，一是从思想走向学术，这是一个转变；二是另有一些人走向保守主义。您的思想转变与此有关吗？

郭：我也不清楚，特殊的情况是与我研究的对象有关系。研究熊十力，参加台湾学者的交流互动，与新儒家交流互动。我与萧老师一起到香港去出席第一届"唐君毅思想国际研讨会"。后来慢慢地觉得，思想还是应该做有学术的思想，学术应该做有思想的学术。后来，通过对保守主义思潮和新儒家的研究，就使我觉得，自由、平等、民主、人权、博爱的价值和我们传统的仁爱、仁义礼智等价值并不矛盾。

黄：当您用"思想"和"学术"这两个词语的时候，所表示的是什么意思呢？"学术"是不是指理性的和大学的这套规则，比如，论文应该怎么写，标题、提要等应该怎么写吗？

郭：不是，我说的"思想"是偏重于浮泛的那种。我说的"学术"是做学问，指读一点古典文本，真正的了解我们的先人在说什么。

黄：您是政治上追求自由主义，学术思想则走向保守主义。这个与您做熊十力和台湾学者的接触是有关系的。

郭：对，有关系。

黄：从您的自我反思中，我发现，我与您有相似之处，在政治上我也倾向于自由主义，但思想和学术上，我也有保守主义的倾向，比较注重基督教的有神论及其对绝对性的追求。综合而言，我比较欣赏马丁·路德的"上帝用左（世俗的君王恺撒）右（教会）两只手来管理属于上帝（人的灵魂和内在）的和属于世界（人的身体和外在）的两个国度"的理论。一方面，我对于过分乐观的人性论保持批评态度，因此，我对简单的民主制度和思孟传统的乐观心性之学保持警惕态度，因为民主制度存在着以人代替上帝而走入无限放大自我的民粹危险，心性之学则因对人性过分乐观而容易把有限之善当作无限，把相对之善当作绝对，因此，通过并没有仔细界定其内涵的"善、圣、贤"等概念，容易制造出偶像也就是假神来。另一方面，路德的上述理论促使我坚信，"至善"和绝对的世界是世俗的恺撒君王无法通过政治途径实现的，只能在宗教信仰的彼岸。因此，我在思想上倾向于保守主义但最终寄望于精神的彼岸。

（二）熊十力与现当代新儒家研究

黄： 您的博士学位论文，具体题目是什么？

郭：《熊十力思想研究》，我的硕士学位论文和博士学位论文都研究熊十力的思想，硕士学位论文主要解决熊十力的生平经历，对他的基础思想做一个初步的探讨。博士学位论文就是研究熊十力哲学思想内在的理论框架和哲学思想体系的发展。

黄： 如果简评几句，就您的博士学位论文来说，熊十力的思想在您看来最突出的东西是什么？

郭： 新本体论吧，是王阳明以后的中国的新心学的大发展。他主张鼓动心力作为一种能动的力量来调治身心、救治社会。他对现代性有批判。我对熊先生的研究，可从我的《熊十力哲学研究》一书中找到全面的内容。

黄： 然后，再加上您的导师的研究，明末的三大家，这些线索都被您连上了。

郭： 后来慢慢地就可以上课了，可以做研究了。我是从新儒家到"老儒家"进行研究的。我觉得，要返本，要回到先秦的儒家、道家，先秦的诸子百家。我不敢说有什么学术贡献，但是做了一点事情，熊十力研究和新儒家研究，这是我学术的第一个方面。我研究熊十力，写了几本书，基本解决了熊十力过去连生平都搞不清楚的状况，他的基本思想也都讲明白了。关于现当代新儒家，以我去年出版的这本书《现当代新儒学思潮研究》为代表。在这本书里，我把之前历年来对新儒家的研究做了一个总结，其实，这都不是最近这些年做的，是多年的积累。

（三）先秦诸子学研究

郭：如果说有什么一点小贡献的话，就是对先秦诸子的研究。儒家主要是孔孟荀，道家还是老庄。我参与写作了《诸子学志》这本书，还有中国哲学史教材的先秦部分。基本上是回到了中国哲学的源头——丰富多彩的、多元的先秦文化。这也是我教学的需要，因为我们讲中国哲学史主要还是从源头讲，你如果对它不了解，就没法讲。所以，我就下工夫做了先秦诸子百家的一些研究。

黄：孔孟荀老庄这五个人，每个人有哪些最重要的东西，打动您的，或者对您来说是难忘的。

郭：因为教了很多遍《四书》，对孔孟特别熟，荀子还教得少一点，老庄也教了一段时期。大体上，老庄是一种超越的、逍遥的、自然的智慧。孔孟荀基本上是一种人文主义的智慧、积极有为的思想。当然这个积极有为的背后，有今天我们讨论的终极性的天道的支撑。所以，基本上，我对孔孟荀的学习，对老庄的学习，是和我的人生经历配合在一起的，是我生命的一个基础。

黄：当您来解读他们的时候，您的生命就活起来了。我穿插几句。老庄是自然的、超越的、逍遥的，比如，我作基督教的研究，会谈到"自由"这个概念，20世纪80年代也讲自由。从基督教神学的角度来看，老庄的"自在"和基督教讲的"自由"，或者基督教传统的"自由"还是很不一样的。因为基督教讲自由的语境是在"上帝是创造者，人是被造之物"的框架内进行的，人获得不了绝对的自由，人必须在上帝这个前提下（coram Deo / in front of God）生活，这个是人生所受到的不可抛弃的局限性。但是，老庄的那种自由，更多的像刘小枫的《拯救与逍遥》所论述的那样，庄子的自由有一种无拘无束、天马行空、无所不在的精神自在。一般讲"超越"的时候，我们都是讲儒家的；但是，道家我们不怎么讲它的这个超越，这个词用得不那么多。我也在思考，我们今天也在讲一元论的问题，如天人合一的一元，本体的一元问题，没有主客之分的问题。道家是不是也是这样，也是一元的呢？人能够进入逍遥的状态，天地万物一体，我和世界合在一起吗？另外，孔孟荀是人文主义的，对超越是积极进取的。

郭：基本上是这样的，但是，背后有终极性的支撑。

黄：是的，这个终极性的支撑是什么呢？值得从古今中外的对比视角进行研究。当您写这几本书或者做研究时，您觉得，儒家人士积极进取后面的终极支撑在哪里？所谓人文的积极性的根基是什么。

郭：知其不可而为之，他念兹在兹的为老百姓做事，屡败屡战。

黄：他从哪里获得这个动力呢？

郭：儒家面对死亡的观念，也是面对死亡的一种坦然。如张载讲得很平静，活着就好好做事，面对死亡"我"也很平静。"存，吾顺事"，我顺着事情做；"没，吾宁也"，死时我就很安宁。他有宗教情怀，但是，这是从哪里来的呢？他所具有的还是儒家、道家的人与天地万物一体的这种背景——宇宙论的背景，而且，最后念兹在兹地去完成。所谓"士可杀不可辱"；儒家这种最后的献身精神，杀身成仁、舍生取义，背景在哪里呢？他如果没有一种终极性的诉求，没有最后最终的一种关怀的话，他怎么可以去献身呢？

黄：其实，最初这个终极性还是非常重要的。穿插一下，我有几个方面要谈。一个是"士可杀不可辱，屡败屡战，知其不可而为之"。中国儒学讲的王统、道统的问题，他们认为这个道就是真理。道统、治统、学统，可以合在一起，是不是把道统放在根本性上呢？

郭：首位。

黄：那王统呢？

郭：我们怎么去对待政治，怎么对待现实的政治。

黄：也就是说，在这里，道统和治统之间，儒士们是带有一种批判精神的，并不是完全地依附王统。

郭：我们所理解的儒家和现在社会上一些年轻人理解的儒家是不一

样的，他们笼统地认为儒家是阿世的，阿附王权的，但是，我们认为，从来真正的儒家都是批判式的。

黄：甚至包括张载他们都是这样。

郭：无一不是，朱子、王阳明他们都是批判性的。

黄：这样讲来，结合批判性，就和基督教有很多相似的地方，因为基督教有"先知"的观念。

所谓的"先知"就是代表上帝这个终极真理告诉世人该怎么做，做错的要批评，呼吁人特别是统治者来走正确的道路。这就像你讲的儒士一样，为了道统敢于去批判王统，甚至杀身成仁、舍生取义。这种儒家本有的批判精神，与我们后来所理解的现实及历史中的儒家对王权的过分趋炎附势，为王统进行诠释和论证，是不太一样的。

您所谓的"屡败屡战"，我也有很强烈的同感，因为基督徒的人生就是屡败屡战的人生。就形而下的层面而言，人是绝望的，智能获得相对的五十步与百步的差异，唯一的绝对盼望只能在基督里进入永恒的生命；但是，人又拥有肉身活在此世作盐作光，目的不是要在此世获得成功，而是要在此世见证真理。所以，在上帝看来，人生的意义与价值不在于是否成功了，而在于是否努力了。因此，失败不应该成为拦阻，即使是流星一闪，也就实现了人生在世的价值。所以，基督教强调超越功利主义的局限，着眼于永恒。①

郭：中国文化史上，真正的儒士，不是阿附权贵的，都是批判性的。是不是有阿附权贵的？有！其实，在哪里都有，但不是主流。

（四）国学的推动与推广

黄：您研究的第二个方面是先秦诸子。那么，第三个方面呢？

郭：我第一个方面讲的是从熊十力到现代的新儒家；第二个方面是先秦诸子，第三个方面，我想讲讲我对国学的推动。推动国学的研究及

---

① 参见黄保罗《精神人文主义：马丁·路德与儒家工作坊报告》，《国学与西学国际学刊》（International Journal of Sino-Western Studies）第 16 期，Helsinki: Nordic Forum for Sino-Western Studies, 2019, https://www.sinowesternstudies.com/back-issues/vol-16-2019/。

它的现实化、创造性转化。

黄：这大约从什么时候开始？

郭：我从2000年年底开始担任人文学院的院长。后来在2003年人文学院又恢复成文、史、哲、艺三个院一个系，2007年我又主动辞掉了哲学学院的院长。先担任了两年多人文学院院长，然后，担任了4年的哲学院院长，从2000年年底到2003年的9月，先是人文学院院长，然后是哲学院院长。我在担任人文学院院长时想到一个问题，我们要创办一个国学班。[问杨柳岸]你是第几班我不记得了？

杨柳岸：我是2004级，2001级是第一届。

黄：你上的就是那个国学院？

郭：那是国学班，所以，我就和柳岸的爸爸，他爸爸杨逢彬是中文系的教授，还有历史系的覃启勋教授等，我们几个人，在人文学院的时候，就筹办了一个班，国学试验班。从2002年开始办的，那个时候把二年级的学生挑选过来。全校范围内遴选，有文史哲的，还有本来学理科的，只要是他们愿意学就可以招。我们办了一个小班十几个人，每年坚持办，从2002年开始办，一直到今天还在办。现在是20个人一个班，以前是十几个人一个班。我们在全国是办得最早的一个国学班。为什么办国学班，主要因为我们的教学里文史哲不能打通，这是第一。第二，现在的文史哲教育、人文的教育，不读经典，都是概论、通史与专史，所以，为了克服这两点，我们就办起了国学班，然后就形成了国学院。我们国学院办得比较晚，但是，我们国学班办得比较早，后来我们就推动了全国的国学院院长的联盟，预备会是在我们这里开的。因为中国人民大学的名气大，第一届在他们那里开，之后轮流来开，就把全国的现在所有的40到50家国学机构都聚集起来。其中很多是做国学研究的，也有做本科教学的，也有做研究生教学的，我们基本上形成了一个小的气候，所以希望能够在国学的名义之下，做一点复兴中国文化，特别是经学与经学史的工作。也许国学这个概念比较宽泛，也许它不太适合作为一个学科，但是现在历史学科也很宽泛了，哲学学科也很宽泛，古今中外的都有，所以，我觉得还是有必要来推动。

黄：国学班一开始就是想由文史哲几个系合作来办，最后在这个基础上诞生了国学院。国学院是哪一年成立的？

郭： 2010 年 3 月。

黄： 然后，国学的讨论在国内的学术界或者媒体上引起大家的关注，差不多是 2001、2002 年就开始了。

郭： 我们对国学的看法，还是把国学分作几个层面。比如，第一是常识层面的国学，这里包括一些称谓、谦辞、敬语等。

黄： 基本的言谈举止。

郭： 然后，第二有知识与学术层面的国学。国学有知识与学术层面的东西，比如说，分门别类的经史子集的深入研究，地方文献的研究，分门别类的学术层面的研究，它们都可以放在这个层面。第三个是国家民族文化精神层面的东西，比如说经史子集、地方文献，甚至是谱牒，这里面有精神层面的东西、国家民族历史文化的精神，甚至我们的做人做事之道、精神实质与民族性。

黄： 或者讲民族性、身份认同的本质特征。

郭： 第四个层面是不是还有一些终极层面的东西？经史子集中，在知识层面、在价值层面，最后是不是还需要有一个信仰信念层面的东西？一个国家、一个民族不可能没有这样一些东西——精神、国魂、民族魂。

黄： 所以，您主要从这四个层面来理解国学？

郭： 国学，你可以不用这个名称，你也可以用其他的名称。在西学没有传入中国之前，我们可以不用这个名称，西学传来之后，中国的文史哲、中国的精神文化，从知识层面到价值层面，到信仰层面，这些东西还是需要我们来梳理、研究的。虽然我们的研究一定要借助西学的方法，一定是在中西文化交流的框架与背景之下进行的，但是，本土的东西不能丢掉，就像本地的东西不能丢掉一样。因此，我们提倡国学的研究，其实是维护自己本土的历史文化的传统。

黄： 或者讲，我们自己的身份认同，什么叫中国人，中国人之所以为中国人的本质是什么东西？

郭： 然后，还是进行创造性的转化。与西方、日本其他文化交流互动的时候，既要保持自己本根的东西，又要接受外来的好的东西。

黄： 您这样讲，把我的思维刺激起来了。正好，我是在 2007 至 2008

年开始关注国学这个问题。我当时从赫尔辛基大学到香港道风山汉语基督教研究所担任研究员和教授，然后到中国大陆的学校来讲学，到现在我已经跑了好几十个大学，我开始看国内的学界和媒体对国学的态度。我当时写了一篇文章，在《中国社会科学报》上发表。我提出一个概念叫"大国学"。"大国学"是受季羡林先生的影响，国学不能只搞儒释道，中国有好多个民族，都包括在一起。他的意思是不能只以汉族传统的儒释道为基础。我在他的基础上更大一些，什么叫作国学呢？我觉得，国学这个"国"是指今天的中华人民共和国，不是汉唐，也不是康乾，不是古中国，而是今天的中国。什么叫作国学呢？是指您刚才讲的第三和第四层面的意义。"大国学"应该是中华人民共和国的国家和人民的一个软件体系，也就是精神的问题。这个东西是今天的国学应该研究的对象。

所以，我就把这个东西描绘成一条飞龙，我们的《国学与西学国际学刊》上面就是以那个飞龙形象作 Logo 的。在今天的中华人民共和国这个时代，中国的软件体系是一条飞龙。龙要有一个"首"，这个"首"以前是皇帝，这是第一。第二，身体里面有很多的元素长起来，主要有四条腿、四个脚长成的这个身体。四条腿是什么呢，一方面，我把文、史、哲、宗教都打通，强调软件体系。第一条腿就是中国本土的，儒家、道家，很多的地方宗教，民间信仰，这些东西除了中国之外其他地方是找不到的，这个我叫本土之腿/脚。第二条腿是外来引进却已经本土化的，比如佛教，中国化了。现在一讲佛教大家都会想到是中国的，哪想起什么尼泊尔、印度呢？完全是中国的。第三条腿是外来而仍在本土化过程之中的元素，比如说西方文化、基督教文化、伊斯兰文化，我有时候开玩笑，即使他们当年是偷渡来的或是怎么来的，但是在今天中国已获得合法身份。马克思主义我们不谈，我探究伊斯兰教和基督教。在中国官方，从政治体系来说，中国有宗教身份的主要宗教只有五个：天主教、基督教、伊斯兰教、道教、佛教这五个，其他都不算官方承认的。虽然国家可能也承认其他宗教，但那不是主要的。如果从编制来说，中国宗教就五个编制，基督宗教占了两个（天主教和新教）。基督教来华是公元635年，唐太宗的时候，1300多年了，但在许多人的印象中基督教还需要继续中国化，还在这个过程之中，这是第三条腿。第四条腿就是普世性的东西,我指的是物质主义、世俗主义、功利主义这些东西,在任何的民族文化中都有的。这四条腿长在一起,还有一个小尾巴,就是各种小的元素,各种各样的潮流。这些肢体部位长在一起,长出两个翅膀。所有这些元素都可分成本土的和外来的;本土的就是我们中国自己的,其他的就是外来的。但到底什么叫本土?什么叫外来?都有不同的讨论。两翼实际上是这样分的,我想两翼不仅仅是一个来源、材料的问题,而且是一种思维方式。所谓的思维方式就是,我们古代就有华夷之辨。儒家认为,中原是华夏文明的起源,其他地区都是蛮夷未开化之地。这样的分法构成了一种思维方式。以至于在中国,有一段时间大家在谈思想的时候就会比较激烈,觉得你是保守主义的,他是自由主义的,他是什么什么主义的。然后,大家好像道不同不相为谋,搞得非常激烈。我想研究这条飞龙,首先从现象学的维度入手,现在不做价值判断,不简单说是非好坏,我说这是我们客观存在的这条飞龙,沿着这条飞龙的这个角度看国学,这个叫"大的国学",不是"大国"之学,是"大"的国学,"大范围"的国学。

"大范围"的国学里面,要注意思维方式的问题,这个思维方式的特点就是,"首"是居主要地位的,以前叫"普天之下,莫非王土;率土之滨,莫非王臣"。在今天也是,"首"对我们所有的研究都有重大的影响,这是第一点。第二点,四条腿和两个翅膀,都存在着一种谄媚的可能性,我一直在使用一对词——"立我"和"破他"。有的时候,大家为了要讨好"首",会有几个不同的方法,第一个我要证明"我"厉害他不厉害,所以要夸赞自我,这是一种。第二种不要证明"我"厉害,要证明他坏,就是给对方抹黑,比如,排外主义就是如此对待非本土文化元素的。比如你观察欧洲,他有没有"首"这个东西,他有核心思想,但是他没有这个"首",他不会这么具体地来影响你的思想和行为,他们没有如此强烈的"普天之下,莫非王土;率土之滨,莫非王臣"的思想,没有这么厉害。所以,我在这个基础上提出"大国学"这个概念,背后就是我的观察,一则因为当时国内出现了一种排他主义,就说西方的文化,或者基督教的文化等都是外来的,不好的,儒家和基督教成为对立的。另外一种现象是,我们讲国学都是指传统的,其他好像都不是,所以,在这个基础上我提出一种理论,强调基督教的神学研究在中国也应该算国学的一部分,这不仅有助于开放性地接受外来元素,而且有助于中国国学的普世化,避免成为孤立的东西。①

郭:熊十力先生解释"群龙无首",他讲的就是民主,"群龙无首"就是民主。另外,你所理解的"普天之下,莫非王土;率土之滨,莫非王臣",这是一个什么观念呢?其实,并不是王权至上的观念。国土也好,权力也好,是大家的,王不过就是代大家管理一下而已。特别是有一种分封的观念,"率土之滨"是一种分封的观念,大家各领导一方。另外,排他性,中国文化最重要的一个特点就是没有激烈的排他性,包容性很强,特别是儒学,儒学的亲和性很强,儒释道之间没有绝对的斗争性、排他性。所以大国学非常好,非常重要,但是国学也好,大国学也好,如果把它分成外来的和本土的就不好。为什么呢?本土的和外来的是不断渗透的,彼此难分。特别是在佛学里面,有很多宗派,《大乘起信论》是中国人创造的,还是外来人创造的,其实他的思维方法,一心开二门,这个思维方法都是中国化的东西。我很钦佩你这个大国学的观点,非常好,但把它分成本土和外来的,恐怕将来不好分。还是彼此相包容。

黄:我知道,我的意思不是我来分本土和外来,而是讲我的观察。前一段时间,的确存在这样一种所谓本土和外来之争,争得好像比较厉害。

郭:儒家现在是非常弱的,儒学团体实际是最弱的。因为他没有如宗教团体有背景支撑。

黄:当时引起我关注的就是国学这个概念。因为国学一定是精神层面的,还有终极层面的,一定是包容的,而不是为了排他。我今天早上在岳麓书院的发言,从西学的视野来谈,因为思路、语言、概念、术语都是他们的那一套,如果我们从这个角度来谈天人合一的话,其实是中学走向世界。走进世界舞台就得和别人相遇,本来思路是不一样的,那相遇的时候会怎么样。

---

① 参见黄保罗《从欧美视角看体现中国形象的大国学》,《中国社会科学报》2010年第68期。

现在回到第三点，您讲第一个是学术领域有一个新儒家，第二个就是先秦诸子，第三个就是国学。还有第四个研究主题吗？

（五）儒学的普及与实践——兼谈"亲亲相隐"的学术争鸣

郭：第四个方面和第三个方面有联系，我做的一些社会推广和应用，主要是儒学经典的解读及向社会层面的推动和民间儒学的开展。这方面我有著作《中国儒学之精神》《中华人文精神的重建》《儒学与现代化的新探讨》等。我和很多同仁一起推动了乡村儒学、社区儒学、企业家儒学。又有民间的读经班、民间的书院，鱼龙混杂，我们尽量引导其走向健康的道路。比如我们开了几次书院学的会议，我也到基层去讲学。据统计，最近十几年以来，我每年要到社会上做30场左右的报告，包括到机关、部队、大中小学校、企业、乡村、社区、街道、寺庙，去推广国学。

黄：以讲课的形式？

郭：学术报告的形式、文化讲座的形式，主要还是推动大家去读一点文史哲的经典；推动大家去正讲儒学、正讲国学，不是邪讲、不是歪讲、不是戏说，是正讲。不是说我就是正的。现在社会上有很多赚钱的国学班，有很多讲风水的等。我们就是要正讲国学，主要是从经典这个角度做一些推广和应用。虽然花了一些精力和时间，我觉得很有意义。

黄：我再穿插一点，第五个方面。您原来谈过"父为子隐，子为父隐"，这是一个学术问题，不是某个方向的，而是具体的问题了。可否介绍一下？

郭：原来和刘清平教授讨论过，他是我的同事，后来到复旦大学去了。然后，邓晓芒教授也参加了这个讨论，就又跟邓教授论战。我们三个人都是同事，都是好朋友。

黄：关于这个"父为子隐，子为父隐"我想问两个问题。按照您的理解，郭老师版的"父为子隐，子为父隐"是什么？

郭：关于这个"隐"字怎么解释，其实古代的、近代的注疏都在。"父为子隐，子为父隐"的这个"隐"，是"不声扬、不声张"，不是"隐藏"的意思。不在公开场合揭露你亲人的过错，你亲人的这些过错只要不是杀人放火,那么,这些过错你都不必告官府、不必在公开场合宣扬,你应该私下去劝说、去批评。大概是这个意思。

黄:我第一次听您这样的解释,使我想到耶稣曾经说过一句话,"若有弟兄得罪了你,你要趁着没有人在的时候,你到他身边去告诉他、劝他改。他若不听,你就另外带一两个人同去,要凭三两个人的口作见证,句句都可定准。若是不听他们,就告诉教会。若是不听教会,就看他像外邦人和税吏一样"(太 18:15—17)。

郭:这个话我们古代的书里都有。

黄:如果他不听,你就带着一两个人去给他讲,就像有个见证一样。

郭:我们这里孔子讲的是,如果不听,你再劝。

黄:他如果再不听,你就要找教会,教会再给他讲。他再不听,你就看他如异路人。

郭:就不是兄弟了。

黄:这是一点,基督教与儒家似乎还是有差异的。

另外一点,还特别讲了一条,所有的人都是弟兄姐妹,弟兄姐妹合在一起就是教会,教会是个有机体,是耶稣的身体,这个身体上有不同的肢体,有胳膊、腿、眼睛、脚,每部分肢体是不一样的。人如果身上有丑的地方,大家都喜欢把它盖起来,就是隐,耶稣说"爱能够遮掩一切的过错"。这不是我杜撰的,这是《圣经》的文字。您讲了这些以后,我就条件反射想到这些经文。

郭:其实,孔子的意思,不是说不讲原则,违反法治。因为父子之情撕破以后很难修复,我们都为人父,我们都知道这个状况,孩子逆反的时候,你去跟他对着干,那是很痛苦的。所以,实际上他是这个意思。

郭:还有一点,这个问题是讨论学术问题。在实践上,我的贡献在什么地方呢?我们系里有一位教授——彭富春,他是全国人大代表。他有一次让我跟他一起起草一个议案。我起草的议案就是针对中国现行的宪法、刑法的条文,有很多内容是革命的、苏联模式下的主张亲人告发亲人的、主张株连的。通过我们的努力,中国的法律有了不强迫指证亲人的这个条文,我们总算有一个突破。

2011 年我国《刑事诉讼法修正案》正式将"亲亲相隐"纳入议案,

予以公布。《修正案》第六十八条规定：增加一条，作为第一百八十七条："经人民法院依法通知，证人应当出庭作证。证人没有正当理由不按人民法院通知出庭作证的，人民法院可以强制其到庭，但是被告人的配偶、父母、子女除外。"《修正案》对于为何增加此条给予的说明："考虑到强制配偶、父母、子女在法庭上对被告人进行指证，不利于家庭关系的维系，因此，规定被告人的配偶、父母、子女除外。"

黄：孔子的这个思想在中华民国时期及在欧洲都是实行了的。

郭：大体上，"亲亲相隐"本来是学术讨论，最后落实到法律上，有一点贡献，这也算是应用方面的。"子为父隐，父为子隐"的讨论，我主要还是强调要先读懂文本，不要望文生义。其实经典文本注疏里很多东西都已经讲明白了。踏踏实实地去读书，读文本，不要望文生义，主要讲这个意思。

三　新时代国学应往何处去

黄：我们刚才谈了两个问题，第一个是您个人怎么样走向儒学、国学来研究传统之学的。第二个是您主要做了哪些方面的研究。然后，我特别提到了"子为父隐，父为子隐"的问题加在里面。这是一个重大的，不仅有理论影响而且有实践影响的问题。

现在讲第三个大问题，这里主要有两个小问题。您刚才也提到，儒家还是比较弱的，但是现在不一样了。我是指在今天全球化的语境中，您怎么样来评估国学研究的现状和未来？有哪些好的方面可以继续做？作为一个学者，作为曾经在20世纪80年代向往自由民主，在90年代思想上趋于保守的学者，到了现在的21世纪这个中国变强大的时代，在新的语境中，您对国学的观察是怎样的？有哪些问题您觉得作为一名学者需要特别警惕？您刚才讲要带大家"正读经典"，那么请问，有可能"不正"的是在什么地方？

郭：我们对于儒学、国学目前的复兴状况，喜忧参半。

黄：喜在何处，忧在哪里？

郭：喜就是现在全国上下，对于自己本土文化的认同度增加了，老百姓都有感受了，自发地要学儒学、国学，官方现在也比较重视了。但是，官方的重视本身也是一把双刃剑，因为官方不重视当然会有问题，官方不推动你也做不成事。另一方面，官方重视了，又怕出现过去儒学在发展过程中也曾经出现过的问题。

黄：另外，民间有没有可能形成民粹主义、排他主义的力量。

郭：民粹主义和排他主义是我们非常反感的东西，这些好像和传统文化没有多大的联系。

黄：现在因为把传统文化当成中国的代表，提到中国的代表，那就会存在哪些东西是非中国的之类的问题。

郭：我个人对所谓民粹主义、逢西方必反的做法特别反感。我的很多从事国学教育的朋友们，都不是这样的，不是逢西方必反，并不狂妄自大。

黄：我想讲的是，如果我们从其他的语境来观察的话，外面的社会会有这个担心，就是那些特别强调自己的特殊情况，要么是因为觉得不公平，没有受到足够重视，所以，现在要平等，这是一种可能。还有另外一种，就是要过分的高抬自己，把所谓普遍性的东西都压住。

郭：你讲的这个很重要，我也在注意，但我还是认为，这是两件事情。

黄：如果是正确地理解儒家经典的话，不应该是这样；但是，在实际的操作中，当我们讲国学的时候，这种担忧会不会出现呢？

郭：其实，我们讲国学，是讲得很冷静的，都是有批评性的，是自我批判性的。

黄：我们讲了国学现状的喜和忧，一喜一忧，然后还有民粹主义、排他主义的问题，这是三个问题。

再讲最后一个问题。您自己的儿童时代、青少年时代的经历，包括求学的经历，做学问、做研究的经历，到今天合在一起，您看到了人性的恶，更看到了人性的善，然后来研究儒家，但您总体上好像认为人性的善和积极性还是主流。

您和赵林是好朋友，我们在澳门对过话，在武汉大学对过话，还有好多其他场合都对过话，您还是我们《国学与西学国际学刊》的顾问。这么多年的联系，接触也很多了。这里我想问的问题是，因为基督教里有一个很重要的原罪理论，它看到了人性的复杂性，从亚当、夏娃在伊甸园时，人之初是性本善的，而且人是按照上帝的形象和样式被造的，所以，人的身上有尊贵、人权、尊严。但是，人错误地使用了自由，亚当、夏娃吃了禁果，有了原罪，人的意志就被捆绑了，就不能够行绝对之善了。人能不能行绝对之善这件事情——我指的这个善是绝对的善，即至善。今天，我讲了路德的理论，他强调，在上帝面前、在天面前的至善和在世界、在人面前、在事物面前相对的善，这两点是不同的。按照基督教的讲法，在伦理社会这个层面，相对的善，人可以行出很多来。但是在天、在绝对至善面前，人是无能为力的，从这个意义来说，基督教讲的人性论和人的主观能动性是有多个阶段性的。我讲的基督教神学里面，关于人性的善恶和能力大小的问题，到最后，人凭借自己的能力能否达到天人合一之类的境界，基督教分得很清楚。但您呢？您丰富的人生经历、学术经历、实践经历合在一起，您是怎么来看待这个问题的？您认为凭借人自己的力量，可以达到至善吗？①

郭：对于人性，我基本上还是性善论者。我老伴跟我生活了几十年，她说："你把别人都看得非常好"，包括我的同事、朋友、学生，现在我基本上还是这样。我的同事于亭教授告诉我有几位同事说："为什么很多人愿意跟着郭老师做事，因为他总是看到别人的优点，而我们总是看到别人的缺点多一点。"我还是对人性采取积极乐观的态度。我也有很不好的学生，在网上通过诬蔑造谣来攻击我，无中生有。但是我想，小人哪里都有，不用去理会。我大概还是一个性善论者，尽管我也遭遇过背叛。在终极上，我还是觉得儒家和基督教——基督教我不是很懂——有相通之处，它们都讲爱心、奉献，都有一种终极关怀。

黄：目标似乎是相似的。

---

① 参见黄保罗《"天人合一"乃国学所独有的的吗？——西学视野中的分析》，《华夏文化论坛》2018 年第 1 期；黄保罗《再论天人合一是否为儒家所独有：兼与林安梧教授对话》，《湖南大学学报》（社会科学版）2019 年第 1 期。

郭：从长远的视角来看，还是一种真善美合一的追求。但是社会也好、人生也好、人性也好，肯定有一些这样那样的问题，不过也没有关系。我们活了几十年，也许马上就会离开人世，也许还可以苟延残喘一下，但是，不管怎么样，我们做人最基本的东西还是孔子给我们的教诲，还是孔孟仁义、忠恕这样一些基本的为人之道。行善最快乐，我们心有余力的话，就给大家做一点好事。我们的儒家思想、道家思想、佛家思想，中国的文化，在未来的社会里，可以为人类、为世界提供自己的一些精神资源。比方说我们的善良，对美好的追求，对意境、境界的追求，还有人和自然和谐的关系，对于缓解今天人性的异化，对于抵制人们对自然生态的破坏，对于这个世界的健康发展起到了辅助作用。不夸大它的作用，毕竟需要创造性的转化，因为毕竟是过去的传统，还有新的传统在生发，但是我们也还是希望它能为世界文化的发展作出自己的贡献。中国文化中还有很多宝藏，要发掘并贡献给人类。

黄：最后，结束我们这段谈话。您刚才提到，儒家处于弱势，但在现在的状况下，基督教也是遇到一些挑战，有点像弱势的样子。儒家是传统文化，现在大力提倡。就这种状况，您怎么看？

郭：其实，传统文化里面也包含基督教的中国化，我从来不认为复兴传统文化会造成对其他文化的负面影响，在我们健康的学者看来，没有这样的影响的。黄玉顺讲话的背景是什么，我不知道，但是，我是讲不排外。关键是怎么友善相处吧。但我们确实是感受到儒家因为不是一个典型的宗教，它的生存其实更加艰难。儒家因为不是一个典型的宗教，反而不像其他宗教拥有传教的正当性。儒家是一种文化，但其实是有宗教性的。

黄：我们回到最后说大家应该彼此善待。

郭：真正坚守儒家的精神，不会是一种绞杀式的、排斥性的。而且，历史也证明，其实，儒学比基督教更加具有和谐性、更加具有亲和力、更加没有排他性。我亲自经历过的，我到美国去过半年，到日本去过3个月，有很多教会的朋友来劝我们夫妇俩入教，而且都说不要进入另一个派，要进入我这个派。我们当然没有进入。中国儒释道三教是融和性的。当然，我觉得，儒家其实非常尊重基督教、天主教及其价值。

黄：您说的情况的确存在，但谈到这里，我想存在两个问题，一个就是经典问题，一个是实际的问题，很多不要说是普通的基督徒了，甚至一些神学家，或者是神职人员，他对基督教的解读也完全可能是有问题的。

郭：这不是经典的问题，儒家也存在这个问题。

黄：就像东西南北皆有圣人出焉，东西南北皆有小人，或者都有罪恶，是这样。谢谢郭老师。

土耳其儒家研究现状管窥

[土耳其] 王成明（CUMEN NIYAZI）

（北京大学哲学系 儒学研究院）

摘要：中国和土耳其均是拥有悠久历史和璀璨文化的文明古国，两国在政治与经济间的来往愈加频繁，但遗憾的是，两国在文化方面的交流则相对较少。近年来，随着"一带一路"倡议的提出，中国与各国间的人文交流日益增多，中土两国也从中得利。本文试图从学术性和民间普及性的角度出发，勾勒出当下土耳其儒家研究的基本现状。

关键词：土耳其　中国　儒家研究　"一带一路"

同中国一样，土耳其在人类文明的历史长河中扮演了相对重要的角色。土耳其横亘欧亚大陆，其优越的地理位置使得多种文明于此交汇成了可能。丝绸之路始于长安（西安），终到君士坦丁堡（伊斯坦布尔），促进了亚洲东西端商业的往来。近代以降，伴随着西方的殖民入侵，中土两大传统帝国均遭受了极大的冲击，两国在商业和文化上的交流日趋减少。

1971年8月4日，土耳其共和国和中华人民共和国正式建交，两国间的政治经济活动因此得到了恢复与发展，但在思想文化领域，尤其是学术性的交流还是极少的。

不过，若谈及土耳其对中国的了解，则不得不提土耳其的汉学系。土耳其国父凯末尔非常重视针对各国的语言和文化研究，安卡拉大学亦早在1935年就成立了汉学系，为土耳其培养了许多本土的汉学家。但与

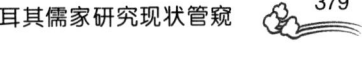

主流汉学不同，土耳其早期成立汉学系的目的是研究与土耳其相关的历史①，纯粹研究中国长城以南地区文学、历史、哲学的学者则寥寥无几。有的土耳其学者强调，中文作为一门古老的语言，用其写作的史料丰富，具有较高的史学价值，因此对研究土耳其史来讲非常重要，正如西欧之于拉丁文，土耳其则之于中文，并将不少有关匈奴、突厥等北方游牧族群的记载优先翻译成土耳其语。

相比之下，第一本由文言文直译成土耳其语的《论语》② 直到1962年才得以出版，随后《诗经文集》③ 等传统中华文化类书籍也开始陆续被翻译成土耳其语。尽管至今为止，土耳其对中国典籍的研究仍不算多，不过近年来涌现的土耳其新一代青年汉学家们正在努力开展中华经典著作的译制工作，最近已将杨伯峻先生的《论语译注》④、《孙子兵法》⑤ 等书籍陆续被翻译完成。

一　在土儒家研究现状

前文已述，中国和土耳其有着非常悠久的来往史，但囿于各种原因，两国彼此间的人文交流与研究一般只停留在通过第三方（即通过英语等其他外语撰写的著作）来彼此了解，这也导致双方产生了诸多误解。在进行外文翻译时，由于各国间语言文化习惯的"不兼容"，很可能会产生理解上的误差，而通过第三方文献这一中介，往往又会面临更大的困难。例如，一个土耳其人通过西方人撰写的外文书籍来了解中国儒学的话，

---

① 此处一般指代历史上中国古籍对匈奴、突厥等北方游牧族群的记录，在土耳其共和国建立之后，土耳其的主流学者们认为土耳其人的先祖可追溯至匈奴，甚至某些学者依据《史记》的记载提出土耳其人是"夏之后裔"的理论。
② 参见 Konfüçyüs, *Konuşmalar*, "*Lun-yü*", translated by Muhaddere Nabi Özerdim, Ankara：MEB, 1962。
③ 参见 *Çin Şiirleri*, translated by Muhaddere Nabi Özerdim, Ankara：MEB, 1961。
④ 参见 Konfüçyüs, *Konuşmalar*, translated by Giray Fidan, İstanbul：Dedalus Kitap, 2017。
⑤ 参见 Bin Sun, *Savaş Sanatı*, translated by Giray Fidan and Pulat Otkan, İstanbul：Türkiye İş Bankası Kültür Yayınları, 2019。

其阅读的文本可能会面临以下情形：原文首先历经西化，在转译过程中再次土耳其化（同时翻译的质量问题亦值得关注）；此外，中国是一个以无神论为主流的国家，西方和土耳其则是一神信仰的乐土，其最终的结果很可能会出现一个经历二次"洗礼"的不伦不类，或非原汁原味的儒学了。因此，为促进两国在人文方面的直接交流，罗列、整理、分析土耳其国内有关中国儒家的研究资料则显得很有必要，以期为后续研究起抛砖引玉之用。

二 学术性儒家研究

在土耳其国内，一般有三个专业涉及中国儒家方面的研究：宗教系（包括哲学系）、文学系（语言系、汉语言专业）、国际政治系。

上文提及，土耳其对中国及中国思想的研究大多依赖西方学者的著作。即使西方关于汉学的研究有较长的历史，但其早期研究则大部分源于来华传教士，他们塑造了理想化的中国，以及基督化的儒家。儒家思想是否可称为宗教，学界已早有讨论，此处不加以详述。对于土耳其这样一个有宗教信仰背景的国家而言，其宗教系研究儒家的人数相对较多；又因缺乏本土汉学家的直接研究，土耳其其他学科（汉语言专业外）的学者会先入为主，受到西方学者观点的影响；因此，大部分学者会倾向将儒家视为一种宗教信仰，对中国的本土宗教进行研究。

（一）在土耳其发表的相关文章

1.《浅谈有些"无神论"宗教的道德规范》[①]：道德规范同其他规定（法律、宗教等）一样，为了保障其良好运行，采取一些措施，例如社会上的压力或奖励、"良知"、自然制裁和宗教制裁等。本文作者一方面对道德制裁行为的意义提出了质疑；另一方面，研究儒家与佛教采取了何种方法，以确保儒士和佛教徒之道德准则的适用。

---

① 奥斯曼·埃勒马里（Osman Elmali），阿塔图尔克大学宗教系哲学史教授。

2. 其他相关论文：《儒教》，何乐益（Lewis Hodous）著，居纳伊·图默（Günay Tümer，宗教学教授）译；《孔子与儒学（儒教）》，艾哈迈特·居驰（Ahmet Güç，宗教学教授）著；《孔子与其教诲》，塞拉哈廷·费塔哈奥卢（Selahattin Fettahoğlu，土耳其阿马西亚省宗教局学者）著。

（二）在土耳其目前可找寻到的与儒家相关的著作

1. 《孔夫子语录》[①]："深入学习，秉持坚定且真诚的目标；自我实践，对外质疑和对内自省：此为通往仁德的康庄大道。"孔子不仅是世界上最著名的哲学家，同时也是被误解最深的一位哲学家。普遍认为，"子曰……"开头的名言中其实只有一少部分真正属于孔子本人所述。与大众认知不同的是，儒家并不是一种宗教，它是一种包含社会道德和政治理论的哲学体系。儒家在中国历史上的重要性并非因为其宗教性，而是因为其世俗性（对组织官僚和社会治理具有重要的指导意义）。

儒家代表作《论语》，是孔子与其22位弟子之间对话和讨论的集合，以及对孔子生平的记录，并由他的门徒汇编成书。在中国古典哲学和文学史上，《论语》占有举足轻重的地位，其不仅是孔子对社会政治哲学的逻辑表达，更是孔子政治理想的直接体现。书中阐释了许多问题，例如国家行政管理的原则、人们应遵循的道德原则、相关仪式规则及如何理解理想化的人与社会。

2. 《寻找正义的大智慧——孔子》[②]：孔子是一位伟大的思想家，生活在公元前551年至前479年。人类的追求自始至终从未改变，正义与虚伪、真理与谎言、美德与堕落之间的斗争将一直持续下去，并跟我们自身的立场和追求息息相关。孔子亦是一位拥有大智慧的哲人，他为正义而奋斗，并通过自己的实践传播自己的思想。

本书作者相信，若要做到身怀正义、真理与美德，那么应身临其境，将其带入进他所描绘的人物中去。遇琐罗亚斯德，则成琐罗亚斯德；遇鲁米，则成鲁米；遇佛陀，则成佛陀；遇孔子，则亦是如此。正是在此

[①] 参见 Konfüçyüs, *Konfüçyüs Anlatıyor*, Ankara: Akıl Çelen Kitaplar, 2017。

[②] 参见 İbrahim Ülger, *Adaleti Arayan Bilge Konfüçyüs*, İstanbul: Ulak Yayıncılık, 2019。

类想象的建构下，作者完成了这部著作。

3.《孔子——哲人丛书》①：孔子被认为是东方文明最重要的代表之一，他是一位思想家，收集各种古代文献，并以其独特的方法向大众传道授业。然而，他的名字并未出现在哲学家、政治家、教育家和道德主义者的名录中，却铭刻于宗教领域的先知之碑上，因为宗教史学者将他的思想（儒家）当作宗教信仰进行研究。

孔子认为自己有责任将先贤经典之价值观、原则和教义传播给社会，他的最终目的和理想是建立一个没有争议且和谐共处的大同世界。因此，为实现这一理念，则有必要定义何为理想之人（君子），并为理想人格的普及而努力。他的教诲聚焦于现世，没有彼岸世界，更不语怪力乱神。正因如此，孔子被很多人视为中国的苏格拉底。他从未撰写过有关自己思想的著作，其言行和生平事迹多为众弟子所传述记录，众弟子中亦有多人在未来成了思想名家。

4.《儒家资本主义（儒式资本主义）》②：儒家资本主义的思想在塑造世人对中国人在世界范围内取得经济成就的看法中起着至关重要的作用。这一思想包含了辛勤劳作的精神、注重家庭的价值观及强烈的社会责任感；基于敏感性、信任和社交网络的商业传统则是用来解读这一特殊人群财富及其交易能力的重要工具。

本书探讨了"中国发展"，解构了有关中国的传统和价值观中起决定性作用的"神话"。作者认为，这些传统和价值观源于儒家思想，该"神话"是一个基于"中国文化"的概念，并集中体现在以下三个方面，即以经济动机为主题的中国、文化共享所定义的劳资关系，以及前资本主义的社区结构。该书使用了中国商人在马来西亚东部萨拉瓦克的实地调查数据，以多学科交叉的方法将具体实例与抽象分析相结合，深刻剖析了中国的商业传统，有助于读者对经济人类学、海外华人文化和新儒家社会有更加全面深刻的理解。

---

① 参见 Turan Tektaş, *Konfüçyüs（Filozoflar Serisi）*, İstanbul：Parola Yayınları, 2019。

② 参见 Souchou Yao, *Konfüçyen Kapitalizm*, İstanbul：Küre Yayınları, 2007。

5.《孔夫子与领导力》①：领导者在现代生活的各方面发挥着不可或缺的作用，因此领导者需要格外注重其自身的名誉和素质。好的领导者不仅是管理者，更是引导人们学会分析、欣赏、鼓励他人的启发者。

著名领导力培训大师约翰·阿达尔（John Adar）指出，两千多年来，孔子的话语（《论语》）不仅是有趣的思想，更是指导世人如何实践的明灯。作者认为儒家思想历久弥新，揭开了其如何在动机、沟通、决策和生产等各方面提升个人领导能力的神秘面纱。

6.《论语》②：《论语》被认为是中国古代最重要的文献，是孔子弟子及再传弟子记录孔子及其弟子言行的语录汇编。经研究表明，这份文献成书于中国战国时期（公元前 475—前 221 年），自汉代（公元前 202—220 年）起变得愈发重要。儒士们依照儒家规矩行事，并将《论语》视作建设强大国家的思想指南。

7.《〈论语〉——杨伯峻注译本》③：《论语》成书于约 2500 年前，这一时期列国征战不断，社会正日益发生变革，奴隶社会开始解体并逐步向封建社会过渡。政局的动荡不安造就了思想界的宽松开放，诸子百家应运而生。在这个百家争鸣的时代，孔子创立了儒家学说，继而开始传播他的救世思想。

此书由杨伯峻先生编写，其本意是为了让中国人理解《论语》的重要性。相比之下，这些注解对于土耳其读者而言则更有裨益，为其理解原文大意提供了极大的便利。

8.《中国诸教圣典里的女性形象》④：土耳其学者阿西费·于纳尔（Asife Ünal）教授，依据中国诸教⑤经典里的女性形象，探究了经典中塑造的女性形象与现实生活中人们针对女性态度之间的关系。

---

① 参见 John Adair, *Konfüçyüs ve Liderlik*, İstanbul：Babıali Kültür Yayınları, 2014。
② 参见 Konfüçyüs, *Konuşmalar（Analektler）Lunyü*, İstanbul：Say Yayınları, 2018。
③ 参见 Konfüçyüs, *Konuşmalar*. trans：Giray Fidan, İstanbul：Dedalus Kitap, 2017。
④ 参见 Asife Ünal, *Kutsal Metinlerine Göre Çin Dinlerinde Kadın*, Ankara：Gece Kitaplığı, 2017。
⑤ "诸教"在本书中意指中国的两个国民宗教：儒教和道教。

该书分为两部分，第一部分依照儒教经典①来研究儒教的女性观念及其对社会的影响，第二部分则依照道教经典分析道教的女性观念。在儒教的经典中我们可以看出女性扮演着一个相对卑微次要的角色，在家庭生活中处于从属地位，如"女性在年轻时须服从父亲和兄长，结婚后须服从丈夫，若丈夫离世则须服从儿子"②，又如"女子婚后若丈夫离世，因感情深厚的缘故，不得改嫁"③。因此，该书的观点认为，中国诸教与其他父权制思想一同，表现出一种"男尊女卑"的观念。

9.《世界诸宗教之道德观》④：作者强调，此书侧重于研究世界诸教的道德体系，而非个人信仰和修行实践。所谓诸教包括印度教、佛教、儒教、犹太教、基督教和伊斯兰教，共占世界总人口的85%。

该书在第三章谈及儒教，此章以儒教经典名言"己所不欲，勿施于人"开篇，旨在引出儒教最初只是一种社会哲学，而现今则被认为是一种宗教。出于以上原因，作者将其命名为"文献性宗教"。在个人道德方面，此章揭示了孔子称之为"特殊人（君子）"的本质，即君子既需要具备高尚的道德品质，也需要自身采取行动为之实践。尽管儒教被认为更加侧重道德培育，但与此同时，它亦注重保持物质世界同精神世界的平衡。此外，儒教也相信国家应缩小贫富差距，促进经济社会平衡发展。

除此之外，此章强调，儒教并无主战的思想，因其认为通往和平的道路始于个人，个人在相信社会存在和平后，由那些追求和平而定下理想与生活的个人组成新的社会。然而儒教对战争也并非全然采取消极的态度，所以此章结尾引述了孔子的另一观点，"若想追求和平，则须备好战争"⑤。

---

① "儒教经典"即四书五经。
② 经过比对，笔者认为，此句出自《礼记·丧服·子夏传》，即"未嫁从父，既嫁从夫，夫死从子"。
③ 经过比对，笔者认为，此句出自《弃妇词》，即"劝世上妇人，事夫尽道，同甘共苦，从一而终"。
④ 参见 Mustafa Köylü, *Dünya Dinlerinde Ahlak*. İstanbul: Dem Yayınları, 2012。
⑤ 经过比对，笔者认为，此句出自《大戴礼记·用兵》，即"圣人之用兵也，以禁残止暴于天下也"。

三　网络之学习儒家的情况

21世纪是互联网迅猛发展的时代，互联网加速了人们的生活，开拓了人们的视野。现如今一个人若想了解一件事情的原委，首先要通过搜索引擎进行搜索。不过互联网亦经常出现自说自话的情况，很多时候较难考证其真实性。平日里，就算事关本土文化也会出现诸多虚假不实之言论，更遑论像儒家这样对土耳其网民极其陌生的领域。倘若今日一个普通土耳其人想通过网络了解儒家的话，他很可能会遇到颇多非儒之儒言。比较常见于土耳其互联网的学习儒学之情况有三种。

（一）年轻人较常使用的Onedio新闻娱乐网于2015年发布了一条约有19万阅读量，近9000人转发的科普性文章，名为"20句证明儒家学说与众不同之名言"①。"在土耳其，每人都或多或少地会接触到孔子的名言。他是于公元前551年至公元前479年，生活在中国东周朝的一位哲学家、天文学家和文学家。然而，即便在他去世逾千年后，其思想仍被远东国家作为国家意识形态之基础所采纳。有时它是一种宗教，有时其也作为一种哲学学说而脱颖而出。如今，这位先哲简洁而充满智慧的话语依旧发人深省。"

1. 土语原文："Adalet kutup yıldızı gibi yerinde durur ve geri kalan her şey onun etrafında döner!"

汉语译文："正义如同北极星居于正位，众星皆环绕在它的周围！"②

2. 土语原文："Araştırma yapıldığı zaman ancak bilgi artırılabilir；bilgi artırıldığında ancak istek samimi olabilir。"

汉语译文："通过对万事万物的认识、研究后才能获得知识；获得知

---

① https：//onedio.com/haber/konfucyus-ogretisinin-ve-sozlerinin-bambaska-oldugunu-kanitlayan-20-soz-430255.

② 经过比对，笔者认为，此句出自《论语·为政》，即"为政以德，譬如北辰，居其所而众星共之"。

识后，意念才能真诚……"①

3. 土语原文："Hiç kimse başarı merdivenini elleri cebinde tırmanmamıştır。"

汉语译文："双手插于口袋，则无法攀上成功之阶梯。"

4. 土语原文："İyi insan, güzel söz söyleyen değil, söylediğini yapan ve yapabileceklerini söyleyen adamdır。"

汉语译文："君子并非只道好言之人，而是言出必行和说出能够做到的事情之人。"②

5. 土语原文："Kendine yapılmasını istemediğin bir şeyi başkasına yapma。"

汉语译文："你不希望别人对你做的，也请勿对别人这样做。"③

6. 土语原文："Sana bir şeyi nasıl bilebileceğini öğreteyim mi? Bildiğin zaman bildiğini anla, bilmediğin zaman ise bilmediğini anla。"

汉语译文："想让为师教导你对待知道与不知道的态度吗？知道就是知道，不知道就是不知道。"④

7. 土语原文："Yavaş yürüyene çelme takılmaz!"

汉语译文："慢行者，才可避免摔跤！"

8. 土语原文："Nasıl ki elmas yontulmadan mükemmelleşmezse, insan da acı çekmeden olgunlaşamaz。"

汉语译文："玉石不经雕琢，就不能变成好的器物；人不经过学习，就不会明白道理。"⑤

9. 土语原文："Konuşmaya değer insanlarla konuşmazsan insanları, konuşmaya değmez insanlarla konuşursan kelimeleri yitirirsin. Sen öyle biri ol ki ne insanları, ne de kelimeleri yitir。"

---

① 经过比对，笔者认为，此句出自《礼记·大学》，即"物格而后知至，知至而后意诚"。
② 经过比对，笔者认为，此句出自《论语·子路》，即"君子名之必可言也，言之必可行也"。
③ 经过比对，笔者认为，此句出自《论语·颜渊》，即"己所不欲，勿施于人"。
④ 经过比对，笔者认为，此句出自《论语·为政》，即"诲女知之乎？知之为知之，不知为不知"。
⑤ 经过比对，笔者认为，此句出自《礼记·学记》，即"玉不琢，不成器；人不学，不知道"。

汉语译文："可以同他谈的话，却不同他谈，这便会失去朋友；不可同他谈的话，却同他谈，这便是说错了话。聪慧之人能既不失去朋友，又不会说错话。"①

10. 土语原文："Güçlü olan, zayıf yanını herkesten iyi bilendir; daha güçlü olan ise zayıf yanına hükmedebilendir。"

汉语译文："强者比任何人都更了解自身的弱点；比强者更强的是能够控制自身弱点的人。"

11. 土语原文："Erdemli olanların söyleyecek sözleri vardır ama söyleyecek sözleri olanların tümünde erdem yoktur. İnsancıl olanlar cesaretlidir ama cesaretli olanların tümü insancıl değildir。"

汉语译文："有道德的人一定有精彩的言论，而有精彩言论的人不一定有道德。仁人一定勇敢，而勇敢的人不一定是仁人。"②

12. 土语原文："Bir yerde küçük insanların büyük gölgeleri varsa, o yerde güneş batıyor demektir!"

汉语译文："若一个地方的小人拥有长长的影子，那么说明这个地方的太阳正在落下！"

13. 土语原文："Bir şeyi bildiğin zaman, onu bildiğini göstermeye çalış. Bir şeyi bilmiyorsan, onu bilmediğini kabul et. İşte bu bilgidir。"

汉语译文："知道就是知道，不知道就是不知道。这就是智慧。"③

14. 土语原文："Çizik bir elmas, çizik olmayan bir çakıl taşından daha iyidir。"

汉语译文："宁做有瑕玉，不做无瑕石。"

15. 土语原文："Doğrunun ne olduğunu görüyor fakat onu yapmakta başarısız oluyorsanız eksikliğiniz cesarettir。"

---

① 经过比对，笔者认为，此句出自《论语·卫灵公》，即"可与言而不与之言，失人；不可与言而与之言，失言。知者不失人亦不失言"。

② 经过比对，笔者认为，此句出自《论语·宪问》，即"有德者必有言，有言者不必有德。仁者必有勇，勇者不必有仁"。

③ 经过比对，笔者认为，此句出自《论语·为政》，即"知之为知之，不知为不知。是知也"。

汉语译文："见到合乎正义的事却不去做，那便是缺乏勇气。"①

16. 土语原文："Eğitimli insanlar öncelikle adalete değer verir. Eğitimli insanlar adalet olmadan cesaret sahibi olunca asi olurlar. Küçük insanlar adalet olmadan cesaret sahibi olunca haydut olurlar。"

汉语译文："君子把正义视为最尊贵之物。君子有勇无义便会去作乱，小人有勇无义便会去做盗贼。"②

17. 土语原文："İnsanları niçin öldürüyorsunuz, biraz bekleyin zaten ölecekler。"

汉语译文："为何要置人于死地，等等，世人皆会死。"

18. 土语原文："Kendini affetmeyen bir insanın bütün kusurları affedilebilir。"

汉语译文："一个不原谅自己之人的缺点可以被宽恕。"

19. 土语原文："Okudum, unuttum, gördüm, hatırladım, yaptım, öğrendim。"

汉语译文："我阅读了，我忘记了，我看到了，我记得了，我做到了，我学会了。"③

20. 土语原文："Ya bir yol bul, ya bir yol aç, ya da yoldan çekil。"

汉语译文："要么寻到一条路，要么开辟一条路，要么别挡住别人的路。"

（二）电子百科全书类网站有相关介绍。此类网站大多基于外文文献进行科普介绍，但与诸多个人文章相比更接近儒家原文的真实的面目。

孔子并非一名宗教领袖或宗教革新者，而是一位热爱中国古老思想和制度，并想将其再次发扬光大的学者。他自称"信古者，述而不作者"，即通过大量阅读古人文献，对其进行取舍和评价。跟随他学文学、历史、哲学、道德知识的弟子们，在他去世之后，将他的话语集中收录

---

① 经过比对，笔者认为，此句出自《论语·为政》，即"见义不为，无勇也"。
② 经过比对，笔者认为，此句出自《论语·阳货》，即"君子义以为上。君子有勇而无义为乱，小人有勇而无义为盗"。
③ 经过比对，笔者认为，此句出自《礼记·中庸》，即"吾听吾忘，吾见吾记，吾做吾悟"。

起来。后来他的思想随着时代的变迁逐渐体系化，形成了一类完整的"道德—政治性"学说。

儒家学说只对人与人、人与社会的关系感兴趣，其基本思想建立在人性本善的基础上。

《论语》收集了孔子与其弟子间的对话，包含以下四个基本概念：孝敬父母（孝）、仁爱之心（仁）、正义（义）、文献/仪式（古典与礼仪）。

孝敬父母、尊敬长者是儒式道德的首要理念，人人都应以遵守这些规则为目标，并以友善、关怀、中庸、和谐和信实的行为以身作则。对孔子来说，成为"至高无上"之人（圣人或君子）是一个非常难以达成的理想，尽管很难达成，但仍要孜孜不倦地为之奋斗，每位奋斗者均可探寻到真理。知识应向公众开放，而不应被地位较高之人所垄断（有教无类）。

孔子的思想并非宗教，而是一种基于古老的无信仰的伦理哲学。他所传授的思想里面存在一定的等级制度，在人际关系中，一个等级的人必须服从另一等级的人：人民须服从统治者、幼者须服从长者、女人须服从男人、子女须服从父母。

终其一生，人们应努力学习新的事物，并时刻保持谦卑的态度，通过不断增加自身的知识，最终获得美德。

（三）土耳其公众视频网站内也有相关内容。笔者在土耳其类似中国优酷网的视频网站中搜索有关儒家方面的视频时，发现很多大学及个人平台里的视频仍将儒家作为一种宗教进行陈述。常见的标题，如"现存的古老宗教——儒教""信徒最多的东方宗教之一——儒教""中国宗教——儒教"等，甚至在几个收视率相对较高的视频里所述的儒家道义已更类似或接近于一神教的教义了。

四　结语

虽然历史上中土两国来往颇多，但就目前而言，彼此间的了解依旧有限。近年来，赴土旅游的中国游客人数渐增，中国人对土耳其的了解有所改变,但赴华旅游的土耳其游客人数仍相对较少。另外加之来华留学的土耳其学生里做深层研究者亦不多见,甚至大部分留学生毕业之后,回国从事的是与旅游、商贸等行业相关的工作,因此对文化交流起到的作用比较有限。

从整篇文章可以看出,土耳其的儒学研究尚在起步阶段,土耳其方面严重缺乏有能力直接阅读经典从而研究中国文学、历史、哲学等学科的本土人才。不过随着"一带一路"倡议的实施,以及中国在全世界范围内影响力的提升,越来越多的土耳其人将会愿意了解中国,学习中文,研究博大精深、浩如烟海的中华文化;越来越多的土耳其学者能有机会来中国或接触到中国学者,从而进行直接有效的交流。此外,随着孔子学院等带有中国语言文化特色的机构在土耳其的成立,也愈加促进了两国文化的交流。

笔者作为一名在中国学习的土耳其留学生,希望为中土文化交流作出更多更大的贡献,以此感谢所有对笔者有栽培之恩的中国人和土耳其人。愿我们两国人民友谊长存!

古今相映：传经以言志，诵典以修心
——评《〈孟子〉七篇解读》

杨 威 谢 丹
（海南师范大学马克思主义学院）

"孟轲，驺人也。受业子思之门人……退而与万章之徒序《诗》《书》，述仲尼之意，作《孟子》七篇。"《孟子》共七篇，即《梁惠王》《公孙丑》《滕文公》《离娄》《万章》《告子》《尽心》，各篇又都分上、下两篇。作为《论语》之后儒家最为重要的经典著作，《孟子》具有极高的思想价值与艺术成就，如同一座巨大的思想宝库，在不同的时代都熠熠生辉，并产生了广泛而深刻的影响，以至今日仍为人们所珍视。在当代中国实现中华民族伟大复兴、坚信中华文化自信的进程中，《孟子》以其丰富和深邃的思想内涵，不仅能给予国人以文化滋养与思想启迪，更能在现时代彰显重要的历史意义与现实价值。

传经以言志，诵典以修心。陈来、王志民、杨海文、王中江、梁涛、孔德立、李存山七位国内传统文化研究领域的知名专家，他们运用通俗的语言、生动的事例，将孟子思想的学术研究与推广、传播、应用结合起来，对《孟子》七篇进行了系统、深入的解读，这对于推动孟子思想的深入研究和普及、扩大儒家思想的影响力、彰显中华优秀传统文化的魅力、凝聚家国一体的国民精神具有重要意义。综览全篇，相较于其他有关《孟子》研究的著作而言，该套图书具有四个显著特点。

第一，创作严谨，正本清源。《〈孟子〉七篇解读》的作者在生动阐释经典内涵时，特别讲究对文本钩沉和历史真伪的甄别辨析，力求客观地呈现文本真意与还原历史原貌，从而体现出作者具有高度的历史自觉和文化自觉。这部书非常突出的一个特点是其大量详尽的注释，这些注释本身亦是极好的纪实文本，具有很强的可读性。作者在引述多方权威资料的同时，进行了严密的推理演绎，从而在给读者带来广阔思考空间的同时，行文酣畅处亦不乏趣味盎然。阐释历史时个体的在场与退场，直接决定着读者阅读时的真实感受，决定着经典能否获得理解、同情和共鸣。故而，对于贯穿文本的每一个历史人物，作者都注重刻画与表现在特定历史时代背景下人物的命运与心灵世界，凸显个人与时代、与家国休戚与共的关系，从而在引发深刻思想启迪的同时，极具震撼力与感染力，更向读者传达了文化传承的核心理念：中华优秀传统文化的传承与弘扬，既不能陷入历史虚无主义的消解，更不能丢掉民族文化的内核，而应该以严谨、客观的态度，置身于历史与现实的张力之间，与历史对话、与现实交流、向经典致敬，在历史中寻找永恒力量，在现实中坚守文化担当。

第二，点评精当，新见迭出。该套图书对《孟子》七篇进行了详尽的注释和全面的解析，以叙为主，议论有度，逻辑严谨，点评精当，便于读者阅读与学习经典，体现了较高的学术水平与学术价值。更值得一提的是，编撰者对于《孟子》七篇内容的解读与评析，尽管风格不尽一致，但始终坚持一个原则：集百家之长，成一家之言。通读全篇，不难发现，编撰者在对《孟子》七篇进行详尽解读时引用了朱熹、赵岐、杨伯峻等人的观点，但仍不乏诸多视角独特、见解深刻的观点。譬如，在总结孟子对待战争持以客观评判、以民为本的态度时，作者站在历史唯物主义的立场上进行分析，做出了"孟子的态度也可算是一种历史唯物主义的萌芽"的评价；在谈到"制民之产"时，认为"如果没有民生的基本保障，那么教育的贯彻施行、精神文明的建设很可能就会变成空话"……这些观点都让人耳目一新、颇受启发。

第三，雅俗共赏，童叟皆宜。自古文学便有雅俗之分、"阳春白雪"与"下里巴人"之别。雅以高雅优美而见称，俗以贴近大众而受青睐。雅俗之争历来纷说不一，而大俗与大雅，本身就是一种看似分别、实则暧昧的关系，二者对立统一、互补相生、实难分离，而当下最重要的则在于探讨如何"共赏"。孟子云"口之于味也，有同耆焉；耳之于声也，有同听焉；目之于色也，有同美焉。至于心，独无所同然乎？心之所同然者何也？谓理也，义也。圣人先得我心之所同然耳。故理义之悦我心，犹刍豢之悦我口"（《孟子·告子上》）。儒家之所以善传理义，亦在于其不偏不倚的"中庸之道"，解理阐道于认知普遍、情理相通处。人情相近、理义相通，得以"共赏"。《〈孟子〉七篇解读》的作者恰恰抓住了此中精髓，并将其发挥得淋漓尽致。一方面，作者采用直译与意译相结合的方法，以直译为主，兼用意译，最大限度地用当代人的语言来加以翻译，避免文字与语言上的古今隔阂，足见作者良苦之用心。另一方面，又善引典故来传思解义，如在阐释孟子"君子之德，风也；小人之德，草也。草尚之风，必偃"时，引用读者广为熟知的"孟母三迁"的故事来说明榜样的力量及成长环境的重要。作者在敬畏经典的同时，又能够从经典中跳脱出来，回归生活场域，用生活视角来解读深刻道理，从而使不同层次的受众都能理解与认同，也有利于孟子思想的进一步推广、传播与应用。

第四，不忘其初，应时之需。以孔孟为代表的儒家思想，作为中华文明的基因业已渗透到中华民族的血脉之中，至今影响着中国人的人生观、价值观和生死观等，为中华民族的生生不息、发展壮大提供了丰厚滋养，千百年来不断引起人们的广泛关注，故对《孟子》进行注解论述者不乏其人。而纵观全书，不难发现，作者不仅致力于经典的正本清源与雅俗共赏，更希望借此实现对中华优秀传统文化的创造性转化与创新性发展，从而使其绽放出时代光华并彰显时代价值。譬如，作者谈及重读《滕文公》篇的意义在于"为了回到自己的家园。每个人在今天这个时代中，都要有鲜明的个性，要不忘其初，要不断进取。从这里回家，从这里出发，重新起航，为和谐社会的建构提供更多的精神、智力方面的支持"，意味深长处尽是人文情怀与现实关照。再如，作者在阐释"然后知生于忧患，而死于安乐也"时，谈及纪念长征胜利八十周年时重走长征路的亲身经历，告诉读者弘扬长征精神，就是要居安思危，就是要常备忧患意识，在无限感慨时表达出深刻感悟与现实启迪。

步入新时代，中华民族正走在实现民族全面复兴的道路上，亟须强大的文化血脉来支撑。《孟子》所言仁政思想、浩然之气、忧患意识、大丈夫人格等，不仅在历史上闪耀出夺目光辉，更对当代治国理政、社会的文明与进步具有重要的现实意义。理解和诠释好经典所蕴含的深刻思想，准确合理地解读文本是优秀传统文化研究的基础，更是传承与转化、应用与普及的关键。《〈孟子〉七篇解读》不仅是历史逻辑、现实逻辑与理论逻辑相统一的学术巨作，还是集趣味性、传播性与应用性于一体的人文读本。它于历史长河中还原经典原貌，于浩瀚文明中挖掘精神力量，于现代社会中探索焕新价值。传经以言志，诵典以修心，不忘其初，进取不止。

投稿须知

《中国儒学》是由中华孔子学会主办的学术辑刊，每年出版一辑，每辑35万字左右，逢每年第四季度出版。为了便于编辑，来稿请注意以下事项：

一　来稿篇幅一般以8000字至15000字为宜。

二　来稿引文和注释格式，采用页下注，引文务请仔细核对原文，引用著作依次注出作者、论著名称、出版社和出版年、页码。引用论文依次注出作者、论文题目、刊名、出版年和期或号。

三　来稿请发电子稿。

四　来稿请在文后注明作者详细地址、邮政编码、联系电话和电子信箱地址，以便及时联系。

五　来稿一经发表，即按统一的稿酬标准寄上稿酬。

六　本刊编辑将对采用的来稿进行必要的技术上的处理，一般不删改内容，如果需要将与作者联系。

《中国儒学》竭诚欢迎国内和海外儒学研究者来稿。

编辑部地址：（100874）北京市海淀区清华大学中华孔子学会（新斋239室）　《中国儒学》编辑部

联系人：任蜜林　邮箱：renmlzxs@163.com